INHALT

VORWORT

Schon seit Längerem ist die Low-Carb-Ernährung unter Gesundheitsbewussten und Abnehmwilligen buchstäblich in aller Munde. Kein Wunder – denn wer Kohlenhydrate reduziert, damit Kalorien einspart und stattdessen vermehrt auf mageres Eiweiß und ballaststoffreiches Gemüse setzt, hält den Blutzuckerspiegel in Balance, vermeidet Heißhungerattacken und ist lang anhaltend gesättigt. Behält man dann auch noch die Energiebilanz im Blick und ergänzt sein bevorzugtes Low-Carb-Programm durch Sport, lebt man gesünder und nimmt dabei auch noch auf lange Sicht ab.

Doch anders als viele Konzepte, die eine schnelle Gewichtsabnahme versprechen, handelt es sich bei Low Carb nicht um eine Crash-Diät, sondern eine langfristige Ernährungsumstellung. Und damit dies dauerhaft gelingt, sind Ideen gefragt. Schließlich will man sich nicht jeden Tag nur von Hähnchenbrust mit Salat ernähren!

Diese leckeren 365 Low-Carb-Rezepte bieten vielseitige Inspirationen für das ganze Jahr und erleichtern Ihnen das Umsteigen und Durchhalten. Starten Sie mit trendigen Frühstücksideen wie einer Protein-Smoothie-Bowl oder Eierwolken mit Käse gesund in den Tag! Den kleinen Hunger zwischendurch stillen Sie mit leichten Suppen und Salaten wie Thunfisch-Tomaten-Salat oder Ingwer-Möhren-Suppe. Und leckere Hauptgerichte mit Fisch, Fleisch und Gemüse wie Garnelen mit Zucchininudeln, Kürbis-Hack-Auflauf und Leinsamen-Pizza Margherita machen so richtig satt und glücklich. Selbst auf Desserts und Süßes müssen Sie nicht verzichten! Wie wäre es z. B. mit leckeren Erdnussbutter-Popsicles oder einem saftigen Zitronen-Soufflé? Dass – dank Mehl- und Zuckeralternativen – auch Low-Carb-Backen problemlos möglich ist, beweisen Kuchen und Torten, Brote und Brötchen sowie herzhaftes Kleingebäck wie Lemon Cheesecake, Quark-Brot, Chia-Brötchen und Zimt-Oopsies.

Clever, schmackhaft, leicht und ausgewogen fallen Abnehmen und Gewichthalten im Low-Carb-Alltag kinderleicht – und das ganz ohne Langeweile auf dem Teller. Probieren Sie's aus und lassen Sie sich inspirieren. Viel Spaß beim Kochen, Backen und Genießen!

FRÜHSTÜCK

Schinken-Käse-Muffin mit Kräutern (Abbildung rechts)

10 Min.

ZUTATEN FÜR 1 STÜCK
1 Sturzglas à 400 ml (mikrowellengeeignet),
1 EL Öl, 1 Ei,
50 g Kräuterquark,
30 g gemahlene Mandeln,
2 TL Parmesan,
1/2 gestrichener TL Backpulver,
Salz, frisch gemahlener Pfeffer,
1 TL gemischte Kräuter,
40 g gekochter Schinken,
20 g geriebener Käse (z. B. Emmentaler)

1. Glas mit Öl auspinseln. Ei darin aufschlagen. Kräuterquark, Mandeln, Parmesan und Backpulver in das Glas geben und mit einem Löffel gut verrühren. Mit Salz, Pfeffer und Kräutern würzen.
2. Schinken in feine Würfel schneiden und mit dem geriebenen Käse zur Ei-Quark-Masse geben. Alles gründlich verrühren.
3. Glas in die Mikrowelle stellen und ca. 3 Minuten bei 600 Watt erhitzen. Kurz abkühlen lassen.
4. Rand mit einem Messer lösen und Muffin auf einen Teller stürzen. Sofort genießen.

TIPP Falls sich der Muffin schwer löst, einfach das Glas leicht schütteln. Wer möchte, kann das Glas stattdessen auch mit einem Papierbackförmchen auslegen.

PRO STÜCK CA. 610 KCAL · 32 G EW · 48 G F · 6 G KH

Räucherlachs-Omelett mit aromatischem Basilikum

30 Min.

ZUTATEN FÜR 4 PORTIONEN
2 Frühlingszwiebeln,
6 Eier,
Salz,
8 EL Crème fraîche,
3 TL Senf,
2 TL Zitronensaft,
frisch gemahlener Pfeffer,
4 Stängel Basilikum,
4 EL Butter,
4 Scheiben Räucherlachs

1. Frühlingszwiebeln putzen, waschen und in dünne Röllchen schneiden. Eier trennen. Eiweiße mit 1 Prise Salz steif schlagen. Eigelbe mit 4 Esslöffeln Crème fraîche, Senf und Zitronensaft verschlagen. Mit Salz und Pfeffer würzen. Eischnee unterheben. Basilikum waschen, trocken schütteln, Blättchen abzupfen und fein hacken. Basilikum beiseitestellen.
2. 1 Esslöffel Butter in einer Pfanne schmelzen. 1/4 der Frühlingszwiebeln zugeben und kurz andünsten. 1/4 der Omelett-Masse zugeben und 6–8 Minuten garen, bis die Oberfläche zu stocken beginnt und die Unterseite goldgelb ist. Mithilfe eines Pfannenwenders wenden und Omelett weitere ca. 2 Minuten garen. Pfanne von der Herdplatte nehmen. Omelett warmhalten. Restliche Omeletts ebenso garen.
3. Omeletts mit je 1 Esslöffel Crème fraîche bestreichen und mit einer Scheibe Räucherlachs belegen. Mit Basilikum bestreuen und mit Salz und Pfeffer würzen. Omeletts mit Basilikum garniert auf Tellern servieren.

PRO PORTION CA. 373 KCAL · 17 G EW · 32 G F · 3 G KH

Omelette-Röllchen mit Pesto

ZUTATEN FÜR CA. 10 STÜCK
4 Eier, Salz, frisch gemahlener Pfeffer, 1–2 EL Öl, 2 EL geriebener Parmesan, 3 EL grünes Pesto, 1 Bund glatte Petersilie

1. Eier mit 4 Esslöffeln Wasser, Salz und Pfeffer verschlagen. 1/4 des Öls in einer beschichteten Pfanne erhitzen, 1/4 von der Eiermasse hineingeben und bei mittlerer Temperatur stocken lassen.
2. Mit 1/4 des Parmesans bestreuen und 1 Minute weiterstocken lassen, wenden und weitere 2 Minuten braten. Herausnehmen und auf ein Schneidbrett legen.
3. Auf diese Weise 4 Omeletts zubereiten. Omeletts mit Pesto bestreichen. Petersilie waschen, Blätter von den Stängeln zupfen und fein hacken. Omeletts mit Petersilie bestreuen und vorsichtig aufrollen. Omeletts jeweils in Stücke schneiden und sofort servieren.

PRO STÜCK CA. 85 KCAL · 4 G EW · 7 G F · 4 G KH

Müsliriegel low carb

ZUTATEN FÜR CA. 15 STÜCK
60 g Butter, 2 EL Agavendicksaft, 2 EL Honig, 1 TL Zimt, 1 TL gemahlene Vanille, 60 g Mandeln, 80 g Mandelblättchen, 30 g Haferflocken, 30 g gemahlene Mandeln, 20 g Chiasamen, 20 g Kokosraspel, 1 Prise Meersalz, 50 g Rosinen nach Belieben

1. Backofen auf 180 °C (Umluft: 160 °C) vorheizen. Butter mit Agavendicksaft und Honig bei schwacher Hitze zerlassen. Zimt und Vanille unterrühren.
2. Mandeln und Mandelblättchen grob hacken. Haferflocken, gemahlene und gehackte Mandeln, Chiasamen, Kokosraspel und Meersalz mischen. Nach Belieben Rosinen zugeben. Buttermischung zufügen und alles gut vermengen.
3. Masse ca. 1 Zentimeter hoch auf ein mit Backpapier belegtes Backblech streichen und ca. 10 Minuten im vorgeheizten Backofen backen. Aus dem Ofen nehmen, abkühlen lassen und in ca. 15 Riegel schneiden.

PRO STÜCK CA. 143 KCAL · 4 G EW · 11 G F · 7 G KH

Mit Eiern gefüllte Tomaten

40 Min.

1. Backofen auf 200 °C (Umluft: 180 °C) vorheizen. Schnittlauch waschen, trocken schütteln und in Röllchen schneiden. Tomaten waschen und jeweils den Deckel abschneiden. Mithilfe eines Teelöffels Tomaten aushöhlen und Fruchtfleisch in einer Schüssel auffangen. Mit Salz, Pfeffer und Olivenöl mischen.

2. Tomaten mit Deckel in eine gefettete Auflaufform setzen und im vorgeheizten Backofen ca. 3 Minuten garen. Aus dem Ofen nehmen und mit Salz und Pfeffer würzen. Innen mit je 1 Teelöffel Basilikumpesto ausstreichen.

3. Tomaten aus der Form nehmen. Tomatenfruchtfleisch-Mischung in der Auflaufform verteilen und Tomaten daraufsetzen. Eier aufschlagen und jeweils 1 Ei vorsichtig in je 1 Tomate gleiten lassen. Mit Salz würzen. Im vorgeheizten Backofen weitere ca. 15–20 Minuten garen, bis die Eier gestockt sind. Gefüllte Tomaten mit Schnittlauchröllchen bestreut servieren.

ZUTATEN FÜR 2 PORTIONEN

1/2 Bund Schnittlauch,
4 große Tomaten,
Salz,
frisch gemahlener Pfeffer,
1 EL Olivenöl und etwas Fett für die Form,
4 TL Basilikumpesto,
4 Eier

PRO PORTION CA. 306 KCAL · 15 G EW · 22 G F · 12 G KH

Knuspermüsli low carb

70 Min.

1. Backofen auf 130 °C (Umluft: 110 °C) vorheizen. Backblech mit Backpapier auslegen. Mandeln, Haselnüsse und Kernemischung in eine Schüssel geben und vermischen. In einer weiteren Schüssel Eiweiß mit Salz steif schlagen. Honig unter den Eischnee heben. Trockene Zutaten zugeben und alles gut verrühren.

2. Müslimischung gleichmäßig auf dem Backpapier verteilen. Im vorgeheizten Backofen ca. 1 Stunde trocknen. Zwischendurch ca. 2–3 Mal durchrühren. Abkühlen lassen. Luftdicht verschlossen hält sich das Knuspermüsli in einer Dose oder einem großen Glas ca. 4 Wochen. Nach Belieben mit etwas Zimt genießen.

PRO PORTION (40 G) CA. 262 KCAL · 9 G EW · 22 G F · 5 G KH

ZUTATEN FÜR CA. 400 G

150 g gehackte Mandeln,
150 g gehackte Haselnüsse,
100 g Kernemischung (z. B. Sonnenblumenkerne, Kürbiskerne),
1 Eiweiß,
1 Prise Salz,
2 EL Honig,
Zimt nach Belieben

Eierwolken mit Käse

15 Min.

1. Backofen auf 200 °C (Umluft: 180 °C) vorheizen. Backblech mit Backpapier auslegen. Eier trennen. Eiweiße steif schlagen. Kochschinken in Würfel schneiden und mit Parmesan unter den Eischnee heben. 4 Eischnee-Wolken auf das Backpapier geben. Mit einem Löffel in der Mitte der Wolken eine Vertiefung formen.

2. Wolken im vorgeheizten Backofen ca. 3 Minuten backen. Backblech aus dem Ofen nehmen und jeweils 1 Eigelb in die Mitte der Eierwolken geben. Mit Salz und Pfeffer würzen und weitere ca. 2–3 Minuten backen, bis das Eigelb stockt. Mit Schnittlauch bestreut servieren.

PRO PORTION CA. 267 KCAL · 28 G EW · 16 G F · 2 G KH

ZUTATEN FÜR 2 PORTIONEN

4 Eier,
4 Scheiben Kochschinken,
2 EL geriebener Parmesan,
Salz,
frisch gemahlener Pfeffer,
1 EL klein gehackter Schnittlauch

Cream-Cheese-Low-Carb-Pancakes

25 Min.

1. Eier, Frischkäse, Stevia und Zimt in eine Schüssel geben und mit dem Handrührgerät zu einer glatten Masse vermengen. Teig kurz ruhen lassen.

2. Butter in einer Pfanne erhitzen. 1 Esslöffel Teig in die Pfanne geben und mit der Löffelseite leicht ausstreichen. Pancakes auf beiden Seiten goldbraun backen. Mit dem restlichen Teig ebenso verfahren. Fertige Pancakes im Backofen warmhalten und mit etwas Butter servieren.

TIPP Wer möchte, kann die Cream-Cheese-Low-Carb-Pancakes mit verschiedenen Obstsorten ergänzen. Am besten schmecken sie mit Erdbeeren, Heidelbeeren und Himbeeren oder auch in Kombination mit Quark oder Joghurt.

PRO PORTION CA. 378 KCAL · 16 G EW · 32 G F · 6 G KH

ZUTATEN FÜR 1 PORTION

2 Eier,
60 g Frischkäse,
1 EL Stevia,
1/2 TL Zimt,
Butter

Tofu-Rührei mit Champignons

ZUTATEN FÜR 2 KLEINE PORTIONEN
6 Champignons, 1–2 Tomaten, 1–2 Knoblauchzehen, 1 TL Öl, 100 g fester Tofu, 1 TL Gemüsebrühepulver, 1/2 TL Currypulver, Salz, frisch gemahlener Pfeffer, 1 EL Hefeflocken, 1 EL Schnittlauchröllchen

1. Champignons putzen und in Scheiben schneiden, Tomaten waschen und klein schneiden. Knoblauch schälen und fein hacken.
2. Öl erhitzen und Champignons, Tomaten und Knoblauch ca. 2–3 Minuten darin kräftig anbraten. Tofu mit den Händen zerbröckeln und zufügen. So lange mitbraten, bis der Tofu an einigen Stellen eine knusprige Kruste bekommen hat.
3. Gemüsebrühepulver, Curry, Salz und Pfeffer zugeben und weiterbraten, bis das Rührei die gewünschte Konsistenz hat. Mit Hefeflocken und Schnittlauch verfeinern und sofort servieren.

TIPP Das Rührei schmeckt gut auf einer Scheibe Bauern- oder Schwarzbrot.

PRO PORTION CA. 128 KCAL · 11 G EW · 6 G F · 6 G KH

Spiegelei mit Spargel-Speck-Röllchen

ZUTATEN FÜR 2 PORTIONEN
12 Stangen grüner Spargel, 200 g Frühstücksspeck in Scheiben, 3 EL Öl, Salz, frisch gemahlener Pfeffer, 4 Eier, frisch geriebener Parmesan

1. Spargel waschen, trocken tupfen, im unteren Drittel schälen, holzige Enden ganz abschneiden. Jeweils 2 Stangen in 1–2 Scheiben Frühstücksspeck wickeln. 2 Esslöffel Öl erhitzen und Spargel-Speck-Röllchen darin bei mittlerer Hitze unter Wenden einige Minuten braten. Mit Salz und Pfeffer würzen.
2. In einer weiteren Pfanne restliches Öl erhitzen, Eier aufschlagen und in die Pfanne gleiten lassen. Mehrere Minuten braten, mit Salz und Pfeffer würzen.
3. Spargel-Speck-Röllchen auf 2 Tellern anrichten, Spiegeleier darauflegen und das Ganze mit Parmesan bestreut servieren.

PRO PORTION CA. 642 KCAL · 39 G EW · 50 G F · 8 G KH

Spinat-Feta-Omelette

30 Min.

1. Eier in eine Schüssel geben. Milch zufügen und verrühren. Mit Salz und Pfeffer würzen. Frühlingszwiebel putzen, waschen und in dünne Röllchen schneiden. 1 Esslöffel Öl in einem Topf erhitzen und Frühlingszwiebel darin andünsten. Spinat zugeben und erhitzen. Mit Salz und Pfeffer abschmecken. Feta klein würfeln. Backofen auf 200 °C (Umluft: 180 °C) vorheizen.

2. Restliches Öl in einer Pfanne erhitzen und ein Viertel der Eimasse zugeben. Bei geringer Hitze leicht stocken lassen. Je ein Viertel Spinatmischung und Feta darauf verteilen, Omelette zusammenklappen und in eine Auflaufform legen. Mit den restlichen Omeletts ebenso verfahren. Spinat-Feta-Omeletts im vorgeheizten Backofen ca. 5 Minuten backen und heiß servieren.

PRO PORTION CA. 385 KCAL · 24 G EW · 29 G F · 6 G KH

ZUTATEN FÜR 4 PORTIONEN

8 Eier,
100 ml Milch,
Salz,
frisch gemahlener Pfeffer,
1 Frühlingszwiebel,
2 EL Öl,
1/2 Pck. Rahmspinat (TK-Produkt),
200 g Feta

Morgen-Rührei mit Tomaten und Schinken

10 Min.

1. Eier, Mineralwasser und Sahne verschlagen. Mit Salz und Pfeffer würzen. Tomaten waschen, halbieren, vom Stielansatz befreien und würfeln. Schinken ebenfalls würfeln. Petersilie waschen, trocken schütteln und Blätter fein hacken.

2. Butter in einer Pfanne schmelzen lassen. Eimasse hineingeben und bei mittlerer Hitze stocken lassen. Mit einem Pfannenwender gestocktes Ei vom Boden lösen und gut verrühren. Das Ei sollte feucht und cremig sein.

3. Tomaten- und Schinkenwürfel zufügen und kurz erwärmen. Mit Salz und Pfeffer abschmecken und mit Petersilie bestreut servieren.

PRO PORTION CA. 339 KCAL · 20 G EW · 26 G F · 6 G KH

ZUTATEN FÜR 2 PORTIONEN

4 Eier,
3 EL Mineralwasser,
3 EL Sahne,
Salz,
frisch gemahlener Pfeffer,
2 Tomaten,
4 Scheiben gekochter Schinken,
4 Stängel glatte Petersilie,
1 TL Butter

Süßes Omelette aus der Heißluftfritteuse

15 Min.

ZUTATEN FÜR 1 PORTION

2 Pfirsichhälften (aus der Dose, ohne Zuckerzusatz),
2 Eier,
1 EL Milch,
1 Pck. Vanillexylit,
3 EL Puderxylit,
1 Msp. Zimt,
1 EL Öl,
2 EL Walnusshälften

1. Pfirsiche über einem Sieb abtropfen lassen und in Spalten schneiden. Eier mit Milch, Vanillexylit, 2 Esslöffeln Puderxylit und Zimt verschlagen. Öl in der Backform erhitzen. Eimasse hineingießen. Pfirsichspalten und Walnusshälften darauf verteilen.

2. In der Heißluftfritteuse bei 180 °C ca. 8–10 Minuten goldbraun backen. Omelette auf einem vorgewärmten Teller anrichten und mit restlichem Puderxylit bestreut servieren.

TIPP Xylit ist ein Zuckeralkohol und hat eine ähnliche Süßkraft wie normaler Haushaltszucker. Durch seine chemische Beschaffenheit besitzt es jedoch 40 % weniger Kalorien als dieser und wirkt sich zudem weniger auf den Insulinspiegel aus.

PRO PORTION CA. 600 KCAL · 18 G EW · 41 G F · 19 G KH

Pfannkuchen mit Haselnüssen

20 Min.

1. Eier, Haselnüsse, Süßstoff, Eiweißpulver, Zimt und Salz in eine Rührschüssel geben. Mit dem Handrührgerät verrühren und so viel Milch zufügen, dass ein dickflüssiger Teig entsteht.

2. Öl in einer Pfanne erhitzen und eine kleine Schöpfkelle Teig hineingeben. Von beiden Seiten bei mittlerer Hitze goldbraun backen. Nach Belieben mit etwas Zimt bestreuen und servieren.

PRO PORTION CA. 1106 KCAL · 42 G EW · 97 G F · 18 G KH

ZUTATEN FÜR 1 PORTION

2 Eier,
125 g gemahlene Haselnüsse,
5 ml flüssiger Süßstoff,
2 EL Eiweißpulver,
1 TL Zimt und etwas Zimt zum Bestreuen,
1 Prise Salz,
etwas Milch,
1 TL Öl

Blaubeerpfannkuchen aus der Heißluftfritteuse

10 Min.

1. Blaubeeren waschen und trocken tupfen. Einige Blaubeeren zum Garnieren beiseitelegen. Butter schmelzen. Vanilleschote der Länge nach mit einem Messer halbieren und mit dem Messerrücken das Mark herauskratzen.

2. Geschmolzene Butter, Vanillemark, Quark, Ei, Mandelmehl und Backpulver zu einem dickflüssigen, glatten Teig verrühren. Blaubeeren unterheben und nach Belieben mit Süßstoff süßen. Backform oder Pizzapan mit Butter ausstreichen, Teig hineingeben und in der Heißluftfritteuse bei 180 °C ca. 6 Minuten backen. Blaubeerpfannkuchen mit restlichen Blaubeeren garniert servieren.

PRO PORTION CA. 398 KCAL · 33 G EW · 25 G F · 9 G KH

ZUTATEN FÜR 1 PORTION

1 Handvoll Blaubeeren,
1 TL Butter und etwas Butter für die Form,
1/2 Vanilleschote,
2 EL Quark (20 % Fett),
1 Ei,
2 EL Mandelmehl,
1 Msp. Backpulver,
Süßstoff nach Belieben

Apfel-Zimt-Riegel

15 Min.

1. Pekannüsse und Mandeln im Standmixer grob zerkleinern. Äpfel klein schneiden und mit Zitronensaft, 2 Esslöffeln Wasser und Zimt zur Pekannuss-Mandel-Mischung geben.
2. Alles im Standmixer zerkleinern, bis eine zähe Masse entstanden ist. Dabei bei Bedarf noch etwas Wasser zugeben.
3. Masse in eine mit Backpapier ausgelegte Auflauf- oder Backform geben und ca. 1–2 Zentimeter dick glatt streichen.
4. Masse mit Sesam bestreuen und diesen etwas andrücken. Ca. 2 Stunden kalt stellen, in Riegel schneiden und servieren.

TIPP Nach Belieben einen Teil der Pekannüsse durch grob gehackte Rosinen ersetzen. Rosinen nicht mit in die Küchenmaschine geben, sondern vor dem Einfüllen in die Form mit den Händen unterarbeiten.

PRO STÜCK CA. 211 KCAL · 5 G EW · 16 G F · 10 G KH

ZUTATEN FÜR CA. 10 STÜCK

125 g Pekannüsse,
125 g Mandeln,
150 g getrocknete Äpfel,
2 EL Zitronensaft,
2 TL Zimt,
etwas Sesam zum Bestreuen

Low-Carb-Porridge mit Kokosmehl

ZUTATEN FÜR 2 PORTIONEN
1/2 Vanilleschote, 75 g Kokosmehl, 25 g Kokosraspel, 50 g Sahne, 1 Ei, Honig oder Agavendicksaft nach Geschmack

1. Mark der Vanilleschote herauskratzen und mit Kokosmehl und Kokosraspel in einen Topf geben. Sahne und 400 Milliliter Wasser zufügen und Zutaten gut verrühren. Zum Kochen bringen und ca. 3 Minuten unter Rühren köcheln lassen.

2. Vom Herd nehmen und Ei unterrühren. Noch einmal kurz erwärmen. Mit Honig oder Agavendicksaft nach Geschmack süßen und sofort genießen.

TIPP Den Porridge mit Erdbeeren, Himbeeren, Blaubeeren, Apfel oder Grapefruit toppen und mit etwas Zimt bestäuben.

PRO PORTION CA. 330 KCAL · 11 G EW · 21 G F · 16 G KH

Leinsamen-Pudding

ZUTATEN FÜR 2 PORTIONEN
4 EL geschroteter Leinsamen und Leinsamen zum Garnieren, 300 ml ungesüßte Mandelmilch, 4 EL kernige Haferflocken, 1 Banane, Kokosraspel zum Garnieren

1. Leinsamen mit Mandelmilch verrühren und mindestens 5 Stunden, besser über Nacht, im Kühlschrank quellen lassen.

2. Haferflocken unterrühren. Pudding in zwei Servierschüsseln füllen. Banane schälen und in Scheiben schneiden, Scheiben auf dem Pudding anrichten. Mit Kokosraspel und Leinsamen bestreuen und sofort servieren.

TIPP Der Leinsamen-Pudding schmeckt mit allen Obstsorten lecker. Statt Mandelmilch können Sie auch Nussmilch verwenden.

PRO PORTION CA. 307 KCAL · 8 G EW · 19 G F · 20 G KH

Zucchini-Pancakes

ZUTATEN FÜR 2 PORTIONEN
120 g Zucchini, 3 Eier, 100 ml Milch, 6 EL Mandelmehl, 2 TL gehackte Petersilie, 1 Prise Weinstein-Backpulver, 1 EL Limettensaft, Salz, frisch gemahlener Pfeffer, Paprikapulver, 3 EL Butter, Joghurt-Kräuter-Dip nach Belieben

1. Zucchini putzen, waschen und raspeln. Eier mit Milch verschlagen und Zucchini unterrühren.
2. Mandelmehl, Petersilie, Backpulver und Limettensaft zufügen und unterrühren. Der Teig sollte dickflüssig sein, gegebenenfalls etwas mehr Mandelmehl oder Milch zugeben.
3. Masse mit Salz, Pfeffer und Paprikapulver würzen. Butter in einer Pfanne erhitzen. Teig esslöffelweise in die Pfanne geben, leicht verstreichen und von beiden Seiten knusprig braten. Nach Belieben mit Joghurt-Kräuter-Dip servieren.

PRO PORTION CA. 620 KCAL · 28 G EW · 51 G F · 12 G KH

Cloud-Bread-Sandwich

ZUTATEN FÜR 4 PORTIONEN
4 Cloud Breads (siehe Rezept auf S. 288), 4 Salatblätter, 1 Avocado, 2 Spritzer Zitronensaft, Salz, frisch gemahlener Pfeffer, 400 g Räucherlachs

1. Cloud Breads halbieren und mit je 1 Salatblatt belegen. Avocado schälen, halbieren, entsteinen und in Spalten schneiden. Jeweils auf dem Salatblatt verteilen und mit etwas Zitronensaft beträufeln. Mit Salz und Pfeffer bestreuen und mit Lachs belegen. Zweite Hälfte der Cloud Breads darauflegen, andrücken und servieren.

TIPP Nach Belieben die Fladen zuerst mit etwas Frischkäse bestreichen und statt Lachs Schinken verwenden.

PRO PORTION CA. 334 KCAL · 24 G EW · 25 G F · 2 G KH

Quinoa-Porridge mit Beeren (Abbildung rechts)

25 Min.

ZUTATEN FÜR 1 PORTION
50 g Quinoa,
200 g griechischer Joghurt,
100 ml Kokosmilch,
Süßstoff und Zimt nach Belieben,
100 g Himbeeren,
100 g Heidelbeeren

1. Quinoa nach Packungsanleitung kochen. Abkühlen lassen. In eine Schüssel geben und mit Joghurt und Kokosmilch vermischen. Nach Belieben mit Süßstoff süßen und mit Zimt verfeinern.
2. Beeren waschen und trocken tupfen. Quinoa-Porridge mit Beeren servieren.

TIPP Für einen guten Start in den Tag lässt sich das Quinoa-Porridge prima am Vorabend vorbereiten und eignet sich auch hervorragend als gesundes Frühstück im Büro.

PRO PORTION CA. 701 KCAL · 15 G EW · 45 G F · 54 G KH

Kürbis-Chia-Overnight-Oats

15 Min.

ZUTATEN FÜR 2 PORTIONEN
160 g Kürbispüree (z. B. Hokkaidokürbis),
1 TL Zimt,
2 TL Kokosblütensirup,
1 Banane,
2 EL Chiasamen,
4 EL Haferflocken,
2 TL neutrales Eiweißpulver,
120 ml Mandelmilch,
etwas Joghurt nach Belieben,
grob gehackte Mandeln und Schokoraspel zum Garnieren

1. Kürbispüree mit 1/2 Teelöffel Zimt und 1 Teelöffel Kokosblütensirup gut verrühren. Banane schälen und zerdrücken, Chiasamen, Haferflocken, Eiweißpulver, restlichen Kokosblütensirup, restlichen Zimt, Mandelmilch und 100 Milliliter Wasser zugeben und alles gut verrühren.
2. Chia-Oats mit Kürbispüree und nach Belieben etwas Joghurt verrühren. Über Nacht zugedeckt kalt stellen. Mit grob gehackten Mandeln und Schokoraspeln garnieren und bis zum Verzehr kalt stellen.

TIPP Für das Kürbispüree Backofen auf 180 °C (Umluft: 160 °C) vorheizen. Kürbis entkernen und in Stücke schneiden, auf ein mit Backpapier belegtes Backblech legen und ca. 20 Minuten weich garen. Mit dem Stabmixer fein pürieren. Oder Kürbisfleisch in Würfel schneiden und in wenig Wasser ca. 20 Minuten weich dünsten und mit einer Gabel zu Püree zerdrücken.

PRO PORTION CA. 314 KCAL · 25 G EW · 20 G F · 77 G KH

Eiweißreiche Bananen-Pancakes

20 Min.

1. Bananen schälen und einige Scheiben zum Garnieren abschneiden. Restliche Bananen mit einer Gabel zerdrücken und in eine Schüssel geben. Eier zufügen und verrühren. Eiweißpulver und Milch zufügen und zu einem Teig verrühren. Ist der Teig zu fest, etwas Milch zugeben. Bei zu flüssigem Teig mehr Eiweißpulver zufügen.

2. Öl in einer Pfanne erhitzen. Eine Teigportion in die Pfanne geben und zu einem goldgelben Pancake ausbacken. Mit dem restlichen Teig ebenso verfahren. Mit Bananenscheiben garniert servieren.

PRO PORTION CA. 641 KCAL · 54 G EW · 30 G F · 36 G KH

ZUTATEN FÜR 2 PORTIONEN

2 Bananen,
4 Eier,
5 EL Eiweißpulver mit Vanillegeschmack,
50 ml Milch,
2 EL Öl

Herzhafte Frühstücks-Muffins

45 Min.

1. Backofen auf 180 °C (Umluft: 160 °C) vorheizen. Muffinform mit Öl ausstreichen. Brokkoli putzen, waschen, in Röschen teilen und klein schneiden. Schalotte schälen und klein würfeln. Öl in einer Pfanne erhitzen und Gemüse darin andünsten. Mit Salz, Pfeffer und Kräutern abschmecken.

2. Eier in eine Schüssel geben und mit Mandelmehl und geriebenem Käse verrühren. Gemüse zugeben und alles gut vermischen. In die Mulden einer Muffinform füllen und im vorgeheizten Backofen ca. 30 Minuten backen.

PRO STÜCK CA. 81 KCAL · 6 G EW · 5 G F · 2 G KH

ZUTATEN FÜR CA. 9 STÜCK

1 EL Öl und etwas Öl für die Form, 350 g Brokkoli, 1 Schalotte, Salz, frisch gemahlener Pfeffer, Kräuter nach Belieben, 3 Eier, 25 g Mandelmehl, 50 g geriebener Käse (z. B. Gouda)

Eiermuffins (Abbildung rechts)

40 Min.

ZUTATEN FÜR 6 STÜCK
etwas Fett für die Form,
1 kleine rote Paprikaschote,
3 Cherrytomaten,
2 Scheiben gekochter Schinken,
6 Eier,
etwas Milch,
Salz,
frisch gemahlener Pfeffer,
50 g geriebener Gratinkäse,
6 TL Parmesan,
1/2 Bund Schnittlauch

1. Backofen auf 240 °C (Umluft: 220 °C) vorheizen. Muffinform mit Fett ausstreichen. Paprika putzen, waschen und klein würfeln. Tomaten waschen, halbieren, vom Stielansatz befreien und würfeln. Schinken klein würfeln.

2. Paprika, Tomaten und Schinken gleichmäßig in die Muffinförmchen füllen. Eier mit etwas Milch verschlagen und mit Salz und Pfeffer würzen. Eimischung in die Förmchen gießen. In jede Mulde etwas Gratinkäse zugeben und mit Parmesan bestreuen. Im vorgeheizten Backofen ca. 20 Minuten backen. Schnittlauch waschen, trocken schütteln und in Ringe schneiden. Eiermuffins mit Schnittlauchröllchen bestreut servieren.

PRO STÜCK CA. 167 KCAL · 13 G EW · 11 G F · 3 G KH

Eier-Speck-Pfanne mit frischen Pilzen

10 Min.

ZUTATEN FÜR 2 PORTIONEN
100 g Frühstücksspeck,
200 g Champignons,
200 g Cherrytomaten,
1 TL Butter,
4 Eier,
Salz,
frisch gemahlener Pfeffer

1. Speck in Streifen schneiden. Champignons putzen und vierteln. Tomaten waschen, halbieren und vom Stielansatz befreien.

2. Speck in eine beschichtete Pfanne geben und knusprig braten. Speck herausnehmen und auf Küchenkrepp abtropfen lassen. Pilze und Tomaten in die Pfanne geben und so lange braten, bis die Pilze hellbraun sind. Speck, Pilze und Tomaten auf einen angewärmten Teller geben.

3. Butter in einer Pfanne schmelzen, Eier aufschlagen und Spiegeleier braten. Mit Salz und Pfeffer würzen. Eier mit Speck, Pilzen und Tomaten servieren.

PRO PORTION CA. 393 KCAL · 25 G EW · 29 G F · 5 G KH

Hüttenkäse mit verschiedenen Beeren

5 Min.

1. Frische Beeren verlesen, waschen und trocken tupfen. Tiefgekühlte Beeren auftauen und gut abtropfen lassen.
2. Minze waschen, trocken schütteln, Blätter abzupfen und fein schneiden.
3. Hüttenkäse mit Zitronensaft vermischen und nach Geschmack mit Süßstoff süßen.
4. Hüttenkäse in zwei Schälchen füllen, jeweils die Hälfte der Beerenmischung darauf verteilen und mit Minze bestreut servieren.

ZUTATEN FÜR 2 PORTIONEN
300 g Beeren-Mischung (frisch oder TK-Produkt),
6 Blätter Minze,
300 g Hüttenkäse,
1 EL Zitronensaft,
flüssiger Süßstoff nach Belieben

PRO PORTION CA. 236 KCAL · 21 G EW · 8 G F · 20 G KH

Grüne Spinat-Shakshuka

25 Min.

1. Frühlingszwiebeln und Chilischote waschen, putzen und in feine Ringe schneiden. Zwiebeln und Knoblauch schälen und fein würfeln. Petersilie waschen, trocken schütteln, Blätter abzupfen und bis auf einige Blätter zum Garnieren Petersilie fein hacken. Spinat verlesen, waschen und gut abtropfen lassen. Blätter gegebenenfalls etwas kleiner schneiden.

2. In zwei kleinen Pfannen (20 Zentimeter Durchmesser) jeweils die Hälfte des Öls erhitzen. Frühlingswiebeln, Zwiebeln und Knoblauch darin aufteilen und ca. 1 Minute andünsten. Jeweils die Hälfte des Spinats und der Petersilie zugeben und zusammenfallen lassen, mit Salz, Pfeffer und Kreuzkümmel würzen.

3. Jeweils 2 Eier in jede Pfanne schlagen und zugedeckt ca. 4 Minuten bei mittlerer Hitze garen. Shakshuka sofort mit restlicher Petersilie und Chiliringen bestreut servieren.

PRO PORTION CA. 330 KCAL · 22 G EW · 21 G F · 1 G KH

ZUTATEN FÜR 2 PORTIONEN

1/4 Bund Frühlingszwiebeln,
1 rote Chilischote,
2 Zwiebeln,
1 Knoblauchzehe,
4–5 Stängel Petersilie,
500 g junger Blattspinat,
2 EL Olivenöl,
Salz,
frisch gemahlener Pfeffer,
1 gute Prise gemahlener Kreuzkümmel,
4 Eier

Low-Carb-„Grießbrei“ mit Erdbeeren

ZUTATEN FÜR 2 PORTIONEN

30 g Eiweißpulver mit Vanillegeschmack, 3 TL Flohsamenschalen, 300 ml Milch, Süßstoff nach Belieben, 1 Handvoll Erdbeeren, Minze zum Garnieren

1. Eiweißpulver und Flohsamenschalen in eine Schüssel geben und vermischen. Milch zugeben und alles gut verrühren. In zwei Schälchen füllen und ca. 30 Minuten kalt stellen.
2. Brei nach Belieben mit Süßstoff süßen. Erdbeeren waschen, putzen, trocken tupfen und in Stücke schneiden. Low-Carb-„Grießbrei“ mit Erdbeeren toppen und mit Minze garniert servieren.

PRO PORTION CA. 170 KCAL · 17 G EW · 6 G F · 10 G KH

Himbeer-Marmelade mit Chiasamen

ZUTATEN FÜR 2 PORTIONEN

200 g Himbeeren (frisch oder TK-Produkt), 1/2 Vanilleschote, 2 EL Chiasamen

1. Himbeeren verlesen, waschen und trocken tupfen. TK-Produkt auftauen lassen. Himbeeren mit einem Stabmixer pürieren. Vanilleschote der Länge nach mit einem Messer halbieren und mit dem Messerrücken das Mark herauskratzen.
2. Himbeerpüree, Vanillemark und Chiasamen verrühren, in ein Glas füllen und mindestens 30 Minuten im Kühlschrank quellen lassen.

TIPP Die Himbeer-Marmelade sollte rasch aufgebraucht werden. Sie hält sich ca. 1 Woche im Kühlschrank.

PRO PORTION CA. 99 KCAL · 3 G EW · 3 G F · 7 G KH

Frühstücks-Protein-Smoothie

ZUTATEN FÜR 1 PORTION

1 Banane, 100 g Erdbeeren (TK-Produkt), 200 g Magerquark, 25 g Eiweißpulver mit Vanillegeschmack, 1–2 Spritzer Zitronensaft

1. Banane schälen und klein schneiden. Eine Bananenscheibe und eine Erdbeere zum Garnieren beiseitelegen. Restliche Banane und Erdbeeren sowie Quark und Eiweißpulver in einen Mixer geben und kräftig mixen. Mit Zitronensaft abschmecken und mit Bananenscheibe und Erdbeere garniert servieren.

TIPP Die Obstsorten lassen sich beliebig variieren. Probieren Sie den Frühstücks-Protein-Smoothie mit Banane und Himbeeren oder mit Banane und Mango. Statt Zitronensaft schmeckt auch 1 Schuss Orangensaft.

PRO PORTION CA. 380 KCAL · 44 G EW · 3 G F · 44 G KH

Avocado-Spinat-Smoothie

ZUTATEN FÜR 2 PORTIONEN

1 reife Avocado, Saft von 1 Limette, 1 Handvoll Babyspinat, 4 Stangensellerie, 1/2 Apfel nach Belieben

1. Avocado entkernen. Fruchtfleisch mit einem Löffel entnehmen und in einen Mixer geben. Mit Limettensaft beträufeln.
2. Spinat waschen und trocken schütteln. Stangensellerie putzen, waschen und in Stücke schneiden.
3. Spinat und Sellerie in den Mixer geben. Mit ca. 500 Milliliter Wasser aufgießen und alles kräftig mixen. Wer es süßer mag, kann noch 1/2 Apfel mitpürieren.

TIPP In Pflanzengrün stecken jede Menge Vitamine, Mineralstoffe, Spurenelemente und sekundäre Pflanzenstoffe.

PRO PORTION CA. 238 KCAL · 4 G EW · 19 G F · 10 G KH

Frühstücks-Shake zum Wachwerden

ZUTATEN FÜR 1 PORTION
1 Tasse kalter Kaffee, 1/2 Tasse Milch, 1 EL neutrales Eiweißpulver, Süßstoff nach Belieben, 1 Prise Kakaopulver, Minze zum Garnieren

1. Kaffee, Milch und Eiweißpulver in einen Mixer geben und kräftig mixen. Nach Belieben mit Süßstoff süßen und Kakaopulver darüberstäuben. Mit Minze garniert servieren.

TIPP Für einen erfrischenden Start in den Morgen genießen Sie den Frühstücks-Shake mit Eiwürfeln. Besonders an heißen Tagen empfehlenswert.

PRO PORTION CA. 106 KCAL · 8 G EW · 4 G F · 10 G KH

Schoko-Latte-Macchiato

ZUTATEN FÜR 1 PORTION
250 ml Sojamilch und etwas Sojamilch zum Garnieren, 30 g Proteinpulver Schokogeschmack, 1 TL Kakaopulver und etwas Kakaopulver zum Garnieren, 1–2 Tassen Espresso

1. Sojamilch in einem Topf erhitzen. Proteinpulver zugeben und gut verrühren. Kakao zufügen und alles gründlich vermischen.
2. Espresso zugeben und mit aufgeschäumter Sojamilch und etwas Kakaopulver garniert servieren.

TIPP Statt klassischem Kaffee am Morgen sollten Sie diesen süßen Espressotraum unbedingt einmal probieren.

PRO PORTION CA. 211 KCAL · 33 G EW · 6 G F · 2 G KH

Protein-Smoothie-Bowl

ZUTATEN FÜR 1 PORTION

150 g gemischte Früchte (z. B. Erdbeeren, Heidelbeeren, Kumquats), 30 g Proteinpulver, 2 EL Milch, 2 EL Magerquark, 8 Eiswürfel, etwas Sesam

1. Früchte waschen, putzen und trocken tupfen. In mundgerechte Stücke schneiden.
2. Proteinpulver mit Milch und Magerquark in einen Mixer geben und zu einer glatten Masse mixen. Eiswürfel zugeben und nochmals kräftig mixen, bis der Smoothie schön cremig ist.
3. Protein-Smoothie in eine Schale füllen und mit den Früchten garnieren. Mit Sesam bestreuen und genießen.

PRO PORTION CA. 267 KCAL · 37 G EW · 7 G F · 13 G KH

Beeren-Kokos-Shake

ZUTATEN FÜR 1 PORTION

50 g gemischte Beeren (TK-Produkt), 200 g griechischer Joghurt, 100 ml Vollmilch, 100 ml Kokosmilch, Mandeln, Walnüsse, Kokosraspel

1. Beeren etwas auftauen lassen und einige Beeren zum Garnieren beiseitelegen. Restliche Beeren in einen Mixer geben. Griechischen Joghurt, Vollmilch und Kokosmilch zufügen und alles gründlich mixen.
2. Mandeln und Walnüsse grob zerkleinern. Shake in ein Glas füllen und mit Beeren, Mandeln und Walnüssen toppen. Mit Kokosraspel bestreuen und genießen.

PRO PORTION CA. 681 KCAL · 16 G EW · 58 G F · 22 G KH

VORSPEISEN, SNACKS, BEILAGEN

Huevos Rancheros mit Paprika-Chili-Salsa (Abbildung rechts)

30 Min.

ZUTATEN FÜR 2 PORTIONEN
1 Zwiebel,
2 Knoblauchzehen,
1 Paprikaschote,
2 Tomaten,
1 grüne Chilischote,
1 EL Kokosöl,
1 TL Salz,
1/4 TL frisch gemahlener Pfeffer,
1/2 TL Cayennepfeffer,
100 ml Gemüsebrühe,
1 TL Butter,
4 Eier,
1/2 Bund Petersilie

1. Zwiebel und Knoblauch schälen und fein hacken. Gemüse putzen und waschen. Paprika in Streifen schneiden. Tomaten halbieren, vom Stielansatz befreien und würfeln. Chilischote halbieren, entkernen und in feine Ringe schneiden.

2. Öl in einer großen Pfanne erhitzen. Zwiebel, Knoblauch und Paprika zugeben und ca. 4 Minuten unter Rühren anbraten. Tomatenwürfel und Chili zugeben. Mit Salz, Pfeffer und Cayennepfeffer abschmecken und weitere ca. 2 Minuten braten. Gemüsebrühe aufgießen und alles kurz aufkochen lassen. Hitze reduzieren und ca. 10 Minuten zu einer dickflüssigen Salsa einkochen lassen.

3. In einer zweiten Pfanne Butter schmelzen. Eier aufschlagen und Spiegeleier braten. Mit Salz und Pfeffer würzen. Petersilie waschen, trocken schütteln und Blätter von den Stielen zupfen. Petersilie grob hacken. Salsa auf zwei Tellern anrichten. Spiegeleier darauflegen und Huevos Rancheros mit Petersilie bestreut servieren.

PRO PORTION CA. 316 KCAL · 16 G EW · 22 G F · 13 G KH

Gefüllte Tomaten

25 Min.

ZUTATEN FÜR 4 PORTIONEN
4 Tomaten,
1 Stängel Rosmarin,
1 Handvoll Thymian,
1 Handvoll Schnittlauch,
1 unbehandelte Zitrone,
1 Knoblauchzehe,
Salz,
frisch gemahlener Pfeffer,
1 Msp. Cayennepfeffer,
4 TL Olivenöl und etwas Fett für die Form,
4 Eier,
4 TL geriebener Käse nach Belieben

1. Backofen auf 200 °C (Umluft: 180 °C) vorheizen. Tomaten waschen, vom Stielansatz befreien, das obere Drittel abschneiden und das Innere mithilfe eines Löffels herauskratzen. Tomaten umdrehen und auf einem Teller beiseitestellen.

2. Rosmarin und Thymian waschen, trocken schütteln, Blättchen und Nadeln von den Stielen zupfen und fein hacken. Schnittlauch waschen, trocken schütteln und in feine Röllchen schneiden. Zitrone mit heißem Wasser abwaschen und Schale abreiben. Knoblauch schälen, fein hacken und mit Zitronenschale und Kräutern vermischen. Mit Salz, Pfeffer und Cayennepfeffer abschmecken.

3. Eine kleine Auflaufform einfetten. Tomaten innen salzen und pfeffern, mit je 1 Teelöffel Öl beträufeln und etwas von der Kräuter-Gewürz-Mischung hineingeben. Pro Tomate je 1 Ei aufschlagen und hineingeben. Nach Belieben mit jeweils 1 Teelöffel geriebenem Käse bestreuen. Tomaten in die Form setzen und 10–15 Minuten im vorgeheizten Backofen backen. Abkühlen lassen und bis zum Servieren kalt stellen.

PRO PORTION CA. 173 KCAL · 9 G EW · 12 G F · 5 G KH

Auberginen-Mini-Pizza aus der Heißluftfritteuse

30 Min.

1. Zwiebel schälen und fein hacken. Basilikum waschen, trocken schütteln und Blättchen abzupfen. Einige Blättchen zum Garnieren beiseitelegen, Rest grob hacken.

2. Tomaten waschen, halbieren, vom Stielansatz befreien und grob würfeln. Gehacktes Basilikum und Zwiebel zugeben und vermischen. Mit Salz und Pfeffer abschmecken.

3. Heißluftfritteuse auf 180 °C vorheizen. Aubergine waschen, putzen und schälen. In ungefähr 1/2 Zentimeter dicke Scheiben schneiden und mit Olivenöl bepinseln. Auberginenscheiben auf die Grillplatte oder in die Backform legen und salzen. Mozzarella abtropfen lassen und in Scheiben schneiden.

4. Tomaten-Basilikum-Mischung auf den Auberginenscheiben verteilen. Mozzarella darauflegen. In der vorgeheizten Heißluftfritteuse ca. 10–15 Minuten backen. Herausnehmen und mit restlichen Basilikumblättchen garniert servieren.

PRO PORTION CA. 197 KCAL · 8 G EW · 14 G F · 8 G KH

ZUTATEN FÜR 2 PORTIONEN

1/2 Zwiebel,
1 Handvoll Basilikum,
100 g Cocktailtomaten,
Salz,
frisch gemahlener Pfeffer,
1 große Aubergine,
1 EL Olivenöl,
60 g Mozzarella

Chicken Nuggets

40 Min.

1. Hühnerbrüste waschen und trocken tupfen. In mundgerechte Stücke schneiden. Mit Pfeffer würzen. Sojasoße in einen tiefen Teller gießen. Mandelmehl und Sesam in einen zweiten tiefen Teller geben und vermischen. Backofen auf 200 °C (Umluft: 180 °C) vorheizen.

2. Hühnerbrüste nacheinander in die Sojasoße tauchen und mit der Mandelmehl-Sesam-Mischung panieren. Backblech mit Backpapier auslegen. Hühnerbrüste auf das Backpapier legen und im vorgeheizten Backofen 20–25 Minuten goldbraun backen.

3. Ei und Senf in eine Schüssel geben und mit dem Schneebesen kräftig aufschlagen. Nach und nach Öl zugeben und dabei weiter gut verrühren. Mit Essig und Salz abschmecken und Mayonnaise zu den Chicken Nuggets servieren.

PRO PORTION CA. 1023 KCAL · 69 G EW · 78 G F · 8 G KH

ZUTATEN FÜR 3 PORTIONEN

**3 Hühnerbrüste (à 180 g),
frisch gemahlener Pfeffer,
400 ml Sojasoße,
100 g Mandelmehl,
50 g Sesam,
1 Ei,
1 EL Senf,
1 EL Essig,
200 ml Öl,
1/2 TL Salz**

Gefüllte Champignons aus der Heißluft-fritteuse

ZUTATEN FÜR 2 PORTIONEN
250 g Champignons, 100 g Schinkenwürfel, 100 g Frischkäse, 1 EL gehackte Kräuter, 1 EL Milch, 1 Prise Salz, frisch gemahlener Pfeffer, 100 g geriebener Käse, Cocktailtomaten nach Belieben

1. Champignons putzen und säubern. Stiele vorsichtig entfernen und klein würfeln. Pilzstiele, Schinkenwürfel, Frischkäse, Kräuter und Milch vermischen und mit Salz und Pfeffer abschmecken.
2. Masse in die Champignons füllen und mit geriebenem Käse bestreuen. Nach Belieben Tomaten putzen, waschen und in Scheiben schneiden. Tomatenscheiben auf die Champignons legen. In der Heißluftfritteuse bei 180 °C ca. 8–10 Minuten garen.

PRO PORTION CA. 397 KCAL · 27 G EW · 30 G F · 3 G KH

Knoblauch-Parmesan-Möhren aus der Heißluftfritteuse

ZUTATEN FÜR 2 PORTIONEN
500 g Möhren, 1 Knoblauchzehe, 2 EL Öl, 50 g gehobelter Parmesan, Salz, 2 EL gehackte Kräuter

1. Möhren putzen, schälen und halbieren. Knoblauch schälen, fein hacken und mit Öl vermischen. Heißluftfritteuse mit Backpapier auslegen und Möhren darauflegen. Mit Knoblauchöl einpinseln.
2. In der Heißluftfritteuse bei 180 °C ca. 10 Minuten garen. Möhren mit Parmesan bestreuen und weitere ca. 4–5 Minuten garen. Knoblauch-Parmesan-Möhren herausnehmen und mit Salz und Kräutern bestreut servieren.

PRO PORTION CA. 321 KCAL · 11 G EW · 21 G F · 13 G KH

Klassisches Carpaccio mit Rauke und Parmesan

ZUTATEN FÜR 4 PORTIONEN
200 g Rinderfilet, 4 Handvoll Rauke, 2 EL Olivenöl, Salz, frisch gemahlener Pfeffer, 4 EL geriebener Parmesan, unbehandelte Zitronenspalten zum Garnieren

1. Filet von Fett und Sehnen befreien. Mit einem scharfen Messer in sehr feine Scheiben schneiden. Scheiben zwischen zwei Lagen Frischhaltefolie legen und vorsichtig plattieren. Rauke waschen und trocken schütteln.

2. Teller mit etwas Öl bestreichen. Rindfleischscheiben so auf den Tellern anordnen, dass sie leicht überlappen. Mit wenig Öl beträufeln und mit Salz und Pfeffer würzen. Rauke darauf verteilen und mit geriebenem Parmesan bestreuen. Mit Zitronenspalten servieren.

PRO PORTION CA. 164 KCAL · 16 G EW · 10 G F · 1 G KH

Hähnchen-Nuggets Low Carb aus der Heißluftfritteuse

ZUTATEN FÜR 2 PORTIONEN
200 g Hähnchenbrust, 1 Ei, 25 g Mandelmehl, 50 g geriebener Parmesan, Salz, frisch gemahlener Pfeffer, Dip nach Belieben

1. Heißluftfritteuse auf 200 °C vorheizen. Hähnchenbrust waschen und trocken tupfen. In kleinere Stücke schneiden. Ei verschlagen. Mandelmehl mit Parmesan vermischen und mit Salz und Pfeffer würzen.

2. Hähnchenbruststücke nacheinander in der Eimasse und im Parmesan-Mehl wenden und in der vorgeheizten Heißluftfritteuse ca. 8–12 Minuten frittieren. Hähnchen-Nuggets zwischendurch wenden. Nach Belieben mit Dip servieren.

PRO PORTION CA. 280 KCAL · 42 G EW · 11 G F · 2 G KH

Garnelen auf Avocadocreme (Abbildung rechts)

25 Min.

1. Garnelen unter fließendem Wasser abspülen. 2 Esslöffel Limettensaft mit 1 Liter Salzwasser zum Kochen bringen. Garnelen darin aufkochen lassen und herausnehmen. In eiskaltem Wasser abschrecken und mit Küchenkrepp gut trocken tupfen. Die Garnelen im restlichen Limettensaft im Kühlschrank ca. 1 Stunde marinieren.
2. Chilischote waschen, halbieren, entkernen und fein hacken. Koriander waschen, trocken schütteln und Blätter von den Stielen zupfen. Koriander fein hacken. Knoblauchzehe schälen und fein hacken.
3. Chilischote, Koriander, Knoblauch und Garnelen mit Öl in eine Pfanne geben und kurz anbraten. Mit Salz und Pfeffer würzen.
4. Avocado halbieren und entkernen. Fruchtfleisch mit einem Löffel entnehmen und zusammen mit Joghurt und Rotweinessig mit dem Stabmixer pürieren. Mit Salz und Pfeffer abschmecken. Avocadocreme in 6 Gläser füllen und die Garnelen darauf verteilen. Mit Dill garniert servieren.

PRO PORTION CA. 107 KCAL · 8 G EW · 7 G F · 2 G KH

ZUTATEN FÜR 6 PORTIONEN

375 g küchenfertige Garnelen,
Saft von 1 großen Limette,
Salz,
1 Chilischote,
1/2 Bund Koriander,
1 Knoblauchzehe,
1 EL Olivenöl,
frisch gemahlener Pfeffer,
1 Avocado (à 200 g),
4 EL Joghurt,
1 EL Rotweinessig,
Dillfähnchen zum Garnieren

Avocado mit Käse-Walnuss-Füllung

15 Min.

1. Walnüsse in einer Pfanne ohne Fett kurz anrösten. Herausnehmen und etwas abkühlen lassen. 4 Walnusskerne zum Garnieren beiseitelegen. Restliche Nüsse fein hacken. Gorgonzola in kleine Würfel schneiden und 4 Würfel beiseitelegen. Restlichen Gorgonzola mit Crème fraîche und 1/2 Teelöffel Zitronensaft in einem Mixer fein pürieren. Mit Salz und Pfeffer abschmecken und gehackte Walnüsse unterheben.
2. Avocados halbieren und entkernen. Schnittflächen mit restlichem Zitronensaft bestreichen. Käse-Walnuss-Creme auf die Avocadohälften geben und mit je 1 Würfel Gorgonzola und je 1 Walnusskern garniert servieren.

PRO PORTION CA. 512 KCAL · 12 G EW · 50 G F · 2 G KH

ZUTATEN FÜR 4 PORTIONEN

75 g Walnüsse,
150 g Gorgonzola,
2 EL Crème fraîche,
1 TL Zitronensaft,
Salz,
frisch gemahlener Pfeffer,
2 Avocados

Buchweizen-Puffer aus der Heißluftfritteuse

ZUTATEN FÜR 4 PORTIONEN

150 g Buchweizen, 1 Knoblauchzehe, 1/2 Bund Petersilie, 1 Ei, Salz, frisch gemahlener Pfeffer, Currypulver

1. Buchweizen gründlich mit heißem Wasser in einem Sieb abspülen. Ca. 300 Milliliter Wasser in einem Topf zum Kochen bringen und Buchweizen zufügen. Zugedeckt ca. 20 Minuten bei geringer Hitze köcheln lassen. Topf vom Herd nehmen und Buchweizen ca. 20 Minuten quellen lassen.

2. Knoblauch schälen und fein hacken. Petersilie waschen, trocken schütteln und Blätter fein hacken. Buchweizen mit Ei und etwas Wasser zu einer gut formbaren Masse verkneten. Knoblauch und Petersilie unterkneten und mit Salz, Pfeffer und Currypulver abschmecken. Aus der Masse kleine Puffer formen. Buchweizenpuffer auf die Grillplatte legen und in der Heißluftfritteuse bei 200 °C ca. 20 Minuten frittieren.

PRO PORTION CA. 152 KCAL · 6 G EW · 2 G F · 27 G KH

Kräuterfrittata aus der Heißluftfritteuse

ZUTATEN FÜR 2 PORTIONEN

1 Handvoll gemischte Kräuter (z. B. Petersilie, Kerbel, Schnittlauch), 1 Frühlingszwiebel, 3 Eier, 1 EL Mandelmehl, 2 EL Joghurt, 1 TL Backpulver, Salz, frisch gemahlener Pfeffer, 1 TL Olivenöl

1. Heißluftfritteuse auf 180 °C vorheizen. Kräuter waschen, trocken schütteln und fein hacken. Frühlingszwiebel putzen, waschen und in dünne Röllchen schneiden. Eier mit Mehl, Joghurt und Backpulver verschlagen und mit Salz und Pfeffer würzen. Kräuter und Frühlingszwiebel untermischen.

2. Öl in den Garbehälter geben und Frittata-Masse in den Garbehälter füllen. Kräuter-Frittata in der vorgeheizten Heißluftfritteuse ca. 15–20 Minuten garen, bis die Frittata gestockt ist.

PRO PORTION CA. 190 KCAL · 12 G EW · 11 G F · 10 G KH

Brokkoli-Parmesan-Puffer

30 Min.

1. Brokkoli putzen, waschen und in Röschen teilen. In einem Topf mit kochendem Salzwasser ca. 5 Minuten kochen. Durch ein Sieb abgießen. Röschen mit der Küchenmaschine oder mit einem großen Messer zerkleinern. Knoblauch schälen und fein hacken.

2. Brokkoli in eine Schüssel geben und mit Knoblauch, Ei, gemahlenen Mandeln und geriebenem Parmesan zu einem Teig verrühren. Mit Salz und Pfeffer abschmecken. Öl in einer Pfanne erhitzen. Teig portionsweise hineingeben und Brokkoli-Parmesan-Puffer bei mittlerer Hitze von beiden Seiten goldgelb backen. Auf Küchenpapier abtropfen lassen.

PRO PORTION CA. 440 KCAL · 21 G EW · 35 G F · 6 G KH

ZUTATEN FÜR 4 PORTIONEN

1 Brokkoli,
Salz,
1 Knoblauchzehe,
1 Ei,
100 g gemahlene Mandeln,
100 g geriebener Parmesan,
frisch gemahlener Pfeffer,
4 EL Öl

Gemüsesticks mit Quark

15 Min.

1. Quark und Milch cremig verrühren. Knoblauch schälen und fein hacken. Aufgetaute Kräutermischung und Knoblauch mit dem Quark verrühren und mit Salz, Pfeffer und Paprikapulver abschmecken. Im Kühlschrank ziehen lassen.

2. Gemüse putzen und je nach Art schälen oder waschen und entkernen. Gurke, Paprikaschoten, Sellerie und Möhren in längliche Streifen schneiden. Tomaten vierteln. Kräuterquark zu den Gemüsesticks servieren.

TIPP Dieser Low-Carb-Snack liefert viele Vitamine sowie gesunde Fette und gibt Energie. Außerdem ist er der perfekte Snack für unterwegs und im Büro.

PRO PORTION CA. 112 KCAL · 14 G EW · 1 G F · 10 G KH

ZUTATEN FÜR 1 PORTION

100 g Magerquark,
1 EL Milch,
1/4 Knoblauchzehe,
1 EL Kräutermischung (TK-Produkt),
Salz,
frisch gemahlener Pfeffer,
Paprikapulver,
200 g gemischtes Gemüse (z.B. Gurke, Paprikaschoten, Staudensellerie, Möhren, Tomaten)

Portobello-Pilze mit aromatischer Spinatfüllung

35 Min.

1. Portobellos mit einer weichen Bürste säubern und Stiele herausbrechen. Spinat putzen, waschen und trocken schütteln. Knoblauch schälen und fein hacken. Petersilie waschen, trocken schütteln und fein hacken. Mozzarella abtropfen lassen und in kleine Würfel schneiden.

2. 2 Esslöffel Öl in einer Pfanne erhitzen. Pilze darin von jeder Seite 2–3 Minuten anbraten. Mit Salz und Pfeffer würzen und aus der Pfanne nehmen. Mit der offenen Seite nach oben in eine Auflaufform legen.

3. Backofen auf 200 °C (Umluft: 180 °C) vorheizen. Restliches Öl in die Pfanne geben. Knoblauch zugeben und kurz anrösten. Spinat zufügen und ca. 1 Minute erhitzen, bis er zusammenfällt. Marsala einrühren und einkochen lassen. Mit Salz und Pfeffer würzen.

4. Spinatmischung in die Pilze füllen. Mozzarellawürfel darüber verteilen, mit Petersilie bestreuen und im vorgeheizten Backofen ca. 10 Minuten backen.

PRO PORTION CA. 186 KCAL · 10 G EW · 14 G F · 3 G KH

ZUTATEN FÜR 4 PORTIONEN

4 Portobellos (à ca. 110 g),
275 g Blattspinat,
2 Knoblauchzehen,
2 Stängel Petersilie,
100 g Mozzarella,
3 EL Öl,
Salz,
frisch gemahlener Pfeffer,
50 ml Marsala

Parmesan-Gouda-Chips mit Knoblauch-Dip (Abbildung rechts)

40 Min.

1. Backofen auf 180 °C (Umluft: 160 °C) vorheizen. Backblech mit Backpapier auslegen. Parmesan grob raspeln und mit geriebenem Gouda in einer Schüssel mischen. Käsemischung portionsweise in kleinen Häufchen auf dem Backpapier verteilen. Mit Oregano bestreuen und mit einem Löffel flach drücken.

2. Im vorgeheizten Backofen ca. 15 Minuten backen. Abkühlen lassen und überschüssiges Fett auf Küchenkrepp abtropfen lassen. Knoblauch schälen und fein hacken. Mit Frischkäse verrühren und mit Salz und Pfeffer abschmecken. Parmesan-Gouda-Chips mit Knoblauch-Dip servieren.

PRO PORTION CA. 327 KCAL · 21 G EW · 27 G F · 3 G KH

ZUTATEN FÜR 4 PORTIONEN
150 g Parmesan,
100 g geriebener Gouda,
1 EL getrockneter Oregano,
1 Knoblauchzehe,
150 g Doppelrahm-Frischkäse,
Salz,
frisch gemahlener Pfeffer

Zwiebelringe in Parmesankruste aus der Heißluftfritteuse

30 Min.

1. Heißluftfritteuse auf 200 °C vorheizen. Zwiebeln schälen und in ca. 1/2 Zentimeter dicke Ringe schneiden. Mandelmehl mit Parmesan, Knoblauchpulver und Salz vermischen. Ei verschlagen. Backblech mit Backpapier auslegen.

2. Zwiebelringe nacheinander in der Eimasse und in der Parmesan-Panade wenden und auf das Backpapier legen. Öl darüberträufeln oder mit Öl besprühen. In der vorgeheizten Heißluftfritteuse ca. 15–20 Minuten backen.

TIPP Nicht nur Zwiebelringe lassen sich mit dieser knusprigen Parmesanhülle verfeinern. Auch Zucchini- oder Auberginenscheiben kann man damit panieren und in der Heißluftfritteuse frittieren. Zu allen Varianten passen Dips auf Mayonnaise- oder Tomatenbasis.

PRO PORTION CA. 325 KCAL · 28 G EW · 19 G F · 10 G KH

ZUTATEN FÜR 2 PORTIONEN
1–2 Zwiebeln,
60 g Mandelmehl,
40 g geriebener Parmesan,
1 TL Knoblauchpulver,
1 TL Salz,
1 Ei,
1 EL Öl

Gefüllte Zucchini aus der Heißluftfritteuse

ZUTATEN FÜR 2 PORTIONEN
2 kleine runde Zucchini, Salz, 1 Knoblauchzehe, 50 g Feta, 200 g Rinderhackfleisch, 1 TL gehackte Petersilie, 1 TL edelsüßes Paprikapulver, frisch gemahlener Pfeffer

1. Zucchini putzen, waschen und trocken tupfen. Einen Deckel abschneiden und Fruchtfleisch mit einem Löffel ausschaben. Ca. 1 Zentimeter Rand lassen. Innenseiten mit etwas Salz bestreuen. Knoblauch schälen und fein hacken. Feta zerbröseln. Knoblauch, Feta, Hackfleisch und Petersilie gut vermischen und mit Salz, Paprikapulver und Pfeffer würzen. Heißluftfritteuse auf 180 °C vorheizen.
2. Ausgehöhlte Zucchini mit Hackfleisch-Feta-Masse füllen und Deckel darauflegen. Gefüllte Zucchini in den Garkorb stellen und in der vorgeheizten Heißluftfritteuse ca. 20 Minuten garen.

PRO PORTION CA. 317 KCAL · 29 G EW · 20 G F · 6 G KH

Mediterrane Auberginen-Türmchen

ZUTATEN FÜR 2 PORTIONEN
1 Aubergine, 125 g Mozzarella, 2 Tomaten, 1 EL Zitronensaft, 2 EL Olivenöl, Salz, frisch gemahlener Pfeffer, 1/2 Bund Basilikum

1. Aubergine waschen, putzen und in Scheiben schneiden. Mozzarella in Scheiben schneiden. Tomaten waschen, vom Stielansatz befreien und in Scheiben schneiden. Zitronensaft und Öl in einer Schüssel mischen und mit Salz und Pfeffer würzen. Auberginenscheiben mit Marinade bestreichen.
2. Marinierte Auberginenscheiben in der Grillpfanne oder auf dem Grill ca. 2–3 Minuten auf jeder Seite goldgelb grillen. Basilikum waschen und trocken schütteln. Abwechselnd Auberginenscheiben, Tomaten, Mozzarella und Basilikumblättchen aufeinanderstapeln und servieren.

PRO PORTION CA. 346 KCAL · 14 G EW · 28 G F · 8 G KH

Kürbispommes aus der Heißluftfritteuse

ZUTATEN FÜR 2 PORTIONEN
1 Hokkaidokürbis, 1 EL Olivenöl, 1 TL Paprikapulver, 1 TL Grillgewürz, 2 EL Kräuter (z. B. Rosmarin, Thymian), Tomatendip nach Belieben

1. Heißluftfritteuse auf 200 °C vorheizen. Hokkaidokürbis waschen, halbieren und Kerne entfernen. Kürbis in schmale Spalten schneiden. In einen Gefrierbeutel geben und mit Olivenöl, Gewürzen und 1 Esslöffel Kräutern marinieren.
2. Kürbis-Pommes in den Garkorb füllen und in der Heißluftfritteuse ca. 10 Minuten garen. Temperatur auf 180 °C verringern und weitere ca. 5 Minuten garen. Mit restlichen Kräutern bestreuen und nach Belieben mit Tomatendip servieren.

PRO PORTION CA. 254 KCAL · 5 G EW · 9 G F · 38 G KH

Zwetschgen im Mantel aus der Heißluftfritteuse

ZUTATEN FÜR 2 PORTIONEN
100 g durchwachsener Schinkenspeck in Scheiben, 15 getrocknete Zwetschgen, Holzspieße oder Zahnstocher

1. Heißluftfritteuse auf 180 °C vorheizen. Speckscheiben auf der Arbeitsfläche ausbreiten und Zwetschgen darin einrollen. Mit Holzspießen oder Zahnstochern fixieren.
2. Zwetschgen in der vorgeheizten Heißluftfritteuse auf dem Gittereinsatz ca. 5–8 Minuten backen.

TIPP Dörrobst und Speck ergeben eine tolle Kombination! Variieren Sie dieses Rezept doch einmal mit getrockneten Aprikosen oder Datteln. Nur bei der Portionsgröße sollten Sie sich mäßigen. Die getrockneten Früchte schlagen nämlich mit einem hohen Zuckergehalt zu Buche und sollten bei einer Low-Carb-Ernährung nur in Maßen genossen werden.

PRO PORTION CA. 367 KCAL · 11 G EW · 13 G F · 48 G KH

Grünkohlchips aus der Heißluftfritteuse

30 Min.

ZUTATEN FÜR 2 PORTIONEN
250 g Grünkohl,
Saft von 1/2 Zitrone,
1 Prise Salz,
1 1/2 EL Olivenöl,
Samen (z. B. Sesam, Leinsamen) zum Bestreuen nach Belieben

1. Heißluftfritteuse auf 180 °C vorheizen. Grünkohl waschen, Blätter vom Strunk entfernen und trocken schütteln. Grünkohlblätter in kleinere Stücke zupfen, in eine Schüssel geben und mit Zitronensaft, Salz und Olivenöl marinieren.

2. Marinierte Grünkohlblätter auf die Grillplatte legen und in der vorgeheizten Heißluftfritteuse ca. 5 Minuten frittieren. Grünkohl wenden und weitere maximal 5 Minuten leicht goldbraun frittieren. (Immer wieder kontrollieren, dass die Grünkohlblätter nicht zu dunkel werden.) Grünkohlchips mit Samen bestreut servieren.

TIPP Ernährungsempfehlungen betonen immer wieder die gesunden Auswirkungen von dunkelgrünem Blattgemüse, denn es ist vollgepackt mit Vitaminen, Antioxidantien, Mineralien und Ballaststoffen. Grünkohl ist der unangefochtene König der dunkelgrünen Blattgemüse und schmeckt in dieser Snackvariante besonders lecker.

PRO PORTION CA. 177 KCAL · 7 G EW · 13 G F · 4 G KH

Würzige Edamame

15 Min.

1. Edamame in einen Topf mit kochendem Salzwasser geben und ca. 5 Minuten garen. Knoblauch und Ingwer schälen und fein hacken. Chilischote waschen, halbieren, Kerne herausschneiden und Chilischote in feine Ringe schneiden.

2. Sesamöl in einer Pfanne erhitzen. Knoblauch, Ingwer und Chili bei mittlerer Hitze darin anbraten. Sojasoße zugeben. Edamame über ein Sieb abgießen, zugeben, alles verrühren und ca. 1 Minute ziehen lassen.

TIPP Die grünen Sojabohnen werden ohne Hülsen gegessen. Hierfür nimmt man die Schote in den Mund, schiebt die Bohnen mit den Zähnen heraus und wirft die Schoten weg.

PRO PORTION CA. 264 KCAL · 21 G EW · 13 G F · 9 G KH

ZUTATEN FÜR 2 PORTIONEN

500 g Edamame (frisch oder TK-Produkt), Salz, 2 Knoblauchzehen, 1 Stück Ingwer (ca. 2 cm), 1 rote Chilischote, 3 TL Sesamöl, 2 TL Sojasoße

Knusprige Kokosnuss-Garnelen aus der Heißluftfritteuse (Abbildung rechts)

15 Min.

ZUTATEN FÜR 2 PORTIONEN
130 g küchenfertige Garnelen,
2 Eier,
1 TL Kokoscreme,
1 Spritzer Zitronensaft,
Salz,
frisch gemahlener Pfeffer,
2 EL Mandelmehl,
2 EL Kokosraspel,
etwas Öl nach Belieben,
1/2 Zitrone

1. Garnelen waschen und trocken tupfen. Eier mit Kokoscreme und Zitronensaft verschlagen und mit Salz und Pfeffer würzen. Garnelen in Mandelmehl wälzen, in Ei-Mischung tauchen und mit Kokosraspel gleichmäßig panieren. Nach Belieben mit etwas Öl besprühen.
2. Kokosnuss-Garnelen in den Garkorb legen und in der Heißluftfritteuse bei 170 °C ca. 11 Minuten frittieren. Mit Zitrone zum Beträufeln servieren.

TIPP Dazu passt ein leckerer Cocktaildip. Hierfür einfach Mayonnaise mit etwas Light-Ketchup verrühren und mit Zitronensaft, Salz und Pfeffer abschmecken.

PRO PORTION CA. 340 KCAL · 31 G EW · 21 G F · 4 G KH

Low-Carb-Kichererbsennudeln

20 Min.

ZUTATEN FÜR 4 PORTIONEN
400 Kichererbsenmehl und etwas Mehl für die Arbeitsfläche,
Salz,
4 Eier

1. Kichererbsenmehl und 1 Teelöffel Salz mischen. Eier zufügen und aus den Zutaten einen glatten Teig kneten. In Frischhaltefolie wickeln und ca. 1 Stunde ruhen lassen.
2. Teig auf bemehlter Arbeitsfläche noch einmal gut durchkneten und in mehrere Portionen teilen. Mit der Nudelmaschine oder dem Nudelholz daraus dünne Teigplatten ausrollen. Mit Kichererbsenmehl bestäuben und mit Tüchern abdecken, damit sie nicht austrocknen.
3. Platten zu Bandnudeln schneiden. In reichlich Salzwasser ca. 7–10 Minuten garen. Abtropfen lassen und mit einer Soße oder einem Pesto nach Wahl servieren.

TIPP Für eine schnelle Käsesoße 75 Gramm zerbröckelten Gorgonzola, 25 Gramm geriebenen Parmesan und 2–3 Esslöffel Sahne zu den Nudeln geben und kurz erhitzen.

PRO PORTION CA. 404 KCAL · 27 G EW · 11 G F · 50 G KH

Panierte Zucchini-Pommes

30 Min.

1. Backofen auf 240 °C (Umluft: 220 °C) vorheizen. Backblech mit Backpapier auslegen. Zucchini putzen, waschen und in dicke Stifte schneiden. Mandeln, Parmesan und Oregano in einem tiefen Teller vermischen. Ei mit Salz in einer Schüssel verschlagen.

2. Zuchinistifte in die Schale mit der Eiermischung tauchen und in der Mandel-Parmesan-Mischung wenden. Panierte Zucchini-Pommes auf das Backpapier legen und im vorgeheizten Backofen ca. 10–15 Minuten goldbraun backen. Petersilie hacken und über die die Zucchini-Pommes streuen.

TIPP Zucchini-Pommes mit Kräuter-Knoblauch-Dip servieren.

ZUTATEN FÜR 2 PORTIONEN

2 große Zucchini,
50 g gemahlene Mandeln,
30 g geriebener Parmesan,
1 EL Oregano,
1 Ei,
Salz,
Petersilie zum Garnieren

PRO PORTION CA. 326 KCAL · 21 G EW · 22 G F · 11 G KH

Zucchinichips aus der Heißluftfritteuse

ZUTATEN FÜR 2 PORTIONEN

1 große Zucchini, 1 Knoblauchzehe, 50 g fein geriebener Parmesan, 1 EL Apfelessig, Salz, Fett für die Grillplatte

1. Zucchini putzen, waschen und trocken tupfen. In dünne Scheiben hobeln. Knoblauch schälen und fein hacken. Knoblauch, Parmesan, Apfelessig und etwas Salz vermischen und Zucchinischeiben darin marinieren. Grillplatte mit Fett ausstreichen.

2. Zucchinischeiben einzeln auf die Grillplatte legen und in der Heißluftfritteuse bei 160 °C ca. 10 Minuten backen. Temperatur der Heißluftfritteuse auf 110 °C verringern und Zucchinischeiben weitere ca. 50 Minuten knusprig backen. (Immer wieder kontrollieren, dass die Zucchinischeiben nicht zu dunkel werden.) Mit den restlichen Zucchinischeiben ebenso verfahren.

TIPP Zu den Zucchinichips passt ein Dip wie z. B. Salsa.

PRO PORTION CA. 157 KCAL · 12 G EW · 10 G F · 6 G KH

Topinambur aus dem Ofen

ZUTATEN FÜR 4 PORTIONEN

800 g Topinambur, 2 EL Olivenöl und etwas Öl für die Form, abgeriebene Schale und Saft von 1 unbehandelten Zitrone, 150 ml Gemüsebrühe, 4 Knoblauchzehen, 50 g geriebener Käse, Salz, frisch gemahlener Pfeffer, 1 EL gehackte Petersilie zum Garnieren

1. Backofen auf 200 °C (Umluft: 180 °C) vorheizen. Topinambur putzen, gründlich waschen und in Stücke schneiden. Topinambur in eine gefettete Auflaufform legen.

2. Zitronensaft und Brühe verrühren. Knoblauch schälen und fein hacken. Zitronenschale, Knoblauch und Käse auf den Topinamburscheiben verteilen. Brühe zugießen und mit Olivenöl beträufeln. Mit Salz und Pfeffer würzen. Im vorgeheizten Backofen ca. 45 Minuten garen. Mit Petersilie bestreut servieren.

PRO PORTION CA. 178 KCAL · 9 G EW · 11 G F · 10 G KH

Spargel im Speckmantel aus der Heißluftfritteuse (Abbildung rechts)

15 Min.

ZUTATEN FÜR 2 PORTIONEN
6 Stangen grüner Spargel,
6 Scheiben durchwachsener Schinkenspeck in Scheiben

1. Vom Spargel holziges Ende abschneiden, Spargel waschen und unteres Drittel schälen. Um jede Spargelstange eine Speckscheibe wickeln.
2. Spargelstangen in den Garkorb oder auf die Grillplatte legen und in der Heißluftfritteuse bei 190 °C ca. 10 Minuten frittieren.

TIPP Spargel im Speckmantel schmeckt pur als Low-Carb-Snack und passt ideal zu gemischtem Salat oder gebratenem Fleisch. Auch kalt sind die Spargel-Speck-Stangen ein wunderbarer Genuss. Je nach Belieben können Sie auch weißen Spargel verwenden. Dieser wird im Gegensatz zum grünen Spargel aber komplett geschält, bevor er mit Speck umwickelt wird.

PRO PORTION CA. 190 KCAL · 13 G EW · 13 G F · 4 G KH

Ziegenkäse-Soufflé, kräftig und doch fein

75 Min.

ZUTATEN FÜR 4 PORTIONEN
125 g Ziegenkäse (Hartkäse),
2 Eier, 30 g Butter und etwas Butter für die Förmchen,
1/2 Bund glatte Petersilie,
20 g Mehl,
150 ml Milch,
1 TL mittelscharfer Senf,
Salz,
frisch gemahlener Pfeffer

1. Ziegenkäse zerbröseln und beiseitestellen. Eier trennen. 4 Förmchen mit Butter ausstreichen. Petersilie waschen, trocken schütteln und fein hacken.
2. Butter in einem Topf schmelzen, Mehl unter Rühren zugeben und 2 Minuten anschwitzen. Milch zufügen und zum Kochen bringen. Hitze verringern und ca. 3 Minuten unter Rühren köcheln lassen. Mischung vom Herd nehmen. Backofen auf 200 °C (Umluft: 180 °C) vorheizen.
3. Eigelbe, Senf, Petersilie und 2/3 der Ziegenkäsebrösel untermischen. Mit Salz und Pfeffer würzen. Eiweiße mit 1 Prise Salz halbfest schlagen. 1/4 des Eischnees zur Eigelbmasse geben und kräftig untermischen. Restliche Käsebrösel und restlichen Eischnee unterheben.
4. Gefettete Förmchen in eine Auflaufform stellen. Auflaufform bis zur Hälfte mit heißem Wasser füllen. Soufflé-Masse in die Förmchen füllen und im vorgeheizten Backofen ca. 20 Minuten goldbraun backen. Förmchen aus dem Wasserbad heben und ca. 20 Minuten abkühlen lassen.

PRO PORTION CA. 265 KCAL · 12 G EW · 22 G F · 6 G KH

Currywurst mit Ketchup

ZUTATEN FÜR 4 PORTIONEN
500 g passierte Tomaten, 2 EL zuckerfreies Apfelmus, 2 EL Kräuteressig, 1 EL Xylit, 1 EL Currypulver und etwas Currypulver zum Bestreuen nach Belieben, 1 EL Gemüsebrühepulver, 1 TL Rauchsalz, 1 TL geräuchertes Paprikapulver, Öl, 4 Bratwürste

1. Tomaten, Apfelmus, Essig, Xylit und Gewürze in einen Topf geben und umrühren. Auf kleiner Flamme ca. 15 Minuten köcheln lassen. Ab und zu umrühren.
2. Öl in eine Pfanne geben und erhitzen. Bratwürste vorsichtig in das heiße Fett geben und von allen Seiten goldbraun anbraten. Sie dürfen ruhig etwas aufplatzen.
3. Jede Wurst in 7–8 Stücke schneiden und auf Tellern anrichten. Mit Soße übergießen und nach Geschmack noch mit etwas Currypulver bestreuen.

PRO PORTION CA. 148 KCAL · 5 G EW · 9 G F · 8 G KH

Low-Carb-Wrap mit viel Eiweiß

ZUTATEN FÜR 2 PORTIONEN
100 g Magerquark, 1 Ei, 1 EL Leinsamenmehl, 100 g geriebener Käse (z. B. Gouda), Salz, frisch gemahlener Pfeffer

1. Backofen auf 180 °C (Umluft: 160 °C) vorheizen. Backblech mit Backpapier auslegen. Quark, Ei, Leinsamenmehl und geriebenen Käse in einer Schüssel verrühren. Mit Salz und Pfeffer abschmecken.
2. Teig auf das Backpapier streichen oder kleine runde Fladen formen und im vorgeheizten Backofen ca. 15–20 Minuten goldbraun backen.

TIPP Die Wraps können nach Belieben gefüllt werden, z. B. mit grünem Spargel, Tomaten und Petersilie.

PRO PORTION CA. 259 KCAL · 21 G EW · 19 G F · 1 G KH

Trendiger Blumenkohl-„Reis"

ZUTATEN FÜR 4 PORTIONEN
1 Blumenkohl, 1 Zwiebel, 1-2 Knoblauchzehen, 1-2 EL Öl, Salz

1. Blumenkohl putzen, waschen und in Röschen teilen. Röschen mit der Küchenmaschine oder mit einem großen Messer zerkleinern, bis sie die Größe von Reiskörnern haben. Zwiebel und Knoblauch schälen und fein hacken.
2. Öl in einer großen Pfanne erhitzen und Zwiebel und Knoblauch darin kurz anbraten. Blumenkohlreis zugeben und unter Rühren ca. 3–5 Minuten mitbraten. Mit Salz abschmecken und servieren.

PRO PORTION CA. 113 KCAL · 4 G EW · 7 G F · 5 G KH

Cremiges Brokkoli-Püree

ZUTATEN FÜR 2 PORTIONEN
750 g Brokkoli (TK-Produkt), Salz, 3 EL Crème fraîche, 1 EL geriebener Parmesan, frisch gemahlener Pfeffer, Kerbel zum Garnieren, 1 EL Olivenöl

1. Brokkoli in einem Topf mit ausreichend Salzwasser gar kochen. Durch ein Sieb abgießen und mit Crème fraîche und Parmesan pürieren. Mit Salz und Pfeffer abschmecken.
2. Brokkoli-Püree mit Kerbel garnieren. Etwas Olivenöl über das Püree träufeln und servieren.

PRO PORTION CA. 244 KCAL · 16 G EW · 15 G F · 11 G KH

SUPPEN UND SALATE

Ingwer-Möhren-Suppe (Abbildung rechts)

45 Min.

1. Orangenabrieb mit Olivenöl mischen und beiseitestellen. Möhren schälen und grob würfeln. Ingwer und Schalotten schälen und fein hacken.

2. Butter in einem Topf schmelzen lassen und Gemüse darin kurz andünsten. Gemüsebrühe aufgießen und zugedeckt bei mittlerer Hitze ca. 25 Minuten kochen lassen.

3. Suppe mit dem Stabmixer pürieren und mit Salz, Pfeffer, Muskat und Zitronensaft abschmecken. Orangen-Öl-Mischung durch ein feines Sieb pressen. Möhren-Ingwer-Suppe nochmals kurz aufkochen lassen. Mit etwas Orangenöl beträufeln und mit Sahne verfeinern. Mit gewaschener Petersilie garniert servieren.

PRO PORTION CA. 336 KCAL · 5 G EW · 30 G F · 14 G KH

ZUTATEN FÜR 2 PORTIONEN
abgeriebene Schale von 1 unbehandelten Orange,
2 EL Olivenöl,
300 g Möhren,
25 g Ingwer,
2 Schalotten,
1 EL Butter,
500 ml Gemüsebrühe,
Salz,
frisch gemahlener Pfeffer,
etwas frisch geriebener Muskat,
1 EL Zitronensaft,
50 g Sahne,
etwas Petersilie für die Garnitur

Spargelcremesuppe mit Lachs

60 Min.

1. Zwiebel schälen und fein hacken. Spargel waschen, holzige Enden abschneiden und unteres Drittel schälen. Spitzen abschneiden und längs halbieren. Übrigen Spargel in Scheiben schneiden. Backofen auf 200 °C (Umluft: 180 °C) vorheizen. Spargelscheiben und Zwiebel in Butter andünsten, 100 Gramm Erbsen zugeben. Salzen und pfeffern. Brühe und Sahne zugießen, aufkochen und zugedeckt bei mittlerer Hitze ca. 15 Minuten köcheln lassen.

2. 2 Esslöffel Zitronensaft, Zitronenschale und Olivenöl verrühren. Lachs in eine ofenfeste Form legen, mit Salz und Pfeffer würzen und mit der Zitronen-Öl-Mischung beträufeln. Im vorgeheizten Backofen ca. 10–12 Minuten garen.

3. Suppe mit dem Stabmixer fein pürieren, restliche Erbsen und Spargelspitzen zugeben und aufkochen lassen. Zugedeckt bei mittlerer Hitze weitere ca. 5 Minuten garen. Meerrettichwurzel schälen und fein reiben. Ein wenig davon für die Garnitur beiseitestellen. Meerrettich nach Geschmack zur Suppe geben – nicht mehr aufkochen! Suppe mit Salz, Pfeffer und restlichem Zitronensaft abschmecken. Mit dem Lachs auf vorgewärmten Tellern anrichten, mit Meerrettich und gewaschenem Kerbel garniert servieren.

PRO PORTION CA. 704 KCAL · 43 G EW · 51 G F · 20 G KH

ZUTATEN FÜR 4 PORTIONEN
1 Zwiebel,
1 kg grüner Spargel,
2 EL Butter,
180 g Erbsen (TK-Produkt),
Salz,
frisch gemahlener Pfeffer,
750 ml Gemüsebrühe,
250 g Sahne,
4 EL Zitronensaft und etwas abgeriebene Schale von 1 unbehandelten Zitrone,
4 EL Olivenöl,
4 küchenfertige Lachsfilets (à 150 g),
50–80 g Meerrettichwurzel,
etwas Kerbel zum Garnieren

Asia-Salat mit Rinderfilet

40 Min.

ZUTATEN FÜR 4 PORTIONEN
200 g Konjaknudeln,
3 Möhren,
1 Salatgurke,
1/2 Eisbergsalat,
4 Stängel Koriander,
50 g gemischte Sprossen,
250 g Rinderfilet,
1 Knoblauchzehe,
50 g Erdnüsse,
1 EL Öl,
1 TL geriebener Ingwer,
Saft von 1 Limette,
1 EL Sesamöl,
1 TL Sojasoße,
Salz,
frisch gemahlener Pfeffer,
Röstzwiebeln zum Bestreuen

1. Nudeln nach Packungsangabe garen, abgießen und abtropfen lassen. Möhren putzen, waschen und in Stifte schneiden. Gurke waschen, längs halbieren und in Stifte schneiden. Eisbergsalat waschen, trocken schütteln und in feine Streifen schneiden. Koriander waschen, trocken schütteln, Blätter abzupfen. Sprossen waschen und trocken schütteln. Rinderfilet in schmale Streifen schneiden. Knoblauch schälen und fein hacken.

2. Erdnüsse in einer Pfanne ohne Fett ca. 2 Minuten unter Wenden rösten. Herausnehmen und beiseitestellen. Öl in der Pfanne erhitzen und Rinderfilet mit Knoblauch und Ingwer unter Rühren darin ca. 2 Minuten braten. Abkühlen lassen.

3. Limettensaft mit Sesamöl und Sojasoße verrühren. Mit Salz und Pfeffer abschmecken. Nudeln, Möhren, Gurke, Salat, Koriander, Rindfleisch und Sprossen mit dem Dressing vermengen. Salat mit Röstzwiebeln und Erdnüssen bestreut servieren.

PRO PORTION CA. 266 KCAL · 19 G EW · 15 G F · 11 G KH

Asiasuppe mit Tofu

30 Min.

ZUTATEN FÜR 4 PORTIONEN
10 g getrocknete Austernpilze,
4 Frühlingszwiebeln,
2 Stangen Staudensellerie,
100 g Bambussprossen (aus dem Glas),
8 kleine Champignons,
30 g Tomaten,
2 EL Miso-Paste,
3 EL Sojasoße,
200 g fester Tofu,
1 EL Sesam zum Bestreuen

1. Austernpilze in Wasser legen. Bei schwacher Hitze ca. 10 Minuten ziehen lassen. Brühe durch ein Tuch in einen sauberen Topf passieren.
2. Frühlingszwiebeln putzen und in Ringe schneiden, Sellerie putzen, waschen und in dünnen Scheiben schneiden. Sprossen in einem Sieb abtropfen lassen. Champignons putzen und in feine Scheiben schneiden. Tomaten waschen und grob hacken.
3. Brühe erhitzen, Misopaste und Sojasoße einrühren. Tofu in kleine Würfel schneiden, mit dem vorbereiteten Gemüse in die Suppe geben und ca. 5 Minuten ziehen lassen. Mit Sesam bestreuen und sofort servieren.

PRO PORTION CA. 129 KCAL · 11 G EW · 6 G F · 6 G KH

Melonen-Mozzarella-Salat mit gekochtem Schinken (Abbildung links)

15 Min.

ZUTATEN FÜR 4 PORTIONEN

1 große oder 2 kleine Melonen (z.B. Cantaloupe), 250 g Mini-Mozzarellakugeln, 100 g Pflücksalat, 1/2 Bund Basilikum, 4 EL Olivenöl, Saft von 2 Limetten, Salz, frisch gemahlener Pfeffer, 4 Scheiben gekochter Schinken

1. Melone halbieren und entkernen. Melonenfruchtfleisch mit einem Kugelausstecher zu Kugeln formen. Mozzarella abtropfen lassen. Zusammen mit den Melonenkugeln in 4 Schälchen verteilen.

2. Salat waschen, trocken schütteln und zerpflücken. Basilikum waschen, trocken schütteln und Blättchen abzupfen. Größere Blätter grob hacken. Salat und Basilikum mit Olivenöl über die Melone und den Mozzarella verteilen. Mit Limettensaft beträufeln und mit Salz und Pfeffer abschmecken. Schinken in mundgerechte Stücke schneiden und zufügen. Sofort servieren.

PRO PORTION CA. 383 KCAL · 17 G EW · 26 G F · 25 G KH

Spinat-Gurken-Salat mit Mozzarella

30 Min.

ZUTATEN FÜR 4 PORTIONEN

4 rote Zwiebeln, 6 EL Olivenöl und etwas Öl zum Braten, 4 EL Mandelblättchen, 200 g Salatgurke, 100 g Kirschtomaten, 100 g Babyspinat, 6 Stängel Thymian, 400 g Mozzarella, 100 ml Orangensaft, 4 EL Balsamico, Salz, frisch gemahlener Pfeffer

1. Zwiebeln schälen und in ca. 1 Zentimeter dicke Scheiben schneiden. Etwas Öl in einer Pfanne erhitzen und Zwiebeln darin ca. 6–8 Minuten auf jeder Seite braten. Mandelblättchen in einer Pfanne ohne Fettzugabe kurz anrösten.

2. Gurke waschen, längs halbieren, Kerne entfernen und Gurke in kleine Stücke schneiden. Kirschtomaten waschen, halbieren und vom Stielansatz befreien. Spinat putzen, waschen und trocken schütteln. Thymian waschen, trocken schütteln und Blättchen fein hacken. Mozzarella über einem Sieb abtropfen lassen und klein würfeln.

3. Orangensaft, Balsamico und Olivenöl vermischen und mit Salz und Pfeffer abschmecken. Thymianblättchen untermischen. Gurke, Tomaten und Spinat auf vier Tellern anrichten, Zwiebeln und Mozzarella darauf verteilen. Mit Dressing beträufeln und mit Mandelblättchen garnieren.

PRO PORTION CA. 502 KCAL · 21 G EW · 43 G F · 7 G KH

Topinambursuppe

ZUTATEN FÜR 4 PORTIONEN

500 g Topinambur, 2 Schalotten, 2 EL Butter, 800 ml Hühnerbrühe, Salz, frisch gemahlener Pfeffer, etwas frisch geriebener Muskat, 200 g Sahne

1. Topinambur putzen, schälen, gründlich waschen und in Scheiben schneiden. Schalotten schälen und fein würfeln. Butter erhitzen und Schalotten darin glasig dünsten. Topinambur und Brühe zufügen, aufkochen und bei schwacher Hitze ca. 15 Minuten köcheln lassen.

2. Suppe pürieren und mit Salz, Pfeffer und Muskat abschmecken. Sahne einrühren und weitere ca. 5 Minuten sanft köcheln lassen. Sofort servieren.

PRO PORTION CA. 276 KCAL · 5 G EW · 24 G F · 9 G KH

Lauchsuppe mit Käse und Hackfleisch

ZUTATEN FÜR 2 PORTIONEN

2 Stangen Lauch, 1 Knoblauchzehe, 500 g Hackfleisch, 1 EL Öl, Salz, frisch gemahlener Pfeffer, 600 ml Gemüsebrühe, 200 g Sahneschmelzkäse, 200 g Crème fraîche mit Kräutern, etwas frisch geriebener Muskat, Schnittlauchröllchen zum Garnieren

1. Lauch waschen, putzen und in dünne Ringe schneiden. Knoblauch schälen und fein hacken. Hackfleisch in heißem Öl anbraten, mit Salz und Pfeffer würzen. Lauch und Knoblauch zufügen und kurz mitbraten. Gemüsebrühe aufgießen und ca. 10 Minuten bei geringer Hitze köcheln lassen.

2. Schmelzkäse einrühren und schmelzen lassen. Crème fraîche zufügen und Suppe nochmals kurz aufkochen lassen. Mit Salz, Pfeffer und Muskat abschmecken und mit Schnittlauchröllchen bestreut servieren.

PRO PORTION CA. 1315 KCAL · 61 G EW · 109 G F · 24 G KH

Salat mit Apfel und Walnüssen

ZUTATEN FÜR 2 PORTIONEN
1 rote Zwiebel, 4 braune Champignons, 2 Scheiben Serranoschinken, 1 Handvoll Walnüsse, 1 kleiner Apfel, 150 g küchenfertige Salatmischung, 6 EL Olivenöl, 2 EL Balsamico, frisch gemahlener Pfeffer, 1 TL Senf, 1 TL flüssiger Süßstoff nach Belieben

1. Zwiebel schälen und in feine Ringe schneiden. Champignons putzen und in Scheiben schneiden. Schinken in feine Streifen schneiden. Walnüsse grob zerkleinern. Apfel schälen, Kerngehäuse entfernen und Apfel in Spalten schneiden. Salatmischung waschen und trocken schleudern.
2. Olivenöl mit Balsamico und etwas Wasser vermischen und mit Pfeffer, Senf und nach Belieben mit Süßstoff abschmecken. Salatmischung auf zwei Tellern anrichten. Zwiebel, Pilze, Apfel und Schinken darauf verteilen, mit Dressing beträufeln und mit Walnüssen garniert servieren.

PRO PORTION CA. 424 KCAL · 7 G EW · 39 G F · 10 G KH

Kalte Gurken-Avocado-Suppe

ZUTATEN FÜR 2 PORTIONEN
2 Frühlingszwiebeln, 1 kleine Salatgurke, 1 reife Avocado, 150 g Joghurt, 300 ml Gemüsebrühe, Saft von 1 Limette, Salz, frisch gemahlener Pfeffer, einige Minzeblättchen für die Garnitur

1. Frühlingszwiebeln waschen und in Röllchen schneiden. Salatgurke schälen und längs halbieren. Kerne mit einem Löffel herausschaben. Avocado halbieren und entkernen. Fruchtfleisch mit einem Löffel entnehmen. Gurke und Avocado grob klein schneiden.
2. Gemüse mit dem Stabmixer fein pürieren, mit Joghurt und Gemüsebrühe gut vermischen und mit Limettensaft, Salz und Pfeffer abschmecken. Mindestens 1 Stunde kalt stellen. Suppe in vorgekühlte Schalen füllen, mit etwas Pfeffer bestreuen und mit Minzeblättchen garniert servieren.

PRO PORTION CA. 313 KCAL · 9 G EW · 26 G F · 14 G KH

Brokkolisuppe mit Käse (Abbildung rechts)

20 Min.

ZUTATEN FÜR 4 PORTIONEN
1 Zwiebel,
30 g Butter,
1 kg Brokkoli,
1 l Gemüsebrühe,
200 ml trockener Weißwein,
100 g Blauschimmelkäse,
Salz,
frisch gemahlener Pfeffer,
50 g Sahne

ZUTATEN FÜR 4 PORTIONEN

1. Zwiebel schälen und fein hacken. Butter erhitzen und Zwiebel darin ca. 2–3 Minuten anschwitzen. Brokkoli putzen, waschen und in Röschen teilen. Brokkoli, Brühe und Wein zur Zwiebel geben, aufkochen und ca. 6 Minuten köcheln lassen.
2. Käse würfeln, zur Suppe geben und unter Rühren darin schmelzen lassen. Suppe pürieren und mit Salz und Pfeffer abschmecken. Sahne einrühren und Suppe servieren.

PRO PORTION CA. 328 KCAL · 15 G EW · 22 G F · 10 G KH

Kürbis-Apfel-Suppe mit Curry und Ingwer

40 Min.

ZUTATEN FÜR 4 PORTIONEN
300 g Hokkaidokürbis,
5 kleine Äpfel,
2 Stängel Thymian,
700 ml Gemüsebrühe,
80 g Sahne und etwas Sahne zum Garnieren,
1 TL frisch geriebener Ingwer,
2 TL Currypulver,
Salz

1. Kürbis waschen, entkernen und grob zerkleinern. 4 Äpfel schälen, Kerngehäuse entfernen und Äpfel in Würfel schneiden. Thymian waschen, trocken schütteln und Blättchen grob hacken.
2. Kürbisstücke in einen Topf geben, mit Gemüsebrühe aufgießen, kurz aufkochen und köcheln lassen. Nach ca. 10 Minuten gewürfelte Äpfel zugeben und alles weich kochen.
3. Suppe mit dem Stabmixer pürieren, Sahne einrühren, Ingwer, Thymian und Curry zugeben und mit Salz abschmecken. Suppe ca. 10 Minuten zugedeckt ziehen lassen.
4. Restlichen Apfel waschen, entkernen und in feine Streifen schneiden. Suppe in vorgewärmte Suppenschalen füllen, mit einem Klecks Sahne anrichten und mit Apfelstreifen garniert servieren.

PRO PORTION CA. 205 KCAL · 5 G EW · 10 G F · 25 G KH

Würzige Rindergulaschsuppe

120 Min.

1. Gulasch gegebenenfalls kleiner schneiden. Möhren putzen, schälen und klein schneiden. Zwiebeln und Knoblauch schälen. Zwiebeln in Spalten schneiden, Knoblauch fein hacken. Paprika putzen, waschen und grob zerkleinern.

2. Öl erhitzen und Gulasch von allen Seiten darin anbraten. Möhren, Paprika, Zwiebeln und Knoblauch kurz mitbraten. Tomatenmark, Paprikapulver, Majoran, Salz und Pfeffer unterrühren und mit Rotwein und Brühe ablöschen. Aufkochen und abgedeckt ca. 1 Stunde köcheln lassen. Nach Bedarf mehr Brühe zugießen.

3. Nach Belieben Sahne einrühren und weitere ca. 30 Minuten abgedeckt köcheln lassen. Abschmecken und mit Petersilie garniert anrichten.

PRO PORTION CA. 431 KCAL · 5 G EW · 22 G F · 13 G KH

ZUTATEN FÜR 4 PORTIONEN

**500 g Rindergulasch,
200 g Möhren, 2 Zwiebeln,
2 Knoblauchzehen,
2 rote Paprika,
2 EL Öl, 2 EL Tomatenmark,
2 TL Paprikapulver,
1 TL getrockneter Majoran,
Salz,
frisch gemahlener Pfeffer,
200 ml Rotwein,
1 l Fleischbrühe,
100 g Sahne nach Belieben,
Petersilie zum Garnieren**

Bohnen-Salat mit Walnüssen

20 Min.

1. Frische Bohnen putzen, waschen und Bohnen in einem Topf mit kochendem Salzwasser ca. 8–10 Minuten bissfest garen. Durch ein Sieb abgießen, in Eiswasser abschrecken und gut abtropfen lassen. Schalotten schälen und fein hacken.

2. Aus Balsamico, Senf, Salz, Pfeffer, Zucker und Öl eine Marinade herstellen. Schalotten zugeben und mit den abgetropften Bohnen vermischen. Bohnensalat ca. 1 Stunde ziehen lassen.

3. Walnüsse in einer Pfanne ohne Fett anrösten, leicht abkühlen lassen und grob hacken. Bohnensalat nochmals abschmecken, Walnüsse darübergeben und servieren.

PRO PORTION CA. 256 KCAL · 7 G EW · 19 G F · 12 G KH

ZUTATEN FÜR 2 PORTIONEN

400 g grüne Bohnen (frisch oder TK-Produkt),
Salz,
2 Schalotten,
1-2 EL weißer Balsamico,
1 TL mittelscharfer Senf,
frisch gemahlener Pfeffer,
1 Prise Zucker,
2-3 EL Walnussöl,
2 EL Walnüsse

Fleischsalat mit Käse und Ei (Abbildung rechts)

25 Min.

ZUTATEN FÜR 4 PORTIONEN

4 Eier,
1–2 EL mittelscharfer Senf,
100 g Crème fraîche,
1 TL Zitronensaft,
Salz,
frisch gemahlener Pfeffer,
Zucker,
1 Zwiebel,
1/2 Bund Schnittlauch,
8 Kirschtomaten,
150 g Fleischwurst,
50 g Butterkäse

1. Eier ca. 10 Minuten hart kochen. Mit kaltem Wasser abschrecken, pellen und auskühlen lassen. Senf und Crème fraîche verrühren. Dressing mit Zitronensaft, Salz, Pfeffer und etwas Zucker abschmecken.

2. Zwiebel schälen und in Ringe schneiden. Schnittlauch waschen, trocken schütteln und in Röllchen schneiden. Tomaten waschen und vierteln. Eier einmal durchschneiden. Fleischwurst und Käse in feine Streifen schneiden.

3. Käse, Wurst, Zwiebel und Schnittlauch in Gläser schichten, Dressing darübergeben und Eier und Tomaten zugeben. Bis zum Verzehr kalt stellen und Gläser vorher schütteln.

PRO PORTION CA. 319 KCAL · 15 G EW · 27 G F · 4 G KH

Mexikanischer Quinoasalat

25 Min.

ZUTATEN FÜR 4 PORTIONEN

125 g Quinoa,
300 ml Gemüsebrühe,
200 g Kirschtomaten,
2 reife Avocados,
3 TL Zitronensaft,
1 kleine Dose Mais,
1 kleine Dose Kidneybohnen,
2 TL mittelscharfer Senf,
1 EL heller Balsamico,
Zucker,
Salz,
frisch gemahlener Pfeffer,
2 EL Olivenöl,
2 EL gehackte Petersilie

1. Quinoa in einem feinmaschigen Sieb gut unter warmem Wasser abspülen und abtropfen lassen. Mit Brühe in einen Topf geben und aufkochen lassen.

2. Bei niedriger Hitze ca. 15 Minuten weich kochen. Durchrühren und halb abgedeckt ca. 10–15 Minuten quellen lassen. Erneut durchrühren und ohne Deckel vollständig auskühlen lassen.

3. Kirschtomaten waschen und klein schneiden. Avocados halbieren, Kerne entfernen, Avocados schälen und Fruchtfleisch in Stücke schneiden. Mit 2 Teelöffeln Zitronensaft beträufeln. Mais und Bohnen abtropfen lassen.

4. Aus Senf, Balsamico, restlichem Zitronensaft und je 1 Prise Zucker, Salz und Pfeffer eine Marinade herstellen, Olivenöl gut unterrühren.

5. Quinoa mit Gemüse und Petersilie mischen und in sterilisierte Gläser füllen. Marinade zugeben. Vor dem Verzehren mindestens 20 Minuten durchziehen lassen und Zutaten durch vorsichtiges Schütteln vermischen.

PRO PORTION CA. 494 KCAL · 11 G EW · 33 G F · 34 G KH

Salat mit Hähnchen und Himbeeren

30 Min.

1. Salat waschen und trocken schleudern. Hähnchenbrustfilet in ca. 2 Zentimeter breite Streifen schneiden. Sojasoße und 3 Esslöffel Öl vermischen und Hähnchen damit marinieren.

2. Himbeeren waschen und trocken tupfen. Schalotte und Knoblauch schälen und fein hacken. Avocado entkernen. Fruchtfleisch mit einem Löffel entnehmen und in kleine Stücke schneiden.

3. 75 Milliliter warmes Wasser in eine Schüssel geben, Salz darin auflösen und mit Himbeeren, Schalotte und Knoblauch vermischen. Mit Himbeeressig und nach Belieben mit Kräutern abschmecken und restliches Öl zugeben. Walnüsse halbieren.

4. Hähnchenstreifen in einer beschichteten Pfanne in etwas Öl anbraten. Salat auf zwei Tellern anrichten, Hähnchenstreifen und Avocado daraufgeben und Dressing darüberträufeln. Mit Walnüssen garniert servieren.

PRO PORTION CA. 688 KCAL · 44 G EW · 52 G F · 9 G KH

ZUTATEN FÜR 2 PORTIONEN

150 g küchenfertige Blattsalatmischung,
300 g Hähnchenbrustfilet,
3 EL Sojasoße,
6 EL Olivenöl und etwas Öl zum Braten,
50 g Himbeeren,
1 Schalotte,
2 Knoblauchzehen,
1/2 Avocado, 1 TL Salz,
2 EL Himbeeressig,
2 TL gehackte Kräuter (z. B. Dill, Petersilie) nach Belieben,
30 g Walnüsse

Tomaten-Möhren-Suppe

35 Min.

1. Feta in Würfel schneiden und einen Teil zum Garnieren beiseitelegen. Schalotten und Knoblauch schälen und fein hacken. Möhren putzen, waschen und klein schneiden. Öl erhitzen und Knoblauch und Schalotten darin anschwitzen. Möhren zugeben und kurz mitbraten. Tomatenmark einrühren und ca. 1 Minute mitbraten.

2. Tomaten und Feta mit der Brühe zugeben und aufkochen lassen. Bei mittlerer Hitze ca. 20 Minuten köcheln lassen. Suppe pürieren und mit Salz, Pfeffer, Garam Masala und Harissa abschmecken. Crème fraîche einrühren. Suppe mit Pesto, restlichem Feta und Basilikum anrichten und sofort servieren.

PRO PORTION CA. 274 KCAL · 9 G EW · 22 G F · 11 G KH

ZUTATEN FÜR 4 PORTIONEN

100 g Feta, 2 Schalotten, 1–2 Knoblauchzehen, 200 g Möhren, 4 EL Öl, 50 g Tomatenmark, 400 g stückige Tomaten (aus der Dose), 900 ml Gemüsebrühe, Salz, frisch gemahlener Pfeffer, 1 TL Garam Masala, 1 Prise Harissa, 1–2 EL Crème fraîche, 4 TL grünes Pesto und Basilikumblätter zum Garnieren

Linsensalat mit Granatapfel und Roter Bete (Abbildung rechts)

30 Min.

ZUTATEN FÜR 4 PORTIONEN
100 g grüne Linsen,
1 rote Zwiebel,
500 g gegarte Rote Bete,
3 Stängel glatte Petersilie,
1 Granatapfel,
3 EL Apfelessig,
2 EL Limettensaft,
3 EL Traubenkernöl,
Salz,
frisch gemahlener Pfeffer,
gemahlener Kreuzkümmel,
1 Handvoll Rauke

1. Linsen nach Packungsangabe garen, abschrecken und im Sieb abtropfen lassen. Zwiebel schälen, halbieren und in feine Streifen schneiden. Rote Bete in kleine Würfel schneiden. Petersilie waschen, trocken schütteln, Blätter abzupfen und fein hacken.
2. Granatapfel mehrmals über die Arbeitsfläche rollen, dann vierteln. Fruchtviertel über eine Schüssel halten und mit einem Holzlöffel auf die Schale des Granatapfels klopfen, um die Kerne zu lösen.
3. Essig mit Limettensaft, Öl, Salz, Pfeffer und Kreuzkümmel verrühren. Linsen, Zwiebel, Rote Bete, Petersilie und Granatapfelkerne mit dem Dressing mischen, durchziehen lassen und mit gewaschener Rauke garniert servieren.

PRO PORTION CA. 224 KCAL · 9 G EW · 8 G F · 27 G KH

Spargel-Mozzarella-Tomaten-Salat

35 Min.

ZUTATEN FÜR 2 PORTIONEN
750 g weißer Spargel,
Salz,
1 TL Butter,
20 g Pinienkerne,
1 Päckchen Mini-Mozzarella,
150 g Kirschtomaten,
1/2 Bund Basilikum,
1 Frühlingszwiebel,
3 EL Zitronensaft,
3 EL Olivenöl,
frisch gemahlener Pfeffer

1. Spargel schälen und holzige Enden abschneiden. Stangen in ca. 2–3 Zentimeter lange Stücke schneiden, Spargelköpfe längs halbieren. Ausreichend Salzwasser zum Kochen bringen, Butter zufügen, Spargel hineingeben und ca. 5 Minuten kochen. Über einem Sieb abtropfen lassen, Spargelsud auffangen. Spargel und Sud abkühlen lassen.
2. Pinienkerne in einer Pfanne ohne Fettzugabe kurz anrösten, abkühlen lassen und grob hacken. Mozzarella über einem Sieb abtropfen lassen. Tomaten waschen, halbieren und vom Stielansatz befreien. Basilikum waschen, trocken schütteln, Blättchen abzupfen und grob hacken. Frühlingszwiebel putzen, waschen und in dünne Röllchen schneiden.
3. Frühlingszwiebel mit Zitronensaft, Öl und 6 Esslöffeln Spargelsud verrühren und mit Salz und Pfeffer abschmecken. Mit Spargel, Tomaten, Mozzarella und Basilikum vermischen. In zwei Schälchen anrichten und mit Pinienkernen bestreut servieren.

PRO PORTION CA. 495 KCAL · 24 G EW · 38 G F · 13 G KH

Thunfisch-Tomaten-Salat

10 Min.

1. Thunfisch abtropfen lassen. Zwiebel schälen und in feine Ringe schneiden. Tomaten waschen, halbieren, vom Stielansatz befreien und vierteln. Oliven in Ringe schneiden. Basilikum waschen, trocken schütteln und Blättchen abzupfen.

2. Thunfisch zerpflücken und mit Zwiebel, Tomaten und Oliven in einer Schüssel vorsichtig vermischen. Öl zufügen und mit Salz und Pfeffer abschmecken. Ca. 10 Minuten ziehen lassen. Mit Basilikum dekoriert servieren.

PRO PORTION CA. 287 KCAL · 22 G EW · 20 G F · 6 G KH

ZUTATEN FÜR 1 PORTION

1 kleine Dose Thunfisch im eigenen Saft,
1 kleine rote Zwiebel,
2 kleine Tomaten,
2-3 schwarze Oliven ohne Stein,
1/2 Bund Basilikum,
1 EL Olivenöl,
Salz,
frisch gemahlener Pfeffer

Zwiebelsuppe

ZUTATEN FÜR 4 PORTIONEN
6 Zwiebeln, 1 Knoblauchzehe, 2 EL Öl, 80 ml Sherry, 700 ml Fleischbrühe, 100 ml Weißwein, etwas gemahlener Kümmel, Salz, Worcestersoße, frisch gemahlener Pfeffer, 150 g geriebener Gruyére

1. Zwiebeln und Knoblauch schälen. Zwiebeln in feine Ringe schneiden und Knoblauch fein hacken. Öl erhitzen und Zwiebeln unter Rühren in ca. 10 Minuten goldbraun braten. Knoblauch kurz mit anschwitzen. Mit Sherry ablöschen und Brühe sowie Wein zugießen. Suppe zum Kochen bringen ca. 10 Minuten köcheln lassen.
2. Suppe mit Kümmel, Salz, Worcestersoße und Pfeffer abschmecken und in feuerfeste Suppenschälchen füllen. Mit Käse bestreuen und unter den Backofengrill stellen, bis der Käse geschmolzen ist.

PRO PORTION CA. 309 KCAL · 5 G EW · 20 G F · 8 G KH

Sauerkrautsuppe

ZUTATEN FÜR 4 PORTIONEN
150 g Zwiebeln, 1 EL Butter, 1,5 TL Paprikapulver, 2 EL Gemüsebrühepulver, 400 g Sauerkraut, 1 TL Kümmel, 125 g Crème fraîche, Salz, frisch gemahlener Pfeffer, Petersilie zum Garnieren

1. Zwiebeln schälen und in Würfel schneiden. Butter in einem Topf erhitzen und Zwiebeln darin anschwitzen. Paprikapulver und Gemüsebrühepulver einrühren, 1 Liter Wasser zugeben und alles aufkochen lassen.
2. Sauerkraut etwas kleiner schneiden und mit dem Kümmel zugeben. Bei mittlerer Hitze ca. 10 Minuten kochen lassen. Crème fraîche in die Suppe rühren, mit Salz und Pfeffer abschmecken. Suppe anrichten und mit Petersilie bestreut servieren.

PRO PORTION CA. 173 KCAL · 2 G EW · 14 G F · 5 G KH

Sommerlicher Spargel-Erdbeer-Salat (Abbildung rechts)

15 Min.

ZUTATEN FÜR 2 PORTIONEN
Salz,
5 Stangen grüner Spargel,
4 kleine Tomaten,
12 Erdbeeren,
2 EL dunkler Balsamico,
1 EL Öl,
frisch gemahlener Pfeffer

1. Salzwasser in einem Topf zum Kochen bringen. Vom Spargel holzige Enden abschneiden, Spargel waschen und unteres Drittel schälen. Spargel schräg in mundgerechte Stücke schneiden und in kochendem Salzwasser ca. 5 Minuten garen. Tomaten waschen, halbieren und vom Stielansatz befreien. Erdbeeren waschen, putzen, trocken tupfen und vierteln.

2. Spargel abgießen und mit Tomaten in eine Schüssel geben. Mit Balsamico und Öl beträufeln und vorsichtig vermischen. Mit Salz und Pfeffer abschmecken. Erdbeeren unterheben. Spargel-Erdbeer-Salat ca. 15 Minuten ziehen lassen. Vor dem Servieren nochmals abschmecken.

PRO PORTION CA. 138 KCAL · 4 G EW · 8 G F · 11 G KH

Schwarzwurzelsalat mit Lachs

45 Min.

ZUTATEN FÜR 4 PORTIONEN
500 g Schwarzwurzeln,
Essig,
Salz,
1 Packung Babyspinat,
1 Möhre,
2 EL Öl,
4 Scheiben Lachsfilet (à 200 g),
3 EL Sojasoße,
Saft von 1 Limette,
3 Spritzer Tabasco,
2 TL Sesamöl,
frisch gemahlener Pfeffer,
2 TL Sesam

1. Schwarzwurzeln schälen (Handschuhe tragen!) und in Essigwasser legen, damit sie sich nicht verfärben. Schräg in 2–3 Zentimeter lange Stücke schneiden und in reichlich kochendem Salzwasser ca. 8–10 Minuten bissfest garen.

2. Spinat waschen und trocken schütteln. Möhre schälen und grob raspeln. Schwarzwurzeln über einem Sieb abgießen und abkühlen lassen.

3. Öl in einer Pfanne erhitzen und Lachsfilets von jeder Seite ca. 5 Minuten braten. Herausnehmen, in Alufolie wickeln und warm stellen. Sojasoße, Limettensaft und 100 Milliliter Wasser ins Bratfett geben und aufkochen lassen. Tabasco und Sesamöl zufügen und mit Salz und Pfeffer abschmecken. Gemüse mit der Soße vermischen, mit Lachs anrichten und mit Sesam bestreut servieren.

PRO PORTION CA. 491 KCAL · 45 G EW · 31 G F · 8 G KH

Tomatensuppe mit Hackfleisch

40 Min.

ZUTATEN FÜR 4 PORTIONEN

1 Zwiebel, 1 Knoblauchzehe,
1 EL Öl,
250 g Rinderhackfleisch,
Salz,
frisch gemahlener Pfeffer,
2 EL Tomatenmark,
800 g gehackte Tomaten (aus der Dose),
1 TL Gemüsebrühepulver,
6 Stängel glatte Petersilie,
1–2 EL Balsamico,
1 Prise Xylit, 100 g Sahne

1. Zwiebel und Knoblauch schälen und fein würfeln. Öl erhitzen und Rinderhackfleisch darin krümelig braten. Mit Salz und Pfeffer würzen. Hackfleisch herausnehmen und Zwiebel und Knoblauch im Bratfett anschwitzen. Tomatenmark zugeben und kurz mit anschwitzen. Tomaten und 250 Milliliter Wasser zufügen und aufkochen lassen. Brühepulver einrühren und abgedeckt ca. 15 Minuten köcheln lassen.

2. Petersilie waschen, trocken schütteln, Blätter abzupfen und grob hacken. Suppe cremig pürieren, mit Salz, Pfeffer, Balsamico und Xylit abschmecken. Hackfleisch wieder zugeben und darin erhitzen. Sahne einrühren. Suppe mit Petersilie bestreut servieren.

PRO PORTION CA. 317 KCAL · 17 G EW · 22 G F · 15 G KH

Falscher Kartoffelsalat aus Kohlrabi

35 Min.

1. Kohlrabi schälen und in Stifte schneiden. Zarte Kohlrabiblätter beiseitelegen. Kohlrabi in ausreichend Salzwasser ca. 10–15 Minuten bissfest kochen. Abkühlen lassen.
2. Eier in einem Topf mit kochendem Wasser hart kochen. Abkühlen lassen, schälen und klein würfeln. Zwiebel schälen und fein hacken. Gewürzgurken klein würfeln.
3. Eier, Zwiebel und Gewürzgurken in einer Schüssel vermischen. Mit Salz, Pfeffer und etwas Gurkensud abschmecken. Kohlrabi untermischen. Mit Mayonnaise verfeinern und nochmals abschmecken. Kohlrabiblätter waschen, trocken tupfen, fein hacken und unter den Salat heben. Falschen Kartoffelsalat ca. 6 Stunden ziehen lassen.

ZUTATEN FÜR 4 PORTIONEN
3 große Kohlrabi,
Salz,
3 Eier,
1 große Zwiebel,
1/2 Glas Gewürzgurken,
frisch gemahlener Pfeffer,
Mayonnaise

PRO PORTION CA. 214 KCAL · 11 G EW · 13 G F · 12 G KH

Fenchel-Orangen-Salat

ZUTATEN FÜR 2 PORTIONEN

2 Fenchelknollen, Salz, 2 Orangen, 1 TL Zitronensaft, 2 EL Olivenöl, frisch gemahlener weißer Pfeffer

1. Fenchel waschen und putzen. Strunk keilförmig herausschneiden. Fenchelgrün beiseitelegen. Fenchel in feine Scheiben hobeln. Mit 1 Prise Salz in eine Schüssel geben und mit den Händen gut durchkneten.
2. Orangen schälen und filetieren. Den dabei austretenden Saft auffangen. Restlichen Saft aus den Orangen pressen und ebenfalls auffangen. Fenchelgrün grob hacken.
3. Orangensaft und Zitronensaft mit Olivenöl vermischen und mit Salz und Pfeffer abschmecken. Fenchel, Fenchelgrün und Orangenfilets unterheben. Auf zwei Tellern anrichten und sofort servieren.

PRO PORTION CA. 240 KCAL · 8 G EW · 11 G F · 24 G KH

Spinatsalat mit Ananas und Mango

ZUTATEN FÜR 4 PORTIONEN

500 g Babyspinat, 1 Mango, 1/2 Ananas, 4–6 EL Limettensaft, 4–6 EL Olivenöl, 1 EL Agavendicksaft, Salz, frisch gemahlener Pfeffer, 20 g getrocknete Cranberrys

1. Spinat waschen und trocken schütteln. Mango schälen, entkernen und Fruchtfleisch würfeln. Ananas schälen, Strunk entfernen und Fruchtfleisch würfeln.
2. Limettensaft, Olivenöl und Agavendicksaft in einer Schüssel verrühren, Spinat zugeben und vorsichtig vermischen. Mit Salz und Pfeffer abschmecken. In vier Schälchen anrichten, Mango und Ananas darauf verteilen und mit Cranberrys garniert servieren.

PRO PORTION CA. 262 KCAL · 5 G EW · 13 G F · 30 G KH

Feine Erbsensuppe mit Shrimps

ZUTATEN FÜR 4 PORTIONEN
100 g ungeröstete, ungesalzene Cashekerne, 1 Zwiebel, 2 EL Öl, 500 g Erbsen (TK-Produkt), 1 l Gemüsebrühe, Salz, frisch gemahlener Pfeffer, 2–3 TL Zitronensaft, 200 g küchenfertige Shrimps oder Nordseekrabben

1. Cashewkerne grob hacken. Zwiebel schälen und fein hacken. 1 Esslöffel Öl in einem Topf erhitzen und Zwiebel darin andünsten. Cashewkerne zugeben und kurz anrösten. Erbsen zugeben, mit Gemüsebrühe aufgießen und aufkochen lassen. Zugedeckt bei mittlerer Hitze ca. 10 Minuten köcheln lassen.
2. Suppe fein pürieren und mit Salz, Pfeffer und Zitronensaft abschmecken. Shrimps oder Krabben mit restlichem Öl kurz in der Pfanne anbraten. Suppe in vorgewärmte Schalen füllen und mit Shrimps oder Krabben anrichten.

PRO PORTION CA. 403 KCAL · 25 G EW · 21 G F · 28 G KH

Gemischter Salat mit Avocadodressing

ZUTATEN FÜR 2 PORTIONEN
100 g Rotkohl, einige Blätter Blattsalat, 1 kleine Möhre, 4 EL Mais (aus der Dose), 1 Avocado, 1 Knoblauchzehe, 2 EL Öl, 1 EL Essig, 1 EL Zitronensaft, Salz, frisch gemahlener Pfeffer

1. Rotkohl und Salat waschen und in Streifen schneiden. Möhre waschen und fein raspeln. Avocado halbieren und schälen, Kern entfernen und Fruchtfleisch fein pürieren. Knoblauch schälen und pressen.
2. Avocadopüree, Öl, Essig, Zitronensaft, Knoblauch und Salz zu einem würzigen Dressing verrühren. Mit Salz und Pfeffer abschmecken.
3. Dressing in Gläser füllen und Salat und Gemüse darüberschichten. Bis zum Verzehr kalt stellen und vor dem Essen Zutaten durch Schütteln vermengen.

PRO PORTION CA. 350 KCAL · 4 G EW · 33 G F · 7 G KH

Gurkensüppchen mit Shrimps

20 Min.

1. Gurken waschen, der Länge nach teilen und Kerne entfernen. Dill waschen, trocken schütteln, Fähnchen abzupfen und etwas zerkleinern. Gurken grob zerkleinern und mit Dill im Standmixer oder mit dem Stabmixer pürieren und durch ein Sieb passieren.

2. Sahne und Joghurt unterrühren. Mit Salz und Pfeffer abschmecken. Suppe kalt stellen.

3. Shrimps in Öl anbraten, mit Salz und Pfeffer würzen und nach Belieben auf Spießchen stecken. Suppe anrichten und mit Shrimps und Schnittlauch garniert servieren.

PRO PORTION CA. 190 KCAL · 14 G EW · 12 G F · 14 G KH

ZUTATEN FÜR 4 PORTIONEN

2 Salatgurken, 1/2 Bund Dill, 100 g Sahne, 125 g Naturjoghurt, Salz, frisch gemahlener Pfeffer, 200 g Shrimps, 1 EL Öl, Holzspieße nach Belieben, Schnittlauchröllchen zum Garnieren

Salat mit Avocado und Grapefruit

ZUTATEN FÜR 2 PORTIONEN

2 EL Olivenöl, 2 TL Honig, Salz, frisch gemahlener Pfeffer, 1 gelbe Paprikaschote, 1 Avocado, 1/2 Grapefruit, 1 rote Zwiebel, 200 g Kichererbsen (aus der Dose), 10 Blätter Basilikum

1. Öl, Honig, Salz und Pfeffer verrühren. Paprikaschote waschen, entkernen und in Streifen schneiden. Avocado und Grapefruit halbieren und schälen. Avocadokern entfernen. Avocadofruchtfleisch und Grapefruit würfeln. Zwiebel schälen und in Streifen schneiden. Kichererbsen abtropfen lassen. Basilikum waschen und trocken schütteln.
2. Hälfte der Basilikumblätter in ein Glas geben. Grapefruit, Avocado, Zwiebel, Kichererbsen und Paprika zugeben und mit übrigem Basilikum garnieren.
3. Dressing darübergeben. Glas verschließen, bis zum Verzehr kühl stellen und vor dem Essen Zutaten durch vorsichtiges Schütteln mischen.

PRO PORTION CA. 522 KCAL · 8 G EW · 39 G F · 26 G KH

Bärlauchcremesuppe

ZUTATEN FÜR 4 PORTIONEN

150 g Bärlauch, 1 Schalotte, 1 Bund Schnittlauch, 1 EL Öl, 500 ml Gemüsebrühe, 150 g Crème fraîche, Salz, frisch gemahlener Pfeffer

1. Bärlauch waschen, trocken schütteln, Stiele entfernen und Blätter in feine Streifen schneiden. Einige Streifen zum Garnieren beiseitelegen. Schalotte schälen und fein würfeln. Schnittlauch waschen, trocken schütteln und in feine Ringe schneiden.
2. Öl in einem Topf erhitzen. Schalotte darin glasig anschwitzen. Bärlauch zugeben und Brühe aufgießen. Ca. 10 Minuten bei mittlerer Hitze köcheln lassen. Topf vom Herd nehmen und mit einem Stabmixer fein pürieren.
3. Crème fraîche einrühren, nochmals kurz aufkochen lassen. Mit Salz und Pfeffer abschmecken und Schnittlauch unterrühren. In Suppenteller füllen und mit Bärlauchstreifen garnieren.

PRO PORTION CA. 141 KCAL · 2 G EW · 14 G F · 3 G KH

Kürbissalat mit Feta

ZUTATEN FÜR 4 PORTIONEN
800 g Kürbisfleisch, 1 kleine getrocknete Chilischote, 2 EL Olivenöl, Salz, 175 g Babyspinat, 3 EL weißer Balsamico, 1 TL Honig, 1 EL Kürbiskernöl, frisch gemahlener Pfeffer, 100 g Feta, 1 EL frisch gehackte Petersilie

1. Kürbisfleisch in mundgerechte Stücke schneiden. Chilischote im Mörser zerstoßen. Olivenöl mit Salz und Chilischote in einer Schüssel mischen und Kürbisstücke darin wenden. Eine Pfanne erhitzen und Kürbisstücke darin ca. 5 Minuten anbräunen.
2. Spinat waschen und trocken schütteln. Dressing aus Balsamico, Honig, Kürbiskernöl, Salz und Pfeffer zubereiten. Spinat auf Tellern verteilen, Kürbisstücke darauf anrichten und mit Dressing beträufeln. Feta darüberbröseln und mit Petersilie bestreut servieren.

PRO PORTION CA. 319 KCAL · 9 G EW · 17 G F · 30 G KH

Rettich-Gurken-Salat mit Makrele

ZUTATEN FÜR 2 PORTIONEN
250 g unbehandelte Salatgurke, 250 g Rettich, 1 Römersalatherz, 6 EL Sojasoße, 3 EL Limettensaft, 1 TL Honig, 4 EL Öl, 175 g Makrelenfilets ohne Haut (geräuchert)

1. Gurke und Rettich schälen. Gemüse in dünne Scheiben hobeln. Römersalatherz waschen und zerpflücken.
2. Sojasoße mit Limettensaft, Honig und Öl gut vermischen. Gurke, Rettich und Salat unterheben. In zwei Schälchen anrichten. Makrelenfilets zerpflücken und auf dem Salat verteilen.

INFO Fisch ist ein sehr guter Eiweißlieferant und enthält wichtige Aminosäuren. Fettreiche Fische wie Hering, Makrele und Lachs machen lange satt und enthalten zudem gesundheitsfördernde Omega-3-Fettsäuren, die Herz und Kreislauf schützen.

PRO PORTION CA. 467 KCAL · 28 G EW · 34 G F · 14 G KH

Feldsalat mit Champignons

ZUTATEN FÜR 4 PORTIONEN
150 g Feldsalat, 100 g Champignons, 100 g durchwachsener Speck, 2 hart gekochte Eier, 1/2 Knoblauchzehe, 2 EL Öl, Salz, weißer Pfeffer, 1 TL Senf, 1 Prise gemahlener Piment, 2 EL Balsamico, frisch gemahlener Pfeffer

1. Feldsalat putzen, waschen und trocken schütteln. Champignons putzen und in Scheiben schneiden. Speck in dünne Scheiben schneiden. Eier schälen und mit dem Eierschneider in Scheiben schneiden. Knoblauch schälen und fein hacken.
2. 1 Esslöffel Öl in einer Pfanne erhitzen. Champignons darin andünsten, Speck zugeben und knusprig anbraten. Aus Salz, weißem Pfeffer, Knoblauch, Senf, Piment, Balsamico und restlichem Öl ein Dressing zubereiten und abschmecken.
3. Salatzutaten auf Tellern anrichten, mit Dressing beträufeln und mit frisch gemahlenem Pfeffer bestreuen.

PRO PORTION CA. 205 KCAL · 8 G EW · 12 G F · 3 G KH

Cremige Süßkartoffelsuppe

ZUTATEN FÜR 4 PORTIONEN
500 g Süßkartoffeln, 1 Zwiebel, 1 EL Öl, 1 l Gemüsebrühe, 200 g fettarmer Frischkäse (17% Fett), Salz, etwas roter Pfeffer, 2 EL Zitronensaft, 1 TL Honig, etwas Petersilie zur Dekoration

1. Süßkartoffeln schälen und fein würfeln. Zwiebel schälen und fein hacken. Öl in einem Topf erhitzen. Zwiebel darin andünsten und Süßkartoffeln zufügen. Mit Brühe aufgießen. Zum Kochen bringen und zugedeckt bei mittlerer Hitze ca. 10 Minuten garen.
2. Frischkäse mit Salz, Pfeffer, Zitronensaft und Honig verrühren. Zwei Drittel der Frischkäsecreme in die Suppe geben. Mit dem Stabmixer pürieren und abschmecken.
3. Süßkartoffelsuppe in Suppenschalen anrichten und in die Mitte jeweils einen kleinen Klecks Frischkäsecreme setzen. Mit Petersilie dekoriert servieren. Dazu passt ein frischer Salat.

PRO PORTION CA. 258 KCAL · 7 G EW · 12 G F · 30 G KH

FLEISCH UND GEFLÜGEL

Gyros-Wrap mit Lamm (Abbildung rechts)

50 Min.

ZUTATEN FÜR 4 PORTIONEN
3 Eier,
Salz,
100 g Frischkäse,
3 EL Mandelmehl,
400 g Lammrückenfilet,
2 EL Gyrosgewürz,
3 EL Olivenöl,
abgeriebene Schale von 1/2 unbehandelten Zitrone,
frisch gemahlener Pfeffer,
250 g Süßkartoffeln (gegart),
1–2 rote Zwiebeln,
4 große Salatblätter,
150 g Joghurt,
2 EL gehackte Minze,
1 EL Zitronensaft,
4 Tomaten

1. Backofen auf 180 °C (Umluft: 160 °C) vorheizen. Eier trennen. Eiweiße mit 1 Prise Salz steif schlagen. Eigelbe mit Frischkäse cremig rühren. Mandelmehl unterrühren und Eischnee unterheben. Masse in 4 kreisrunden Fladen auf ein mit Backpapier belegtes Blech streichen und im vorgeheizten Backofen in ca. 20 Minuten goldbraun backen. Herausnehmen und vollständig auskühlen lassen.
2. Lammfilet in Streifen schneiden. Mit Gyrosgewürz, 2 Esslöffel Öl und Zitronenschale vermengen und in einer heißen Pfanne ca. 8–10 Minuten goldbraun braten. Mit Salz und Pfeffer würzen.
3. Süßkartoffeln pellen und in Scheiben schneiden. Zwiebeln schälen und in Ringe schneiden. Grillpfanne mit restlichem Öl auspinseln und Süßkartoffeln und Zwiebeln darin ca. 5 Minuten goldbraun braten. Mit Salz und Pfeffer würzen.
4. Salatblätter waschen und trocken tupfen. Joghurt mit Minze verrühren und mit Zitronensaft, Salz und Pfeffer abschmecken.
5. Low-Carb-Fladen mit Salat belegen und Lammfleisch, Süßkartoffeln und Zwiebeln darauf verteilen. Eine Seite darüberklappen und einrollen. Tomaten waschen und in Scheiben schneiden. Wraps mit Tomaten anrichten. Dazu die Joghurtsoße servieren.

PRO PORTION CA. 518 KCAL · 34 G EW · 31 G F · 23 G KH

Hähnchenbrust, gefüllt mit Feta

40 Min.

ZUTATEN FÜR 2 PORTIONEN
3 Stängel Petersilie,
300 g Zucchini,
50 g in Öl eingelegte getrocknete Tomaten (Abtropfgewicht),
100 g Feta,
2 Hähnchenbrustfilets (à 200 g),
frisch gemahlener Pfeffer,
Holzspieße,
4 EL Öl,
Salz

1. Petersilie waschen, trocken schütteln, Blättchen abzupfen und grob hacken. Einige Blättchen zum Garnieren beiseitestellen. Zucchini putzen, längs halbieren und in ca. 1 Zentimeter dicke Scheiben schneiden. Tomaten in kleine Stücke schneiden. Feta in dünne Scheiben schneiden.
2. Hähnchenbrustfilets trocken tupfen. Mit einem scharfen Messer waagerecht einschneiden, sodass jeweils eine Tasche entsteht. Mit Petersilie, Tomaten und Feta füllen und mit Pfeffer würzen. Mit Holzspießchen gut verschließen.
3. 2 Esslöffel Öl in einer Pfanne erhitzen und Hähnchenbrustfilets darin von jeder Seite goldbraun anbraten. Mit Salz würzen und warm stellen. Restliches Öl in den Bratsatz geben und Zucchini bei starker Hitze darin hellbraun anbraten. Salzen und pfeffern.
4. Zucchini in der Pfanne etwas zur Seite schieben und Hähnchen zugeben. Zugedeckt bei mittlerer Hitze ca. 5 Minuten garen. Gefüllte Hähnchenbrust mit Zucchini auf Tellern anrichten und mit Petersilie bestreut servieren.

PRO PORTION CA. 593 KCAL · 67 G EW · 33 G F · 9 G KH

Ofenhähnchen mit Blumenkohl

60 Min.

1. Backofen auf 200 °C (Umluft: 180 °C) vorheizen. Chilischote waschen, halbieren, Kerne herausschneiden und Chilischote in feine Streifen schneiden. Zitrone auspressen. Chili, Zitronensaft und Öl mischen. Hähnchenkeulen trocken tupfen und mit etwas Marinade bestreichen.

2. Blumenkohl waschen und in ca. 1 Zentimeter dicke Scheiben schneiden. Tomaten waschen, halbieren und vom Stielansatz befreien. Backblech mit Öl einfetten und etwas Salz daraufstreuen.

3. Blumenkohlscheiben und Tomaten mit der Schnittfläche nach unten auf das Backblech legen. Hähnchenkeulen dazulegen, mit Salz würzen und mit restlicher Marinade bestreichen. Im vorgeheizten Backofen ca. 45 Minuten braten.

4. Backblech vorsichtig aus dem Ofen nehmen. Tomaten enthäuten und Fruchtfleisch mit einer Gabel fein zerdrücken. Mit Salz und Pfeffer würzen. Hähnchenkeulen und Blumenkohl auf Tellern anrichten und mit Tomatensoße servieren.

PRO PORTION CA. 866 KCAL · 79 G EW · 56 G F · 11 G KH

ZUTATEN FÜR 2 PORTIONEN

1 rote Chilischote,
1 Zitrone,
4 EL Öl und etwas Öl für das Backblech,
2 Hähnchenkeulen,
1 kleiner Blumenkohl,
3 Tomaten,
Salz,
frisch gemahlener Pfeffer

Kasseler mit Cidre-Sauerkraut

60 Min.

1. Sauerkraut gut ausdrücken. Apfel waschen, halbieren und Kerngehäuse entfernen. In ca. 1 Zentimeter große Würfel schneiden. Apfelstücke und Lorbeerblätter mit Sauerkraut vermischen und mit Salz und Pfeffer würzen. Backofen auf 200 °C (Umluft: 180 °C) vorheizen.

2. Bratschlauch nach Packungsanweisung vorbereiten. Sauerkraut-Apfel-Mischung darin verteilen und Kasseler daraufsetzen. Cidre zugießen, Bratschlauch verschließen und nach Packungsanweisung einschneiden. Auf ein Backblech legen und im vorgeheizten Backofen ca. 45 Minuten schmoren.

3. Kasseler vorsichtig aus dem Bratschlauch nehmen (es steigt heißer Dampf auf!). In Scheiben schneiden. Cidre-Sauerkraut auf vorgewärmte Teller verteilen und Kasselerscheiben darauf anrichten. Dazu passt Selleriepüree.

PRO PORTION CA. 647 KCAL · 53 G EW · 40 G F · 15 G KH

ZUTATEN FÜR 4 PORTIONEN

2 Beutel Sauerkraut, (à 800 g),
1 unbehandelter säuerlicher Apfel,
3 Lorbeerblätter,
Salz,
frisch gemahlener Pfeffer,
1,2 kg Kasselernacken (ohne Knochen),
200 ml trockener Cidre

Chili con Carne mit viel Geschmack (Abbildung rechts)

75 Min.

ZUTATEN FÜR 8 PORTIONEN
1 mittelgroße Paprikaschote,
2 mittelgroße Zwiebeln,
4 Knoblauchzehen,
1–2 rote Chilischoten,
3 EL Butterschmalz,
1 kg Rinderhackfleisch,
2 Dosen Kidneybohnen,
1 große Dose Tomaten,
Salz,
frisch gemahlener Pfeffer,
1 Prise Kreuzkümmel,
1 EL Oregano,
1 TL Tabasco,
saure Sahne nach Belieben

1. Paprika putzen, waschen und in kleine Streifen schneiden. Zwiebeln und Knoblauch schälen und fein hacken. Chilischoten waschen, halbieren, die Kerne herausschneiden und Chilischoten in feine Streifen schneiden.

2. Schmalz in einem hohen Topf auslassen. Zwiebeln und Knoblauch darin bei mittlerer Hitze glasig dünsten. Hackfleisch zugeben und bei starker Hitze unter gelegentlichem Rühren scharf anbraten. Paprika und Chilischoten zufügen und kurz mitbraten. Kidneybohnen über einem Sieb abtropfen lassen.

3. Tomaten mit einer Gabel leicht zerdrücken und in den Topf geben. Kidneybohnen zufügen und umrühren. Mit den Gewürzen kräftig abschmecken. Wer es schärfer mag, kann noch etwas Tabasco zugeben.

4. Chili con Carne zugedeckt kurz aufkochen, dann offen bei mittlerer Hitze ca. 1 Stunde köcheln lassen, ab und zu umrühren. Chili heiß servieren und nach Belieben mit einem Klecks saurer Sahne garnieren.

PRO PORTION CA. 437 KCAL · 33 G EW · 24 G F · 14 G KH

Hähnchencurry mit Blumenkohl-„Reis“

60 Min.

ZUTATEN FÜR 2 PORTIONEN
1/2 Blumenkohl,
Salz,
100 g Babyspinat,
100 g Zuckerschoten,
1 Peperoni,
20 g Ingwer,
2 Hähnchenbrustfilets (à 150 g),
3 EL Pflanzenöl,
1 TL mildes Currypulver,
150 ml Hühnerbrühe,
200 ml Kokosmilch,
2–3 TL Zitronensaft

1. Blumenkohl waschen und in Röschen teilen. In der Küchenmaschine oder mit einem großen Messer zerkleinern, bis sie die Größe von Reiskörnern haben. 50 Milliliter Wasser zum Kochen bringen, eine Prise Salz zufügen und Blumenkohl zugeben. Zugedeckt bei geringer Hitze ca. 15 Minuten dünsten.

2. Spinat waschen und trocken schütteln. Zuckerschoten waschen, Enden und Fäden entfernen. Peperoni putzen, waschen und in feine Ringe schneiden. Ingwer schälen und fein hacken. Hähnchenbrustfilets trocken tupfen, in ca. 3 Zentimeter große Würfel schneiden und mit Salz würzen.

3. Öl in einem Topf erhitzen. Hähnchenbrustfilets darin von allen Seiten goldbraun anbraten. Peperoni und Ingwer zugeben und kurz mitbraten. Mit Currypulver abschmecken. Hühnerbrühe und Kokosmilch zugießen und aufkochen lassen. Zuckerschoten und Spinat zugeben und bei mittlerer Hitze ca. 5 Minuten garen. Mit Salz und Zitronensaft abschmecken. Blumenkohl-„Reis“ mit einer Gabel auflockern und mit dem Hähnchencurry servieren.

PRO PORTION CA. 465 KCAL · 55 G EW · 18 G F · 17 G KH

Gefüllte Zucchini

ZUTATEN FÜR 2 PORTIONEN

450 g Zucchini, 1 Tomate, 1 Zwiebel, 1 Knoblauchzehe, 20 g Oliven ohne Stein, 2 Stängel Petersilie, 1 Stängel Minze, 1 Stängel Dill, 2 EL Öl, 120 g gemischtes Hackfleisch, 1 Ei, Salz, frisch gemahlener Pfeffer, 250 ml Gemüsefond, 50 g Feta, Basilikum zum Garnieren

1. Zucchini waschen, quer halbieren, mit einem Löffel aushöhlen, einen Rand von ca. 5 Millimeter stehen lassen. Fruchtfleisch klein würfeln. Tomate waschen, halbieren, vom Stielansatz befreien und klein würfeln. Zwiebel und Knoblauch schälen und fein hacken. Oliven fein würfeln.
2. Kräuter waschen, trocken schütteln und Blättchen bzw. Fähnchen fein hacken. Backofen auf 180 °C (Umluft: 160 °C) vorheizen.
3. Öl in einer Pfanne erhitzen. Gemüse darin anbraten. Hackfleisch zugeben und krümelig goldbraun anbraten. Kräuter und Ei zufügen und unterrühren. Mit Salz und Pfeffer abschmecken.
4. Zucchinihälften mit der Hackfleischmasse füllen und in eine Auflaufform legen. Mit Feta krümelig bestreuen. Gemüsefond aufgießen. Mit Alufolie abdecken und im vorgeheizten Backofen ca. 40 Minuten garen. Aus dem Backofen nehmen, mit Basilikum garniert servieren.

PRO PORTION CA. 409 KCAL · 24 G EW · 32 G F · 10 G KH

Hähnchen in Tomatensoße

ZUTATEN FÜR 2 PORTIONEN

1 Zwiebel, 2 Knoblauchzehen, 300 g Hähnchenbrustfilet, 300 g Gemüse (TK-Produkt), 500 g passierte Tomaten, Salz, frisch gemahlener Pfeffer, Paprikapulver, Oregano, 100 g Käse (z. B. Parmesan)

1. Backofen auf 180°C (Umluft: 160 °C) vorheizen. Zwiebel und Knoblauch schälen und fein hacken. Hähnchenbrustfilet in mundgerechte Stücke schneiden. Zusammen mit Gemüse, Zwiebel und Knoblauch in eine Auflaufform schichten.
2. Passierte Tomaten zugeben und mit Salz, Pfeffer, Paprikapulver und Oregano würzen. Im vorgeheizten Backofen ca. 30 Minuten garen. Käse darüberstreuen und so lange weiterbacken, bis der Käse goldbraun ist.

PRO PORTION CA. 512 KCAL · 65 G EW · 20 G F · 18 G KH

Knusprige Hähnchenflügel aus der Heißluftfritteuse

ZUTATEN FÜR 2 PORTIONEN

10 Hähnchenflügel, 1/2 TL Pfefferkörner, 1/2 TL Senfkörner, 1 TL edelsüßes Paprikapulver, 1 TL scharfes Paprikapulver, 1 TL Salz, 1 TL brauner Zucker, 2 EL Zitronensaft, 1 EL gehackte Kräuter, Dip nach Belieben

1. Hähnchenflügel waschen und trocken tupfen. In mundgerechte Stücke teilen. Pfeffer- und Senfkörner in einen Mörser geben und fein zerstoßen. Paprikapulver, Salz und braunen Zucker zugeben und alles gut vermischen.
2. Hähnchen mit Zitronensaft einreiben und gleichmäßig mit Gewürzmischung bestreuen. Ca. 1 Stunde marinieren lassen.
3. Hähnchenflügel in den Garkorb legen und in der Heißluftfritteuse bei 180 °C ca. 25 Minuten knusprig braun braten. Mehrmals wenden. Mit gehackten Kräutern garniert servieren. Einen Dip nach Wahl dazu reichen.

PRO PORTION CA. 458 KCAL · 47 G EW · 29 G F · 3 G KH

Putenschnitzel mit Champignons

ZUTATEN FÜR 4 PORTIONEN

200 g Champignons, 1 Stange Lauch, 2 Knoblauchzehen, 1 Bund Petersilie, 4 dünne Putenschnitzel (à ca. 150 g), frisch gemahlener Pfeffer, Öl, Salz, 50 ml trockener Weißwein, 300 ml Sojacreme

1. Champignons putzen und in Scheiben schneiden. Lauch putzen, waschen und in Ringe schneiden. Knoblauch schälen und fein hacken. Petersilie waschen, trocken schütteln und Blätter abzupfen. Putenschnitzel trocken tupfen, mit Pfeffer würzen und in einer Pfanne mit heißem Öl von jeder Seite kräftig anbraten. Aus der Pfanne nehmen, mit Salz würzen, in Alufolie einschlagen und warm stellen.
2. Champignons, Lauch und Knoblauch ca. 5–8 Minuten in etwas Öl dünsten. Mit Weißwein ablöschen. Sojacreme zugeben und zu einer cremigen Soße einkochen. Mit Salz und Pfeffer abschmecken. Putenschnitzel in die Soße geben und mit Petersilie bestreut servieren.

PRO PORTION CA. 530 KCAL · 46 G EW · 35 G F · 7 G KH

Königsberger Klopse

45 Min.

ZUTATEN FÜR 4 PORTIONEN
1 kleine Zwiebel, 1/2 Bund Petersilie und etwas Petersilie zum Garnieren, 500 g gemischtes Hackfleisch, 1 kleines Ei, 1 EL Senf, 1–2 TL Johannisbrotkernmehl und 15 g Johannisbrotkernmehl zum Binden, Salz, frisch gemahlener Pfeffer, 1 3/4 l Brühe, 1 Glas Kapern, 200 ml Sojacreme, etwas Zitronensaft

1. Zwiebel schälen und fein hacken. Petersilie waschen, trocken schütteln und Blättchen fein hacken. Zwiebel und Petersilie mit Hackfleisch, Ei, Senf und 1–2 Teelöffeln Johannisbrotkernmehl verkneten und mit Salz und Pfeffer würzen. Mit feuchten Händen zu Klopsen (Tischtennisballgröße) formen.
2. Brühe aufkochen. Klopse vorsichtig hineingeben und einmal kurz aufkochen lassen. Zugedeckt bei geringer Hitze ca. 15–20 Minuten ziehen lassen.
3. Kapern abtropfen lassen. 600 Milliliter von der Brühe über einen Sieb in einen zweiten Topf gießen und mit restlichem Johannisbrotkernmehl binden. Kapern und Sojacreme zugeben, kurz erwärmen und mit Salz, Pfeffer und Zitronensaft abschmecken.
4. Königsberger Klopse mit einer Schaumkelle aus dem Sud nehmen und in die Soße geben. Auf Tellern anrichten und mit Petersilie garniert servieren. Dazu passen Steckrübenpüree und ein frischer Gurkensalat.

PRO PORTION CA. 499 KCAL · 43 G EW · 32 G F · 11 G KH

Lammkoteletts mit Roter Bete

35 Min.

1. Lammkoteletts waschen, trocken tupfen und mit etwas Öl einpinseln. Backofen auf 100 °C (Umluft: 80 °C) vorheizen. Eine große Grillpfanne erhitzen und Lammkoteletts darin auf jeder Seite ca. 2–3 Minuten bei starker Hitze braten. Herausnehmen, salzen und pfeffern und im vorgeheizten Backofen warm halten.

2. Zwiebeln schälen und fein hacken. Rote Bete in Scheiben schneiden. 2 Teelöffel Öl erhitzen und 1 Zwiebel darin glasig anbraten. Herausnehmen und beiseitestellen. Restliche Zwiebel ebenfalls in etwas Öl glasig anbraten. Rote Bete und 3 Esslöffel Wasser zugeben. Mit Salz und Pfeffer würzen. Bei mittlerer Hitze ca. 3 Minuten dünsten.

3. Knoblauch schälen und fein hacken. Frischkäse mit Knoblauch vermischen und mit Salz und Pfeffer abschmecken. Restliches Öl mit Kräutern und beiseitegestellter Zwiebel mischen. Koteletts aus dem Ofen nehmen, Kräuteröl darübergeben und mit Rote-Bete-Zwiebel-Mischung und Frischkäse servieren.

PRO PORTION CA. 828 KCAL · 76 G EW · 48 G F · 21 G KH

ZUTATEN FÜR 2 PORTIONEN

**6 Lammkoteletts (à 80 g),
3–4 TL Öl und etwas Öl zum Einpinseln,
Salz,
frisch gemahlener Pfeffer,
2 Zwiebeln,
300 g vorgegarte Rote Bete,
1 Knoblauchzehe,
200 g körniger Frischkäse,
gehackte Kräuter
(z. B. Thymian, Rosmarin)**

Hähnchen-Patties im Salat-Wrap (Abbildung links)

40 Min.

ZUTATEN FÜR 2 PORTIONEN

**1 Stück Ingwer (ca. 2 cm),
1 Chilischote,
2 Hähnchenbrüste,
Saft und abgeriebene Schale von 1 unbehandelten Limette,
1 TL Kreuzkümmel,
1 EL Koriander,
1 TL Chat Masala,
1 Prise Garam Masala,
3 EL Öl,
2 Tomaten,
1 kleine rote Zwiebel,
4 große Blätter Eisbergsalat,
1 EL gehackte Minze,
4 EL Mayonnaise,
1 EL Mango-Chutney**

1. Ingwer schälen und fein hacken. Chilischote waschen, halbieren, die Kerne herausschneiden und Chilischote in feine Streifen schneiden. Hähnchenbrüste mit Ingwer und Chili in eine Küchenmaschine geben. Limettensaft und -schale zufügen sowie Kreuzkümmel, Koriander und Masala zufügen. Zu einer cremigen Masse verarbeiten.

2. Aus der Hähnchenmasse vier gleich große flache Patties formen. Öl in einer Pfanne erhitzen und die Patties von beiden Seiten goldbraun anbraten.

3. Tomaten waschen, halbieren, vom Stielansatz befreien und in Scheiben schneiden. Zwiebel schälen und in Ringe schneiden. Eisbergsalat waschen und trocken schütteln. Minze mit Mayonnaise und Mango-Chutney verrühren.

4. Pro Burger-Pattie 1 Salatblatt auslegen und auf der Hälfte mit 1 Pattie, Tomatenscheiben und Zwiebelringen belegen. Etwas Chutney-Mayonnaise darüberträufeln und Salatblatt darüberklappen. Wie einen Burger genießen.

PRO PORTION CA. 486 KCAL · 32 G EW · 34 G F · 12 G KH

Kürbis-Hack-Auflauf

75 Min.

ZUTATEN FÜR 3 PORTIONEN

**500 g Muskatkürbis,
etwas frisch geriebener Muskat,
Salz,
1 Paprikaschote,
1 Zwiebel,
2 EL Öl,
300 g Rinderhackfleisch,
2 TL Garam Masala,
150 ml Gemüsebrühe,
Cayennepfeffer,
1 Eigelb,
30 g Butter,
3 TL Sesam**

1. Kürbis schälen, Kerne und Fasern entfernen und Fruchtfleisch in ca. 2 Zentimeter große Würfel schneiden. In einen Topf geben, 4 Esslöffel Wasser zufügen und mit Muskat und Salz würzen. Zugedeckt aufkochen lassen und bei geringer Hitze ca. 20 Minuten weich dünsten. Mit dem Stabmixer grob pürieren.

2. Paprikaschote waschen, entkernen und in ca. 2 Zentimeter große Würfel schneiden. Zwiebel schälen und fein hacken. Öl in einer Pfanne erhitzen und Zwiebel darin glasig dünsten. Rinderhack zugeben und bei starker Hitze grob krümelig anbraten. Paprika zugeben und kurz mitbraten. Mit Salz und Garam Masala abschmecken. Brühe aufgießen und aufkochen lassen. Hackfleischmasse in eine ofenfeste Form (24 Zentimeter Durchmesser) füllen. Backofen auf 200 °C (Umluft: 180 °C) vorheizen.

3. Kürbispüree in der Pfanne unter Rühren kurz erwärmen, mit Cayennepfeffer abschmecken und Eigelb unterrühren. Kürbispüree auf der Hackfleischmasse verteilen. Butter in einem kleinen Topf zerlassen, über das Kürbispüree gießen und mit Sesam bestreuen. Im vorgeheizten Backofen ca. 20 Minuten backen.

PRO PORTION CA. 522 KCAL · 35 G EW · 36 G F · 15 G KH

Puten-Pilz-Pfanne mit Tomatensoße

ZUTATEN FÜR 1 PORTION
100 g kleine Tomaten, 80 g Champignons, 2 Frühlingszwiebeln, 200 g Putenbrust, 10 ml Kokosöl, 50 ml Milch, Salz, frisch gemahlener Pfeffer

1. Tomaten waschen, halbieren und vom Stielansatz befreien. Champignons putzen und vierteln. Frühlingszwiebeln waschen und in dünne Röllchen schneiden. Einige Röllchen zum Garnieren beiseitestellen. Putenbrust trocken tupfen und in mundgerechte Stücke schneiden.
2. Kokosöl in einer Pfanne erhitzen und Putenbrust darin von allen Seiten anbraten. Tomaten und Champignons zugeben und so lange köcheln lassen, bis die Tomaten schön weich sind.
3. Mit Milch ablöschen, kurz aufkochen lassen und Pfanne vom Herd nehmen. Mit Salz und Pfeffer abschmecken. Frühlingszwiebeln untermischen, kurz ziehen lassen und auf einem Teller anrichten. Mit Frühlingszwiebelröllchen garniert servieren.

PRO PORTION CA. 683 KCAL · 60 G EW · 44 G F · 13 G KH

Gefüllter Blumenkohl mit Hackfleisch

ZUTATEN FÜR 4 PORTIONEN
1 Blumenkohl, Salz, 1 Scheibe Toastbrot, 2 Eier, 400 g Schweinehackfleisch, 1 EL Tomatenketchup, gehackte Kräuter nach Belieben

1. Backofen auf 200 °C (Umluft: 180 °C) vorheizen. Backblech mit Backpapier auslegen. Blumenkohl putzen und waschen. In einem Topf mit ausreichend Salzwasser ca. 5 Minuten kochen. Toastbrot in etwas Wasser einweichen. 1 Ei trennen. Blumenkohl herausnehmen, abtropfen lassen und in Röschen teilen.
2. Hackfleisch mit ausgedrücktem Toastbrot, 1 Eigelb, Salz und Tomatenketchup vermischen und vorsichtig zwischen den Blumenkohlröschen verteilen. Eiweiß mit restlichem Ei verschlagen und Blumenkohl damit von allen Seiten einstreichen. Auf das Backpapier setzen und im vorgeheizten Backofen auf der untersten Schiene ca. 30 Minuten backen. Nach Belieben mit gehackten Kräutern anrichten.

PRO PORTION CA. 337 KCAL · 27 G EW · 20 G F · 9 G KH

Asiatische Rindfleischpfanne

ZUTATEN FÜR 4 PORTIONEN
1 kg grüner Spargel, 1 Zwiebel, 1 rote Chilischote, 1/2 Glas Maiskölbchen, 400 g Rinderfilet, 2 EL Öl, Salz, Sojasoße, Speisestärke

1. Vom Spargel holzige Enden abschneiden, Spargel waschen und unteres Drittel schälen. Spargel in mundgerechte Stücke schneiden. Zwiebel schälen und in grobe Stücke schneiden. Chilischote waschen, halbieren, die Kerne herausschneiden und Chilischote in feine Streifen schneiden. Maiskölbchen in einem Sieb abtropfen lassen.

2. Rinderfilet in Streifen schneiden. Öl in einer Pfanne erhitzen und Fleisch portionsweise darin ca. 2 Minuten anbraten. Herausnehmen und mit Salz würzen. Gemüse in die Pfanne geben und darin unter vorsichtigem Rühren ca. 5 Minuten braten. In einer Schüssel Sojasoße mit etwas Wasser und Speisestärke verrühren. In die Pfanne geben, Fleisch zufügen und alles nochmals erhitzen. Heiß servieren.

PRO PORTION CA. 268 KCAL · 27 G EW · 11 G F · 12 G KH

Mangold-Feta-Gratin

ZUTATEN FÜR 4 PORTIONEN
500 g Mangold, 400 g Hackfleisch, 2 EL Öl, Salz, frisch gemahlener Pfeffer, Paprikapulver, 400 g Champignons, 200 g Feta, 180 g geriebener Käse (z. B. Gouda), Petersilie nach Belieben

1. Mangold putzen und waschen. Stiele klein schneiden, Blätter in ca. 1 Zentimeter breite Streifen schneiden. Hackfleisch in 1 Esslöffel Öl krümelig braten. Mit Gewürzen abschmecken. Mangold-Stiele zugeben. Bei geringer Hitze ca. 10 Minuten dünsten. Backofen auf 180 °C (Umluft: 160 °C) vorheizen. Gratinform mit restlichem Öl ausstreichen.

2. Champignons putzen, mit einem Tuch abreiben und in Scheiben schneiden. Feta grob zerkrümeln. Klein geschnittene Mangold-Blätter in der Gratinform verteilen. Champignons darauflegen. Hackfleisch-Mangold-Masse gleichmäßig darauf verteilen. Geriebenen Käse und Feta darüberstreuen. Im vorgeheizten Backofen ca. 30–35 Minuten backen. Nach Belieben mit Petersilie garniert servieren.

PRO PORTION CA. 621 KCAL · 43 G EW · 47 G F · 2 G KH

Entenkeulen mit Feigen (Abbildung links)

90 Min.

ZUTATEN FÜR 4 PORTIONEN
4 Entenkeulen (à 180 g),
Salz,
frisch gemahlener Pfeffer,
edelsüßes Paprikapulver,
1 Knoblauchzehe,
8 Feigen,
4 Stängel Thymian,
1 Bund Rosmarin,
2 EL Olivenöl,
400 ml Geflügelfond,
2 Zimtstangen,
3 Sternanis,
Saft von 1/2 Limette

1. Entenkeulen trocken tupfen. Mit Salz, Pfeffer und Paprikapulver würzen. Knoblauch schälen und halbieren. Feigen waschen, trocken tupfen und vierteln. Thymian und Rosmarin waschen und trocken schütteln. Backofen auf 200 °C (Umluft: 180 °C) vorheizen.

2. Öl in einem Bräter erhitzen und Entenkeulen darin scharf anbraten. Keulen herausnehmen und warm stellen. Knoblauch und Feigen in den Bräter geben und kurz anrösten. Mit Geflügelfond ablöschen. Entenkeulen wieder in den Bräter legen. Zimtstangen, Sternanis, Rosmarin, Thymian und Limettensaft zugeben und ca. 1 Stunde im vorgeheizten Backofen garen. Entenkeulen dabei immer wieder mit dem Fond begießen.

3. Entenkeulen herausnehmen. Soße mit Salz und Pfeffer abschmecken und durch ein feines Sieb passieren. Entenkeulen mit Feigen servieren und Soße dazu reichen.

PRO PORTION CA. 471 KCAL · 49 G EW · 23 G F · 18 G KH

Kalbsragout mit Kohlrabi

95 Min.

ZUTATEN FÜR 4 PORTIONEN
250 g Schalotten,
800 g Kalbsgulasch,
3 EL Kokosmehl,
3 EL Öl,
Salz,
frisch gemahlener Pfeffer,
50 ml Weißwein,
500 ml Geflügelfond,
1 unbehandelte Zitrone,
2 Kohlrabis,
75 g Kochsahne,
1 TL Johannisbrotkernmehl,
1 Bund Kerbel,
1 EL Honig

1. Schalotten schälen und vierteln. Fleisch trocken tupfen und gleichmäßig mit Kokosmehl bestäuben. Öl in einem Schmortopf erhitzen und Fleisch in 2 Portionen von allen Seiten anbraten. Herausnehmen und warm stellen. Schalotten im Bratfett kurz andünsten. Fleisch wieder hineingeben und mit Salz und Pfeffer würzen. Wein zugießen und einreduzieren lassen. Geflügelfond ebenfalls zugießen und aufkochen lassen.

2. Zitrone mit heißem Wasser gründlich waschen und trocken reiben. Zitronenschale mit dem Sparschäler in einer dünnen Spirale schälen, zum Kalbsfleisch geben und alles zugedeckt bei geringer Hitze ca. 30 Minuten schmoren lassen.

3. Kohlrabis schälen und in kleine Würfel schneiden. Zum Kalbfleisch geben und offen bei geringer Hitze weitere ca. 20 Minuten schmoren lassen. Sahne und Johannisbrotkernmehl unter Rühren zum Kalbsragout geben und kurz aufkochen lassen.

4. Kerbel waschen, trocken schütteln und fein hacken. Zitrone halbieren und eine Hälfte auspressen. Zitronenschale aus dem Ragout entfernen, Honig unterrühren und Ragout mit Salz, Pfeffer und Zitronensaft abschmecken. Vor dem Servieren Kerbel unter das Kalbsragout mischen.

PRO PORTION CA. 436 KCAL · 27 G EW · 18 G F · 17 G KH

Gegrilltes Putenfilet mit Tomaten-Paprika-Salsa

30 Min.

ZUTATEN FÜR 2 PORTIONEN

2 Putenfilets (à 120 g),
1/2 Bund Thymian,
1/2 Bund Rosmarin,
3 Knoblauchzehen,
3 EL Olivenöl,
Salz,
frisch gemahlener Pfeffer,
1 rote Paprikaschote,
1 Tomate,
1/2 rote Zwiebel,
1 Chilischote,
5–6 Stängel Petersilie,
einige Oliven,
Saft von 1/2 Limette

1. Putenfilets abspülen und trocken tupfen. Mit Frischhaltefolie bedecken und leicht plattieren. Thymian und Rosmarin waschen, trocken schütteln und fein hacken. 1 Knoblauchzehe schälen und fein hacken. 1 Esslöffel Olivenöl mit Kräutern und Knoblauch verrühren. Mit Salz und Pfeffer würzen. Putenfilets darin ca. 30 Minuten marinieren.

2. Paprika putzen, waschen und würfeln. Tomate waschen, halbieren, vom Stielansatz befreien und würfeln. Zwiebel und restliche Knoblauchzehen schälen und fein hacken. Chilischote waschen, halbieren, die Kerne herausschneiden und Chilischote in feine Streifen schneiden. Petersilie waschen, trocken schütteln und fein hacken. Alles in eine Schüssel geben. Oliven zufügen und mit restlichem Olivenöl und Limettensaft vermischen. Mit Salz und Pfeffer abschmecken.

3. Putenfilets abtropfen lassen und in einer Grillpfanne 3–4 Minuten von jeder Seite grillen. Filets mit der Salsa anrichten und genießen.

PRO PORTION CA. 330 KCAL · 30 G EW · 18 G F · 11 G KH

Weißkohl-Hackfleisch-Auflauf

75 Min.

1. Salzwasser zum Kochen bringen. Weißkohl putzen und in mundgerechte Streifen schneiden. Weißkohl ca. 10 Minuten im Salzwasser kochen und über einem Sieb abgießen.

2. Zwiebeln schälen und fein hacken. Tomate waschen, halbieren, vom Stielansatz befreien und würfeln. Petersilie waschen, trocken schütteln und fein hacken. Einige Blätter zum Garnieren beiseitelegen. Backofen auf 200 °C (Umluft: 180 °C) vorheizen. Öl in einer Pfanne erhitzen und Hackfleisch anbraten. Zwiebeln zufügen und mitbraten. Mit Salz, Pfeffer und Paprikapulver abschmecken und mit Weißkohl vermischen.

3. Auflaufform mit etwas Öl ausstreichen und Hackfleisch-Kohl-Masse einfüllen. Tomatenwürfel darauf verteilen.

4. Eier, Sahne und Petersilie verrühren. Mit Salz und Pfeffer würzen und über den Auflauf gießen. Geriebenen Käse darauf verteilen und im vorgeheizten Backofen ca. 35 Minuten backen. Mit Petersilie garniert servieren.

PRO PORTION CA. 789 KCAL · 48 G EW · 57 G F · 15 G KH

ZUTATEN FÜR 4 PORTIONEN

Salz,
500 g Weißkohl,
2 große Zwiebeln,
1 große Tomate,
1 Bund Petersilie,
1 EL Öl und etwas Öl für die Form,
500 g Rinderhackfleisch,
frisch gemahlener Pfeffer,
etwas Paprikapulver,
3 Eier,
200 g Sahne,
200 g geriebener Käse (z. B. Edamer, Gouda oder Leerdammer)

Gänsekeulen mit Speck und Rosenkohl

ZUTATEN FÜR 4 PORTIONEN

1 Zwiebel, 1 Lorbeerblatt, 2 Gewürznelken, 1 1/2–2 l Gemüsebrühe, Salz, 4 Gänsekeulen (à 300 g), Pfefferkörner, 750 g Rosenkohl, 100 g geräucherter Bauchspeck, 20 ml Olivenöl, 20 g Butter, frisch gemahlener Pfeffer

1. Backofen auf 260 °C (Umluft: 240 °C) vorheizen. Zwiebel schälen. Lorbeerblatt darauflegen und mit Gewürznelken feststecken. In einem tiefen, breiten Topf Gemüsebrühe mit etwas Salz aufkochen.
2. Gänsekeulen, gespickte Zwiebel und Pfefferkörner hineingeben und zugedeckt ca. 1,5 Stunden unter dem Siedepunkt ziehen lassen. Gänsekeulen mit der Hautseite nach oben auf ein mit Backpapier belegtes Backblech legen. Ca. 20 Minuten im vorgeheizten Backofen bräunen.
3. Rosenkohl waschen. Zugedeckt in Salzwasser ca. 15–20 Minuten kochen. Über einem Sieb abgießen und abtropfen lassen. Speck in feine Würfel schneiden. Öl und Butter erhitzen und Speck darin knusprig anbraten. Rosenkohl zugeben und kurz mitbraten. Mit Salz und Pfeffer abschmecken. Gänsekeulen mit Rosenkohl und Speck auf Tellern anrichten und servieren.

PRO PORTION CA. 888 KCAL · 77 G EW · 60 G F · 11 G KH

Schweinefilet im Speckmantel

ZUTATEN FÜR 3 PORTIONEN

1 großes Schweinefilet, frisch gemahlener Pfeffer, Paprikapulver, 200 g braune Champignons, 200 g Kirschtomaten, 2 Pck. Bacon, Salz

1. Backofen auf 200 °C (Umluft: 180 °C) vorheizen. Schweinefilet mit Pfeffer und Paprika würzen. Champignons putzen, mit einem Tuch abreiben und halbieren. Tomaten waschen, putzen und ebenfalls halbieren.
2. Baconscheiben dicht nebeneinanderlegen, sodass sich die Scheiben leicht überlappen. Filet auf die Scheiben legen, mit Bacon umwickeln und in eine Auflaufform legen. Champignons und Tomaten in der Auflaufform verteilen und salzen. Schweinefilet im Speckmantel im vorgeheizten Backofen ca. 45 Minuten garen.

PRO PORTION CA. 435 KCAL · 58 G EW · 21 G F · 2 G KH

Überbackener Rosenkohl

ZUTATEN FÜR 4 PORTIONEN

Fett für die Form, 2 Pck. Rosenkohl (TK-Produkt), 250 g Bacon, 250 g geriebener Käse, 200 g Crème fraîche

1. Backofen auf 250 °C (Umluft: 230 °C) vorheizen. Auflaufform mit Fett ausstreichen. Rosenkohl nach Packungsanweisung zubereiten. Bacon in Streifen schneiden. Geriebenen Käse und Crème fraîche in einer Schüssel verrühren.
2. Rosenkohl in die Auflaufform legen und Käse-Crème-fraîche-Mischung darübergeben. Mit Baconstreifen belegen. Im vorgeheizten Backofen ca. 10–15 Minuten überbacken.

PRO PORTION CA. 704 KCAL · 34 G EW · 55 G F · 14 G KH

Gebratenes Steak mit Tomaten und Pilzen

ZUTATEN FÜR 2 PORTIONEN

450 g Cherry-Tomaten, 60 g Champignons, 1 Zweig Rosmarin, 1 EL Öl, 340 g Rindersteaks, Salz, bunter Pfeffer

1. Tomaten waschen, halbieren und vom Stielansatz befreien. Champignons putzen und in Scheiben schneiden. Rosmarin waschen, trocken schütteln und in mehrere Stücke zupfen.
2. Öl in einer Grillpfanne erhitzen. Steaks in die heiße Pfanne legen und ca. 2–3 Minuten auf einer Seite scharf anbraten. Steaks wenden, Rosmarin darauflegen und mit Salz und buntem Pfeffer würzen. Weitere 2–3 Minuten scharf anbraten.
3. Steaks aus der Pfanne nehmen und warm stellen. Tomaten und Champignons in die Pfanne geben und kurz anrösten. Steaks mit Tomaten und Champignons auf Tellern anrichten und genießen.

PRO PORTION CA. 307 KCAL · 37 G EW · 14 G F · 7 G KH

Lammkarree mit Kräuterkruste und Spargel (Abbildung links)

90 Min.

ZUTATEN FÜR 4 PORTIONEN
5 Knoblauchzehen,
2 Zweige Rosmarin,
5–6 Zweige Thymian,
9 EL Olivenöl,
Salz,
bunter Pfeffer,
1 TL Zimt,
800 g Lammrücken,
2 Zwiebeln,
500 ml Gemüsefond,
500 g grüner Spargel,
1 EL Butter,
einige Granatapfelkerne

1. Knoblauch schälen und fein hacken. Rosmarin und Thymian waschen, trocken schütteln, Nadeln abstreifen und fein hacken. Knoblauch und Kräuter mit 8 Esslöffeln Olivenöl in einer großen Schüssel mischen. Salz, Pfeffer und Zimt zufügen und vermischen. Lammrücken damit marinieren und 12 Stunden im Kühlschrank ziehen lassen.

2. Backofen auf 200 °C (Umluft: 180 °C) vorheizen. Zwiebeln schälen und fein hacken. Lammrücken mit Gemüsefond und Zwiebeln in einen Bräter geben. Bräter in den Backofen (so weit oben wie möglich) stellen und die Kräuterkruste für 7–10 Minuten gratinieren. Deckel auf den Bräter legen und den Lammrücken im vorgeheizten Backofen ca. 1 Stunde garen.

3. Spargel waschen, holzige Enden abschneiden und untere Drittel schälen. Restliches Öl und Butter in einer Pfanne erhitzen und die Spargelstangen je nach Dicke 3–4 Minuten darin anbraten. Lammrücken und Spargel anrichten und einige Granatapfelkerne darüberstreuen.

PRO PORTION CA. 473 KCAL · 41 G EW · 32 G F · 7 G KH

Schweinsmedaillons mit Romanesco

40 Min.

ZUTATEN FÜR 2 PORTIONEN
1 Romanesco,
Salz,
10 Blätter Basilikum,
150 g Cocktailtomaten,
1 Schweinefilet (à 300 g),
8 EL Butter,
2 EL Sahnejoghurt,
1 Eigelb,
Cayennepfeffer,
2 EL Pflanzenöl,
frisch gemahlener Pfeffer

1. Romanesco waschen und in kleine Röschen teilen. In kochendem Salzwasser ca. 5 Minuten blanchieren. Über einem Sieb abtropfen lassen. Basilikum waschen und trocken schütteln. Tomaten waschen und vom Stielansatz befreien. Schweinefilet in ca. 2 Zentimeter dicke Scheiben schneiden.

2. Butter in einem Topf zerlassen und kurz aufkochen lassen. Joghurt, Eigelb und Basilikum mit dem Stabmixer fein pürieren. Heiße Butter langsam zugießen, dabei Stabmixer weiter laufen lassen. Mit Salz und Cayennepfeffer abschmecken.

3. Öl erhitzen und Fleisch darin von jeder Seite ca. 2–3 Minuten goldbraun anbraten. Herausnehmen, salzen und warm stellen. Romanesco und Tomaten ca. 5 Minuten anbraten. Mit Salz und Pfeffer abschmecken. Alles auf Tellern anrichten und mit Basilikumsoße beträufeln.

PRO PORTION CA. 653 KCAL · 41 G EW · 51 G F · 9 G KH

Fleisch-Gemüse-Spieße aus der Heißluftfritteuse

ZUTATEN FÜR 2 PORTIONEN

250 g Fleisch nach Wahl (z. B. Hähnchenbrust, Schweinefilet, Lammfilet), 1 rote Paprikaschote, 1/2 unbehandelte Zucchini, 1 Zwiebel, 1 Handvoll kleine Champignons, Salz, frisch gemahlener Pfeffer, Öl, Holzspieße, Paprikapulver

1. Fleisch waschen, trocken tupfen und in Würfel schneiden. Paprika und Zucchini putzen, waschen und in mundgerechte Stücke schneiden. Zwiebel schälen und grob schneiden. Champignons putzen. Fleischwürfel in eine Schüssel geben und kräftig mit Salz und Pfeffer würzen. Mit etwas Öl vermischen.
2. Abwechselnd Fleisch-, Gemüse- und Pilzstücke auf Spieße stecken und mit etwas Paprikapulver würzen. Fleisch-Gemüse-Spieße in der Heißluftfritteuse bei 180 °C ca. 15 Minuten braten.

PRO PORTION CA. 265 KCAL · 29 G EW · 9 G F · 9 G KH

Auberginen-„Lasagne" aus der Heißluftfritteuse

ZUTATEN FÜR 4 PORTIONEN

2 Auberginen, Salz, 1 Zwiebel, 2 Knoblauchzehen, 1 EL Öl, 400 g Hackfleisch, 125 ml Rotwein, 1 Pck. passierte Tomaten, 2 EL Tomatenmark, 1 EL gehackte Kräuter (z. B. Oregano, Basilikum), frisch gemahlener Pfeffer, Fett für die Form, 100 g Ricotta, 100 g geriebener Käse

1. Auberginen waschen, putzen und längs in Scheiben schneiden. Mit Salz bestreuen. Zwiebel und Knoblauch schälen und fein hacken. Öl in einer Pfanne erhitzen und Zwiebel und Knoblauch darin andünsten. Hackfleisch zufügen und krümelig braun braten. Mit Rotwein ablöschen. Passierte Tomaten zufügen, Tomatenmark und gehackte Kräuter unterrühren. Mit Salz und Pfeffer abschmecken.
2. Form mit Fett ausstreichen und abwechselnd Auberginenscheiben, Ricotta und Hackfleischsoße in die Form schichten. Geriebenen Käse darauf verteilen. In der Heißluftfritteuse bei 160 °C ca. 40 Minuten backen.

PRO PORTION CA. 498 KCAL · 31 G EW · 31 G F · 14 G KH

Frische Hühnerleber in der Pfanne

ZUTATEN FÜR 2 PORTIONEN

300 g küchenfertige Hühnerleber, 1 rote Paprikaschote, 2 Zwiebeln, 2 Knoblauchzehen, 1/2 Bund Petersilie, 50 g Butter, 3 Salbeiblätter, 2 Lorbeerblätter, Salz, frisch gemahlener Pfeffer

1. Leber waschen, trocken tupfen und in mundgerechte Stücke schneiden. Paprika putzen, waschen und in Streifen schneiden. Zwiebeln schälen und in Ringe schneiden. Knoblauch schälen und fein hacken. Petersilie waschen, trocken schütteln und Blätter grob hacken.
2. 30 Gramm Butter in eine Pfanne geben und schmelzen lassen. Leber darin von allen Seiten kurz anbraten. Paprika, Zwiebeln, Knoblauch sowie Salbei- und Lorbeerblätter zufügen und bei geringer Hitze 4–6 Minuten garen.
3. Kurz vor Ende der Garzeit restliche Butter zufügen und alles kräftig durchschwenken. Mit Salz und Pfeffer abschmecken. Mit Petersilie garniert servieren.

PRO PORTION CA. 437 KCAL · 36 G EW · 28 G F · 12 G KH

Gefüllte Wirsingtaschen

ZUTATEN FÜR 4 PORTIONEN

4 große Wirsingblätter, Salz, 1 Zwiebel, 1 Knoblauchzehe, 3 EL Öl, 4 Scheiben durchwachsener Speck, 4 Stücke Ziegenfrischkäse, frisch gemahlener Pfeffer

1. Wirsing waschen und in kochendem Salzwasser ca. 20–30 Sekunden blanchieren. Herausnehmen und kalt abschrecken. Zwiebel und Knoblauch schälen. Beides würfeln.
2. Hälfte des Öls erhitzen und Zwiebel und Knoblauch darin anschwitzen. Speckscheiben kurz mitdünsten.
3. Ziegenkäse mit Speck umwickeln. Wirsingblätter auf eine Arbeitsfläche legen und ausbreiten. Auf jedes Blatt einen mit Speck eingewickelten Ziegenkäse legen, Zwiebel und Knoblauch daraufgeben, mit Pfeffer und Salz würzen. Ziegenkäse im Wirsingblatt einschlagen. Restliches Öl erhitzen und Wirsingtaschen von beiden Seiten je ca. 2 Minuten braten. Sofort servieren.

PRO PORTION CA. 185 KCAL · 5 G EW · 18 G F · 2 G KH

Hähnchenbrust auf Grillgemüse aus der Heißluftfritteuse (Abbildung links)

30 Min.

ZUTATEN FÜR 2 PORTIONEN
2 Hähnchenbrüste,
Salz,
frisch gemahlener Pfeffer,
1 TL Knoblauchpulver,
1/2 TL Paprikapulver,
1 EL Öl,
200 g Brokkoli,
2 Möhren,
1 Zwiebel,
2 Zweige Thymian nach Belieben,
1 Prise Zucker

1. Hähnchenbrüste gründlich waschen und trocken tupfen. Aus Salz, Pfeffer, Knoblauchpulver, Paprikapulver und etwas Öl eine Marinade herstellen. Hähnchenbrüste in die Marinade geben und ca. 1 Stunde im Kühlschrank marinieren.
2. Brokkoli putzen, waschen und in Röschen teilen. Möhren putzen, schälen und in Scheiben schneiden. Zwiebel schälen und grob schneiden. Nach Belieben Thymian waschen, trocken schütteln und Blättchen fein hacken. Gemüse in einer Schüssel mit Thymian, restlichem Öl, Salz und Zucker marinieren.
3. Hähnchenbrüste und Gemüse auf die Grillplatte legen und in der Heißluftfritteuse bei 180 °C ca. 20 Minuten garen. Nach der Hälfte der Zeit Hähnchenbrüste einmal wenden.

PRO PORTION CA. 274 KCAL · 35 G EW · 8 G F · 9 G KH

Würziges Putengulasch

60 Min.

ZUTATEN FÜR 4 PORTIONEN
5 kleine Zwiebeln,
2 EL Öl,
650 g Putengulasch aus der Keule,
Salz,
frisch gemahlener Pfeffer,
1/2 EL rosenscharfes Paprikapulver,
2 EL edelsüßes Paprikapulver,
2 Knoblauchzehen,
abgeriebene Schale von 1 unbehandelten Zitrone,
1 TL gemahlener Kümmel

1. Zwiebeln schälen und in feine Streifen schneiden. 1 Esslöffel Öl in eine Schüssel geben und Putenfleisch darin wenden. Mit Salz und Pfeffer würzen. Restliches Öl in einem großen Topf erhitzen und Zwiebeln darin andünsten. Putenfleisch zugeben und unter gelegentlichem Rühren ca. 10 Minuten dünsten. Paprikapulver zugeben und umrühren.
2. Ca. 400–500 Milliliter Wasser zugießen, bis das Putenfleisch bedeckt ist. Zugedeckt bei mittlerer Hitze ca. 35 Minuten schmoren lassen. Knoblauch schälen und fein hacken. Am Ende der Garzeit Knoblauch und Zitronenschale zufügen, mit Salz, Pfeffer und Kümmel kräftig abschmecken und Flüssigkeit bei offenem Deckel etwas einreduzieren lassen. Putengulasch heiß servieren.

PRO PORTION CA. 479 KCAL · 45 G EW · 32 G F · 4 G KH

Deftiger Flammkuchen

ZUTATEN FÜR 1 FLAMMKUCHEN
250 g Vollkornmehl, 250 g Mandelmehl, 5 EL Olivenöl, 500 g Zwiebeln, 250 g Schinkenspeck, 250 g Crème fraîche, 1/2 Bund Schnittlauch

1. Backofen auf 250 °C (Umluft: 230 °C) vorheizen. Backblech mit Backpapier auslegen. Vollkornmehl und Mandelmehl miteinander vermischen. Olivenöl und 350 Milliliter Wasser zufügen und zu einem Teig verarbeiten.

2. Zwiebeln schälen und in feine Ringe schneiden. Schinkenspeck in längliche Streifen schneiden. Teig ausrollen und auf das Backpapier legen. Mit Crème fraîche bestreichen und mit Zwiebeln und Schinkenspeck belegen. Im vorgeheizten Backofen ca. 15 Minuten backen. Schnittlauch waschen, trocken schütteln und in Röllchen schneiden. Flammkuchen mit Schnittlauch bestreuen und servieren.

PRO KUCHEN CA. 3087 KCAL · 142 G EW · 180 G F · 194 G KH

Hähnchenbrust auf Quinoa-Gemüse

ZUTATEN FÜR 6 PORTIONEN
250 g Quinoa, 3 EL Olivenöl, 2 große Zucchini, 4 große Möhren, 1 Knoblauchzehe, Salz, frisch gemahlener Pfeffer, 6 Hähnchenbrüste, Basilikum zum Garnieren

1. Quinoa waschen und abtropfen lassen. Quinoa in 1 Esslöffel Öl kurz anrösten. Mit 750 Milliliter Wasser ablöschen und zugedeckt ca. 20 Minuten köcheln lassen.

2. Zucchini und Möhren putzen, schälen und fein würfeln. Knoblauch schälen und fein hacken. Quinoa in einem Sieb abtropfen lassen und mit 1 Esslöffel Öl in eine Pfanne geben. Gemüse zugeben, mit Salz und Pfeffer würzen und alles anbraten.

3. Hähnchenbrüste waschen und trocken tupfen. Restliches Öl in einer Grillpfanne erhitzen und Hähnchenbrüste darin goldbraun braten. Mit Salz und Pfeffer würzen. Hähnchenbrust auf Quinoa-Gemüse anrichten und mit Basilikum garniert servieren.

PRO PORTION CA. 347 KCAL · 37 G EW · 6 G F · 33 G KH

Ossobuco mit Schmorgemüse

ZUTATEN FÜR 4 PORTIONEN
1 Knoblauchzehe, 2 Zwiebeln, 2 Möhren, 2 Stangen Sellerie, 3 EL Kokosmehl, 2 TL rosenscharfes Paprikapulver, 1,2 kg Kalbsbeinscheiben (ca. 3 cm dick), 2 EL Olivenöl, Salz, frisch gemahlener Pfeffer, 350 ml Kalbsfond, 150 ml Weißwein

1. Knoblauch schälen und fein hacken. Restliches Gemüse waschen bzw. schälen und in ca. 5 Millimeter große Würfel schneiden. Kokosmehl und Paprikapulver miteinander vermischen. Beinscheiben darin wenden und überschüssiges Kokosmehl leicht abklopfen. Öl in einem großen Bräter erhitzen und Fleisch von beiden Seiten in 2 Portionen goldbraun anbraten. Mit Salz und Pfeffer würzen, herausnehmen und warm stellen.
2. Knoblauch und restliches Gemüse in den Bräter geben und ca. 5–6 Minuten farblos andünsten.
3. Kalbsfond und Wein zugießen und Fleisch zugeben. Zugedeckt ca. 2–2 1/2 Stunden bei geringer Hitze schmoren lassen, bis das Fleisch weich ist. Ossobuco mit Schmorgemüse auf vorgewärmten Tellern anrichten.

PRO PORTION CA. 638 KCAL · 87 G EW · 25 G F · 11 G KH

Schnelle Hähnchen-Pilz-Pfanne

ZUTATEN FÜR 2 PORTIONEN
250 g Hähnchenbrustfilet, 200 g Champignons, 2 Frühlingszwiebeln, 100 g Kirschtomaten, 1 EL Öl, 2 EL Frischkäse, Salz, frisch gemahlener Pfeffer, Cayennepfeffer

1. Hähnchenbrustfilet in mundgerechte Stücke schneiden. Champignons putzen, mit einem Tuch abreiben und in Scheiben schneiden. Frühlingszwiebeln putzen, waschen und in dünne Röllchen schneiden. Tomaten waschen, halbieren, vom Stielansatz befreien und vierteln.
2. Öl in einer Pfanne erhitzen und Hähnchenbrustfilet darin anbraten. Champignons und Frühlingszwiebeln zugeben und kurz mitbraten. Tomaten und Frischkäse zugeben, umrühren und weitere ca. 5 Minuten bei geringer Hitze köcheln lassen. Mit Salz, Pfeffer und Cayennepfeffer abschmecken.

PRO PORTION CA. 278 KCAL · 33 G EW · 13 G F · 5 G KH

FISCH UND MEERESFRÜCHTE

Exotisches Kokos-Fisch-Curry (Abbildung rechts)

45 Min.

ZUTATEN FÜR 4 PORTIONEN
750 g Fischfilets,
Saft von 1 Limette,
3 Knoblauchzehen,
2 rote Zwiebeln,
je 1 rote und grüne Chilischote,
1 Stück Ingwer (ca. 8 cm),
400 g Tomaten,
1 kleine Mango,
3 EL Öl,
1 EL braune Senfkörner,
1 TL gemahlener Koriander,
1 TL gemahlener Kreuzkümmel,
1 TL Kurkuma,
1 EL scharfes Currypulver,
200 ml Kokosmilch,
Salz, 2 Stängel Minze

1. Fischfilets abspülen und trocken tupfen. In ca. 3 Zentimeter große Stücke schneiden. Limettensaft darüberträufeln und kalt stellen. Knoblauch und Zwiebeln schälen und fein hacken. Chilischote waschen, halbieren, die Kerne herausschneiden und Chilischote in feine Streifen schneiden. Ingwer schälen und fein hacken. Tomaten waschen, halbieren, vom Stielansatz befreien und würfeln. Mango schälen, entkernen und Fruchtfleisch würfeln.

2. Öl in einem Topf erhitzen, Senfkörner zugeben und so lange erhitzen, bis sie leicht aufplatzen. Knoblauch, Zwiebeln, Chili und Ingwer zufügen und unter Rühren ca. 1 Minute braten. Koriander, Kreuzkümmel, Kurkuma und Currypulver zugeben, umrühren und kurz andünsten lassen. Kokosmilch zugießen. Tomaten zur Soße geben, alles zum Kochen bringen und bei mittlerer Hitze ca. 4 Minuten köcheln lassen.

3. Fisch mit Salz würzen und zu den anderen Zutaten in den Topf geben. Zugedeckt bei mittlerer Hitze ca. 4–6 Minuten garen. Minze waschen, trocken schütteln, Blättchen abzupfen und fein schneiden. Curry mit Mango sowie Soße anrichten und mit Minze garniert servieren.

PRO PORTION CA. 353 KCAL · 85 G EW · 23 G F · 36 G KH

Schollenröllchen mit Spitzkohl

40 Min.

ZUTATEN FÜR 2 PORTIONEN
3 Stängel Petersilie,
1/2 Bund Schnittlauch,
3 Stängel Dill,
100 g kernlose Weintrauben,
325 g Spitzkohl, 1 Zwiebel,
8 Schollenfilets ohne Haut (à 40 g), Holzspieße,
1 EL Öl, Salz,
frisch gemahlener Pfeffer,
etwas frisch geriebener Muskat,
100 ml Weißwein,
5 EL Sojacreme

1. Petersilie, Schnittlauch und Dill waschen und trocken schütteln. Petersilienblättchen abzupfen und fein hacken. Schnittlauch in Röllchen schneiden. Dillfähnchen fein hacken. Weintrauben waschen, trocken tupfen und halbieren. Spitzkohl waschen, Zwiebel schälen. Spitzkohl und Zwiebel in feine Streifen schneiden.

2. Schollenfilets abspülen und trocken tupfen. Mit der grauen Seite nach oben auf die Arbeitsfläche legen, mit Kräutern bestreuen, zum spitzen Ende hin aufrollen und mit Holzspießen feststecken.

3. Öl in einer Pfanne erhitzen und Zwiebel darin glasig dünsten. Spitzkohl zugeben und ca. 2–3 Minuten unter Rühren dünsten. Mit Salz, Pfeffer und Muskat abschmecken. Trauben zugeben und Wein zugießen.

4. Schollenröllchen mit Salz würzen und zum Gemüse geben. Zugedeckt bei mittlerer Hitze ca. 7–8 Minuten garen. Sojacreme unterrühren und weitere ca. 1–2 Minuten köcheln. Mit Salz und Pfeffer abschmecken und sofort servieren.

PRO PORTION CA. 429 KCAL · 24 G EW · 13 G F · 42 G KH

Lachsfilet mit Rosenkohl

ZUTATEN FÜR 1 PORTION

250 g Rosenkohl, 1 Knoblauchzehe, 100 ml Öl, Salz, frisch gemahlener Pfeffer, 1 TL italienische Kräuter, 150 g Lachsfilet, 50 ml weißer Balsamico, getrocknete Tomaten

1. Backofen auf 200 °C (Umluft: 180 °C) vorheizen. Rosenkohl waschen und trocken tupfen. Knoblauch schälen und fein hacken. Knoblauch mit Öl vermischen und mit Salz, Pfeffer und Kräutern würzen.
2. Rosenkohl in einer ofenfesten Form verteilen und Hälfte der Kräuter-Öl-Mischung darauf verteilen. Im vorgeheizten Backofen ca. 15 Minuten garen, dabei den Rosenkohl ab und zu wenden.
3. Lachsfilet abspülen und trocken tupfen. Lachs zum Rosenkohl in die Form legen und mit restlicher Kräuter-Öl-Mischung und Balsamico beträufeln. Ca. 10 Minuten weitergaren, getrocknete Tomaten zugeben und nochmals ca. 5–10 Minuten garen.

PRO PORTION CA. 1229 KCAL · 42 G EW · 111 G F · 19 G KH

Low-Carb-Pizza mit Thunfischboden

ZUTATEN FÜR 4 PORTIONEN

1 rote Zwiebel, 100 g Champignons, 10 Cocktailtomaten, 1 Handvoll Basilikumblätter, 1 Dose Thunfisch im eigenen Saft, 200 g Hüttenkäse, 2 Eier, 3 EL geriebener Käse, Salz, frisch gemahlener Pfeffer, 200 g passierte Tomaten, getrockneter Oregano, Basilikum zum Garnieren

1. Zwiebel schälen und in Scheiben schneiden, Pilze putzen und klein schneiden. Tomaten waschen und in Scheiben schneiden. Basilikum waschen und trocken tupfen. Backofen auf 180 °C (Umluft: 160 °C) vorheizen.
2. Thunfisch abtropfen lassen. Mit Hüttenkäse, Eiern und 1/2 Esslöffel vom geriebenem Käse vermengen. Mit Salz und Pfeffer würzen. Masse auf ein mit Backpapier belegtes Backblech geben und zu einem Pizzaboden oder in 4 kleine Pizzen verstreichen. Im vorgeheizten Backofen ca. 30 Minuten backen.
3. Passierte Tomaten und etwas Oregano auf dem Boden verteilen, mit restlichem Käse bestreuen.
4. Pizza mit Zwiebel, Pilzen und Tomaten belegen. Im Ofen überbacken, bis der Käse geschmolzen ist. Mit Basilikum garniert servieren.

PRO PORTION CA. 187 KCAL · 23 G EW · 7 G F · 7 G KH

Low-Carb-Sushi

ZUTATEN FÜR 2 PORTIONEN
1/2 Blumenkohl, 1 EL Kokosöl, 1 Prise Salz, 4 EL Reisessig, 1/2 Salatgurke, 1/2 Avocado, 100 g geräucherter Lachs, 4 Blätter Nori-Algen, 2 EL Mayonnaise, Sojasoße zum Dippen

1. Blumenkohl putzen, waschen, grob zerschneiden und portionsweise im Mixer auf Reiskorngröße zerkleinern. Kokosöl erhitzen und Blumenkohlkörner darin unter Rühren ca. 5 Minuten braten. Mit Salz und Reisessig abschmecken und abkühlen lassen.
2. Gurke und Avocado schälen und in feine Streifen schneiden. Lachs in kleine Streifen schneiden. 1 Noriblatt auf der Arbeitsplatte ausbreiten. BLumenkohlreis daraufgeben, dabei jeweils oben und unten 1 Zentimeter frei lassen. Lachs, Gurke und Avocado quer an den Anfang des Blattes legen und Mayonnaise darauf verstreichen.
3. Anfang und Ende des Blattes mit etwas Wasser befeuchten, einrollen und fest andrücken. Mit den restlichen Noriblättern ebenso verfahren. Mit einem scharfen Messer in Stücke schneiden und anrichten. Mit Sojasoße zum Dippen servieren.

PRO PORTION CA. 428 KCAL · 25 G EW · 31 G F · 12 G KH

Thunfisch-Salat-Wraps

ZUTATEN FÜR 6 STÜCK
1 Frühlingszwiebel, 1/2 Bund Radieschen, 1/2 Dose Mais, 1 Dose Thunfisch im eigenen Saft, 6 große Blätter Kopfsalat, 2 EL Mayonnaise, 1 EL Zitronensaft, 1/2 TL Paprikapulver, Salz, frisch gemahlener Pfeffer, 1 TL gehackter Dill, 150 g Naturjoghurt, Zitronenspalten

1. Frühlingszwiebel putzen und klein schneiden. Radieschen putzen, waschen und in kleine Würfel schneiden. Mais und Thunfisch getrennt abtropfen lassen. Salatblätter waschen und trocken tupfen.
2. Mayonnaise, Zitronensaft und Paprikapulver verrühren. Mit Salz und Pfeffer würzen. Frühlingszwiebel, Radieschen, Mais und zerpflückten Thunfisch untermischen, noch einmal abschmecken. Salatblätter mit dem Salat füllen, mit Dill bestreuen und mit Joghurt und Zitronen anrichten.

PRO STÜCK CA. 97 KCAL · 9 G EW · 4 G F · 5 G KH

Riesengarnelen mit Feta und Tomaten (Abbildung links)

30 Min.

ZUTATEN FÜR 4 PORTIONEN
24 küchenfertige Riesengarnelen,
4 Frühlingszwiebeln,
4 Tomaten,
2 Knoblauchzehen,
120 g Feta,
2 EL Öl,
Salz,
frisch gemahlener Pfeffer,
120 ml trockener Weißwein,
100 ml Fischfond,
1 Msp. Paprikapulver,
1 1/2 EL Zitronensaft,
grob gehackte Petersilie

1. Garnelen waschen und trocken tupfen. Frühlingszwiebeln putzen, in Ringe schneiden. Tomaten überbrühen, abschrecken, häuten, vierteln, entkernen und klein schneiden. Knoblauch schälen und fein hacken. Feta zerbröckeln.

2. Öl erhitzen und Garnelen portionsweise von beiden Seiten darin anbraten. Mit Salz und Pfeffer würzen, aus der Pfanne nehmen und beiseitelegen.

3. Knoblauch und Frühlingszwiebeln in der Pfanne anschwitzen und mit dem Wein ablöschen. Etwas einkochen lassen und Fond angießen. Einige Minuten leicht sämig köcheln lassen. Mit Salz, Paprikapulver, Zitronensaft und Pfeffer würzen.

4. Tomaten und Garnelen unter die Soße mischen, gar ziehen lassen und abschmecken. Mit Feta und gehackter Petersilie garniert anrichten.

PRO PORTION CA. 252 KCAL · 26 G EW · 11 G F · 5 G KH

Jakobsmuscheln auf Fenchelgemüse

35 Min.

ZUTATEN FÜR 2 PORTIONEN
1 kleine Zwiebel,
1 kleine Petersilienwurzel,
2 TL Pflanzenöl,
2 kleine Fenchelknollen,
Salz,
6 küchenfertige Jakobsmuscheln,
frisch gemahlener Pfeffer,
50 g Sahne

1. Zwiebel und Petersilienwurzel schälen und in dünne Scheiben hobeln. 1 Teelöffel Öl erhitzen und Gemüse darin zugedeckt bei mittlerer Hitze ca. 3 Minuten dünsten. Fenchel waschen. Strunk keilförmig herausschneiden, Fenchelgrün beiseitelegen. Fenchel in feine Scheiben hobeln. Fenchelscheiben zum Gemüse geben, 100 Milliliter Wasser zugießen und salzen. Zugedeckt bei mittlerer Hitze ca. 7 Minuten weiterdünsten.

2. Jakobsmuscheln abspülen und trocken tupfen. Restliches Öl erhitzen und Jakobsmuscheln darin bei starker Hitze von beiden Seiten goldbraun anbraten. Mit Salz und Pfeffer würzen. Bei geringer Hitze weitere ca. 2 Minuten braten und Herdplatte ausschalten. Zugedeckt weitere ca. 2 Minuten ziehen lassen.

3. Sahne zur Gemüsemischung gießen, kurz aufkochen und mit Salz und Pfeffer abschmecken. Jakobsmuscheln mit Fenchel-Zwiebel-Gemüse anrichten und mit Fenchelgrün bestreut servieren.

PRO PORTION CA. 297 KCAL · 25 G EW · 13 G F · 19 G KH

Gegrillte Thunfischsteaks mit Teriyakisoße

ZUTATEN FÜR 4 PORTIONEN

4 Thunfischfilets, 4 Knoblauchzehen, 4 EL Sojasoße, 2 TL Reisessig, 4 EL Tomatenketchup light, 2 EL Erythrit/Xylit, 175 ml Olivenöl, frisch gemahlener Pfeffer, 2 Handvoll Feldsalat, 8 Cherry-Tomaten

1. Thunfischfilets unter fließendem Wasser abspülen und trocken tupfen. 2 Knoblauchzehen schälen und fein hacken. Knoblauch, Sojasoße, Reisessig, Ketchup und Süßungsmittel in eine Schüssel geben und mit einer Gabel gut vermischen. Öl und Pfeffer zugeben und verrühren.
2. Thunfischfilets in einen Gefrierbeutel geben, Marinade zufügen und den Beutel fest verschließen. Vorsichtig vermengen und ca. 30 Minuten marinieren. Feldsalat waschen, putzen und trocken schütteln. Tomaten waschen, halbieren und vom Stielansatz befreien.
3. Eine Grillpfanne leicht einölen oder den Grill vorheizen. Thunfischfilets abtropfen lassen und von beiden Seiten ca. 3 Minuten grillen. Thunfischfilets mit Feldsalat und Tomaten auf Tellern anrichten und genießen.

PRO PORTION CA. 171 KCAL · 32 G EW · 4 G F · 3 G KH

Lachsfilets mit Brokkoli

ZUTATEN FÜR 2 PORTIONEN

1 kleiner Brokkoli, 5 EL Öl, 150 g Sahne, Salz, frisch gemahlener Pfeffer, 2 küchenfertige Lachsfilets (à 200 g), 1/2 unbehandelte Zitrone, 2 kleine Tomaten

1. Brokkoli waschen und in Röschen teilen. 3 Esslöffel Öl erhitzen und Brokkoli darin andünsten. 50 Milliliter Wasser und Sahne zugeben, mit Salz und Pfeffer würzen. Zugedeckt zum Kochen bringen und bei mittlerer Hitze ca. 8 Minuten dünsten.
2. Lachsfilets abspülen, trocken tupfen und mit Salz würzen. Restliches Öl erhitzen und Lachs darin von jeder Seite ca. 2–3 Minuten goldbraun braten. Zitrone waschen und in Spalten schneiden. Tomaten waschen, halbieren und vom Stielansatz befreien. Lachs mit Brokkoli und Sahnesoße anrichten und mit Tomate sowie Zitronenspalten garniert servieren.

PRO PORTION CA. 757 KCAL · 45 G EW · 61 G F · 6 G KH

Lachs auf Avocado-Tomaten-Salsa

ZUTATEN FÜR 4 PORTIONEN
4 küchenfertige Lachsfilets, , Salz, frisch gemahlener Pfeffer, 600 g Tomaten, 1 Avocado, 6 Stängel Petersilie, 2 EL Limettensaft, 1 EL Olivenöl

1. Backofen auf 180 °C (Umluft: 160 °C) vorheizen. Lachsfilets waschen, trocken tupfen und mit Salz und Pfeffer würzen. Lachsfilets im vorgeheizten Backofen auf einem Gitterrost (Fettpfanne darunterstellen!) ca. 6–8 Minuten garen.

2. Tomaten waschen, halbieren, vom Stielansatz befreien und würfeln. Avocado halbieren und entkernen. Fruchtfleisch mit einem Löffel entnehmen und würfeln. Petersilie waschen, trocken schütteln und fein hacken. Tomaten, Avocado und Petersilie in einer Schüssel miteinander vermischen, Limettensaft und Öl zugeben und mit Salz und Pfeffer abschmecken. Lachs auf Salsa anrichten und servieren.

PRO PORTION CA. 311 KCAL · 34 G EW · 20 G F · 5 G KH

Thunfisch-Frikadellen mit Weißkohl

ZUTATEN FÜR 2 PORTIONEN
2 Dosen Thunfisch im eigenen Saft, 150 g Weißkohl, 1 kleine Zwiebel, 2 EL Kräuter-Frischkäse, 1 Ei, Salz, frisch gemahlener Pfeffer, 2 EL Öl

1. Thunfisch abtropfen lassen. Weißkohl putzen, waschen und in der Küchenmaschine fein zerkleinern. Zwiebel schälen und fein hacken.

2. Thunfisch, Weißkohl und Zwiebel in eine Schüssel geben und mit Frischkäse und Ei vermischen. Mit Salz und Pfeffer abschmecken. Aus dem Teig Frikadellen formen. Öl in einer Pfanne erhitzen und Thunfisch-Frikadellen darin von beiden Seiten goldgelb braten.

PRO PORTION CA. 416 KCAL · 44 G EW · 23 G F · 6 G KH

Fischküchlein „Thai-Style" (Abbildung rechts)

35 Min.

ZUTATEN FÜR 4 PORTIONEN
1 Handvoll Koriander, 1 Stängel Dill, 1 Chilischote, 2 Knoblauchzehen, 1 Stück Ingwer (ca. 4 cm), 4 Frühlingszwiebeln, 2 unbehandelte Zitronen, 450 g Fischfilets (z. B. Schellfisch, Kabeljau), 1 Ei, 2 EL Fischsoße, 1 EL rote Currypaste, 4 EL Öl, süß-scharfe Chilisoße

1. Koriander waschen, trocken schütteln und Blättchen von den Stielen zupfen. Einige Blättchen zum Garnieren beiseitelegen. Restlichen Koriander grob hacken. Dill waschen, trocken schütteln und Fähnchen grob hacken. Chilischote waschen, halbieren, Kerne herausschneiden und Chilischote in feine Streifen schneiden. Knoblauch und Ingwer schälen und fein hacken. Frühlingszwiebeln waschen und in dünne Röllchen schneiden. Zitronen waschen und trocken tupfen. 1 Zitrone in Scheiben schneiden. Von der anderen Zitrone Schale abreiben.
2. Fischfilets in der Küchenmaschine zu einer glatten Masse zerkleinern. Koriander, Chili, Knoblauch, Ingwer, Zitronenschale und Ei sowie Fischsoße und Currypaste zufügen und nochmals mit der Küchenmaschine gut durchmixen. Frühlingszwiebeln unterheben.
3. Mit angefeuchteten Händen zu Bällchen rollen und Küchlein daraus formen. Öl erhitzen und Fischküchlein darin von jeder Seite ca. 4 Minuten knusprig braten. Auf Küchenpapier abtropfen lassen. Fischküchlein mit Zitronenscheiben auf Tellern anrichten, mit Koriander und Dill garnieren und Chilisoße zum Dippen dazu reichen.

PRO PORTION CA. 275 KCAL · 27 G EW · 15 G F · 7 G KH

Gefüllte Lachsforellen

60 Min.

ZUTATEN FÜR 4 PORTIONEN
1 Knoblauchzehe, 1 Stück Ingwer (ca. 4 cm), 4 Schalotten, 3 Tomaten, 200 g Champignons, 1 kg Blattspinat, 2 EL Öl, Salz, frisch gemahlener Pfeffer, etwas frisch geriebener Muskat, 1 Bund Petersilie, Saft und abgeriebene Schale von 1 unbehandelten Zitrone, 2 kleine küchenfertige Lachsforellen (à ca. 600 g), Holzspieße

1. Knoblauch, Ingwer und Schalotten schälen. 2 Schalotten achteln, restliche würfeln. Knoblauch und Ingwer fein hacken. Tomaten waschen, halbieren, vom Stielansatz befreien und würfeln. Champignons putzen. Die Hälfte in Scheiben, die andere in kleine Würfel schneiden. Spinat waschen und über einem Sieb abtropfen lassen. Öl in einem Topf erhitzen. Geachtelte Schalotten, Knoblauch, Ingwer und in Scheiben geschnittene Champignons darin kurz andünsten. Herausnehmen. Spinat zugeben und unter Rühren so lange andünsten, bis die Blätter zusammenfallen. Mit Salz, Pfeffer und Muskat abschmecken. Tomaten unterheben und Topf vom Herd nehmen.
2. Petersilie waschen, trocken schütteln und Blättchen fein hacken. Mit gewürfelten Champignons, gewürfelten Schalotten, Zitronenschale und -saft vermengen. Fisch abspülen und trocken tupfen. Innen und außen mit Salz und Pfeffer würzen. Mit Champignon-Schalotten-Mischung füllen und mit Holzspießen verschließen. Backofen auf 200 °C (Umluft: 180 °C) vorheizen. Spinat-Tomaten-Mischung in einer Auflaufform verteilen. Lachsforellen darauflegen. Ist noch Füllung übrig, diese rund um den Fisch verteilen. Im vorgeheizten Backofen ca. 20 Minuten garen, mit Backpapier abdecken und ca. 15 Minuten fertig garen.

PRO PORTION CA. 422 KCAL · 74 G EW · 10 G F · 6 G KH

Garnelen mit Zucchininudeln

40 Min.

ZUTATEN FÜR 4 PORTIONEN

500 g Garnelen (TK-Produkt),
3 unbehandelte Zucchini,
1 kleine Zwiebel,
2 Knoblauchzehen,
400 g Cherrytomaten,
4 EL Olivenöl,
Salz,
frisch gemahlener Pfeffer,
etwas Weißwein,
20 g Butter,
Saft von 1/2 Zitrone

1. Garnelen auftauen lassen. Zucchini waschen und mithilfe eines Spiralschneiders in feine Streifen schneiden. Zwiebel und Knoblauch schälen und fein hacken. Tomaten waschen, halbieren, vom Stielansatz befreien und vierteln.

2. 2 Esslöffel Öl in einer Pfanne erhitzen, Garnelen zugeben und mit Salz und Pfeffer würzen. Garnelen von allen Seiten ca. 2–3 Minuten leicht rosa anbraten. Aus der Pfanne nehmen und beiseitestellen.

3. Zwiebel zugeben und glasig dünsten. Knoblauch zufügen und kurz mitbraten. Mit Weißwein ablöschen und umrühren. Tomaten zufügen und ca. 3–4 Minuten köcheln lassen. Garnelen wieder in die Pfanne geben, Butter und Zitronensaft zugeben und unter Rühren erwärmen.

4. Restliches Olivenöl in einer Pfanne erhitzen. Zucchinistreifen darin ca. 2 Minuten andünsten. Zur Garnelenpfanne geben und alles gut vermengen.

PRO PORTION CA. 321 KCAL · 30 G EW · 17 G F · 9 G KH

Miesmuscheln mit Lauch-Gemüse

45 Min.

1. Miesmuscheln gründlich unter kaltem Wasser abbürsten, bereits geöffnete Muscheln wegwerfen. Knoblauch, Zwiebeln und Möhren schälen. Möhren und Zwiebeln in kleine Würfel schneiden, Knoblauch fein hacken. Lauch waschen und in Ringe schneiden. Öl erhitzen, Gemüse zufügen und andünsten. Mit Salz und Pfeffer abschmecken. Thymian waschen, trocken schütteln und Blättchen fein hacken.

2. Muscheln zum Gemüse geben. Brühe und Wein zugießen. Thymian, Piment und Lorbeerblatt zugeben und aufkochen lassen. Zugedeckt ca. 10 Minuten köcheln lassen. Petersilie waschen, trocken schütteln und Blättchen abzupfen. Zitrone waschen und vierteln.

3. Noch geschlossene Muscheln wegwerfen. Lorbeerblatt und Piment entfernen. Muscheln mit Muschelsud und Gemüse auf Tellern anrichten und mit Petersilie bestreut servieren. Zitronenviertel dazu reichen.

PRO PORTION CA. 410 KCAL · 41 G EW · 13 G F · 25 G KH

ZUTATEN FÜR 4 PORTIONEN

1,5 kg Miesmuscheln,
1 Knoblauchzehe,
2 Zwiebeln,
4 Möhren,
1 Stange Lauch,
1 EL Öl,
Salz,
frisch gemahlener Pfeffer,
1 Zweig Thymian,
200 ml Gemüsebrühe,
125 ml trockener Weißwein,
2 Pimentkörner,
1 Lorbeerblatt,
2 Stängel Petersilie,
1 unbehandelte Zitrone

Gefüllte Calamari (Abbildung rechts)

45 Min.

ZUTATEN FÜR 4 PORTIONEN
1 kg Tintenfischtuben,
je 1 rote und gelbe Paprikaschote,
4 kleine Zucchini,
4 Knoblauchzehen,
1/2 Bund Oregano,
100 g Feta,
4 Sardellenfilets in Öl,
Salz,
frisch gemahlener Pfeffer,
etwas frisch geriebener Muskat,
4 EL Olivenöl,
250 ml trockener Weißwein,
1/2 unbehandelte Zitrone

1. Tintenfischtuben unter fließend kaltem Wasser abspülen, trocken tupfen und 250 Gramm davon klein schneiden. Paprika putzen, waschen und in kleine Stücke schneiden, Zucchini waschen, putzen und in kleine Würfel schneiden. Knoblauch schälen und fein hacken. Oregano waschen, trocken schütteln, Blätter abzupfen und hacken. Feta zerbröseln.

2. Klein geschnittene Tintenfischtuben, Paprika, Zucchini, Knoblauch, Oregano und Feta vermengen. Sardellenfilets klein schneiden und untermengen. Mit Salz, Pfeffer und Muskat würzen.

3. Tintenfischtuben mit der Masse füllen und die Oberfläche mehrmals einschneiden. Öl erhitzen und Tuben von beiden Seiten darin kräftig anbraten. Weißwein zugießen und Tuben bei schwacher Hitze zugedeckt ca. 30 Minuten schmoren, gegebenenfalls etwas mehr Weißwein angießen. Zitrone in Scheiben schneiden und gefüllte Calamari mit Zitronenscheiben servieren.

PRO PORTION CA. 498 KCAL · 48 G EW · 20 G F · 17 G KH

Gemüse-Thunfisch-Muffins

45 Min.

ZUTATEN FÜR 6 STÜCK
etwas Fett für die Form,
1 Dose Thunfisch im eigenen Saft,
1 Zwiebel,
1/2 Zucchini,
1/2 Paprikaschote,
1 Bund Dill,
1 Ei,
50 g geriebener Käse,
Salz,
frisch gemahlener Pfeffer,
Paprikapulver,
200 g Joghurt,
200 g Kräuterfrischkäse,
1 EL Sahne-Meerrettich

1. Backofen auf 180°C (Umluft: 160 °C) vorheizen. Muffinform mit Fett ausstreichen. Thunfisch gut abtropfen lassen. Zwiebel schälen und fein hacken. Zucchini schälen, evtl. Kerne entfernen und Fruchtfleisch klein würfeln. Paprika putzen, waschen und klein würfeln. Dill waschen, trocken schütteln und Fähnchen fein hacken.

2. Abgetropften Thunfisch zerpflücken und mit Zwiebel, Zucchini, Paprika und Dill vermischen. Ei und Käse zufügen und alles gut vermengen. Mit Salz, Pfeffer und Paprikapulver würzen. Thunfisch-Gemüse-Masse in die Muffinförmchen füllen und im vorgeheizten Backofen ca. 30 Minuten backen.

3. Aus Joghurt, Kräuterfrischkäse und Sahne-Meerrettich einen Dip zubereiten und mit Salz und Pfeffer abschmecken. Gemüse-Thunfisch-Muffins mit Dip servieren. Dazu passt ein kleiner Salat.

PRO STÜCK CA. 201 KCAL · 14 G EW · 13 G F · 5 G KH

Sesam-Thunfisch

ZUTATEN FÜR 4 PORTIONEN
6 Frühlingszwiebeln, 20 g Ingwer, 4 Thunfischfilets (à ca. 200 g), 5 EL Teriyakisoße, 4 EL Balsamico, Salz, frisch gemahlener Pfeffer, 2 EL Öl, 50 g Sesam

1. Frühlingszwiebeln waschen und in dünne Scheiben schneiden. Ingwer schälen und fein hacken. Thunfischfilets abspülen und trocken tupfen. Frühlingszwiebeln und Ingwer mit Teriyakisoße und Balsamico zu einer Marinade vermischen und über die Thunfischfilets träufeln. Abdecken und im Kühlschrank ca. 2 Stunden ziehen lassen. Zwischendurch in der Marinade wenden.
2. Thunfischfilets aus der Marinade nehmen, abtropfen lassen und mit Salz und Pfeffer würzen. Öl in einer Pfanne erhitzen und Filets darin auf jeder Seite ca. 2 Minuten braten. Aus der Pfanne nehmen.
3. Sesam auf einen flachen Teller streuen. Thunfischfilets mit etwas Marinade bestreichen und von allen Seiten im Sesam wenden. Filets wieder in die Pfanne geben und ca. 1–2 Minuten von jeder Seite goldbraun braten. Nach Belieben mit Marinade beträufeln und servieren.

PRO PORTION CA. 683 KCAL · 54 G EW · 47 G F · 13 G KH

Thunfisch-Soufflés

ZUTATEN FÜR 2 PORTIONEN
150 g Thunfisch im eigenen Saft, 1 Zwiebel, 2 Handvoll geriebener Käse (z. B. Gouda) und etwas Käse zum Überbacken, 2 gehäufte EL Hüttenkäse, 2 Eier, Salz, frisch gemahlener Pfeffer, Rosmarin nach Belieben, Fett für die Förmchen

1. Thunfisch abtropfen lassen und zerpflücken. Zwiebel schälen und fein hacken. Thunfisch und Zwiebel in eine Schüssel geben und mit Käse und Hüttenkäse vermischen. Eier trennen. Eigelbe mit Salz und Pfeffer würzen und verschlagen. Zum Thunfisch geben und alles gut vermischen. Thunfisch-Masse mit Salz, Pfeffer und nach Belieben mit Rosmarin würzen. Eiweiße mit etwas Salz steif schlagen und unter die Thunfisch-Masse heben.
2. Förmchen mit Fett ausstreichen. Eine Tasse Wasser in die Mikrowelle stellen und aufkochen lassen. Thunfisch-Soufflés in die Förmchen füllen und mit der Tasse Wasser in die Mikrowelle stellen. Auf voller Leistungsstufe ca. 10 Minuten garen. Soufflés mit etwas Käse bestreuen und mit der Grillstufe ca. 6 Minuten überbacken. Heiß servieren.

PRO PORTION CA. 476 KCAL · 51 G EW · 28 G F · 3 G KH

Vietnamesische Sommerrollen

ZUTATEN FÜR 1 PORTION
12 gekochte und gewürzte Garnelen, 1/4 Eisbergsalat, 1 Möhre, 4 Stängel Koriander, 6 Reispapierblätter, Sojasoße, 1 EL Sesam, Limettenspalten nach Belieben

1. Garnelen längs halbieren. Eisbergsalat putzen, waschen und trocken schütteln. 2–3 Blätter in kleinere Stücke reißen. Möhre putzen, schälen und fein würfeln. Koriander waschen, trocken schütteln und fein schneiden.

2. Reispapier jeweils 1–2 Minuten in kaltes Wasser legen, bis es weich ist. Reispapier mittig mit Garnelen, Salat, Möhre und Koriander belegen. Seiten der Reispapierblätter vorsichtig über die Füllung legen und alles fest aufrollen. Sojasoße in ein Schälchen füllen und mit Sesam vermischen. Sommerrollen nach Belieben mit Limettenspalten servieren und Sojasoße zum Dippen reichen.

PRO PORTION CA. 345 KCAL · 24 G EW · 5 G F · 50 G KH

Thunfisch-Auflauf

ZUTATEN FÜR 4 PORTIONEN
3 Paprikaschoten, 400 g Thunfischfilet, 500 g Brokkoli, 1 Stange Lauch, 150 g Erbsen (TK-Produkt), 150 g Mais, 200 g Sahne, 150 ml Gemüsebrühe, 3 Eier, 100 g Crème fraîche, abgeriebene Schale von 1 unbehandelten Zitrone, 3 EL gehackte Petersilie, Salz, frisch gemahlener Pfeffer, 2 EL Paniermehl, 3 EL geriebener Käse

1. Backofen auf 180 °C (Umluft: 160 °C) vorheizen. Paprika putzen, waschen und in Würfel schneiden. Thunfisch mit kaltem Wasser abspülen, trocken tupfen und in mundgerechte Stücke schneiden. Brokkoli waschen und in kleine Röschen teilen. Lauch putzen, waschen, halbieren und in Scheiben schneiden.

2. Paprika, Thunfisch, Brokkoli, Lauch, Erbsen und Mais in eine Auflaufform legen und darin verteilen. Sahne mit Brühe, Eiern und Crème fraîche verquirlen und mit Zitronenschale, 2 Esslöffel Petersilie, Salz und Pfeffer abschmecken. Über die Zutaten gießen.

3. Mit Paniermehl und Käse bestreuen und im vorgeheizten Backofen ca. 40 Minuten backen. Mit restlicher Petersilie bestreut servieren.

PRO PORTION CA. 587 KCAL · 45 G EW · 32 G F · 27 G KH

Brasilianischer Fischeintopf „Moqueca de peixe“ (Abbildung rechts)

90 Min.

ZUTATEN FÜR 4 PORTIONEN

1 kg Fischfilet (z. B. Barsch, Lachs, Kabeljau oder Zander),
4 Knoblauchzehen,
1 Bund Koriander,
4 EL Olivenöl,
Saft von 1 Zitrone, Salz,
frisch gemahlener Pfeffer,
2 Zwiebeln,
1 rote Paprikaschote,
4 Tomaten,
1/2 Bund Petersilie,
2 EL Palmöl,
100 ml Fischfond,
200 ml Kokosmilch,
2 TL rosenscharfes Paprikapulver, 2 TL Kurkuma

1. Fischfilet waschen, trocken tupfen und in Stücke schneiden. 2 Knoblauchzehen schälen und hacken. Koriander waschen, trocken schütteln und fein hacken.
2. Knoblauch, Koriander, 2 Esslöffel Olivenöl, Zitronensaft, Salz und Pfeffer in einer Schüssel vermischen. Fischstücke darin ca. 30 Minuten marinieren.
3. Zwiebeln schälen und fein hacken. Paprika putzen, waschen und in feine Ringe schneiden. Restliche Knoblauchzehen schälen und fein hacken. Tomaten waschen, halbieren, vom Stielansatz befreien und würfeln. Petersilie waschen, trocken schütteln und grob hacken.
4. Zwiebeln und Knoblauch im restlichen Olivenöl und Palmöl glasig anschwitzen. Paprika und Tomaten zugeben und mit Fischfond ablöschen. Reduzieren lassen. Kokosmilch und 200 Milliliter Wasser zugeben und aufkochen lassen. Fischstücke in den Topf geben, Paprika und Kurkuma zufügen und alles ca. 30 Minuten köcheln lassen. Mit Petersilie bestreuen und heiß servieren.

PRO PORTION CA. 700 KCAL · 53 G EW · 49 G F · 10 G KH

Doraden mit Fenchel und Tomaten

35 Min.

ZUTATEN FÜR 2 PORTIONEN

400 g Fenchel,
300 g Kirschtomaten,
2 Knoblauchzehen,
6 Zweige Thymian,
6 TL Olivenöl,
Salz,
frisch gemahlener Pfeffer,
2 küchenfertige Doraden (à ca. 270 g)

1. Fenchel waschen und Strunk keilförmig herausschneiden. Fenchelgrün beiseitestellen. Fenchel in ca. 1 Zentimeter dicke Scheiben hobeln. Tomaten waschen und vom Stielansatz befreien. Knoblauch schälen und fein hacken. Thymian waschen, trocken schütteln und Blättchen abzupfen. Knoblauch und Thymian vermischen.
2. Backofen auf 225 °C (Umluft: 205 °C) vorheizen. Backblech mit 1 Teelöffel Öl ausstreichen. Fenchel und Tomaten auf dem Backblech verteilen. Mit Salz und Pfeffer würzen und mit 4 Teelöffeln Öl beträufeln.
3. Fisch abspülen und trocken tupfen. Haut von beiden Seiten mehrmals schräg einschneiden. Mit restlichem Öl einreiben, salzen und pfeffern und mit Knoblauch-Thymian-Mischung bestreuen. Doraden zum Gemüse auf das Backblech legen und im vorgeheizten Backofen ca. 20 Minuten garen. Doraden mit Fenchelgemüse anrichten und mit Fenchelgrün garnieren.

PRO PORTION CA. 610 KCAL · 63 G EW · 34 G F · 11 G KH

Seezunge mit Champignons (Abbildung links)

30 Min.

ZUTATEN FÜR 1 PORTION

**300 g Champignons,
1 Zwiebel,
1 Knoblauchzehe,
1 TL abgeriebene Schale von
1 unbehandelten Zitrone und
2 EL Zitronensaft,
2 EL grob gehackte Petersilie,
Salz,
frisch gemahlener Pfeffer,
170 g Seezungenfilet,
1 TL Öl**

1. Backofen auf 180 °C (Umluft: 160 °C) vorheizen. Champignons putzen und grob würfeln. Zwiebel und Knoblauch schälen und fein hacken. Champignons, Zwiebel und Knoblauch mit Zitronenschale und -saft sowie 1 Esslöffel Petersilie vermischen und mit Salz und Pfeffer würzen. In eine mit Backpapier ausgelegte ofenfeste Form geben, mit Alufolie bedecken und dicht verschließen. Im vorgeheizten Backofen ca. 20 Minuten garen.

2. Fischfilet abspülen und trocken tupfen. Mit Salz und Pfeffer würzen. Ein Stück Alufolie mit Öl bestreichen, Fischfilet darauflegen und Folie gut verschließen. Ca. 12 Minuten vor Ende der Garzeit der Zitronen-Champignons Fischfilet im Backofen mitgaren. Alles aus dem Ofen nehmen, Folie entfernen und Seezunge mit Zitronen-Champignons auf einem Teller anrichten. Mit Petersilie bestreut servieren.

PRO PORTION CA. 284 KCAL · 45 G EW · 8 G F · 8 G KH

Zanderfilets mit Spinat

25 Min.

ZUTATEN FÜR 2 PORTIONEN

**20 g Pinienkerne,
400 g Spinat,
2 Zanderfilets mit Haut (à 120 g),
Salz,
30 g Butter,
2 EL Öl,
2 Knoblauchzehen,
abgeriebene Schale von
1 unbehandelten Zitrone,
frisch gemahlener Pfeffer,
1 Prise Xylit**

1. Pinienkerne in einer Pfanne ohne Fettzugabe kurz anrösten, abkühlen lassen und beiseitestellen. Spinat waschen und abtropfen lassen. Zanderfilets auf der Hautseite zwei- bis dreimal schräg einschneiden und mit Salz würzen. Butter mit 1 Teelöffel Öl erhitzen und Spinat darin kurz bei mittlerer Hitze andünsten. Knoblauch schälen, fein hacken und zum Spinat geben. Zitronenschale zufügen und umrühren. Spinat mit Salz, Pfeffer und Xylit abschmecken. Pinienkerne unterheben.

2. Restliches Öl erhitzen und Zanderfilets darin auf der Hautseite anbraten. Nach ca. 3 Minuten wenden und weitere ca. 3 Minuten braten. Von der Herdplatte ziehen und warm halten. Spinat auf zwei Tellern verteilen und jeweils 1 Zanderfilet mit der Hautseite nach oben darauf anrichten.

PRO PORTION CA. 421 KCAL · 35 G EW · 29 G F · 5 G KH

Lachspäckchen mit Gemüse aus der Heißluftfritteuse

ZUTATEN FÜR 1 PORTION
1/2 unbehandelte Zucchini, 1 kleine Möhre, 1/2 Knoblauchzehe, 1/4 unbehandelte Zitrone, 150 g Lachsfilet, Salz, frisch gemahlener Pfeffer, 20 ml Weißwein, 2 EL Olivenöl, 1 EL gehackte Kräuter (z. B. Thymian, Kerbel, Petersilie)

1. Zucchini und Möhre putzen, waschen und in feine Streifen schneiden. Knoblauch schälen und fein hacken. Zitrone waschen, trocken tupfen und in Scheiben schneiden. Lachsfilet waschen und trocken tupfen. Mit Salz und Pfeffer würzen.
2. Backpapier auf der Arbeitsplatte ausbreiten und Gemüse und Lachsfilet darauf verteilen. Mit Wein und Öl beträufeln und mit Salz und Pfeffer würzen. Kräuter darüberstreuen und mit Zitronenscheiben belegen. Backpapier zusammenfalten und Lachspäckchen mit Gemüse gut verschließen. In der Heißluftfritteuse bei 200 °C ca. 12–15 Minuten garen.

PRO PORTION CA. 580 KCAL · 32 G EW · 45 G F · 5 G KH

Dorade mit Mangosalsa

ZUTATEN FÜR 2 PORTIONEN
4 kleine Doradenfilets, 150 g Mango, 150 g Salatgurke, 1 rote Paprikaschote, 2 EL Zitronensaft, Salz, frisch gemahlener Pfeffer, 2 EL Öl, 2 EL Frühlingszwiebelgrün zum Garnieren

1. Doradenfilets mit kaltem Wasser abspülen und trocken tupfen. Mango schälen, entkernen und Fruchtfleisch in Würfel schneiden. Gurke waschen und in Scheiben schneiden. Paprika putzen, waschen und in kleine Stücke schneiden.
2. Mango, Paprika und Zitronensaft mischen und mit Salz und Pfeffer würzen. Öl erhitzen und Filets von beiden Seiten kurz darin anbraten, mit Salz und Pfeffer würzen.
3. Fischfilets auf Gurkenscheiben anrichten. Mit Mangosalsa und Frühlingszwiebelgrün bestreut servieren.

PRO PORTION CA. 529 KCAL · 83 G EW · 21 G F · 19 G KH

Kabeljau auf Kürbispüree

ZUTATEN FÜR 4 PORTIONEN
1 kg Hokkaidokürbis, Salz, 100 g Sahne, frisch gemahlener Pfeffer, etwas frisch geriebener Muskat, 4 Kabeljaufilets, Butter zum Braten

1. Kürbis putzen und waschen. Vierteln, entkernen und in Würfel schneiden. In Salzwasser in ca. 10–15 Minuten weich garen. Abgießen, pürieren, Sahne unterrühren und mit Pfeffer und Muskat würzen. Warm stellen.
2. Fischfilets mit kaltem Wasser abspülen und trocken tupfen. Etwas Butter erhitzen und die Fischfilets hineinlegen, mit Salz und Pfeffer würzen. Ca. 2 Minuten braten, bis die Filets zur Hälfte durch sind. Wenden, würzen und weitere ca. 2 Minuten braten. Herausnehmen und auf Kürbispüree servieren.

PRO PORTION CA. 383 KCAL · 30 G EW · 15 G F · 31 G KH

Räucherfisch-Quiche

ZUTATEN FÜR 6 PORTIONEN
150 g Sojamehl und etwas Sojamehl für die Arbeitsfläche, 50 g Mandelmehl, 1 Ei, 75 g Butter, 70 g geriebener Parmesan, 250 g Räucherfisch, 1 rote Zwiebel, 3 Fenchelknollen, 3 Eier, 200 g saure Sahne, 200 g Sahne, Salz, frisch gemahlener Pfeffer

1. Sojamehl mit Mandelmehl, Ei, Butter und 20 Gramm Parmesan mit etwas kaltem Wasser zu einem Teig verkneten.
2. Auf leicht bemehlter Arbeitsfläche ausrollen und Boden und Rand einer runden Backform (ca. 26 Zentimeter Durchmesser) damit auslegen. Überstehenden Teig abschneiden. Backofen auf 180 °C (Umluft: 160 °C) vorheizen.
3. Fisch klein schneiden. Zwiebel schälen und in feine Streifen schneiden. Fenchel putzen, waschen und in feine Streifen schneiden. Mit Zwiebel und Fisch auf dem Boden in der Form verteilen.
4. Eier mit saurer Sahne, Sahne und restlichem Parmesan verquirlen und mit Salz und Pfeffer würzen. Über den Belag gießen und Quiche im vorgeheizten Backofen ca. 50 Minuten goldbraun backen.

PRO PORTION CA. 523 KCAL · 37 G EW · 38 G F · 8 G KH

Lachs auf Feldsalat mit nussigem Dressing (Abbildung rechts)

30 Min.

1. Lachsfilets waschen und trocken tupfen. Feldsalat waschen, putzen und trocken schütteln. Tomaten waschen und halbieren. Orangen halbieren und Saft auspressen.

2. Für die Salatsoße Orangensaft in eine Schüssel geben. Essig, Grand Manier und Sahne zufügen, umrühren und mit Salz und Pfeffer abschmecken. 90 Milliliter Haselnussöl zugießen und mit dem Schneebesen so lange schlagen, bis eine Emulsion entsteht. Haselnüsse untermischen.

3. Öl in einer Pfanne erhitzen. Filets mit Salz und Pfeffer würzen und in dem heißen Öl 1–2 Minuten von jeder Seite leicht hellbraun braten. Filets aus der Pfanne nehmen und auf einen Teller legen. Mit etwas Orangensaft und restlichem Haselnussöl bepinseln.

4. Feldsalat auf 6 Tellern anrichten. Tomatenhälften darauf verteilen und alles mit etwas Salatsoße beträufeln. Den noch warmen Lachs auf den Feldsalat legen und servieren.

PRO PORTION CA. 597 KCAL · 35 G EW · 40 G F · 19 G KH

ZUTATEN FÜR
6 PORTIONEN

900 g Lachsfilets,
500 g Feldsalat,
500 g Cherry-Tomaten,
4 mittelgroße Orangen und
6 TL Orangensaft
2 EL Sherry-Essig,
1 EL Grand Manier,
2 EL Sahne,
Salz,
frisch gemahlener Pfeffer,
100 ml Haselnussöl,
60 g gehackte Haselnüsse,
2 EL Öl

Kabeljaufilets auf Paprikagemüse

45 Min.

1. Knoblauch und Zwiebel schälen. Zwiebel längs halbieren und quer in feine Halbringe schneiden. Knoblauch fein hacken. Paprikaschoten waschen, entkernen und in schmale Streifen schneiden. Tomaten waschen, halbieren, vom Stielansatz befreien und würfeln.

2. 2 Esslöffel Öl erhitzen und Zwiebeln darin glasig dünsten. Knoblauch zugeben und kurz anbraten. Paprika zugeben und ca. 2 Minuten braten. Paprikapulver unterrühren, Tomaten untermischen und salzen. Zugedeckt aufkochen und bei mittlerer Hitze ca. 10 Minuten dünsten.

3. Kabeljaufilets abspülen, trocken tupfen und mit Salz und Pfeffer würzen. Restliches Öl in einer Pfanne erhitzen und Kabeljaufilets darin auf jeder Seite ca. 3–4 Minuten braten. Petersilie waschen, trocken schütteln und Blättchen fein hacken. Fischfilets auf dem Gemüse anrichten und mit Petersilie bestreut servieren.

PRO PORTION CA. 390 KCAL · 44 G EW · 18 G F · 12 G KH

ZUTATEN FÜR
2 PORTIONEN

1 Knoblauchzehe,
1 Zwiebel,
2 Paprikaschoten,
250 g Tomaten,
3 EL Öl,
1 TL rosenscharfes Paprikapulver,
1 TL edelsüßes Paprikapulver,
Salz,
2 Kabeljaufilets (à 200 g),
frisch gemahlener Pfeffer,
3 Stängel Petersilie

Fischfinger in Sesamkruste aus der Heißluftfritteuse

ZUTATEN FÜR 1 PORTION

130 g Fischfilet, 1 Ei, 1 Spritzer Limettensaft, Salz, frisch gemahlener Pfeffer, 2 EL Mandelmehl, 4 EL Sesam, 1 EL Öl, Dip nach Belieben (z. B. Remoulade, Tomatendip)

1. Fischfilet waschen, trocken tupfen und in Stücke schneiden. Ei mit Limettensaft verschlagen und kräftig mit Salz und Pfeffer würzen. Fischstücke nacheinander in Mandelmehl und Eimischung wenden und mit Sesam panieren.
2. Panade andrücken und Fischfinger mit Öl besprühen. Fischfinger vorsichtig in den Garkorb legen und in der Heißluftfritteuse bei 180 °C ca. 10 Minuten backen. Mit Dip nach Wahl servieren.

PRO PORTION CA. 682 KCAL · 59 G EW · 45 G F · 8 G KH

Rosmarin-Garnelen mit Zucchini-Tomaten-Gemüse

ZUTATEN FÜR 4 PORTIONEN

4 mittelgroße Zucchini, 8 Cherry-Tomaten, 1 Schalotte, 1 Knoblauchzehe, 3 Zweige Rosmarin, 4 EL Olivenöl, 400 g küchenfertige Garnelen, Salz, frisch gemahlener Pfeffer, 1 EL Dill, Zitronenspalten zum Garnieren

1. Zucchini putzen, waschen und in feine Streifen schneiden. Tomaten waschen, halbieren und vom Stielansatz befreien. Schalotte und Knoblauch schälen und fein hacken. Rosmarin waschen und trocken schütteln.
2. 2 Esslöffel Öl in einer Pfanne erhitzen. Rosmarinzweige hineingeben. Garnelen bei mittlerer Hitze leicht glasig braten. Aus der Pfanne nehmen und warm stellen.
3. Restliches Öl in die Pfanne geben. Schalotte und Knoblauch kurz anrösten, Tomaten mitbraten. Garnelen und Zucchini zufügen und kurz mitbraten. Mit Salz und Pfeffer würzen. Garnelen mit Gemüse auf Tellern anrichten, mit Dill bestreuen und mit Zitronenspalten garnieren.

PRO PORTION CA. 188 KCAL · 17 G EW · 9 G F · 8 G KH

Spanischer Fischeintopf

45 Min.

ZUTATEN FÜR 4 PORTIONEN
500 g gemischte Meeresfrüchte (TK-Produkt),
500 g Seelachsfilet,
2 Zwiebeln,
2 Knoblauchzehen,
1 rote Paprikaschote,
3 EL Olivenöl,
800 g geschälte Tomaten (aus der Dose),
200 ml trockener Weißwein,
1 Prise Safranpulver,
2 TL Chiliflocken, Salz,
frisch gemahlener Pfeffer,
4 EL trockener Sherry,
1 EL grob gehackte Petersilie

1. Meeresfrüchte auftauen lassen. Fischfilet kalt abspülen, trocken tupfen und in mundgerechte Stücke schneiden.

2. Zwiebeln und Knoblauch schälen und fein hacken. Paprika waschen, trocken tupfen, entkernen und klein schneiden. Öl erhitzen und Zwiebeln, Knoblauch und Paprika darin anschwitzen. Tomaten zerkleinern und mit dem Saft unterrühren.

3. Weißwein und Meeresfrüchte zugeben. Mit Safran, Chiliflocken, Salz und Pfeffer würzen und zugedeckt ca. 12–15 Minuten unter gelegentlichem Rühren köcheln lassen.

4. Sherry und Fischfilet zugeben und Eintopf unter gelegentlichem Rühren weitere ca. 10 Minuten bei geringer Hitze ziehen lassen. Mit Petersilie bestreut servieren. Dazu passt Low-Carb-Brot.

PRO PORTION CA. 349 KCAL · 41 G EW · 9 G F · 13 G KH

VEGETARISCH

Kürbis-Spinat-Lasagne (Abbildung rechts)

65 Min.

ZUTATEN FÜR 4 PORTIONEN
800 g Kürbisfruchtfleisch (z. B. Hokkaido oder Butternut),
2 EL Olivenöl und etwas Öl für die Form,
Salz,
frisch gemahlener Pfeffer,
1 kg Spinat,
500 g Frischkäse,
2 Eier,
100 g Sahne,
50 g geriebener Parmesan,
2 Knoblauchzehen,
200 g geriebener Mozzarella,
Basilikum zum Garnieren

1. Backofen auf 180 °C (Umluft: 160 °C) vorheizen. Kürbisfruchtfleisch in schmale Spalten oder Würfel schneiden und auf ein mit Backpapier belegtes Backblech legen. Mit Öl beträufeln und mit Salz und Pfeffer würzen. Im vorgeheizten Backofen ca. 25 Minuten backen. Aus dem Ofen nehmen und etwas abkühlen lassen.
2. Spinatblätter waschen, verlesen, in kochendem Salzwasser kurz blanchieren. Abschrecken, ausdrücken und grob hacken.
3. Frischkäse mit Eiern, Sahne und Parmesan glatt rühren. Knoblauch schälen und dazupressen. Spinat zugeben. Mit Salz und Pfeffer würzen.
4. Auflaufform fetten und mit einer Schicht Kürbis auslegen. Spinat darauf verteilen und wieder mit Kürbis belegen. Zutaten nach Belieben einschichten. Mit Mozzarella bestreuen und im Backofen ca. 25 Minuten goldbraun backen. Mit Basilikum garniert servieren.

PRO PORTION CA. 844 KCAL · 35 G EW · 62 G F · 35 G KH

Gemüseauflauf mit Ricotta-Crème

60 Min.

ZUTATEN FÜR 4 PORTIONEN
100 g Erbsen (TK-Produkt),
2 Knoblauchzehen,
3 Frühlingszwiebeln,
2 EL Olivenöl,
125 g Frischkäse,
200 g Ricotta,
3 Eier,
1 EL Mandelmehl,
Salz,
frisch gemahlener Pfeffer,
Tabasco,
4 Stängel Basilikum,
16 Kirschtomaten

1. Erbsen in einem Sieb auftauen und abtropfen lassen. Knoblauch schälen und fein hacken. Frühlingszwiebeln waschen und in dünne Röllchen schneiden. 1 Esslöffel Olivenöl in einer Pfanne erhitzen und Frühlingszwiebeln und Knoblauch darin andünsten. Aus der Pfanne nehmen und abkühlen lassen.
2. Frischkäse, Ricotta, Eier und Mandelmehl vermengen und mit Salz, Pfeffer und Tabasco würzen. Basilikum waschen, trocken schütteln, Blättchen abzupfen und fein hacken. Einige Blättchen für die Garnitur beiseitestellen.
3. Backofen auf 200 °C (Umluft: 180 °C) vorheizen. Basilikum, Erbsen, Frühlingszwiebeln und Knoblauch mit der Frischkäse-Ricotta-Masse vermengen. Eine flache Auflaufform mit restlichem Olivenöl ausstreichen und Mischung in die Form füllen.
4. Tomaten waschen und trocken tupfen. Leicht in die Masse drücken. Auflauf im vorgeheizten Backofen ca. 25–30 Minuten backen. Herausnehmen und ca. 5 Minuten ruhen lassen. Mit Basilikumblättchen garniert servieren.

PRO PORTION CA. 320 KCAL · 15 G EW · 23 G F · 14 G KH

Gebackene Steckrübenbratlinge

ZUTATEN FÜR 1 PORTION
150 g Steckrüben, etwas Gemüsebrühe, 1 EL Sojasoße, 1 EL Tomatenmark, etwas Brotgewürzmischung, 100 g körniger Frischkäse, 1 EL Sojamehl

1. Steckrüben schälen und in kleine Würfel schneiden. Mit Gemüsebrühe, Sojasoße, Tomatenmark und Brotgewürzmischung vermengen. Backofen auf 200 °C (Umluft: 180 °C) vorheizen. 70 Gramm Frischkäse mit Sojamehl pürieren und mit Steckrübenmasse und dem restlichen Frischkäse vermengen.
2. Mit angefeuchteten Händen zu Bratlingen formen und auf ein mit Backpapier belegtes Backblech legen. Im vorgeheizten Backofen ca. 7–8 Minuten backen. Temperatur auf 180 °C (Umluft: 160 °C) verringern und ca. 8–12 Minuten fertig backen.

PRO PORTION CA. 195 KCAL · 20 G EW · 7 G F · 14 G KH

Zucchini mit Pilz-Frischkäse-Füllung

ZUTATEN FÜR 2 PORTIONEN
Fett für die Form, 2 große Zucchini, 100 g Champignons, 1 kleine Zwiebel, 150 g Doppelrahm-Frischkäse, Salz, frisch gemahlener Pfeffer, 80 g geriebener Käse (z. B. Gouda), Dill nach Belieben

1. Backofen auf 200 °C (Umluft: 180 °C) vorheizen. Auflaufform mit Fett ausstreichen. Zucchini putzen, waschen und der Länge nach halbieren. Fruchtfleisch mit einem Löffel entnehmen und sehr fein hacken. Champignons putzen, mit einem Tuch abreiben und klein schneiden. Zwiebel schälen und fein hacken.
2. Zucchinifruchtfleisch, Champignons und Zwiebel in eine Schüssel geben und mit Frischkäse vermischen. Mit Salz und Pfeffer würzen. Füllung gleichmäßig in den ausgehöhlten Zucchinihälften verteilen und glatt streichen. In die Auflaufform legen und geriebenen Käse darübergeben. Nach Belieben mit gehacktem Dill bestreuen. Im vorgeheizten Backofen ca. 20–25 Minuten backen.

PRO PORTION CA. 456 KCAL · 16 G EW · 40 G F · 8 G KH

Gebackener Schafskäse

ZUTATEN FÜR 2 PORTIONEN
2 Zwiebeln, 500 g Tomaten, 2 Zucchini, 4 EL Olivenöl und etwas Öl für die Form, Salz, frisch gemahlener Pfeffer, 250 g Schafskäse, 1 TL getrockneter Thymian

1. Backofen auf 240 °C (Umluft: 220 °C) vorheizen. Zwiebeln schälen und in feine Ringe schneiden, Tomaten putzen, waschen und in Scheiben oder Viertel schneiden. Zucchini putzen, waschen und in Scheiben schneiden. Gemüse in eine gefettete Auflaufform geben und mit Salz und Pfeffer würzen.

2. Schafskäse abtropfen lassen, in 2 Portionen teilen und auf das Gemüse legen. Mit Olivenöl beträufeln und mit Thymian bestreuen. Im vorgeheizten Backofen in ca. 20 Minuten goldgelb backen.

PRO PORTION CA. 633 KCAL · 30 G EW · 47 G F · 17 G KH

Leinsamen-Pizza Margherita

ZUTATEN FÜR 1 PIZZA
150 g geschroteter Leinsamen, 80 g geriebener Parmesan, 2 große Eier, 1 Prise Salz, Tomatensoße, 100 g geriebener Käse, Basilikum nach Belieben

1. Backofen auf 180 °C (Umluft: 160 °C) vorheizen. Backblech mit Backpapier auslegen. Leinsamen in eine Schüssel geben und mit Parmesan, Eiern und Salz zu einem Brei verrühren. Masse auf das Backpapier geben und Frischhaltefolie darüberlegen. Mit dem Nudelholz gleichmäßig sehr dünn ausrollen. Frischhaltefolie entfernen.

2. Teig im vorgeheizten Backofen ca. 8 Minuten backen. Herausnehmen und Temperatur des Backofens auf 200 °C (Umluft: 180 °C) erhöhen. Boden mit Tomatensoße bestreichen und mit geriebenem Käse bestreuen. Im vorgeheizten Backofen weitere ca. 15–20 Minuten backen. Leinsamen-Pizza Margherita in Stücke schneiden und nach Belieben mit Basilikum garniert servieren.

PRO PIZZA CA. 1551 KCAL · 109 G EW · 108 G F · 13 G KH

Gemüsegratin mit Mozzarella (Abbildung links)

60 Min.

ZUTATEN FÜR 2 PORTIONEN

2 Zucchini,
3 EL Öl und etwas Öl für die Form,
Salz,
frisch gemahlener Pfeffer,
2 Stangen Lauch,
2 grüne Paprikaschoten,
2 Knoblauchzehen,
2 Stängel Oregano,
1/2 Bund Dill,
3 Kugeln Mozzarella (à 125 g),
150 g geriebener Parmesan,
1/2 Bund Schnittlauch,
1 Frühlingszwiebel

1. Zucchini waschen und in Scheiben schneiden. 2 Esslöffel Öl in einer Pfanne erhitzen und Zucchini darin von beiden Seiten goldbraun anbraten. Salzen, pfeffern und aus der Pfanne nehmen. Lauch waschen und in Ringe schneiden. Paprikaschoten waschen und in Streifen schneiden. Knoblauch schälen und fein hacken. Oregano waschen, trocken schütteln und Blättchen fein hacken. Dill waschen, trocken schütteln und Fähnchen fein hacken. Lauch, Paprika und Knoblauch im restlichen Öl kurz andünsten. Mit Salz und Pfeffer abschmecken. Pfanne vom Herd nehmen, Oregano und Dill untermischen.

2. Backofen auf 120°C (Umluft: 100 °C) vorheizen. Mozzarella über einem Sieb abtropfen lassen. Auflaufform mit Öl ausstreichen. Mozzarella in Scheiben schneiden. Boden der Form mit Zucchinischeiben bedecken, Lauch-Paprika-Gemüse darauf verteilen, mit Mozzarella belegen und Parmesan daraufstreuen. So fortfahren, bis alle Zutaten verteilt sind. Die oberste Schicht besteht aus Mozzarella und Parmesan.

3. Im vorgeheizten Backofen ca. 25 Minuten goldbraun backen. Schnittlauch und Frühlingszwiebel waschen, trocken schütteln, in Ringe schneiden und Gratin damit garnieren.

PRO PORTION CA. 1216 KCAL · 68 G EW · 92 G F · 28 G KH

Wildkräuter-Quiche

90 Min.

ZUTATEN FÜR 1 SPRINGFORM (26 CM DURCHMESSER)

1/2 kleiner Weißkohl,
3 rote Zwiebeln,
1 große Möhre,
1 Stangensellerie,
3 braune Champignons,
1 Handvoll Brennnesseln,
1 Handvoll Gundermann,
3 EL Öl,
100 g Veggie-Räucherspeck (gewürfelt), Kräutersalz,
frisch gemahlener Pfeffer,
etwas frisch geriebener Muskat,
2 Eier, 200 g saure Sahne,
200 g geriebener Käse

1. Weißkohl waschen und in kleine Würfel schneiden. Zwiebeln schälen und fein hacken. Möhre schälen und raspeln. Stangensellerie waschen und in feine Ringe schneiden. Champignons putzen, in Scheiben schneiden und halbieren. Brennnesseln und Gundermann waschen, trocken schütteln und klein schneiden.

2. Öl in einer Pfanne erhitzen. Weißkohl und Zwiebeln darin ca. 5 Minuten leicht anbräunen. Möhre, Stangensellerie, Pilze und Veggie-Speck zugeben und weitere ca. 5 Minuten dünsten. Wildkräuter zufügen und so lange dünsten, bis die austretende Flüssigkeit vollständig verdampft ist. Mit Kräutersalz, Pfeffer und Muskat abschmecken. Pfanne vom Herd nehmen. Backofen auf 170 °C (Umluft: 150 °C) vorheizen. Eier verschlagen, saure Sahne und Käse zufügen und vermischen. Gemüsemischung in eine große Schüssel füllen und mit der Ei-Sahne-Käse-Mischung gut vermengen.

3. Springform mit Backpapier auslegen und Masse gleichmäßig darauf verteilen. Im vorgeheizten Backofen ca. 50–60 Minuten backen, bis die Oberfläche leicht gebräunt ist. Die Quiche schmeckt heiß und kalt.

PRO PORTION CA. 1847 KCAL · 108 G EW · 125 G F · 61 G KH

Spinatpfannkuchen Tomate-Mozzarella

ZUTATEN FÜR 1 PORTION
100 g Spinat (TK-Produkt), 3 Eier, 1 EL Öl, 1 Tomate, 100 g Mozzarella, Salz, frisch gemahlener Pfeffer

1. Tiefgekühlten Spinat im Topf oder in der Mikrowelle nach Packungsanweisung garen. In eine Schüssel geben, Eier zufügen und mit dem Stabmixer pürieren.
2. Öl in einer Pfanne erhitzen, Spinatmasse hineingeben und zugedeckt bei mittlerer Hitze ca. 3–4 Minuten stocken lassen. Sobald sich die Ränder vom Pfannenrand lösen, Spinatpfannkuchen vorsichtig wenden und weitere ca. 2–3 Minuten stocken lassen.
3. Tomate waschen, vom Stielansatz befreien und in Scheiben schneiden. Mozzarella über einem Sieb abtropfen lassen und ebenfalls in Scheiben schneiden. Spinatpfannkuchen auf einem Teller anrichten, mit Tomaten und Mozzarella belegen, mit Salz und Pfeffer würzen und einschlagen.

PRO PORTION CA. 628 KCAL · 41 G EW · 48 G F · 7 G KH

Zwiebel-Tarte mit Blumenkohl-Boden

ZUTATEN FÜR 1 TARTE
250 g Blumenkohl, 2 Eier, 200 g geriebener Käse (z. B. Bergkäse), Salz, 2 Zwiebeln, 200 g Crème fraîche, frisch gemahlener Pfeffer, Petersilie zum Garnieren

1. Backofen auf 180 °C (Umluft: 160 °C) vorheizen. Backblech mit Backpapier auslegen. Blumenkohl putzen, waschen und in Röschen teilen. Röschen zerkleinern, bis sie die Größe von Reiskörnern haben. Mit Eiern und 150 Gramm Käse vermischen und salzen.
2. Teig auf das Backpapier geben und mithilfe eines Springformrandes in eine runde Form bringen. Im vorgeheizten Backofen ca. 25 Minuten backen. Zwiebeln schälen und in feine Ringe schneiden. Crème fraîche mit restlichem Käse vermischen und mit Pfeffer würzen.
3. Boden aus dem Ofen nehmen, mit Crème fraîche bestreichen und mit Zwiebelringen belegen. Weitere ca. 15 Minuten backen und mit Petersilie bestreut servieren.

PRO TARTE CA. 1666 KCAL · 79 G EW · 137 G F · 26 G KH

Tofu-Gemüse-Frikadellen

ZUTATEN FÜR 2 PORTIONEN
1/2 Paprikaschote, 1 Möhre, 1 Zwiebel, 250 g Räuchertofu, 1 Ei, 2 EL Quark, 2 TL Tomatenmark, 1 EL gehackte Petersilie, 1 EL gehackter Schnittlauch, Salz, frisch gemahlener Pfeffer

1. Paprikaschote waschen und entkernen. Möhre und Zwiebel schälen. Gemüse fein reiben. Backofen auf 180 °C (Umluft: 160 °C) vorheizen. Tofu mit einer Gabel fein zerdrücken. Mit Gemüse, Ei, Quark und Tomatenmark vermengen. Kräuter untermischen und mit Salz und Pfeffer abschmecken.
2. Mit angefeuchteten Händen zu flachen Frikadellen formen und auf ein mit Backpapier belegtes Backblech legen. Im vorgeheizten Backofen ca. 30 Minuten backen, nach ca. 15 Minuten wenden. Dazu schmeckt ein frischer Blattsalat.

PRO PORTION CA. 296 KCAL · 28 G EW · 15 G F · 12 G KH

Zoodles mit scharfer Tomatensoße

ZUTATEN FÜR 2 PORTIONEN
3 Zucchini, 3 Knoblauchzehen, 2 Chilischoten, 500 g Kirschtomaten, 3 EL Olivenöl, Salz, frisch gemahlener Pfeffer, 100 g Parmesan nach Belieben

1. Zucchini putzen, waschen und in lange dünne Streifen schneiden. Knoblauch schälen und fein hacken. Chilischoten waschen, halbieren, Kerne herausschneiden und Chilischoten in feine Streifen schneiden. Tomaten waschen, halbieren, vom Stielansatz befreien und würfeln.
2. Öl in einem Topf erhitzen und Knoblauch und Chili darin anbraten. Tomaten zugeben und alles etwas einköcheln lassen. Zoodles zugeben und ca. 10–15 Minuten bei geringer Hitze garen. Mit Salz und Pfeffer abschmecken. Parmesan hobeln. Zoodles nach Belieben mit Parmesan bestreut servieren.

TIPP Mit einem Spiralschneider lassen sich Zoodles besonders schnell herstellen.

PRO PORTION CA. 503 KCAL · 27 G EW · 36 G F · 19 G KH

Gefüllter Butternutkürbis aus der Heißluftfritteuse (Abbildung links)

30 Min.

ZUTATEN FÜR 2 PORTIONEN

1 Butternutkürbis, Öl, Salz, frisch gemahlener Pfeffer, 100 g Champignons, 30 g Walnusskerne, 30 g Schinkenspeck nach Belieben, 100 g Frischkäse, 100 g Crème fraîche, 1 EL gehackte Kräuter (z. B. Petersilie), etwas frisch geriebener Muskat, etwas Rauke zum Garnieren, 50 g geriebener Käse

1. Kürbis waschen und längs halbieren. Mit einem Löffel Kerne entfernen und etwas Fruchtfleisch ausschaben. Kürbishälften mehrmals mit einer Gabel einstechen. Mit etwas Öl bestreichen und mit Salz und Pfeffer würzen. In der Heißluftfritteuse bei 200 °C ca. 10 Minuten garen.

2. Champignons putzen und klein würfeln. Walnusskerne grob hacken. Schinkenspeck klein würfeln. Champignons, Walnusskerne und Schinkenspeck mit Frischkäse und Crème fraîche verrühren. Gehackte Kräuter zugeben und Masse mit Salz, Pfeffer und Muskat abschmecken. Rauke waschen, trocken schütteln und klein zupfen.

3. Butternuthälften mit der Masse füllen und mit geriebenem Käse bestreuen. In der Heißluftfritteuse bei 180 °C weitere ca. 15 Minuten garen. Mit Rauke garniert servieren.

PRO PORTION CA. 623 KCAL · 19 G EW · 49 G F · 25 G KH

Flammkuchen mit Blumenkohlboden

60 Min.

ZUTATEN FÜR 1 KUCHEN

250 g Blumenkohl, 2 Eier, 200 g geriebener Käse, Salz, 1 Zwiebel, 1 Frühlingszwiebel, 1 rote Paprikaschote, 200 g Crème fraîche, frisch gemahlener Pfeffer

1. Backofen auf 180 °C (Umluft: 160 °C) vorheizen. Blumenkohl waschen und in Röschen teilen. Röschen mit der Küchenmaschine oder mit einem großen Messer zerkleinern, bis sie die Größe von Reiskörnern haben. Blumenkohlmasse mit Eiern und 150 Gramm Käse vermischen. Mit Salz würzen. Ein rundes Blech mit Backpapier auslegen und Masse darauf verteilen. Im vorgeheizten Backofen ca. 25 Minuten backen.

2. Zwiebel schälen und in feine Ringe schneiden. Frühlingszwiebel waschen und in dünne Röllchen schneiden. Paprikaschote waschen, entkernen und in feine Streifen schneiden. Crème fraîche mit restlichem Käse vermengen und mit Salz und Pfeffer abschmecken.

3. Vorgebackenen Boden mit Crème-fraîche-Käse-Mischung bestreichen und mit Zwiebel, Frühlingszwiebel und Paprika belegen. Im vorgeheizten Backofen weitere ca. 15 Minuten backen.

PRO PORTION CA. 1618 KCAL · 80 G EW · 127 G F · 36 G KH

Kohlrabigratin aus der Heißluftfritteuse

ZUTATEN FÜR 2 PORTIONEN

2 große Kohlrabi, Salz, 50 g Butter, 2 EL Guarkernmehl, 200 g Sahne, 1 Zweig Rosmarin, frisch gemahlener Pfeffer, etwas frisch geriebener Muskat, 100 g geriebener Käse (z. B. Gouda)

1. Kohlrabi putzen, schälen und in mundgerechte Stücke schneiden. In einem Topf Salzwasser zum Kochen bringen und Kohlrabistücke darin ca. 15 Minuten köcheln lassen. Heißluftfritteuse auf 180 °C vorheizen. Kohlrabistücke über einem Sieb abtropfen lassen.
2. Eine kleine Auflaufform in den Korb stellen, Butter darin schmelzen und Guarkernmehl einrühren. Sahne unterrühren. Rosmarin waschen, trocken schütteln, Nadeln abstreifen und fein hacken. Rosmarin unterrühren. Soße mit Salz, Pfeffer und Muskat abschmecken. Kohlrabistücke zugeben. Mit Käse bestreuen und in der vorgeheizten Heißluftfritteuse ca. 25 Minuten backen.

PRO PORTION CA. 797 KCAL · 22 G EW · 67 G F · 12 G KH

Low-Carb-Käsespätzle

ZUTATEN FÜR 4 PORTIONEN

200 g würziger Käse (z. B. Bergkäse, Cheddar etc.), 200 g Schalotten, 1/2 Bund glatte Petersilie, Salz, 6 Eier, 100 g weiße Chiasamen, 100 g Sojamehl, frisch gemahlener Pfeffer, 2 EL Butter und etwas Butter für die Form

1. Backofen auf 120 °C (Umluft: 100 °C) vorheizen. Käse reiben. Schalotten schälen und quer in Ringe schneiden. Petersilie waschen, trocken schütteln, Blätter abzupfen und fein hacken.
2. Salzwasser in einem großen Topf zum Kochen bringen. Eier verschlagen, Chiasamen im Blitzhacker fein zerkleinern und portionsweise mit Sojamehl, Salz und Pfeffer verrühren, bis ein glatter Teig entsteht.
3. Teig portionsweise auf ein Spätzlesieb geben und in das siedende Wasser streichen. Sobald die Spätzle an der Oberfläche schwimmen, sind sie gar. Herausheben und abtropfen lassen. Spätzle und Käse abwechselnd in eine gefettete Auflaufform geben, mit Käse abschließen. Im vorgeheizten Backofen ca. 10 Minuten backen.
4. Butter erhitzen und Schalotten darin goldgelb braten. Spätzle mit Schalotten und Petersilie bestreut servieren.

PRO PORTION CA. 628 KCAL · 42 G EW · 48 G F · 6 G KH

Blumenkohl-Kichererbsen-Curry

ZUTATEN FÜR 2 PORTIONEN
1/2 Blumenkohl, 2 Knoblauchzehen, 1 rote Zwiebel, 1 EL Öl, 1 Msp. frisch geriebener Ingwer, 300 ml Kokosmilch, 300 g gehackte Tomaten (aus der Dose), 250 g Kichererbsen, 1/2 TL Kurkuma, 1/2 TL gemahlener Koriander und 1/2 Bund Koriander, 1 TL Paprikapulver, 1/2 TL gemahlener Kreuzkümmel

1. Blumenkohl putzen, waschen und in kleine Röschen teilen. Knoblauch und Zwiebel schälen und fein hacken. Öl erhitzen und Zwiebel und Knoblauch darin anschwitzen. Ingwer einrühren und kurz mit andünsten.

2. Mit Kokosmilch und gehackten Tomaten ablöschen. Blumenkohl und Kichererbsen zufügen, aufkochen und bei mittlerer Hitze ca. 15 Minuten köcheln lassen. Mit den Gewürzen abschmecken.

3. Koriander waschen, trocken schütteln, Blätter abzupfen und fein hacken. Zum Curry geben. Weitere ca. 5 Minuten ziehen lassen und sofort servieren.

PRO PORTION CA. 551 KCAL · 17 G EW · 34 G F · 36 G KH

Spargel-Feta-Auflauf

ZUTATEN FÜR 4 PORTIONEN
1 kg grüner Spargel, Fett für die Form, 1 EL gehackter Dill, 200 g Feta, 1 Knoblauchzehe, Saft und abgeriebene Schale von 1 unbehandelten Zitrone, abgeriebene Schale von 1 unbehandelten Limette, 3 Eier, 300 ml Milch, Salz, frisch gemahlener Pfeffer

1. Backofen auf 180 °C (Umluft: 160 °C) vorheizen. Spargel waschen, im unteren Drittel schälen, holzige Enden ganz abschneiden. Spargel in eine gefettete Auflaufform legen und mit Dill bestreuen.

2. Feta zerbröckeln und in einen Mixer geben. Knoblauch schälen und zugeben. Zitronensaft und -schale, Limettenschale, Eier und Milch zufügen und cremig pürieren. Mit Salz und Pfeffer würzen.

3. Masse auf den Spargel gießen und Auflauf im vorgeheizten Backofen ca. 40 Minuten backen.

PRO PORTION CA. 295 KCAL · 21 G EW · 18 G F · 10 G KH

Spargel-Frittata (Abbildung rechts)

75 Min.

ZUTATEN FÜR 4 PORTIONEN
1 kg grüner Spargel,
Salz,
2 EL Butter und etwas Butter für die Form,
1 Zwiebel,
frisch gemahlener Pfeffer,
8 Eier,
200 ml Milch,
250 g Sahne,
2 EL Crème fraîche,
2 EL gehackter Kerbel,
2 EL gehackte Petersilie,
etwas frisch geriebener Muskat

1. Vom Spargel holziges Ende abschneiden, Spargel waschen und unteres Drittel schälen. Schräg in ca. 3–4 Zentimeter lange Stücke schneiden. Ausreichend Salzwasser zum Kochen bringen, Spargel hineingeben und ca. 5 Minuten bei mittlerer Hitze kochen lassen. Über einem Sieb abtropfen lassen. Backofen auf 180 °C (Umluft: 160 °C) vorheizen. Auflaufform mit Butter ausstreichen.
2. Zwiebel schälen und fein hacken. Butter in einer Pfanne schmelzen und Zwiebel darin glasig dünsten. Spargel mit Zwiebel mischen und in die Auflaufform füllen. Mit Salz und Pfeffer würzen.
3. Eier mit Milch, Sahne und Crème fraîche verschlagen, Kerbel und Petersilie zufügen und mit Salz, Pfeffer und Muskat abschmecken. Über die Spargel-Zwiebel-Mischung gießen und im vorgeheizten Backofen ca. 30–40 Minuten stocken lassen. Vor dem Servieren in Stücke schneiden.

PRO PORTION CA. 676 KCAL · 29 G EW · 54 G F · 14 G KH

Auberginen mit Kichererbsendip

40 Min.

ZUTATEN FÜR 1 PORTION
1 Aubergine,
3 EL Olivenöl,
Salz,
frisch gemahlener Pfeffer,
einige Chiliflocken,
1 Dose Kichererbsen (400 g, Abtropfgewicht),
100 g Sojasahne

1. Backofen auf 200 °C (Umluft: 180 °C) vorheizen. Backblech mit Backpapier auslegen. Aubergine schälen und in Scheiben schneiden. Öl, Salz, Pfeffer und Chiliflocken vermischen und Aubergine damit marinieren. Auf dem Backpapier verteilen und im vorgeheizten Backofen, je nach gewünschter Bräunung, ca. 5–25 Minuten backen.
2. Kichererbsen in einem Sieb abtropfen lassen. In ein hohes Gefäß geben, Sojasahne zugießen und mit dem Stabmixer pürieren. Mit Salz und Pfeffer abschmecken. Aubergine mit Kichererbsendip servieren.

INFO Kichererbsen bestehen etwa zu einem Fünftel aus Eiweiß und sind reich an Ballaststoffen. Zudem enthalten sie Vitamin A, B, C und E sowie die beiden essenziellen Aminosäuren Lysin und Threonin.

PRO PORTION CA. 945 KCAL · 31 G EW · 56 G F · 72 G KH

Gemüse-Quiche

75 Min.

1. Weißkohl waschen und klein würfeln. Zwiebeln schälen und fein hacken. Stangensellerie waschen und in kleine Stücke schneiden. Champignons putzen und in Scheiben schneiden. Möhre putzen, schälen und raspeln. Tomaten waschen, halbieren, vom Stielansatz befreien und in Scheiben schneiden. Kräuter waschen, trocken schütteln und klein schneiden.

2. Öl in einer Pfanne erhitzen. Weißkohl und Zwiebeln darin ca. 5 Minuten leicht anbräunen. Stangensellerie, Champignons, Möhre und Tomaten zugeben und weitere ca. 5 Minuten dünsten. Mit Kräutersalz, Pfeffer und Muskat abschmecken. Pfanne vom Herd nehmen.

3. Backofen auf 170 °C (Umluft: 150 °C) vorheizen. Eier verschlagen. Saure Sahne und Käse zufügen und vermischen. Gemüse-Mischung in eine Schüssel füllen und mit der Sahne-Käse-Mischung gut vermischen. Kräuter zugeben und alles vermengen.

4. Eine Springform (26 Zentimeter Durchmesser) mit Backpapier auslegen und Masse gleichmäßig darauf verteilen. Im vorgeheizten Backofen ca. 50–60 Minuten backen, bis die Oberfläche leicht gebräunt ist. Die Gemüse-Quiche schmeckt heiß und kalt.

ZUTATEN FÜR CA. 10 STÜCKE

1/2 kleiner Weißkohl, 3 rote Zwiebeln, 1 Stangensellerie, 3 weiße Champignons, 1 große Möhre, 2 Tomaten, 1 Handvoll Kräuter (z. B. Schnittlauch, Petersilie, Dill, Basilikum), 3 EL Öl, Kräutersalz, frisch gemahlener Pfeffer, etwas frisch geriebener Muskat, 2 Eier, 200 g saure Sahne, 200 g geriebener Käse

PRO STÜCK CA. 199 KCAL · 11 G EW · 14 G F · 6 G KH

Zucchini-Feta-Muffins

75 Min.

1. Zucchini putzen und waschen. Mit einem Spiralschneider in dünne Streifen schneiden. In ein Sieb geben und mit etwas Salz bestreuen. Ca. 30 Minuten ruhen lassen. Mit Wasser abspülen und mit Küchenpapier trocken tupfen. Zucchinistreifen klein schneiden. Backofen auf 200 °C (Umluft: 180 °C) vorheizen. Muffinform mit Butter ausstreichen.

2. Butter in einen kleinen Topf geben und bei geringer Hitze schmelzen. Zucchini mit Mandel- und Kokosmehl, Eiweißpulver und Backpulver vermischen. Mit Salz, Pfeffer, Oregano und Knoblauchpulver würzen. Geschmolzene Butter, Eier und Milch zugeben und alles gut verrühren. Feta zerbröseln und unterrühren.

3. Masse gleichmäßig in den Muffinförmchen verteilen und im vorgeheizten Backofen ca. 20–25 Minuten goldbraun backen.

PRO STÜCK CA. 145 KCAL · 11 G EW · 9 G F · 4 G KH

ZUTATEN FÜR 6 STÜCK

**2 mittelgroße Zucchini, Salz,
20 g zimmerwarme Butter und etwas Butter für die Form,
50 g Mandelmehl,
20 g Kokosmehl,
20 g neutrales Eiweißpulver,
1 TL Backpulver,
frisch gemahlener Pfeffer,
Oregano,
Knoblauchpulver,
2 Eier, 3 EL Milch,
25 g Feta**

Grüne Buddha-Bowl mit Tahini-Dressing (Abbildung links)

45 Min.

ZUTATEN FÜR 2 PORTIONEN
1 Salatgurke,
1 grüne Paprikaschote,
12 Stangen grüner Spargel,
2 EL Olivenöl,
Salz,
frisch gemahlener Pfeffer,
100 g Edamame,
125 g Quinoa,
1/2 Avocado,
2 Schalotten,
2 EL Petersilie,
2 EL Koriander,
Saft von 1 Limette,
50 g Tahini,
30 ml Olivenöl,
Sesam zum Bestreuen

1. Gurke waschen, putzen und in Scheiben schneiden. Paprika putzen, waschen und in Streifen schneiden. Spargel waschen und im unteren Drittel schälen. Mit Olivenöl mischen und mit Salz und Pfeffer würzen. Eine Pfanne erhitzen und Spargel darin ca. 6 Minuten unter Wenden braten. Vom Herd nehmen.
2. Quinoa nach Packungsangabe garen. Edamame in Salzwasser ca. 5 Minuten garen. Abgießen und kalt abschrecken. Avocado entkernen, schälen und Fruchtfleisch in feine Spalten oder Streifen schneiden.
3. Schalotten schälen und halbieren. Mit Petersilie, Koriander, Limettensaft, Tahini und Olivenöl im Mixer zu einer cremigen Soße pürieren. Gurke, Paprika, Spargel, Avocado, Edamame und Quinoa in Schüsseln anrichten und Tahini-Dressing daraufgeben. Mit Sesam bestreut servieren.

PRO PORTION CA. 899 KCAL · 28 G EW · 59 G F · 61 G KH

Shirataki-Nudeln mit Kokos-Soja-Soße

40 Min.

ZUTATEN FÜR 2 PORTIONEN
2 EL ungesalzene Erdnüsse,
1 Brokkoli (300 g),
Salz,
2 EL Sojasoße,
50 ml Kokosmilch,
1/2 TL gemahlener Koriander,
1 TL Zitronensaft,
1 Prise Stevia,
350 g Shirataki-Nudeln (Konjak-Nudeln),
1 Bund Frühlingszwiebeln,
1 Zwiebel,
1 Knoblauchzehe,
1 TL Sesamöl,
2 Eier,
50 g Sojasprossen,
frisch gemahlener Pfeffer

1. Erdnüsse in einer Pfanne ohne Fettzugabe goldbraun anrösten und beiseitestellen. Brokkoli putzen, waschen und in Röschen teilen. In kochendem Salzwasser ca. 2–3 Minuten bissfest blanchieren. Mit Eiswasser abschrecken und in ein Sieb abgießen.
2. Sojasoße, Kokosmilch, Koriander, Zitronensaft und Stevia in einer Schüssel zu einer Soße vermischen. Shirataki-Nudeln gründlich unter fließendem Wasser abspülen. In kochendem Salzwasser ca. 2 Minuten erwärmen.
3. Frühlingszwiebeln waschen und in dünne Röllchen schneiden. Zwiebel und Knoblauch schälen und fein hacken. Sesamöl in einer Pfanne erhitzen und Frühlingszwiebeln, Zwiebel und Knoblauch kurz darin andünsten. Nudeln und Soße zufügen und unter ständigem Rühren ca. 2–3 Minuten garen. Eier verschlagen.
4. Nudeln an den Pfannenrand schieben und Eier in die Mitte der Pfanne geben. Sobald die Eimasse stockt, Nudeln unterheben und Brokkoli sowie Sojasprossen untermischen. Mit Salz und Pfeffer abschmecken und mit gerösteten Erdnüssen garniert servieren.

PRO PORTION CA. 320 KCAL · 18 G EW · 18 G F · 19 G KH

Käse-Kräuter-Quiche

ZUTATEN FÜR CA. 12 STÜCKE
125 g kalte Butter und etwas Butter für die Form, 150 g Magerquark, 150 g Mandelmehl, Salz, 250 g Frischkäse, 200 g Crème fraîche, 3 Eier, 100 g geriebener Käse, Saft von 1/2 Zitrone, fein gehackte Kräuter nach Belieben (z. B. Petersilie, Schnittlauch, Basilikum), frisch gemahlener Pfeffer, etwas frisch geriebener Muskat

1. Kalte Butter in Stücke schneiden. Quark mit Butterstücken, Mandelmehl und etwas Salz zu einem Teig verkneten. Zu einer Kugel formen und in Frischhaltefolie wickeln. Ca. 1 Stunde im Kühlschrank ruhen lassen.
2. Backofen auf 180 °C (Umluft: 160 °C) vorheizen. Eine Springform (28 Zentimeter Durchmesser) mit Butter ausstreichen. Frischkäse, Crème fraîche, Eier, Käse und Zitronensaft miteinander vermischen. Fein gehackte Kräuter untermischen. Mit Salz, Pfeffer und Muskat würzen. Teig ausrollen und in die Form füllen. Ränder etwas hochziehen.
3. Füllung auf dem Teig verstreichen. Im vorgeheizten Backofen ca. 40–45 Minuten backen.

PRO STÜCK CA. 280 KCAL · 12 G EW · 24 G F · 3 G KH

Zucchini-Möhren-Frikadellen

ZUTATEN FÜR 2 PORTIONEN
1 Zucchini, 1/2 Möhre, 2 Eier, 1 EL gehackte Kräuter (z. B. Schnittlauch, Petersilie), 120 g helles Mandelmehl, 1 EL geriebener Parmesan, 50 g geriebener Käse (z. B. Gouda oder Edamer), Salz, frisch gemahlener Pfeffer

1. Backofen auf 220 °C (Umluft: 200 °C) vorheizen. Zucchini waschen. Möhre schälen. Beides in der Küchenmaschine fein zerkleinern. Gemüse mit Eiern, Kräutern, Mandelmehl und Käse vermischen und mit Salz und Pfeffer würzen. Backblech mit Backpapier auslegen. Aus der Zucchinimasse Frikadellen formen und auf das Backpapier setzen.
2. Im vorgeheizten Backofen ca. 15–20 Minuten backen. Sobald die Frikadellen goldbraun sind, aus dem Ofen nehmen und kurz abkühlen lassen. Dazu schmeckt Kräuterquark oder ein Frischkäsedip.

PRO PORTION CA. 415 KCAL · 44 G EW · 19 G F · 9 G KH

Gebackene Blumenkohlsteaks

ZUTATEN FÜR 2 PORTIONEN
1 Knoblauchzehe, 1 1/2 EL Mayonnaise, 1 TL Zitronensaft, 1 TL Worcestersoße, Salz, frisch gemahlener Pfeffer, 1 Blumenkohl, 2 TL Öl, 1 EL Gewürze (z. B. Kümmel, Koriander, Cayennepfeffer)

1. Knoblauch schälen und fein hacken. Mit Mayonnaise, Zitronensaft und Worcestersoße vermischen. Mit Salz und Pfeffer abschmecken und kühl stellen. Backofen auf 200 °C (Umluft: 180 °C) vorheizen.

2. Äußere Blätter des Blumenkohls entfernen, Strunk kürzen, aber nicht vollständig ab- oder herausschneiden. Blumenkohl waschen. Seitliche Ränder abschneiden und Mitte in ca. 1,5 Zentimeter dicke Scheiben schneiden. Mit 1 Teelöffel Öl bestreichen und mit Gewürzen bestreuen.

3. Restliches Öl in einer backofenfesten Pfanne erhitzen. Blumenkohlscheiben darin von einer Seite ca. 1 Minute scharf anbraten. Wenden und mit der Pfanne ca. 10 Minuten im vorgeheizten Backofen garen, bis die Steaks goldbraun sind und der Strunk weich ist. Blumenkohl-Steaks mit Knoblauchcreme servieren.

PRO PORTION CA. 210 KCAL · 10 G EW · 13 G F · 13 G KH

Quinoa-Muffins

ZUTATEN FÜR 6 STÜCK
25 g Quinoa, Salz, 1 TL Olivenöl, 1 kleine Paprikaschote, 100 g geriebener Mozzarella, 30 g geriebener Parmesan

1. Quinoa in ein Sieb geben und unter fließend kaltem Wasser gründlich abspülen. 75 Milliliter Wasser in einem Topf zum Kochen bringen. Quinoa zugeben und zugedeckt bei mittlerer Hitze ca. 10 Minuten kochen. Topf vom Herd nehmen und offen ca. 30–40 Minuten quellen lassen.

2. Quinoa in einem Sieb abtropfen lassen. In eine Schüssel geben und mit 1 Prise Salz und Olivenöl vermischen. Backofen auf 220 °C (Umluft: 200 °C) vorheizen. Muffinform mit Papierförmchen auslegen. Paprika putzen, waschen und klein würfeln.

3. Quinoa mit Paprika, Mozzarella und Parmesan vermischen. Teig gleichmäßig in der Muffinform verteilen. Im vorgeheizten Backofen ca. 15–20 Minuten backen.

PRO STÜCK CA. 93 KCAL · 5 G EW · 6 G F · 4 G KH

Thai-Gemüse-Curry (Abbildung rechts)

35 Min.

ZUTATEN FÜR 2 PORTIONEN
2 Möhren, 6 Champignons,
250 g Brokkoli,
150 g Erbsen (TK-Produkt),
150 g grüne Bohnen (TK-Produkt),
1 rote Paprikaschote,
1 Zwiebel, 1 Knoblauchzehe,
2 EL Öl, 2 EL Sojasoße,
200 ml Kokosmilch,
1 TL geriebener Ingwer,
1–2 EL gelbe Currypaste,
Salz,
frisch gemahlener Pfeffer,
1 Prise Kurkuma,
1 unbehandelte Limette,
Petersilie oder Koriander zum Garnieren

1. Möhren putzen, waschen und in Scheiben schneiden. Champignons putzen und klein schneiden. Brokkoli putzen, waschen und in Röschen teilen. Erbsen und Bohnen auftauen lassen. Paprika putzen, waschen und in Streifen schneiden. Zwiebel und Knoblauch schälen und würfeln.

2. Öl im Wok oder einer tiefen Pfanne erhitzen und Zwiebel und Knoblauch darin anschwitzen. Sojasoße, Möhren, Brokkoli und Paprika zugeben und unter Rühren ca. 1 Minute braten. Champignons, Erbsen und Bohnen zufügen und weitere ca. 2 Minuten unter Rühren braten.

3. Mit Kokosmilch ablöschen und Ingwer und Currypaste einrühren. Mit Salz, Pfeffer und Kurkuma abschmecken und ca. 10 Minuten köcheln lassen. Limette waschen, halbieren und in Scheiben schneiden. Thai-Gemüse-Curry mit Limettenscheiben und Kräutern garniert servieren.

PRO PORTION CA. 588 KCAL · 20 G EW · 38 G F · 34 G KH

Wokgemüse mit Sesam-Tofu

45 Min.

ZUTATEN FÜR 4 PORTIONEN
40 g Ingwer,
1 Knoblauchzehe,
300 g Tofu,
8 EL Sojasoße,
200 g Zuckerschoten,
2 Bund Frühlingszwiebeln,
1 Chilischote,
6 EL Öl,
125 ml Gemüsebrühe,
300 g Erbsen (TK-Produkt),
1 Ei,
1 Prise Salz,
1–2 EL Sesam,
1 EL Sesamöl

1. Ingwer und Knoblauch schälen und fein hacken. Tofu in kleine Würfel schneiden. Knoblauch und die Hälfte des Ingwers mit 4 Esslöffeln Sojasoße verrühren. Tofuwürfel damit beträufeln.

2. Zuckerschoten waschen und halbieren. Frühlingszwiebeln waschen und in dünne Röllchen schneiden. Chilischote waschen, halbieren, Kerne herausschneiden und Chilischote in feine Streifen schneiden.

3. 3 Esslöffel Öl in einem Wok erhitzen. Frühlingszwiebeln, Chili und restlichen Ingwer darin anbraten. Zuckerschoten zugeben und unter Rühren ca. 4 Minuten garen. Restliche Sojasoße und Gemüsebrühe zugießen. Erbsen zugeben und zugedeckt ca. 5 Minuten garen.

4. Tofu in einem Sieb abtropfen lassen. Ei mit Salz verschlagen. Tofu in der Eimasse wenden und mit Sesam bestreuen. Restliches Öl in einer Pfanne erhitzen und Tofu darin goldbraun anbraten. Gemüse mit Sesamöl abschmecken und auf Tellern anrichten. Tofu darauf verteilen und servieren.

PRO PORTION CA. 492 KCAL · 25 G EW · 32 G F · 22 G KH

Blumenkohl-Brokkoli-Auflauf

ZUTATEN FÜR 4 PORTIONEN

600 g Brokkoli, 600 g Blumenkohl, Fett für die Form, 1 EL gehackte Petersilie, 3 Eier, 150 g Crème fraîche, 200 g Sahne, 75 g geriebener Parmesan, etwas frisch geriebener Muskat, 1/2 TL Kurkuma, abgeriebene Schale von 1/2 unbehandelten Zitrone, Salz, frisch gemahlener Pfeffer

1. Backofen auf 180 °C (Umluft: 160 °C) vorheizen. Brokkoli und Blumenkohl putzen, waschen und in kleine Röschen teilen. Größere Röschen gegebenenfalls halbieren. Blumenkohl und Brokkoli mit Petersilie in eine gefettete Auflaufform legen.
2. Eier mit Crème fraîche, Sahne und Parmesan verschlagen und mit Muskat, Kurkuma, Zitronenschale, Salz und Pfeffer würzen. Über das Gemüse gießen. Auflauf im vorgeheizten Backofen ca. 30 Minuten backen.

PRO PORTION CA. 495 KCAL · 23 G EW · 38 G F · 12 G KH

Käsemuffins aus der Heißluftfritteuse

ZUTATEN FÜR 6 STÜCK

30 g weiche Butter, 3 Eier, 100 g Mandelmehl, 2 EL geriebener Käse (z.B. Gouda), Salz, frisch gemahlener Pfeffer, 2 EL gehobelter Parmesan

1. Butter schaumig rühren. Eier einzeln zufügen und unterrühren. Mandelmehl zugeben und einrühren. Käse zugeben und ebenfallsunterrühren. Mit Salz und Pfeffer abschmecken.
2. Teig in 6 Muffin-Förmchen verteilen und mit Parmesan bestreuen. In der Heißluftfritteuse bei 170 °C ca. 12 Minuten backen.

TIPP Die Käsemuffins lassen sich durch Zugabe verschiedener Kräuter wie z.B. Basilikum, Petersilie oder Thymian je nach Lust und Laune variieren.

PRO STÜCK CA. 163 KCAL · 14 G EW · 11 G F · 2 G KH

Auberginen-Auflauf

ZUTATEN FÜR 4 PORTIONEN
900 g Auberginen, Salz, frisch gemahlener Pfeffer, Fett für die Form, 500 ml Tomatensoße, 75 g geriebener Parmesan, 2 EL klein geschnittener Basilikum und Basilikumblätter zum Garnieren, 100 g Mozzarella

1. Auberginen putzen, waschen, trocken tupfen und in 1,5 Zentimeter dicke Scheiben schneiden. Leicht salzen und ca. 10 Minuten auf Küchenpapier ziehen lassen. Auberginen abtupfen und in einer erhitzten Grillpfanne von jeder Seite kräftig braten. Herausnehmen, mit Pfeffer würzen und beiseitestellen.
2. Backofen auf 180 °C (Umluft: 160 °C) vorheizen. Auflaufform fetten und eine dünne Schicht Tomatensoße hineingeben. Mit etwas Parmesan bestreuen. Eine Lage Auberginenscheiben darauf verteilen und mit Basilikum bestreuen. So weiter die Zutaten einschichten und mit Tomatensoße und Parmesan abschließen.
3. Mozzarella in kleine Stücke zupfen, auf dem Auflauf verteilen und alles im vorgeheizten Backofen ca. 30 Minuten backen. Mit Basilikum garniert servieren.

PRO PORTION CA. 278 KCAL · 17 G EW · 16 G F · 16 G KH

Kohlauflauf mit Feta

ZUTATEN FÜR 4 PORTIONEN
1 Kohlkopf (z. B. Weißkohl), Salz, 2 Lorbeerblätter, 1 TL Pfefferkörner, 1 Zwiebel, 2 EL Butterschmalz, 2 Eier, 200 g saure Sahne, 200 g Feta, 1 TL frisch geriebener Muskat, frisch gemahlener Pfeffer, 1 Handvoll gehackte Kräuter nach Belieben

1. Weißkohl putzen, waschen, äußere Blätter entfernen und Kohl vierteln. Ausreichend Salzwasser mit Lorbeer und Pfefferkörnern zum Kochen bringen. Kohlviertel vorsichtig hineingeben und ca. 10 Minuten kochen. Kohl herausnehmen, Strunk entfernen und Kohl klein schneiden. Backofen auf 170 °C (Umluft: 150 °C) vorheizen.
2. Zwiebel schälen und grob hacken. Butterschmalz erhitzen und Zwiebel und Kohl darin ca. 10 Minuten unter Rühren bei mittlerer Hitze braten. Mischung in einer Auflaufform verteilen.
3. Eier, saure Sahne, zerbröckelten oder in kleine Würfel geschnittenen Feta, Muskat, etwas Salz und Pfeffer sowie nach Belieben Kräuter verrühren und auf dem Kohl verteilen. Auflauf im vorgeheizten Backofen ca. 40 Minuten backen, herausnehmen und servieren.

PRO PORTION CA. 323 KCAL · 16 G EW · 23 G F · 12 G KH

Gemüse-Ratatouille, ganz klassisch (Abbildung rechts)

85 Min.

ZUTATEN FÜR 4 PORTIONEN

**4 Zucchini,
1 Aubergine,
Salz,
2 Zwiebeln,
1 rote Paprikaschote,
1 gelbe Paprikaschote,
1 grüne Paprikaschote,
8 Kirschtomaten,
3 Knoblauchzehen,
4 Stängel Petersilie,
3 EL Olivenöl,
125 ml Gemüsebrühe,
frisch gemahlener Pfeffer,
etwas gemahlener Koriander,
einige Zweige Rosmarin für die Garnitur**

1. Zucchini und Aubergine waschen, trocken tupfen und in fingerdicke Scheiben schneiden. Mit Salz bestreuen und ca. 30 Minuten Wasser ziehen lassen. Zwiebeln schälen. Paprikaschoten waschen und entkernen. Zwiebeln und Paprikaschoten in breitere Streifen schneiden. Tomaten waschen, halbieren und vom Stielansatz befreien. Knoblauch schälen und fein hacken. Petersilie waschen, trocken schütteln und Blättchen abzupfen.

2. Aubergine und Zucchini trocken tupfen und halbieren. Öl in einer Pfanne erhitzen und beides darin kurz anschwitzen. Aus der Pfanne nehmen und beiseitestellen.

3. Zwiebeln, Knoblauch und Paprika in die Pfanne geben und kurz anbraten. Auberginen und Zucchini wieder zufügen, Gemüsebrühe zugießen und zugedeckt bei mittlerer Hitze ca. 30 Minuten dünsten. Tomaten zugeben und weitere ca. 15 Minuten köcheln. Mit Salz, Pfeffer und Koriander abschmecken und mit Petersilie bestreuen. Mit Rosmarin garniert servieren.

PRO PORTION CA. 197 KCAL · 8 G EW · 9 G F · 19 G KH

Quiche mit Tomaten und Zwiebeln

60 Min.

ZUTATEN FÜR 1 SPRINGFORM (28 CM DURCHMESSER)

**125 g gemahlene Mandeln,
125 g Vollkorndinkelmehl,
250 g Magerquark,
100 ml Olivenöl,
2 EL Rosmarin, Salz,
1 Glas in Öl eingelegte getrocknete Tomaten (200 g Abtropfgewicht),
2 Zwiebeln,
1 Knoblauchzehe,
4 Eier, 200 g Crème fraîche,
200 g geriebener Käse,
frisch gemahlener Pfeffer**

1. Backofen auf 200 °C (Umluft: 180 °C) vorheizen. Gemahlene Mandeln, Vollkorndinkelmehl, Quark, Olivenöl, 1 Esslöffel Rosmarin und 1 Teelöffel Salz zu einem Teig verkneten. Eine Springform mit Backpapier belegen. Teig in die Springform füllen und im vorgeheizten Backofen ca. 15 Minuten backen.

2. Tomaten in einem Sieb abtropfen lassen und in kleine Würfel schneiden. Zwiebeln und Knoblauch schälen und fein hacken. Eier, Crème fraîche, Käse und restlichen Rosmarin verschlagen und mit Salz und Pfeffer würzen.

3. Zwiebeln, Knoblauch und Tomaten auf dem vorgebackenen Boden verteilen. Eier-Crème-fraîche-Käse-Mischung vorsichtig darübergießen und Quiche weitere ca. 25 Minuten backen.

PRO QUICHE CA. 4149 KCAL · 168 G EW · 311 G F · 146 G KH

DESSERTS UND SÜSSES

Chia-Schoko-Pudding mit Kokosmilch

5 Min.

ZUTATEN FÜR 2 PORTIONEN

35 g Chiasamen,
200 ml Milch,
50 ml Kokosmilch,
1 1/2 EL Kakaopulver,
1 TL neutrales Eiweißpulver,
flüssiger Süßstoff nach Belieben, Himbeeren, Mandeln und Zitronenmelisse zum Garnieren

1. Chiasamen in eine Schüssel geben und mit Milch, Kokosmilch, Kakao und Eiweißpulver vermischen. Nach Belieben mit Süßstoff süßen. In 2 Gläser füllen und ca. 20 Minuten im Kühlschrank quellen lassen.
2. Chia-Schoko-Pudding mit gewaschenen, trocken getupften Himbeeren, Mandeln und Zitronenmelisse dekorieren und servieren.

PRO PORTION CA. 248 KCAL · 10 G EW · 17 G F · 9 G KH

Himbeer-Protein-Eis mit Quark

5 Min.

ZUTATEN FÜR 1 PORTION
100 g Himbeeren (TK-Produkt), 150 g Magerquark, 15 g Eiweißpulver mit Vanillegeschmack, 2 Msp. Stevia, Minze zum Garnieren

1. Gefrorene Himbeeren mit 1 Esslöffel Wasser in einen Mixer geben und fein pürieren. Quark, Eiweißpulver und Stevia zugeben und alles kräftig mixen. Eismasse für ca. 1 Stunde ins Gefrierfach geben. Dabei regelmäßig umrühren, bis das Eis gefroren und cremig ist.
2. Himbeer-Protein-Eis in ein Schälchen geben, nach Belieben mit Minze garnieren und sofort servieren.

TIPP Erfrischende Eis-Variationen ergeben sich auch durch die Verwendung anderer Beeren. Probieren Sie Erdbeeren oder Brombeeren und wählen Sie dazu das Eiweißpulver mit Ihrem Lieblingsgeschmack oder neutrales Eiweißpulver.

PRO PORTION CA. 185 KCAL · 30 G EW · 2 G F · 9 G KH

Cremiger Schokoladenquark

ZUTATEN FÜR 1 PORTION
80 g Sahne, 8 g Backkakao, 100 g Magerquark, flüssiger Süßstoff nach Belieben

1. Sahne mit Kakao steif schlagen. Magerquark unterrühren und Schokoladenquark nach Belieben mit Süßstoff abschmecken.

TIPP Wer bei der Low-Carb-Ernährung Schokopudding vermisst, hat hier eine tolle Alternative. Je nach Geschmack können Sie auch noch Kakaonibs oder Gojibeeren über den Schokoladenquark streuen.

PRO PORTION CA. 328 KCAL · 16 G EW · 26 G F · 7 G KH

Low-Carb-Waffeln aus Kokosmehl

ZUTATEN FÜR 8 PORTIONEN
120 g Butter, 5 Eier, Salz, 40 g Kokosmehl, 40 g Xylit, 1 TL Backpulver, 3 EL Milch, etwas Vanillearoma, Kokosöl, Puder-Erythrit

1. Butter in einem Topf schmelzen und abkühlen lassen. Eier trennen. Eiweiße mit etwas Salz sehr steif schlagen. Eigelbe mit Kokosmehl, Xylit und Backpulver verrühren. Die flüssige Butter unterrühren. Milch und Vanillearoma zugeben und zu einem Teig vermengen. Den Eischnee vorsichtig unterheben.
2. Waffeleisen mit Kokosöl einfetten und erhitzen. Den Teig portionsweise ausbacken. Mit Puder-Erythrit bestäuben und sofort servieren.

PRO PORTION CA. 199 KCAL · 5 G EW · 17 G F · 2 G KH

Apfel-Quark-Dessert mit Zimt

ZUTATEN FÜR 2 PORTIONEN
2 Äpfel, 1 TL Butter, 3 EL Xylit, Zimt zum Bestäuben, 250 g Magerquark

1. Äpfel waschen, halbieren, Kerngehäuse entfernen und Fruchtfleisch klein würfeln. Butter in einer Pfanne schmelzen, ca. 2 Esslöffel Xylit zufügen und etwas anbräunen. Apfelwürfel zufügen und karamellisieren lassen. Mit Zimt bestäuben und ca. 1 Minute weiterbräunen.
2. Quark mit restlichem Xylit verrühren. Apfelstücke und Quark abwechselnd in 2 Gläser schichten und abschließend mit Zimt bestäuben.

PRO PORTION CA. 220 KCAL · 14 G EW · 7 G F · 17 G KH

Schoko-Mandel-Pralinen

ZUTATEN FÜR 4 PORTIONEN
200 g gemahlene Mandeln, 1 TL gemahlene Vanille, 2 TL Stevia nach Belieben, 2 EL Kokosöl, 2 EL Kakaopulver, 2 EL Mandelmus

1. Gemahlene Mandeln, Vanille und nach Belieben Stevia in einer Schüssel gut vermischen. Kokosöl im Wasserbad oder in der Mikrowelle schmelzen. 1 Esslöffel Kakao einrühren und zur Mandel-Vanille-Mischung geben. Mandelmus zugeben und alles gut vermischen. Bei Bedarf etwas Wasser zugeben.
2. Masse zu kleinen Kugeln formen und in restlichem Kakao wälzen. Schoko-Mandel-Pralinen ca. 2 Stunden kühl stellen.

PRO PORTION CA. 446 KCAL · 15 G EW · 40 G F · 3 G KH

Kaffee-Sahne-Mousse mit Kakao (Abbildung rechts)

15 Min.

ZUTATEN FÜR 5 PORTIONEN
1 Pck. Gelatinepulver für 500 ml Flüssigkeit,
450 ml aufgebrühter Kaffee,
5 g Kakaopulver,
flüssiger Süßstoff nach Belieben,
150 g Sahne,
etwas Schokoraspel

1. Gelatine in eine Schüssel geben und mit 2 Esslöffeln Wasser verrühren. Ca. 10 Minuten quellen lassen. Kaffee etwas abkühlen lassen. Gelatine in der Mikrowelle ca. 20–30 Sekunden erwärmen, bis sie aufgelöst ist. Kaffee und Kakao unterrühren. Nach Belieben mit Süßstoff süßen. Masse in den Kühlschrank stellen und nach ca. 1 Stunde umrühren. Weitere ca. 30 Minuten kalt stellen und nochmals umrühren.
2. Sobald die Masse beginnt, fest zu werden, 100 Gramm Sahne steif schlagen und unterheben. Abschmecken und nach Belieben nachsüßen. Mousse in Dessertgläser füllen. Restliche Sahne steif schlagen und daraufgeben. Mit Schokoraspeln garnieren. Bis zum Servieren mindestens weitere ca. 30 Minuten kalt stellen.

PRO PORTION CA. 113 KCAL · 3 G EW · 10 G F · 3 G KH

Mandel-Parfait, der perfekte Abschluss

35 Min.

ZUTATEN FÜR 8 PORTIONEN
150 g ganze Mandeln,
15 g Butter,
75 g Erythrit,
1 TL Zimt,
1 TL Spekulatiusgewürz,
400 g kalte Sahne,
25 g Eiweißpulver Vanillegeschmack,
6 Eier,
50 g Puder-Erythrit,
3 TL Stevia-Streupulver mit Erythrit,
1 EL Rum,
1 Tasse kalter Espresso,
50 g Xylit-Edelbitter-Schokolade,
einige Himbeeren

1. Mandeln in eine Pfanne ohne Fett geben und goldgelb anrösten. Butter zufügen und schmelzen lassen. Erythrit, Zimt und Spekulatiusgewürz zufügen, umrühren und aufkochen lassen. Pfanne vom Herd nehmen. Unter ständigem Rühren abkühlen lassen. Mandeln mit einem scharfen Messer hacken.
2. Sahne steif schlagen. Eiweißpulver untermischen. Eier trennen. Eiweiße steif schlagen. Eigelbe mit Puder-Erythrit, Stevia, Rum und Espresso verrühren. In diese Mischung vorsichtig die Sahne untermischen und den Eischnee unterheben. Gebrannte Mandeln zufügen.
3. Eine Kasten- oder Terrinenform mit Frischhaltefolie auskleiden. Die Mischung hineinfüllen und ca. 8 Stunden in der Tiefkühltruhe gefrieren lassen.
4. Vor dem Servieren herausnehmen und ca. 10 Minuten antauen lassen. Folie entfernen und das Parfait in ca. 3 Zentimeter dicke Scheiben schneiden. Xylit-Edelbitter-Schokolade grob hacken. Mandel-Parfait mit einigen frischen Himbeeren und Schokolade garniert servieren.

PRO PORTION CA. 380 KCAL · 14 G EW · 33 G F · 15 G KH

Lavendel-Heidelbeer-Chia-Pudding

20 Min.

ZUTATEN FÜR 2 PORTIONEN

200 ml ungesüßte Mandelmilch,
2 TL Lavendel,
100 g Heidelbeeren,
2 EL Chia-Samen,
2 TL Agavendicksaft,
50 g Sojajoghurt,
70 g Quark,
30 g gehackte Nussmischung

1. Mandelmilch in einen Topf geben, Lavendel zufügen und aufkochen. Bei geringer Hitze ca. 10 Minuten köcheln und abkühlen lassen.

2. Gewaschene Heidelbeeren zufügen und alles fein pürieren. Chia-Samen und Agavendicksaft unterrühren. In den Kühlschrank stellen und ca. 1 Stunde quellen lassen.

3. Sojajoghurt und Quark vermengen. Heidelbeermasse aus dem Kühlschrank nehmen und die Joghurt-Quark-Mischung unterrühren. In Gläser füllen und mit der Nussmischung toppen.

TIPP Das Topping für dieses leckere Dessert kann nach Belieben ergänzt werden. Lecker schmecken z.B. auch getrocknete Maulbeeren.

PRO PORTION CA. 227 KCAL · 9 G EW · 15 G F · 11 G KH

Himbeer-Sahne-Dessert

ZUTATEN FÜR 4 PORTIONEN
750 g Himbeeren, 300 g Sahne, 3 TL Vanille-Extrakt, flüssiger Süßstoff nach Belieben, 8 Minzeblättchen

1. Himbeeren waschen und verlesen. Einige Himbeeren für die Garnitur beiseitestellen, restliche Himbeeren pürieren.
2. Sahne steif schlagen und mit Himbeerpüree vermischen. Vanille-Extrakt und nach Belieben Süßstoff zugeben. Himbeer-Sahne-Dessert in Schälchen füllen und mit beiseitegestellten Himbeeren und gewaschenen Minzeblättchen garniert servieren.

TIPP Himbeeren enthalten viele Vitamine und Mineralstoffe – noch dazu sind sie kalorienarm und köstlich. Beim Süßstoff gilt es, sich nach und nach an die richtige Menge heranzutasten, die dem eigenen Geschmack entspricht.

PRO PORTION CA. 301 KCAL · 5 G EW · 23 G F · 12 G KH

Erdnussbutter-Schoko-Mousse

ZUTATEN FÜR 4 PORTIONEN
350 g Sahne, 4 EL Erdnussbutter, 2 EL Kakaopulver, 2 EL Erythrit, 1 TL Vanillepulver, grob gehackte Erdnüsse zum Garnieren

1. Sahne, Erdnussbutter, Kakao, Erythrit und Vanillepulver mit dem Stabmixer oder im Standmixer pürieren, bis die Mischung eine cremig-feste Konsistenz hat.
2. Mousse in Dessertgläser verteilen und ca. 1 Stunde kalt stellen. Mit gehackten Erdnüssen bestreut servieren.

TIPP Statt gehackter Erdnüsse können Sie die Schoko-Mousse auch mit Orangenschalenabrieb oder steif geschlagener Sahne und geraspelter Low-Carb-Schokolade garnieren.

PRO PORTION CA. 354 KCAL · 7 G EW · 34 G F · 5 G KH

Luftiges Zitronen-Soufflé (Abbildung links)

40 Min.

1. Backofen auf 180 °C Umluft vorheizen. Zitrone waschen und trocken tupfen. 2 Teelöffel Zitronenschale abreiben und 2 Esslöffel Zitronensaft auspressen. Eier trennen. Eiweiße mit Salz steif schlagen. Eigelbe mit 1 Esslöffel Xylit verrühren. Eiweißpulver, Quark, Zitronenschale und -saft zugeben und alles zu einem glatten Teig verrühren. Eischnee unterheben.

2. 4 Soufflé-Förmchen mit Fett ausstreichen und mit restlichem Xylit ausstreuen. Teig gleichmäßig auf die Förmchen verteilen. Ein tiefes Backblech mit warmem Wasser füllen. Förmchen auf das Backblech stellen, sodass sie zu einem Drittel im Wasser stehen. Zitronen-Soufflés im vorgeheizten Backofen ca. 20–25 Minuten goldgelb backen. Nach Belieben vor dem Servieren mit etwas Xylit bestreuen.

PRO PORTION CA. 197 KCAL · 24 G EW · 8 G F · 3 G KH

ZUTATEN FÜR 4 PORTIONEN

1 unbehandelte Zitrone, 2 Eier, 1 Prise Salz, 2 EL Xylit und etwas Xylit zum Bestreuen nach Belieben, 4 EL Eiweißpulver mit Vanillegeschmack, 200 g Magerquark, Fett für die Förmchen

Energiebällchen

20 Min.

1. Eine Pfanne ohne Fett erhitzen und Kokosraspel leicht anbräunen. Abkühlen lassen. Cranberrys und Mandeln grob hacken und in eine Schüssel geben. Kokosraspel, Haferflocken und Leinsamen zufügen. Mit Honig und Zimt gründlich vermischen.

2. Mischung abgedeckt im Kühlschrank ca. 30 Minuten ruhen lassen. Masse zu kleinen Bällchen rollen und im Kühlschrank aufbewahren.

TIPP Die Energiebällchen können wunderbar variiert werden. So können Sie statt den Cranberrys auch andere getrocknete Früchte wie getrocknete Kirschen, Rosinen oder Mangos verwenden. Wer es weniger süß, dafür aber gehaltvoller mag, kann den Honig durch eine Nussbutter wie z. B. Erdnussbutter oder Cashewbutter ersetzen.

PRO STÜCK CA. 71 KCAL · 2 G EW · 4 G F · 6 G KH

ZUTATEN FÜR CA. 30 STÜCK

90 g Kokosraspel, 100 g getrocknete Cranberrys, 60 g Mandeln, 120 g Haferflocken, 60 g geschroteter Leinsamen, 40 g Honig, 1 TL Zimt

Frozen Joghurt

ZUTATEN FÜR 4 PORTIONEN
500 g Sahnejoghurt, 100 g Mascarpone, 2 EL Xylit, Saft und abgeriebene Schale von 1 unbehandelten Limette, 1 Eiweiß, abgeriebene Schale von 1 unbehandelten Zitrone und Minze zum Garnieren

1. Joghurt mit Mascarpone, Xylit, Limettensaft und -schale cremig aufschlagen. Eiweiß steif schlagen und unter die Creme heben. Masse in eine flache Form füllen und ca. 4 Stunden gefrieren lassen.
2. Zum Servieren vom Frozen Joghurt Kugeln abstechen und auf Schälchen verteilen. Mit Zitronenabrieb und Minze garniert servieren.

PRO PORTION CA. 308 KCAL · 9 G EW · 23 G F · 6 G KH

Marzipankugeln

ZUTATEN FÜR CA. 15 STÜCK
100 g gemahlene Mandeln, 80 g Puder-Xylit, 1 EL Kokosöl, 7 Tropfen Bittermandelaroma, 2 EL Kakaopulver

1. Mandeln und Puder-Xylit gründlich miteinander vermengen. Es sollte eine klümpchenfreie Masse entstehen. Kokosöl schmelzen und mit dem Bittermandelaroma unterarbeiten. Ca. 2 Esslöffel Wasser zugeben.
2. Marzipan gut kneten, bis eine feste Masse entsteht. Aus der Masse ca. 15 Kugeln formen und in Kakao wälzen.

PRO STÜCK CA. 64 KCAL · 2 G EW · 4 G F · 6 G KH

Sahnige Nuss-Nugat-Creme

ZUTATEN FÜR 1 GLAS
60 g Butter, 150 g Sahne, 2 EL Kakaopulver, 50 g gemahlene Mandeln, flüssiger Süßstoff nach Belieben

1. Butter in einem kleinen Topf schmelzen und etwas abkühlen lassen. Mit Sahne, Kakao und gemahlenen Mandeln mischen. Nach Belieben 1–2 Spritzer flüssigen Süßstoff zugeben und unterrühren. Nuss-Nugat-Creme in ein Glas füllen und ca. 1 Stunde kalt stellen.

TIPP Statt gemahlener Mandeln können Sie auch gemahlene Haselnüsse verwenden. Die Nuss-Nugat-Creme schmeckt sehr gut zu Waffeln, Pancakes und Eiweißbrot.

PRO GLAS CA. 1268 KCAL · 20 G EW · 127 G F · 9 G KH

Joghurt-Pfirsich-Eis

ZUTATEN FÜR 1 PORTION
2 Pfirsiche, 100 g Naturjoghurt, 1 EL Zitronensaft, 1 TL Honig, Minze zum Garnieren

1. Hälfte der Pfirsiche waschen, trocken tupfen, halbieren und die Kerne entfernen. Restliche Pfirsiche entkernen und häuten. Pfirsiche in Spalten schneiden.
2. Gehäutete Pfirsichspalten ca. 30 Minuten ins Gefrierfach legen. Gefrorene Spalten in den Mixer geben, Joghurt, Zitronensaft und Honig zufügen und fein pürieren.
3. Pfirsichspalten in einer Schale anrichten, Joghurt-Pfirsich-Eis zugeben und mit Minze garniert genießen.

PRO PORTION CA. 178 KCAL · 7 G EW · 2 G F · 33 G KH

Erdbeertiramisu mit Mandelmehl (Abbildung rechts)

45 Min.

ZUTATEN FÜR 4 PORTIONEN

1 Packung Vanillepuddingpulver,
500 ml Milch,
230 g Erythrit,
7 Eier,
abgeriebene Schale von 1/2 unbehandelten Zitrone,
1 EL Rum,
40 g Mandelmehl,
1 kg Erdbeeren,
500 g fettarmer Mascarpone,
1/4 TL Bourbon-Vanille-Pulver

1. Vanillepuddingpulver mit Milch und 50 Gramm Erythrit nach Packungsanweisung zubereiten. Auskühlen lassen.
2. Backofen auf 175 °C (Umluft: 155 °C) vorheizen. 4 Eier, 80 Gramm Erythrit, Zitronenschale und Rum schaumig rühren. Mandelmehl unterheben und Masse auf ein Backblech streichen. Ca. 10–15 Minuten im vorgeheizten Backofen backen. Biskuit herausnehmen und auskühlen lassen.
3. Erdbeeren waschen, putzen und in Scheiben schneiden. Restliche Eier mit 50 Gramm Erythrit cremig schlagen. Ausgekühlten Pudding mit Mascarpone, restlichem Erythrit und Vanillepulver vermischen. Eiermischung unterheben.
4. Abwechselnd Biskuit, Creme und Erdbeerscheiben in eine Auflaufform schichten. Mit Cremeschicht abschließen und mit Erdbeerscheiben belegen. Vor dem Servieren ca. 2 Stunden kalt stellen.

PRO PORTION CA. 898 KCAL · 28 G EW · 68 G F · 36 G KH

Quark-Kirsch-Auflauf, süß-saurer Genuss

35 Min.

ZUTATEN FÜR 2 PORTIONEN

400 g Quark,
2 Eier, 1/3 Päckchen Vanillepuddingpulver,
3–4 Tropfen Stevia-Fluid,
Zimt nach Belieben,
Vanille-Extrakt nach Belieben,
1 Handvoll Sauerkirschen (TK-Produkt),
etwas Butter für die Formen,
Mandelblättchen zum Garnieren

1. Quark, Eier, Puddingpulver und Stevia-Fluid in einer Schüssel miteinander vermischen. Mit Zimt und Vanille-Extrakt nach Belieben abschmecken. Backofen auf 170 °C (Umluft: 150 °C) vorheizen.
2. Kirschen unter die Quarkmasse rühren. 2 backofenfeste Formen mit Butter ausstreichen. Quark-Kirsch-Masse hineinfüllen und mit Mandelblättchen bestreuen. Im vorgeheizten Backofen ca. 25 Minuten backen.

TIPP Diese süße Nachspeise ist schnell zubereitet und lässt sich nach Belieben variieren. Probieren Sie doch einmal statt Kirschen eine Beerenmischung, denn Beeren haben nur wenige Kohlenhydrate.

PRO PORTION CA. 447 KCAL · 30 G EW · 34 G F · 15 G KH

Pannacotta mit Erdbeersoße

ZUTATEN FÜR 4 PORTIONEN
5 Blatt Gelatine, 600 g Sahne, 100 g Xylit, 1 Vanilleschote, 125 g Erdbeeren

1. Gelatine in kaltem Wasser einweichen. Sahne mit 70 Gramm Xylit aufkochen. Gelatine ausdrücken und unter Rühren darin auslösen (nicht kochen!). Vanilleschote aufschneiden und Mark in die heiße Sahne kratzen.

2. Noch warme Pannacotta in eine Schüssel geben, diese Schüssel sofort in eine weitere Schüssel mit Eiswasser stellen. Sobald die Masse anfängt zu gelieren, Masse in Dessertgläser füllen. Ca. 4 Stunden in den Kühlschrank stellen.

3. Erdbeeren putzen, waschen, vierteln und mit restlichem Xylit und 50 Milliliter Wasser aufkochen. Erdbeeren zu einer Soße pürieren. Pannacotta mit Erdbeersoße servieren.

PRO PORTION CA. 519 KCAL · 6 G EW · 45 G F · 7 G KH

Low-Carb-Kaiserschmarren

ZUTATEN FÜR 4 PORTIONEN
200 g Quark, abgeriebene Schale von 1/2 unbehandelten Zitrone, 2 EL Puder-Xylit und Puder-Xylit zum Bestäuben, 1 Msp. gemahlene Vanille, 3 Eier, 75 g Mandelmehl, 1 TL Backpulver, 1 EL Sultaninen, Mandelmilch nach Bedarf, 2 EL Butter, zuckerfreies Apfelmus nach Belieben

1. Backofen auf 180 °C (Umluft: 160 °C) vorheizen. Quark mit Zitronenschale, Puder-Xylit, Vanille und Eiern glatt verrühren.

2. Mandelmehl, Backpulver und Sultaninen mischen und unterarbeiten. So viel Mandelmilch unterrühren, bis ein dickflüssiger Teig entsteht.

3. Butter in einer ofenfeste Pfanne erhitzen, Teig hineingeben und ca. 2 Minuten backen. Pfanne in den vorgeheizten Backofen stellen und Teig in ca. 10 Minuten goldgelb fertig backen.

4. Aus dem Ofen nehmen und mit dem Pfannenwender zu einem Schmarren zerreißen. Mit Puderxylit bestäubt servieren. Nach Belieben Apfelmus dazu reichen.

PRO PORTION CA. 297 KCAL · 21 G EW · 17 G F · 19 G KH

Kokosmousse

ZUTATEN FÜR 4 PORTIONEN
4 Eier, 1/2 Banane, Saft von 1/2 Zitrone, 250 ml cremige Kokosmilch, 60 g Kokosraspel und Kokosraspel zum Bestreuen,, 80 g Erythrit, 1 Pck. Agartine, 250 g Sahne, Minze zum Garnieren

1. Eier trennen und Eiweiße steif schlagen. Banane schälen, zerdrücken und mit Zitronensaft beträufeln.
2. Eigelbe mit Bananenmus cremig schlagen. Kokosmilch mit 50 Gramm Kokosraspeln, Erythrit und Agartine verrühren, aufkochen lassen und unter ständigem Rühren ca. 2 Minuten kochen. Beiseitestellen und abkühlen lassen.
3. Sahne steif schlagen. Eigelb-Bananenmus unter die Kokosmilch-Masse rühren, Sahne und Eischnee unterheben. Masse in Dessertschälchen füllen. Ca. 3–4 Stunden in den Kühlschrank stellen. Vor dem Servieren mit restlichen Kokosraspeln und Minze garnieren.

PRO PORTION CA. 516 KCAL · 10 G EW · 45 G F · 15 G KH

Milchreis aus Blumenkohlreis

ZUTATEN FÜR 4 PORTIONEN
1 Apfel, 1 TL Butter, 1 Prise Zimt, 400 g Blumenkohlröschen, Saft von 1 Zitrone, 500 ml Milch, 2 EL Kokosmehl, 50 g Xylit, 250 g Hüttenkäse, einige Tropfen Vanillearoma

1. Apfel schälen, vierteln, entkernen und in kleine Würfel schneiden. In Butter andünsten und mit Zimt abschmecken. Beiseitestellen.
2. Blumenkohl waschen, in Röschen teilen. Röschen im Blitzhacker auf Reiskorngröße zerkleinern. In kochendem Wasser mit Zitronensaft ca. 2 Minuten blanchieren. Abschrecken und abtropfen lassen.
3. Milch mit Kokosmehl und Xylit aufkochen. Hüttenkäse mit Vanillearoma und Blumenkohl untermischen und unter Rühren einige Minuten andicken lassen. Mit Apfelwürfeln garniert servieren.

TIPP Statt Milch können Sie auch Kokos- oder Mandelmilch verwenden.

PRO PORTION CA. 276 KCAL · 16 G EW · 11 G F · 17 G KH

Sahne-Sojajoghurt-Creme mit Erdbeeren

15 Min.

1. Erdbeeren waschen und verlesen. Sojajoghurt mit Vanillearoma, Zitronensaft und nach Belieben Süßstoff vermischen.

2. Sahne steif schlagen und unter die Sojajoghurtmasse heben. Mit Erdbeeren garnieren und servieren.

TIPP Pro 100 Gramm haben Erdbeeren nur etwa 32 Kilokalorien und 6 Gramm Kohlenhydrate. Zudem sind sie reich an Ballaststoffen, Vitaminen und Mineralien.

PRO PORTION CA. 235 KCAL · 7 G EW · 18 G F · 10 G KH

ZUTATEN FÜR 4 PORTIONEN
**400 g Erdbeeren,
450 g Sojajoghurt,
3 Tropfen Vanillearoma,
2 Spritzer Zitronensaft,
Süßstoff nach Belieben,
200 g Sahne**

Erdnussbutter-Popsicles für heiße Sommertage

10 Min.

1. Kokosmilch, Erdnussbutter und Stevia in einen Mixer geben und kräftig mixen. Abschmecken und nach Belieben nachsüßen. In Eis-am-Stiel-Formen füllen und mindestens 4 Stunden im Tiefkühlfach durchfrieren lassen.

2. Kuvertüre in kleine Stücke hacken und über einem Wasserbad schmelzen. Etwas abkühlen lassen. Erdnussbutter-Popsicles mit geschmolzener Kuvertüre beträufeln und mit fein gehackten Erdnüssen bestreuen.

PRO STÜCK CA. 259 KCAL · 5 G EW · 23 G F · 7 G KH

ZUTATEN FÜR CA. 12 STÜCK

800 ml Kokosmilch,
1/2 Tasse zuckerfreie Erdnussbutter,
4 EL Stevia,
100 g dunkle Kuvertüre,
fein gehackte Erdnüsse

Bratäpfel mit Cheesecake-Füllung aus der Heißluftfritteuse (Abbildung rechts)

30 Min.

ZUTATEN FÜR 2 PORTIONEN
2 große Äpfel,
1 Vanilleschote,
100 g Frischkäse,
1 Ei,
30 g Xylit,
1/2 TL Zimt,
1 EL grob gehackte Mandeln und einige Mandeln zum Garnieren,
1 EL grob gehackte Walnusskerne und einige Walnusskerne zum Garnieren

1. Äpfel waschen, Deckel abschneiden, Kerngehäuse entfernen und Äpfel aushöhlen. Dabei einen Rand von ca. 1–2 Zentimetern lassen. Fruchtfleisch fein hacken. Vanilleschote der Länge nach mit einem Messer halbieren und mit dem Messerrücken das Mark herauskratzen.

2. Frischkäse, Ei, Xylit, Zimt und Vanillemark mit den Schneebesen des Handrührgeräts glatt rühren. Fruchtfleisch, Mandeln und Walnüsse unterheben. Äpfel mit der Masse füllen. Korb mit Backpapier auslegen, Bratäpfel daraufstellen und in der Heißluftfritteuse bei 200 °C ca. 15 Minuten backen. Bratäpfel mit Mandeln und Walnusskernen garniert servieren.

PRO PORTION CA. 425 KCAL · 10 G EW · 26 G F · 32 G KH

Crème brûlée

45 Min.

ZUTATEN FÜR 6 PORTIONEN
6 Eigelb,
6 EL Erythrit,
500 g Sahne,
1/2 TL Vanille-Extrakt

1. Eigelbe mit 4 Esslöffeln Erythrit in eine Schüssel geben und mit dem Handrührgerät zu einer cremigen Masse verarbeiten. Sahne und Vanille-Extrakt in einen Topf geben und unter Rühren bei mittlerer Hitze aufkochen. Sahne vorsichtig unter die Eigelbmasse rühren, bis eine gleichmäßige Konsistenz erreicht wird.

2. Backofen auf 150 °C (Umluft: 130 °C) vorheizen. Crème in 6 hitzebeständige Schälchen füllen und mit Folie abdecken. Im Wasserbad ca. 3 Minuten abgedeckt stocken lassen.

3. Schälchen für ca. 30 Minuten in den vorgeheizten Backofen stellen. Herausnehmen, abkühlen lassen und ca. 12 Stunden im Kühlschrank ruhen lassen.

4. Kurz vor dem Servieren Backofen auf 220 °C Grillfunktion bzw. Oberhitze vorheizen. Restliches Erythrit gleichmäßig über die Crème sieben und im vorgeheizten Backofen karamellisieren, bis die Oberfläche leicht gebräunt ist.

PRO PORTION CA. 318 KCAL · 5 G EW · 31 G F · 3 G KH

Möhrenpudding

ZUTATEN FÜR 2 PORTIONEN
8 Möhren, Salz, 2 EL Kokosraspel, 100 ml Kokosmilch, 1 TL Zimt, 1 Prise frisch geriebener Muskat, 1 Prise gemahlene Nelken, 1 EL Mandelstifte

1. Möhren putzen, schälen und grob würfeln. In kochendem Salzwasser ca. 20 Minuten weich kochen.
2. Möhren in die Küchenmaschine oder einen Mixer geben. Mit Kokosraspeln ca. 1 Minute pürieren. Kokosmilch und Gewürze zufügen und zu einem cremigen Pudding verarbeiten. Mit Mandelstiften bestreut servieren.

TIPP Gesund und ohne zusätzlichen Zucker hat dieser Pudding einen wunderbar harmonischen Geschmack.

PRO PORTION CA. 358 KCAL · 6 G EW · 20 G F · 22 G KH

Exotische Kokosbällchen

ZUTATEN FÜR CA. 30 STÜCK
200 ml Kokosmilch, 130 g Kokosraspel, 100 g gemahlene Mandeln, 50 g Eiweißpulver mit Vanillegeschmack, flüssiger Süßstoff nach Belieben

1. Kokosmilch in eine Schüssel geben und mit 100 Gramm Kokosraspeln, gemahlenen Mandeln und Eiweißpulver vermischen. Nach Belieben mit Süßstoff süßen. Schüssel abgedeckt ca. 1 Stunde kalt stellen.
2. Restliche Kokosraspel auf einen Teller geben. Aus der Kokosmasse ca. 30 kleine Kugeln formen und in Kokosraspeln wälzen. Kokosbällchen bis zum Verzehr kalt stellen. Im Kühlschrank sind sie ca. 5 Tage haltbar.

PRO STÜCK CA. 68 KCAL · 2 G EW · 6 G F · 1 G KH

Kiwi-Eis am Stiel

ZUTATEN FÜR 5 PORTIONEN
5 mittelgroße Kiwis, 1 EL Agavendicksaft

1. Kiwis schälen. 1 Kiwi in Scheiben schneiden und beiseitestellen. Die restlichen Kiwis grob würfeln und in einen Mixer geben. 100 Milliliter Wasser und Agavendicksaft als Süßungsmittel zugeben. Im Mixer fein pürieren.

2. Je 1 Kiwi-Scheibe in eine Eis-Form für Eis am Stiel legen und mit dem Kiwi-Püree auffüllen. Eis-Formen ins Gefrierfach stellen und ca. 1 Stunde anfrieren lassen. Nach ca. 1 Stunde die Formen herausholen und die Stiele hineinstecken. Für weitere ca. 6 Stunden im Gefrierfach fest werden lassen.

PRO PORTION CA. 64 KCAL · 1 G EW · 1 G F · 10 G KH

Obstsalat mit Joghurt

ZUTATEN FÜR 1 PORTION
1 Nektarine, 50 g Himbeeren und Heidelbeeren, 1 TL Zitronensaft, 1 TL Orangensaft, 50 g Joghurt, 25 g Doppelrahmfrischkäse, Minzeblättchen zum Garnieren

1. Nektarine waschen, entkernen und in Stücke schneiden, Beeren waschen und verlesen. Zitronen- und Orangensaft mit Joghurt und Frischkäse verrühren.

2. Früchte und Creme im Wechsel in ein Glas schichten und mit Minzeblättchen garnieren. Bis zum Verzehr im Kühlschrank aufbewahren.

TIPP Wenn Sie dem Obstsalat noch 2 Esslöffel Low-Carb-Knuspermüsli (siehe S. 12) zugeben, wird die Mischung richtig schön knackig.

PRO PORTION CA. 174 KCAL · 5 G EW · 8 G F · 21 G KH

Schoko-Kokos-Kugeln, einfach unwiderstehlich (Abbildung links)

35 Min.

ZUTATEN FÜR CA. 20 STÜCK
100 g Butter,
100 g Xylit,
1 TL Vanillezucker,
2 EL Kakaopulver,
2 EL Eiweißpulver Schokogeschmack,
1 EL Kokosmehl,
2 EL kalter Kaffee,
80 g Kokosraspel,
50 g Bitterschokolade

1. Butter und Xylit mit dem Handrührgerät gründlich verrühren. Vanillezucker, Kakao, Eiweißpulver, Kokosmehl und Kaffee zufügen und zu einem glatten Teig verarbeiten.
2. Der Teig lässt sich am besten mit feuchten Händen formen. Kleine Kugeln formen und auf einen Teller legen. Die fertigen Kugeln kurz im Tiefkühlfach ruhen lassen.
3. Kokosraspel in eine Schüssel füllen. Bitterschokolade im Topf oder im Wasserbad erhitzen. Kugeln mit einem Löffel nacheinander in das Schokobad geben und anschließend in Kokosraspeln wälzen. Schoko-Kokos-Kugeln in einzelne Pralinenförmchen legen und ca. 45 Minuten im Tiefkühlfach ruhen lassen.

PRO STÜCK CA. 99 KCAL · 2 G EW · 8 G F · 2 G KH

Gegrillte Ananas mit Quark aus der Heißluftfritteuse

20 Min.

ZUTATEN FÜR 2 PORTIONEN
1 kleine Ananas (ca. 400 g),
1 EL Honig,
1 EL Limettensaft,
200 g Quark (20 % Fett),
1 Spritzer Süßstoff,
1 EL Mineralwasser,
25 g gehackte Mandeln

1. Heißluftfritteuse auf 200 °C vorheizen. Ananas schälen, Strunk entfernen und Fruchtfleisch in Scheiben schneiden. Honig und Limettensaft verrühren und Ananasscheiben damit bestreichen.
2. Ananasscheiben auf den Grillrosteinsatz oder die Grillpfanne legen und in der vorgeheizten Heißluftfritteuse ca. 12 Minuten grillen. Quark mit Süßstoff süßen und mit Mineralwasser glatt rühren. Gegrillte Ananas mit Quark anrichten und mit gehackten Mandeln bestreut servieren.

TIPP Gegrilltes Obst ist ein wahrer Genuss und nicht nur Ananas lässt sich gut in der Heißluftfritteuse grillen. Ersetzen Sie diese doch einfach mal durch halbierte und entsteinte Aprikosen, Pfirsiche oder Nektarinen.

PRO PORTION CA. 266 KCAL · 17 G EW · 12 G F · 27 G KH

Schokoladige Kokos-Riegel

ZUTATEN FÜR CA. 10 STÜCK
200 ml Kokosmilch, 50 g Eiweißpulver mit Vanillegeschmack, 2 EL Xylit, 200 g Kokosraspel, 200 g Zartbitterschokolade

1. Kokosmilch in eine Schüssel geben, Eiweißpulver und Xylit zugeben und alles cremig rühren. Kokosraspel unterrühren. Aus der Masse ungefähr 10 Riegel formen und Riegel ca. 30 Minuten in den Kühlschrank legen.
2. Zartbitterschokolade in Stücke brechen und über einem Wasserbad schmelzen. Riegel nacheinander in die flüssige Schokolade tauchen und auf Backpapier ca. 15 Minuten trocknen lassen. Riegel in Packpapier wickeln und kühl lagern.

PRO STÜCK CA. 296 KCAL · 7 G EW · 22 G F · 13 G KH

Frittierte Quarkbällchen

ZUTATEN FÜR 2 PORTIONEN
140 g Magerquark, 80 g Eiweißpulver mit Vanillegeschmack, 1 Pck. Backpulver, 2 Eier, Öl zum Frittieren, Puder-Xylit zum Bestäuben

1. Quark in eine Schüssel geben und mit Eiweißpulver, Backpulver und Eiern gut verrühren. Zu einem glatten Teig verkneten. Ausreichend Öl in einem Topf (ca. 4–5 Zentimeter hoch) oder in einer Fritteuse erhitzen. Aus dem Teig kleine, murmelgroße Bällchen formen.
2. Bällchen vorsichtig in das heiße Öl geben und von allen Seiten goldbraun frittieren. Herausnehmen und auf Küchenkrepp abtropfen lassen. Mit Puder-Xylit bestäuben und genießen.

PRO PORTION CA. 312 KCAL · 45 G EW · 8 G F · 19 G KH

Schokoladenmousse

ZUTATEN FÜR 1 PORTION
1 EL Kokosmehl, 250 g Magerquark, 30 g Eiweißpulver mit Schokoladengeschmack, 1 TL gemahlene Flohsamenschalen, 1/2 TL Kakaopulver, 1 TL Kaffeegranulat, Süßstoff nach Belieben, 3 Tropfen Rumaroma

1. Zutaten in eine Rührschüssel geben und mit dem Handrührgerät zu einer glatten Masse verrühren. Wasser zugeben und unterrühren, bis die Konsistenz einer Mousse erreicht ist.
2. In ein Schälchen füllen und Schokoladenmousse mindestens 1 Stunde kalt stellen.

INFO Flohsamen sind die Samen der Pflanze Plantago ovata. Diese ist eine niedrig wachsende, einjährige Pflanze, die zu den Wegerichgewächsen gehört. Flohsamenschalen sind ballaststoffreich, verdauungsfördernd und wirken positiv auf den Cholesterinspiegel.

PRO PORTION CA. 322 KCAL · 50 G EW · 3 G F · 12 G KH

Waffeln mit Stevia

ZUTATEN FÜR 5 STÜCK
60 g Butter und etwas Butter für das Waffeleisen, 100 g Magerquark, 4 Eier, 2 EL Öl, 1 TL Stevia, 6 EL Eiweißpulver mit Vanillegeschmack, Puder-Xylit zum Bestäuben nach Belieben

1. Butter in einem kleinen Topf schmelzen und abkühlen lassen. Quark in eine Schüssel geben und mit Eiern und Öl verrühren. Stevia und abgekühlte Butter zugeben und alles gut verrühren. Eiweißpulver zugeben und mit dem Handrührgerät zu einem Teig verrühren.
2. Waffeleisen einfetten und Waffeln portionsweise darin backen. Nach Belieben mit Puder-Xylit bestäuben und genießen.

PRO STÜCK CA. 309 KCAL · 26 G EW · 21 G F · 3 G KH

Minz-Schokoladen-Creme

10 Min.

1. Quark mit Sahne und 1 Tasse Wasser glatt rühren. Kakaopulver und Süßstoff zugeben und verrühren. Minze waschen, trocken schütteln und fein schneiden. Einige Blätter für die Dekoration beiseitelegen. Minze zum Quark geben und mit dem Stabmixer mixen.

2. Minz-Schokoladen-Creme ca. 1 Stunde im Kühlschrank kalt stellen. Vor dem Servieren mit Kakaopulver und Schokoraspel bestreuen und mit Minzblättern dekorieren.

PRO PORTION CA. 104 KCAL · 15 G EW · 3 G F · 4 G KH

ZUTATEN FÜR 4 PORTIONEN

500 g Magerquark,
1 EL Kochsahne 15 %,
2 EL Kakaopulver (ungesüßt) und etwas Kakaopulver für die Dekoration,
3 Spritzer flüssiger Süßstoff,
4 Stiele Minze,
Zartbitter-Schokoraspel

Schnelles Himbeereis

5 Min.

1. Himbeeren mit Naturjoghurt in den Mixer geben und alles fein pürieren. Mit Zitronensaft und Süßstoff abschmecken und nochmals kurz mixen. Minze waschen und trocken schütteln. Blättchen abzupfen.

2. Schnelles Himbeereis mit einem Eisportionierer in Dessertschälchen füllen und mit Himbeeren und Minze garniert servieren.

PRO PORTION CA. 66 KCAL · 4 G EW · 1 G F · 7 G KH

ZUTATEN FÜR 4 PORTIONEN

250 g Himbeeren (TK-Produkt) und einige Himbeeren für die Dekoration,
250 g Naturjoghurt,
1–2 Spritzer Zitronensaft,
flüssiger Süßstoff,
Minze für die Dekoration

KLEINGEBÄCK

Erdbeer-Pop-Tarts (Abbildung links)

35 Min.

ZUTATEN FÜR 8 STÜCK
100 g Butter,
2 Eier,
150 g Puder-Erythrit,
50 g gemahlene Mandeln,
150 g Mandelmehl und etwas Mandelmehl für die Arbeitsfläche,
1 TL Flohsamenschalen,
1/2 TL Backpulver,
5 Tropfen Vanillearoma,
150 g Erdbeeren,
3 TL Zitronensaft

1. Butter zerlassen und mit Eiern, 100 Gramm Puder-Erythrit, gemahlenen Mandeln, Mandelmehl, Flohsamenschalen, Backpulver und Vanillearoma zu einem homogenen Teig verrühren. Teig in Frischhaltefolie wickeln und ca. 15 Minuten kalt stellen.
2. Backofen auf 180 °C (Umluft: 160 °C) vorheizen. Teig auf einer mit Mandelmehl bestreuten Arbeitsfläche ca. 0,5 Zentimeter dick ausrollen, in keksgroße Rechtecke schneiden und auf ein mit Backpapier belegtes Backblech legen.
3. Erdbeeren putzen, waschen, trocken tupfen und pürieren. Hälfte der Teigrechtecke mit Erdbeerpüree bestreichen und jeweils ein weiteres Rechteck darauflegen. An den Rändern mit einer Gabel andrücken und Oberfläche mehrmals einstechen. Im vorgeheizten Backofen ca. 20 Minuten backen und vollständig auskühlen lassen.
4. Restliches Puder-Erythrit mit Zitronensaft zu einem Guss verrühren. Pop-Tarts mit dem Guss bestreichen, trocknen lassen und servieren.

TIPP Nach Belieben jeweils mit Erdbeerstücken verzieren.

PRO STÜCK CA. 305 KCAL · 13 G EW · 17 G F · 22 G KH

Feine Spitzbuben

60 Min.

ZUTATEN FÜR CA. 60 STÜCK
200 g Mandelmehl,
80 g Margarine,
1 Ei,
150 g Erythrit,
etwas Zimt,
etwas Nelkenpulver,
etwas abgeriebene Schale von 1 unbehandelten Zitrone,
1 Glas Stevia-Marmelade,
etwas Puder-Xylit zum Bestäuben

1. Mandelmehl, Margarine, Ei und Erythrit zu einem geschmeidigen Mürbeteig verarbeiten. Bei Bedarf noch etwas Mandelmehl zugeben. Mit Zimt, Nelkenpulver und Zitronenabrieb abschmecken. Teig nochmals gut verkneten und in Frischhaltefolie wickeln. Ca. 30 Minuten kalt stellen.
2. Backofen auf 180 °C (Umluft: 160 °C) vorheizen. Backblech mit Backpapier auslegen. Teig dünn ausrollen und mit einem Spitzbubenausstecher kleine Plätzchen ausstechen. Mit einem Ausstecher bei der Hälfte der Plätzchen aus der Mitte Kreise, Herzen oder Sterne ausstechen. Plätzchen auf das Backpapier legen und im vorgeheizten Backofen ca. 5 Minuten backen. (Die Plätzchen dürfen nur am Rand etwas braun werden.) Abkühlen lassen.
3. Die Plätzchen ohne ausgestochene Form in der Mitte mit etwas Marmelade bestreichen und je ein Plätzchen mit ausgestochener Form darauflegen und leicht andrücken. Spitzbuben dünn mit Puder-Xylit bestäuben.

PRO STÜCK CA. 24 KCAL · 1 G EW · 2 G F · 1 G KH

Schoko-Zucchini-Muffins

40 Min.

Zutaten für 12 Stück
1/2 Tasse Kokosöl,
3/4 Tasse Kokosblütenzucker,
3 große Eier,
1 1/2 Tassen geraspelte Zucchini,
2 TL Vanille-Extrakt,
1 TL Apfelessig,
1 Tasse Mandelmehl,
1/2 Tasse Kakaopulver,
1/2 Tasse Kokosmehl,
1 TL Backpulver,
1 TL Zimt, 1 Prise Salz,
1/2 Tasse Puder-Xylit,
1/2 Tasse Kokosmilch

1. Backofen auf 180 °C (Umluft: 160 °C) vorheizen. Kokosöl und Kokosblütenzucker in eine Rührschüssel geben und mit dem Handrührgerät vermischen. Eier zufügen und vermischen. Zucchini, Vanille-Extrakt und Apfelessig zugeben und alles gut verrühren.

2. In einer zweiten Schüssel Mandelmehl, Kakaopulver, Kokosmehl, Backpulver, Zimt und Salz miteinander vermischen. Die trockenen Zutaten der Zucchini-Mischung zufügen und alles gut verrühren.

3. Muffinform mit Papierförmchen auslegen. Teig vorsichtig einfüllen. Im vorgeheizten Backofen 15–25 Minuten backen. Stäbchenprobe machen: Am Holzstäbchen darf kein flüssiger Teig haften. Etwas abkühlen lassen.

4. Aus Puder-Xylit und Kokosmilch eine Glasur herstellen und auf die abgekühlten Muffins auftragen.

PRO STÜCK CA. 196 KCAL · 8 G EW · 13 G F · 11 G KH

Kokoshäufchen

35 Min.

ZUTATEN FÜR CA. 30 STÜCK

50 g Kokosblütenzucker,
1/2 Fläschchen Bittermandelaroma,
2 Eier,
100 g saure Sahne,
230 g Kokosraspel

1. Kokosblütenzucker, Bittermandelaroma und Eier verrühren. Saure Sahne und Kokosraspel zufügen und alles gut vermischen. Ca. 10 Minuten ruhen lassen. Backofen auf 140 °C (Umluft: 120 °C) vorheizen. Backblech mit Backpapier auslegen.
2. Mithilfe von zwei Teelöffeln kleine Häufchen auf das Backpapier setzen (genügend Abstand lassen). Im vorgeheizten Backofen auf der untersten Schiene ca. 20–25 Minuten goldbraun backen. Kokos-Häufchen mit dem Backpapier vom Backblech ziehen und auf einem Kuchengitter auskühlen lassen.

INFO Kokosblütenzucker wird aus dem Nektar der Kokospalme gewonnen und zeichnet sich vor allem durch seinen sehr geringen glykämischen Wert aus. Ein niedriger glykämischer Wert sorgt dafür, dass der Blutzuckerspiegel nicht so stark ansteigt wie es z. B. bei normalem, raffiniertem Zucker der Fall ist. So lassen sich Heißhungerattacken verhindern.

PRO STÜCK CA. 62 KCAL · 1 G EW · 5 G F · 2 G KH

Protein-Cake-Pops (Abbildung rechts)

60 Min.

ZUTATEN FÜR CA. 20 STÜCK

2 Eier,
1 Prise Salz,
50 g gemahlene Mandeln,
4 EL Eiweißpulver mit Vanillegeschmack,
3 EL Kakaopulver,
1 EL Süßlupinenmehl,
1 TL Backpulver,
1 Pck. Vanillepuddingpulver,
50 g Margarine, 50 ml Öl,
200 ml Sojamilch,
Cake-Pop-Stiele,
100 g Edelbitterschokolade,
gehackte Nüsse,
Kokosraspel und Schokostreusel zum Verzieren

1. Backofen auf 175 °C (Umluft: 155 °C) vorheizen. Backblech mit Backpapier auslegen. Eier trennen. Eiweiße mit 1 Prise Salz steif schlagen. Nach und nach gemahlene Mandeln, Eiweißpulver, Kakao, Süßlupinenmehl, Backpulver und Puddingpulver zufügen und verrühren. Eigelbe und Margarine zufügen und verrühren. Öl und Sojamilch zugeben und alles zu einem cremigen Teig verarbeiten.

2. Teig ca. 1 Zentimeter dick auf das Backpapier streichen und im vorgeheizten Backofen ca. 10–15 Minuten backen. Teig aus dem Ofen nehmen, in Stücke teilen und in eine Rührschüssel geben. Mit dem Mixer auf niedrigster Stufe zu „Bröseln" verarbeiten. Etwas abkühlen lassen. Aus der Masse ca. 3 Zentimeter große Kugeln formen und diese ca. 1 Stunde im Kühlschrank ruhen lassen.

3. Schokolade im Wasserbad schmelzen. Cake-Pop-Stiele in die Kugeln stecken. Cake-Pops in geschmolzene Schokolade tauchen, abtropfen lassen und in ein Stück Styropor stecken. Mit gehackten Nüssen, Kokosraspeln und Schokostreuseln verzieren. Protein-Cake-Pops ca. 1 Stunde kalt stellen.

PRO STÜCK CA. 117 KCAL · 6 G EW · 9 G F · 4 G KH

Vanille-Schoko-Cake-Pops

60 Min.

ZUTATEN FÜR CA. 20 STÜCK

2 Eier,
170 g Sahne,
110 g Mandelmehl,
40 g Kokosmehl,
1/2 Päckchen Backpulver,
50 g Xylit,
30 g Butter und etwas Butter für Form,
80 g Frischkäse,
1/2 Vanilleschote,
30 g Puder-Xylit,
zuckerfreie Schokolade zum Garnieren,
Cake-Pop-Stiele

1. Backofen auf 190 °C (Umluft: 170 °C) vorheizen. Eier und Sahne in eine Rührschüssel geben und mit dem Handrührgerät verrühren. Mandel- und Kokosmehl, Backpulver und Xylit zufügen und alles gründlich vermischen.

2. Eine Kastenform mit Butter ausstreichen und Teig darin verteilen. Im vorgeheizten Backofen ca. 20 Minuten backen. Teig aus der Form lösen und in eine Schüssel geben (der Teig muss nicht im Ganzen sein). Auskühlen lassen.

3. Butter und Frischkäse cremig schlagen. Mark aus der Vanilleschote kratzen und zur Butter- Frischkäse-Mischung geben, Puder-Xylit zufügen und alles gründlich miteinander verrühren.

4. Den abgekühlten Teig mit den Händen zerbröseln und mit der Butter-Frischkäse-Mischung vermengen. Daraus ca. 3 Zentimeter große Kugeln formen, auf einen Teller legen und ca. 30 Minuten im Kühlschrank ruhen lassen.

5. Schokolade in einem Topf oder im Wasserbad schmelzen. Einen Cake-Pop-Stiel in jede Kugel stecken, in die Schokolade tauchen und jeweils 3–4 Kugeln zum Trocknen in ein hohes Glas stellen. Auskühlen lassen und servieren.

PRO STÜCK CA. 117 KCAL · 4 G EW · 8 G F · 3 G KH

Vanille-Kipferl

ZUTATEN FÜR CA. 60 STÜCK
250 g Mandelmehl, 125 g gemahlene Haselnüsse, 1 Msp. Weinsteinbackpulver, 200 g Butter, 125 g Erythrit, 2 Fläschchen Vanillearoma, etwas Puder-Xylit zum Bestäuben

1. Backofen auf 200 °C (Umluft: 180 °C) vorheizen. Backblech mit Backpapier auslegen. Mandelmehl, Haselnüsse und Weinsteinbackpulver miteinander vermischen. Butter, Erythrit und Vanillearoma zufügen und alles zu einem glatten Teig verkneten.
2. Aus dem Teig bleistiftdicke Rollen formen und in ca. 4–5 Zentimeter lange Stücke schneiden. Die Enden etwas dünner rollen und zu den typischen Vanille-Kipferln formen. Auf das Backpapier legen und im vorgeheizten Backofen ca. 10 Minuten backen. Heiße Kipferl mit Puder-Xylit bestäuben. Auskühlen lassen und nach Belieben nochmals mit Puder-Xylit bestäuben.

PRO STÜCK CA. 51 KCAL · 2 G EW · 4 G F · 1 G KH

Erdnusskekse mit ganzen Erdnüssen

ZUTATEN FÜR CA. 10 STÜCK
100 g Erdnussmus, 60 g Xylit, 1 großes Ei, 10 g Kokosmehl, 1 Prise Salz, 40 g Erdnüsse

1. Backofen auf 170 °C (Umluft: 150 °C) vorheizen. Backblech mit Backpapier auslegen. Erdnussmus, Xylit und Ei miteinander verrühren. Kokosmehl und Salz zufügen und alles verrühren. Erdnüsse unterheben.
2. Mithilfe von 2 Esslöffeln kleine Kleckse auf das Backpapier setzen. (Genügend Abstand lassen.) Im vorgeheizten Backofen ca. 10–15 Minuten backen. Auskühlen lassen.

INFO Erdnüsse sind lecker und gesund. Sie enthalten neben Proteinen und gesunden Fetten reichlich Vitamin E sowie Kalium, Folsäure und Magnesium.

PRO STÜCK CA. 113 KCAL · 5 G EW · 7 G F · 2 G KH

Weihnachtliche Zimtsterne

ZUTATEN FÜR CA. 30 STÜCK
2 Eiweiß, 1/2 TL Zitronensaft, 125 g Xylit, 100 g gemahlene Haselnüsse, 100 g gemahlene Mandeln, 2 TL Zimt

1. Eiweiße steif schlagen. Zitronensaft und Xylit zufügen und gut verrühren. Zum Bestreichen der Zimtsterne 3 Esslöffel Eischnee abnehmen und beiseitestellen. Gemahlene Haselnüsse, gemahlene Mandeln und Zimt miteinander vermischen. Eischnee vorsichtig unterheben. Ca. 20 Minuten im Kühlschrank ruhen lassen.
2. Backofen auf 160 °C (Umluft: 140 °C) vorheizen. Backblech mit Backpapier auslegen. Teig ca. 1 Zentimeter dick ausrollen und Sterne ausstechen.
3. Sterne auf das Backpapier legen und mit restlichem Eischnee bestreichen. Im vorgeheizten Backofen auf der untersten Schiene ca. 12 Minuten backen.

PRO STÜCK CA. 54 KCAL · 1 G EW · 4 G F · 1 G KH

Cranberry Cookies

ZUTATEN FÜR CA. 9 STÜCK
50 g Edelbitterschokolade, 30 g getrocknete Cranberrys, 1 Ei, 15 g zimmerwarme Butter, 25 g Xylit, 1/2 Fläschchen Buttervanillearoma, 80 g gemahlene Mandeln, 3 TL Flohsamenschalen, 1/2 TL Backpulver

1. Backofen auf 190 °C (Umluft: 170 °C) vorheizen. Backblech mit Backpapier auslegen. Schokolade und Cranberrys klein hacken. Ei, Butter, Xylit und Buttervanillearoma schaumig schlagen. Mandeln, Flohsamenschalen und Backpulver miteinander vermischen und unterrühren. Schokolade und Cranberrys unterheben.
2. Teig in 9 Portionen teilen und daraus gleich große Kugeln formen. Kugeln auf das Backpapier setzen (genügend Abstand lassen) und etwas flach drücken. Im vorgeheizten Backofen ca. 15 Minuten backen. Cranberry Cookies mithilfe des Backpapiers auf ein Kuchengitter ziehen und auskühlen lassen.

PRO STÜCK CA. 127 KCAL · 3 G EW · 10 G F · 4 G KH

Nussecken (Abbildung rechts)

50 Min.

ZUTATEN FÜR CA. 20 STÜCK
200 g weiche Butter,
100 g Mandelmehl,
110 g Erythrit,
1 Prise Salz,
1 Ei,
150 g gehackte Nüsse oder Mandeln,
1/2 TL Zimt,
50 g dunkle Low-Carb-Schokolade,
1 TL Kokosöl

1. 125 Gramm Butter würfeln und mit Mandelmehl, 60 Gramm Erythrit und Salz mischen. Ei zugeben und rasch unterarbeiten. Teig in Frischhaltefolie wickeln und ca. 30 Minuten kalt stellen.
2. Restliche Butter mit gehackten Nüssen oder Mandeln, Zimt und übrigem Erythrit gut verrühren. Backofen auf 180 °C (Umluft: 160 °C) vorheizen.
3. Teig zwischen zwei Lagen Backpapier rechteckig ausrollen. Mit dem unteren Backpapier auf ein Backblech ziehen. Butter-Nuss-Mischung daraufgeben und glatt streichen. Im vorgeheizten Backofen ca. 20 Minuten backen. Herausnehmen und vollständig abkühlen lassen.
4. Teigrechteck einem scharfen Messer in Dreiecke schneiden. Schokolade und Kokosöl unter Rühren schmelzen lassen, Rand der Nussecken mit der Kuvertüre bestreichen, Kuvertüre fest werden lassen und servieren.

PRO STÜCK CA. 159 KCAL · 4 G EW · 15 G F · 3 G KH

Eierlikörmuffins

40 Min.

ZUTATEN FÜR CA. 10 STÜCK
3 Eier,
125 g Erythrit,
100 ml Öl,
125 ml Eierlikör,
125 g gemahlene Mandeln,
1 gehäufter TL Johannisbrotkernmehl,
2 TL Weinsteinbackpulver,
1/2 TL gemahlene Vanille

1. Backofen auf 180 °C (Umluft: 160 °C) vorheizen. Muffinform mit Papierförmchen auslegen. Eier schaumig schlagen. Erythrit zufügen und unterrühren. Öl und Eierlikör zugeben und unterrühren.
2. Gemahlene Mandeln, Johannisbrotkernmehl, Weinsteinbackpulver und gemahlene Vanille miteinander vermischen und unterrühren. Teig gleichmäßig in der Muffinform verteilen. Im vorgeheizten Backofen ca. 30 Minuten backen.

TIPP Besonders lecker schmecken die Muffins mit selbst gemachtem Eierlikör. Für den Low-Carb-Eierlikör brauchen Sie 2 Eigelbe, 50 Gramm Puder-Xylit, Mark von 1 Vanilleschote, 80 Gramm Sahne, 70 Milliliter Milch und 90 Milliliter Rum. Eigelbe mit Puder-Xylit schaumig schlagen. Vanillemark einrühren. Unter ständigem Rühren abwechselnd Sahne und Milch zufügen. Rum unterrühren. In sterile Flaschen abfüllen und kühl stellen.

PRO STÜCK CA. 239 KCAL · 5 G EW · 18 G F · 12 G KH

Apfel-Zimt-Cookies (Abbildung links)

35 Min.

ZUTATEN FÜR CA. 20 STÜCK

100 g Butter,
4 Eigelb,
1 Apfel,
60 g Walnüsse,
100 g Mandelmehl,
70 g Xylit,
2 TL Zimt

1. Backofen auf 170 °C (Umluft: 150 °C) vorheizen. Backblech mit Backpapier auslegen. Butter in einen kleinen Topf geben und bei geringer Hitze schmelzen. Etwas abkühlen lassen. Mit Eigelben verrühren. Apfel waschen, halbieren, Kerngehäuse entfernen und Fruchtfleisch klein würfeln. Walnüsse grob hacken.
2. Apfelwürfel, Walnüsse, Mandelmehl, Xylit und Zimt zur Butter-Eigelb-Mischung geben und alles gut verrühren. Mithilfe von 2 Teelöffeln etwa walnussgroße Häufchen auf das Backpapier setzen (genügend Abstand lassen). Im vorgeheizten Backofen ca. 12–15 Minuten backen. Apfel-Zimt-Cookies mit dem Backpapier vom Backblech ziehen und auf einem Kuchengitter auskühlen lassen.

PRO STÜCK CA. 100 KCAL · 3 G EW · 8 G F · 1 G KH

Schoko-Mandel-Würfel

40 Min.

ZUTATEN FÜR CA. 18 STÜCK

1 großes Ei und1 Eigelb,
Mark von 1/2 Vanilleschote,
150 g Puder-Xylit,
140 g gemahlene Mandeln,
100 g Edelbitterschokolade,
50 g Mascarpone,
50 g Sahne

1. Ei mit Eigelb und Vanillemark schaumig aufschlagen. Puder-Xylit zugeben. Gemahlene Mandeln zugeben und alles zu einem gleichmäßigen Teig verarbeiten. In Frischhaltefolie wickeln und ca. 30 Minuten kalt stellen.
2. Backofen auf 180 °C (Umluft: 160 °C) vorheizen. Backblech mit Backpapier auslegen. Teig ausrollen und mit einem Plätzchenausstecher kleine Vierecke ausstechen. Plätzchen auf das Backpapier legen und im vorgeheizten Backofen ca. 10 Minuten backen.
3. Schokolade im Wasserbad schmelzen. Etwas abkühlen lassen. Mascarpone und Sahne vermischen und unterrühren. Jeweils ein Plätzchen mit Schokoladencreme bestreichen und ein zweites Plätzchen darauflegen. Leicht andrücken. Schoko-Mandel-Würfel ca. 12 Stunden ruhen lassen.

PRO STÜCK CA. 126 KCAL · 3 G EW · 9 G F · 3 G KH

Joghurt-Schoko-Mug-Cake

ZUTATEN FÜR 1 PORTION
30 g Naturjoghurt, 1 Ei, 20 g Eiweißpulver mit Schokoladengeschmack, 1 gestrichener TL Backpulver, 5 g Kakaopulver, Stevia nach Belieben, 2–3 Himbeeren

1. Joghurt und Ei in einer mikrowellengeeigneten Tasse verrühren. Eiweißpulver, Backpulver und Kakao untermischen und zu einem cremigen Teig verrühren. Nach Belieben mit Stevia süßen.
2. Tasse auf einen Teller stellen und Teig in der Mikrowelle bei 900 Watt ca. 3 Minuten backen. Himbeeren waschen, trocken tupfen und zum Mug Cake servieren.

PRO PORTION CA. 190 KCAL · 27 G EW · 8 G F · 3 G KH

Cheesecake-Muffins mit Blaubeeren aus der Heißluftfritteuse

ZUTATEN FÜR 4 STÜCK
4 Eier, 2 EL Frischkäse, 2 EL saure Sahne, 100 g Mandelmehl, 1 TL Backpulver, 2 EL Süßstoff, etwas abgeriebene Schale von 1 unbehandelten Orange, 1 Handvoll Blaubeeren

1. Eier schaumig schlagen und mit Frischkäse und saurer Sahne glatt rühren. Mandelmehl und Backpulver untermischen. Mit Süßstoff süßen und Orangenabrieb unterrühren. Teig in 4 Muffinförmchen füllen und in der Heißluftfritteuse bei 170 °C ca. 15 Minuten backen.
2. Blaubeeren waschen und trocken tupfen. Cheesecake-Muffins etwas abkühlen lassen und mit Blaubeeren garniert servieren.

PRO STÜCK CA. 210 KCAL · 21 G EW · 11 G F · 4 G KH

Zitronen-Muffins mit Mascarpone

ZUTATEN FÜR CA. 16 STÜCK
1 unbehandelte Zitrone, 6 Eier, 110 g Mascarpone, 400 g gemahlene Mandeln, 1 Pck. Backpulver, 2 TL flüssiger Süßstoff, Puder-Xylit nach Belieben

1. Backofen auf 170 °C (Umluft: 150 °C) vorheizen. Muffinform mit Papierförmchen auslegen. Schale der Zitrone abreiben und Saft auspressen. Eier trennen. Eiweiße steif schlagen. Eigelbe mit Zitronensaft und -schale, Mascarpone, gemahlenen Mandeln, Backpulver und Süßstoff in einer Schüssel verrühren. Eischnee unterheben.
2. Teig in die Muffinförmchen füllen und im vorgeheizten Backofen ca. 20–30 Minuten backen. (Stäbchenprobe machen: Am Holzstäbchen darf kein flüssiger Teig haften.) Nach Belieben mit Puder-Xylit bestäuben und servieren.

PRO STÜCK CA. 214 KCAL · 9 G EW · 18 G F · 2 G KH

Schokoladenkekse

ZUTATEN FÜR CA. 60 STÜCK
30 g Butter, 120 g Erythrit, 2 große Eier, 60 g Mandelmehl, 40 g Dinkelvollkornmehl, 1 TL Backpulver, 30 g Kakaopulver, 1/2–1 TL Zimt, etwas frisch geriebener Muskat, 1 TL Weizenkleie, 1 TL Chiasamen, 50 g Edelbitterschokolade

1. Backblech mit Backpapier auslegen. Butter und Erythrit verrühren. Eier zugeben und verrühren. Mandelmehl, Dinkelvollkornmehl und Backpulver zufügen und alles gut verrühren. Kakao mit etwas heißem Wasser dickflüssig anrühren und zu dem Teig geben. Zimt, Muskat, Weizenkleie und Chiasamen unterrühren. Schokolade fein hacken und unterheben.
2. Mithilfe von 2 Teelöffeln kleine Teigkleckse auf das Backpapier setzen (genügend Abstand lassen) und etwas flach drücken. Backofen nicht vorheizen! Bei 175 °C (Umluft: 155 °C) ca. 10–15 Minuten backen. Schokoladenkekse auskühlen lassen.

PRO STÜCK CA. 19 KCAL · 1 G EW · 1 G F · 1 G KH

Haferkekse (Abbildung rechts)

20 Min.

ZUTATEN FÜR 1 BACKBLECH
60 g Butter,
30 g Eiweißpulver,
1 Ei,
1/4 TL Backpulver,
Zimt und Xylit nach Belieben,
150 g kernige Haferflocken

1. Backofen auf 150 °C (Umluft: 130 °C) vorheizen. Backblech mit Backpapier auslegen. Butter, Eiweißpulver, Ei, Backpulver sowie nach Belieben Zimt und Xylit mit dem Handrührgerät verrühren. Haferflocken untermischen.

2. Mit etwas Abstand je 1/2 Teelöffel Teig auf das Backpapier geben. Teighäufchen flach drücken. Im vorgeheizten Backofen ca. 10 Minuten backen.

INFO Zwar enthalten 100 Gramm Haferflocken ca. 59 Gramm Kohlenhydrate, weshalb sie für eine strenge Low-Carb-Ernährung weniger gut geeignet sind. Allerdings sind die Kohlenhydrate des Hafers langkettig, sodass der Insulinspiegel weniger stark ansteigt. Daher sind Haferkekse, in Maßen genossen, eine gute Alternative zu weniger gesunden Backwaren.

PRO BLECH CA. 1312 KCAL · 50 G EW · 67 G F · 143 G KH

Zimt-Oopsies

30 Min.

ZUTATEN FÜR 2 STÜCK
2 Eier,
1 Prise Salz,
50 g Magerquark,
2 gehäufte TL Eiweißpulver mit Vanillegeschmack,
1 TL Zimt,
2 Msp. Backpulver,
Süßstoff nach Belieben

1. Backofen auf 170 °C (Umluft: 150 °C) vorheizen. Eier trennen. Eiweiße mit Salz steif schlagen. Eigelbe mit Quark, Eiweißpulver, Zimt und Backpulver vermischen und alles gut verrühren. Nach Belieben mit Süßstoff süßen. Eischnee vorsichtig unterheben.

2. Backblech mit Backpapier belegen. Masse in kleinen Klecksen daraufsetzen (genügend Abstand lassen). Im vorgeheizten Backofen ca. 20 Minuten backen, bis die gewünschte Braune erreicht ist. Warm essen oder etwas auskühlen lassen.

TIPP Zimt-Oopsies schmecken köstlich zum Frühstuck und sind ein leckerer süßer Snack zwischendurch. Sie können die Oopsies auch mit frischem Obst belegen und immer wieder neu variieren.

PRO STÜCK CA. 132 KCAL · 17 G EW · 6 G F · 3 G KH

Mandel-Cookies mit Erdnussbutter

ZUTATEN FÜR CA. 25 STÜCK
100 g Erdnussbutter, 2 Eier, 70 g Xylit, 70 g Mandelmehl, 30 g gemahlene Haselnüsse, 1 TL Backpulver

1. Backofen auf 160 °C (Umluft: 140 °C) vorheizen. Backblech mit Backpapier auslegen. Erdnussbutter in eine Schüssel geben und mit Eiern und Xylit vermischen. Mandelmehl, gemahlene Haselnüsse und Backpulver in einer weiteren Schüssel mischen und zur Erdnussbutter-Mischung geben. Alles gut verrühren.
2. Aus dem Teig kleine Kugeln formen, mit etwas Abstand voneinander auf das Backpapier legen und mithilfe einer Gabel etwas flach drücken. Mandel-Cookies im vorgeheizten Backofen ca. 20 Minuten backen. Abkühlen lassen.

PRO STÜCK CA. 56 KCAL · 7 G EW · 3 G F · 1 G KH

Kokosnussmuffins aus der Heißluftfritteuse

ZUTATEN FÜR 5 STÜCK
2 EL Kokosöl, 75 g Kokosmehl, 75 g gemahlene Mandeln, 3 Eier, 2–3 EL Erythrit, 1 EL Kokosflocken

1. Kokosöl schmelzen und mit Kokosmehl, Mandeln und Eiern zu einem Teig verrühren. Nach Geschmack mit Erythrit süßen.
2. Teig in 4 Muffinförmchen füllen und mit Kokosflocken bestreuen. In der Heißluftfritteuse bei 170 °C ca. 12–15 Minuten backen. Nach dem Backen etwas abkühlen lassen und servieren.

TIPP Kokosöl hat eine feste bis cremige Konsistenz und wird ab einer Temperatur von ca. 25 °C flüssig. Durch den hohen Anteil an gesättigten Fettsäuren lässt es sich sehr hoch erhitzen und ist auch zum Kochen und Braten bestens geeignet.

PRO STÜCK CA. 260 KCAL · 11 G EW · 21 G F · 4 G KH

Mandel-Biscotti

ZUTATEN FÜR CA. 12 STÜCK
150 g gemahlene Mandeln, 1 EL Mandelmehl, 1 Prise Salz, 1 TL Backpulver, 1/2 TL Stevia, abgeriebene Schale von 1 unbehandelten Zitrone, 2 EL Honig, 50 g grob gehackte Mandeln

1. Backofen auf 160 °C (Umluft: 140 °C) vorheizen. Backblech mit Backpapier auslegen. Gemahlene Mandeln, Mandelmehl, Salz und Backpulver vermischen. Stevia, Zitronenabrieb und Honig zufügen und zu einem Teig verkneten.
2. Mandeln unterkneten. Teig zu 2 kleinen Laiben formen und auf das Backpapier legen. Im vorgeheizten Backofen ca. 15 Minuten backen. Kurz abkühlen lassen.
3. Laibe in kleine, ca. 2 Zentimeter breite Stücke schneiden. Auf das Backpapier legen und im vorgeheizten Backofen ca. 15 Minuten backen; dabei einmal wenden. Abkühlen lassen.

PRO STÜCK CA. 113 KCAL · 4 G EW · 9 G F · 2 G KH

Limetten-Muffins

ZUTATEN FÜR 12 STÜCK
60 g Butter, 60 g Kokosöl, 120 g Xylit, 4 große Eier, Saft von 2 Limetten, 1/2 TL gemahlene Vanille, 60 g Kokosmehl, 1 TL Weinsteinbackpulver

1. Backofen auf 180 °C (Umluft: 160 °C) vorheizen. Muffinform mit Papierförmchen auslegen. Butter und Kokosöl in einen kleinen Topf geben und bei geringer Hitze schmelzen.
2. Butter-Kokosöl-Mischung in eine Schüssel füllen. Xylit zufügen und alles schaumig schlagen. Nach und nach Eier zugeben und gut verrühren.
3. Limettensaft und Vanille unterrühren. Kokosmehl und Weinsteinbackpulver zufügen und alles zu einem Teig verarbeiten. Teig einige Minuten ruhen lassen.
4. Papierförmchen jeweils zu 3/4 mit dem Teig befüllen und im vorgeheizten Backofen ca. 20 Minuten backen. Abkühlen lassen und servieren.

PRO STÜCK CA. 151 KCAL · 3 G EW · 12 G F · 2 G KH

Apfel-Zimt-Rosen (Abbildung rechts)

60 Min.

ZUTATEN FÜR CA. 12 STÜCK
80 g Mandelmehl und etwas Mandelmehl für die Arbeitsfläche,
1/2 TL Backpulver,
1 Prise Salz,
80 g Magerquark,
80 g kalte Butter und etwas Butter für die Muffinform,
1/2 Apfel,
Saft von 1/2 Zitrone,
1 TL Aprikosenmarmelade,
Zimt,
etwas Puder-Xylit zum Bestreuen

1. Mandelmehl und Backpulver miteinander vermischen und mit Salz, Quark und Butter zu einem Teig verkneten. Zu einer Kugel formen, in Frischhaltefolie wickeln und ca. 30 Minuten in den Kühlschrank legen.
2. Mehl auf die Arbeitsfläche geben und den Teig flach zu einem Rechteck ausrollen. Für drei übereinanderliegende Schichten das linke Drittel über das mittlere Drittel klappen und das rechte Drittel darüberlegen. In Frischhaltefolie gewickelt weitere ca. 30 Minuten in den Kühlschrank legen.
3. Kerngehäuse des Apfels entfernen. Apfelhälfte in sehr dünne Scheiben schneiden. Apfelscheiben mit Zitronensaft beträufeln und in eine Schüssel mit Wasser legen. Schüssel ca. 3 Minuten in die Mikrowelle stellen und erwärmen. In einem Sieb abtropfen lassen. Aprikosenmarmelade mit 1 Teelöffel Wasser mischen und kurz in der Mikrowelle erwärmen.
4. Backofen auf 220 °C (Umluft: 200 °C) vorheizen. Blätterteig in 2 Streifen à ca. 25 x 10 Zentimeter ausrollen. Streifen mit Aprikosenmarmelade bestreichen. Apfelscheiben fächerförmig und etwas überlappend auf eine Hälfte des Streifens legen. Etwas Zimt darüberstreuen. Die andere Hälfte des Teigstreifens umklappen. Streifen zu einer Rose rollen und die Apfel-Zimt-Rosen in die gefetteten Mulden einer Muffinform geben. Im vorgeheizten Backofen ca. 10–15 Minuten backen. Mit Zimt und Puder-Xylit bestreut servieren.

PRO STÜCK CA. 80 KCAL · 4 G EW · 6 G F · 2 G KH

Zimt-Butter-Kekse

45 Min.

ZUTATEN FÜR CA. 15 STÜCK
125 g Butter,
1 Ei,
1 Prise Salz,
200 g gemahlene Mandeln,
1 TL Zimt,
1 TL Vanille,
2 gehäufte EL Stevia

1. Backofen auf 150 °C (Umluft: 130 °C) vorheizen. Backblech mit Backpapier auslegen. Alle Zutaten zu einem glatten Teig verarbeiten. Mit angefeuchteten Händen ca. 15 Kugeln rollen. Auf das Backpapier setzen.
2. Im vorgeheizten Backofen ca. 5 Minuten backen. Backblech herausnehmen und die Kugeln mithilfe einer Gabel jeweils längs und quer vorsichtig flach drücken. Backblech in den Backofen schieben und weitere ca. 15–20 Minuten backen. Abkühlen lassen.

TIPP Die Zimt-Butter-Kekse lassen sich auch prima mit Walnüssen verzieren. Mit ihrem hohen Anteil an ungesättigten Fettsäuren gilt die Walnuss als eine der gesündesten Nussarten überhaupt.

PRO STÜCK CA. 153 KCAL · 4 G EW · 15 G F · 2 G KH

Himbeer-Tarteletten

45 Min.

1. Ei, Mandelmehl, 20 Gramm Xylit und Erythrit mit Butter zu einem gleichmäßigen Teig verarbeiten. Teig zu einer Kugel formen und in Frischhaltefolie wickeln. Ca. 1 Stunde im Kühlschrank ruhen lassen.

2. Backofen auf 200 °C (Umluft: 180 °C) vorheizen. 6 Tartelette-Formen (12 Zentimeter Durchmesser) mit Butter ausstreichen. Teig in 6 gleich große Portionen teilen und zu runden, ca. 1/2 Zentimeter hohen Teigscheiben ausrollen.

3. Formen damit auskleiden und Teig leicht andrücken. Überstehenden Rand abschneiden. Im vorgeheizten Backofen ca. 15–18 Minuten backen. Nach ca. 5 Minuten Backzeit mit Backpapier abdecken, damit sie nicht zu dunkel werden. Tarteletten in der Form komplett auskühlen lassen. Aus der Form lösen.

4. Himbeeren verlesen, waschen und trocken tupfen. Sahne steif schlagen. Magerquark mit Gewürzmischung verrühren. Sahne vorsichtig unterheben. Sahne-Quark-Creme auf den Tarteletten verteilen. Mit Himbeeren belegen und mit Puder-Xylit bestäubt servieren.

PRO STÜCK CA. 403 KCAL · 26 G EW · 25 G F · 9 G KH

ZUTATEN FÜR CA. 6 STÜCK

1 Ei, 200 g Mandelmehl,
50 g Xylit,
20 g Erythrit,
65 g weiche Butter und etwas Butter für die Formen,
400 g Himbeeren,
200 g Sahne,
500 g Magerquark,
2 TL Gewürzmischung (z. B. Vanille, Zimt, Kardamom, Anis, Sternanis),
etwas Puder-Xylit zum Bestäuben

Tiramisu-Cupcakes

40 Min.

1. Backofen auf 170 °C (Umluft: 150 °C) vorheizen. Muffinform mit Papierförmchen auslegen. Gemahlene Mandeln, Butter, Eier, 90 Gramm Xylit und Backpulver miteinander vermischen. 1 Fläschchen Buttervanillearoma und 100 Gramm Mascarpone zufügen und alles zu einem Teig verarbeiten.

2. Teig gleichmäßig in die Muffinform füllen und im vorgeheizten Backofen ca. 20–25 Minuten backen. Abkühlen lassen.

3. Espresso mit 15 Gramm Xylit und Bittermandelaroma vermischen. Mit einem Zahnstocher kleine Löcher in die abgekühlten Cupcakes stechen und jeweils 1 Teelöffel von der Flüssigkeit auf den Cupcakes verteilen.

4. Restlichen Mascarpone mit restlichem Xylit und restlichem Buttervanillearoma verrühren. Sahne steif schlagen und unterheben. Mascarpone-Sahne-Mischung mit einem Spritzbeutel auf die Tiramisu-Cupcakes spritzen und mit etwas Kakaopulver bestäuben.

PRO STÜCK CA. 247 KCAL · 5 G EW · 20 G F · 2 G KH

ZUTATEN FÜR 12 STÜCK

100 g gemahlene Mandeln,
45 g weiche Butter,
3 Eier,
165 g Xylit,
1 TL Backpulver,
2 Fläschchen Buttervanillearoma,
250 g Mascarpone,
1 Tasse Espresso,
2 Tropfen Bittermandelaroma,
100 g Sahne,
etwas Kakaopulver zum Bestäuben

Blaubeer-Streuselmuffins (Abbildung links)

50 Min.

ZUTATEN FÜR CA. 12 STÜCK
300 g Blaubeeren,
3 Eier,
175 g Xylit,
225 g Butter,
175 g gemahlene Mandeln,
200 g Mandelmehl,
1 Pck. Backpulver,
1/4 Fläschchen Bittermandelaroma,
1 Msp. Salz,
2 EL abgeriebene Schale von 1 unbehandelten Zitrone

1. Backofen auf 200 °C (Umluft: 180 °C) vorheizen. Muffinform mit Papierförmchen auslegen. Blaubeeren verlesen, waschen und abtropfen lassen.
2. Eier mit 75 Gramm Xylit schaumig schlagen. 75 Gramm Butter unterrühren. 75 Gramm gemahlene Mandeln, 100 Gramm Mandelmehl, Backpulver, Bittermandelaroma, Salz und Zitronenabrieb miteinander vermischen. Zur Eier-Masse geben und alles gut verrühren.
3. Teig gleichmäßig in der Muffinform verteilen. Blaubeeren darauf verteilen und leicht andrücken. Restliche Mandeln mit restlichem Mandelmehl, restlichem Xylit und restlicher Butter vermischen und zu Streuseln verarbeiten. Streusel auf die Blaubeeren geben und Muffins im vorgeheizten Backofen ca. 25 Minuten backen. Abkühlen lassen.

PRO STÜCK CA. 347 KCAL · 12 G EW · 27 G F · 4 G KH

Chocolate-Chip-Mug-Cookie

40 Min.

ZUTATEN FÜR 2 PORTIONEN
50 g Butter und etwas Butter für die Förmchen,
2 Tropfen Vanillearoma,
1 TL Stevia,
1/2 TL Backpulver,
1 Eiweiß,
30 g Mandelmehl,
4 g Schoko-Tröpfchen

1. Backofen auf 180 °C (Umluft: 160 °C) vorheizen. Zwei kleine ofenfeste Formen mit etwas Butter ausstreichen. Butter in einem Topf schmelzen und in eine Schüssel geben.
2. Vanillearoma, Stevia, Backpulver und Eiweiß mit der Butter vermischen. Mandelmehl unterrühren. Schoko-Tröpfchen in den Teig rühren. Einige Schoko-Tröpfchen zum Garnieren beiseitelegen.
3. Teig in niedrige, ofenfeste Tassen füllen und mit einem feuchten Löffel gut andrücken. Restliche Schoko-Tröpfchen auf dem Teig verteilen und die Cookies im vorgeheizten Backofen 20–25 Minuten backen, bis sie außen leicht hellbraun werden. Kurz abkühlen lassen und lauwarm servieren.

TIPP Dieser schokoladigen Versuchung kann keiner widerstehen. Und das Beste daran: Die Cookies können gleich lauwarm genascht werden.

PRO PORTION CA. 298 KCAL · 10 G EW · 27 G F · 4 G KH

Saftige Joghurt-Muffins

ZUTATEN FÜR 12 STÜCK
Fett für die Form, 3 Eier, 1 Prise Salz, 150 g Joghurt, 80 g Mascarpone, 250 g gemahlene Mandeln, 1/2 Pck. Backpulver, 3 EL flüssiger Süßstoff

1. Backofen auf 200 °C (Umluft: 180 °C) vorheizen. Muffinförmchen mit Fett ausstreichen. Eier trennen. Eiweiße mit Salz steif schlagen. Eigelbe mit Joghurt, Mascarpone, gemahlenen Mandeln, Backpulver und Süßstoff in einer Schüssel zu einem Teig verrühren. Eischnee unterheben.
2. Teig in die Muffinmulden füllen und im vorgeheizten Backofen ca. 20 Minuten backen (Stäbchenprobe machen: Am Holzstäbchen darf kein flüssiger Teig haften).

TIPP Nach Belieben die Joghurt-Muffins mit halbsteif geschlagener Sahne beträufelt servieren.

PRO STÜCK CA. 197 KCAL · 7 G EW · 17 G F · 2 G KH

Doppelkekse mit Frischkäsefüllung

ZUTATEN FÜR 10 STÜCK
120 g gemahlene Mandeln, 120 g weiche Butter, 60 g Erythrit, 25 g Kakao, 1 g Johannisbrotkernmehl, 80 g Puder-Erythrit, 40 g Frischkäse, 1 Prise Salz, 5 Tropfen Vanillearoma

1. Backofen auf 180 °C (Umluft: 160 °C) vorheizen. Gemahlene Mandeln, 80 Gramm Butter, Erythrit, Kakao und Johannisbrotkernmehl zu einem homogenen Teig verkneten.
2. Teig zwischen zwei Lagen Backpapier ausrollen, obere Lage abziehen, ca. 20 Kekse ausstechen und mit dem unteren Backpapier auf ein Backblech ziehen. Im vorgeheizten Backofen ca. 10 Minuten backen, herausnehmen und vollständig abkühlen lassen.
3. Restliche Butter ca. 3 Minuten aufschlagen, Puder-Erythrit nach und nach unterrühren. Frischkäse, Salz und Vanillearoma zugeben und ebenfalls untermischen. Hälfte der Kekse mit etwas Füllung bestreichen, jeweils einen zweiten Keks daraufsetzen und Kekse servieren.

PRO STÜCK CA. 215 KCAL · 4 G EW · 18 G F · 9 G KH

Schokoladen-Tassenmuffin

ZUTATEN FÜR 1 PORTION
1 Ei, 2 EL Mandelmehl, 1 TL Backpulver, 2 EL Eiweißpulver, 1 EL Kakaopulver, 1 EL Xylit, 2 EL Milch, 1 EL Öl

1. Alle Zutaten miteinander verrühren. Teig in eine mikrowellengeeignete Tasse füllen. Darauf achten, dass die Tasse nur etwa halbvoll ist. In die Mikrowelle stellen und bei ca. 700 Watt ca. 3 Minuten backen.

TIPP Das Eiweißpulver kann je nach Vorlieben immer wieder variiert werden. Besonders köstlich für den Schokoladen-Tassenmuffin ist Eiweißpulver in den Geschmacksrichtungen Schoko oder Cookie & Cream.

INFO Bei Tassenkuchen, auch „Mug Cakes" genannt, ist es besonders wichtig für das Gelingen des Kuchens, dass man sich genau an die Mengenangaben hält. Die Tasse sollte auch auf keinen Fall zu voll gefüllt sein, um ein Übergehen zu verhindern.

PRO PORTION CA. 423 KCAL · 33 G EW · 25 G F · 5 G KH

Zuckerfreie Mandel-Baisers

ZUTATEN FÜR 5 PORTIONEN
2 Eiweiß, 100 g Xylit, 50 g gemahlene Mandeln

1. Backofen auf 100 °C (Umluft: 80 °C) vorheizen. Backblech mit Backpapier auslegen. Eiweiße in einer Schüssel steif schlagen. Xylit langsam einrieseln lassen und weiterschlagen, bis sich das Xylit gelöst hat. Gemahlene Mandeln unterheben.

2. Eiweißmasse in einen Spritzbeutel füllen und kleine Kleckse auf das Backpapier spritzen oder mithilfe von 2 Teelöffeln daraufsetzen. (Ausreichend Abstand lassen.) Im vorgeheizten Backofen im unteren Drittel ca. 1 Stunde und 10 Minuten backen. Mandel-Baisers mit dem Backpapier vom Backblech ziehen und auf einem Kuchengitter erkalten lassen.

PRO PORTION CA. 117 KCAL · 4 G EW · 6 G F · 0 G KH

Bananen-Zimt-Muffins (Abbildung rechts)

25 Min.

ZUTATEN FÜR 3 STÜCK
1 reife Banane,
1 Ei,
2 EL Magerquark,
30 g Eiweißpulver mit Vanillegeschmack,,
1 TL Backpulver,
1 TL Zimt,
1 Prise Salz,
2 EL gehackte Nüsse

1. Backofen auf 175 °C (Umluft: 155 °C) vorheizen. Muffinform mit Papierförmchen auslegen. Banane mit einer Gabel zerdrücken. Ei zufügen und verschlagen. Quark untermischen. Eiweißpulver mit Backpulver, Zimt und Salz mischen und unterrühren. Alles zu einem glatten Teig verarbeiten. Gehackte Nüsse unterheben.
2. Teig gleichmäßig in die Muffinform füllen und im vorgeheizten Backofen ca. 15 Minuten backen. Abkühlen lassen.

TIPP Wer seine Bananen schnell nachreifen lassen möchte, kann zu folgendem Trick greifen: Legen Sie die Bananen zusammen mit einem Apfel in eine Papiertüte. So sorgt das Hormon Ethylen von Banane und Apfel dafür, dass die Früchte schneller reif werden.

PRO STÜCK CA. 155 KCAL · 13 G EW · 6 G F · 9 G KH

Eiweißriegel

40 Min.

ZUTATEN FÜR 10 STÜCK
2 Handvoll Paranüsse,
1 Handvoll Macadamianüsse,
1 Handvoll Pekannüsse,
80 g Kokosraspel,
80 g Hanfproteinpulver,
1 EL Mandelmehl,
1/2 Pck. Backpulver,
50 g zuckerfreier Sirup,
1 Ei,
etwas Mandelmilch nach Bedarf

1. Backofen auf 180 °C (Umluft: 160 °C) vorheizen. Nüsse im Standmixer zu Mus zerkleinern und mit Kokosraspeln, Hanfproteinpulver, Mandelmehl und Backpulver vermischen.
2. Sirup und Ei untermischen, bis eine homogene Masse entstanden ist. Ist sie zu bröckelig, etwas Mandelmilch unterrühren.
3. Masse auf einem mit Backpapier belegten Backblech verstreichen und in Riegel schneiden. Im vorgeheizten Backofen ca. 20–25 Minuten backen. Abkühlen lassen und servieren.

TIPP Nach Belieben gehackte Low-Carb-Schokolade untermischen und gebackene Riegel mit geschmolzener Low-Carb-Schokolade überziehen.

PRO STÜCK CA. 171 KCAL · 7 G EW · 14 G F · 3 G KH

Cupcakes mit Matcha-Frosting

ZUTATEN FÜR CA. 15 STÜCK
1/2 Würfel Hefe, 2 Stevia-Tabs, 1 1/2 TL Xylit, 40 g Weizenkleber, 200 g gemahlene Mandeln, 3 gehäufte TL Matcha, 125 g Magerquark, 2 Eier, 200 g Sahne

1. Hefe in ca. 50–70 Milliliter warmem Wasser auflösen. Stevia-Tabs im Mörser fein zerstoßen. Steviapulver in eine Schüssel geben. Xylit, Weizenkleber, gemahlene Mandeln und 2 gehäufte Teelöffel Matcha zufügen und alles gut verrühren.
2. Hefe, Quark und Eier zufügen und zu einem gleichmäßigen Teig verrühren. Teig löffelweise in Cupcake-Förmchen füllen. Cupcakes bei 175 °C Umluft ca. 35 Minuten backen (Ober-/Unterhitze nicht geeignet, Backofen nicht vorheizen!). Abkühlen lassen.
3. Sahne mit restlichem Matcha steif schlagen. Ca. 15 Minuten kühl stellen. In einen Spritzbeutel füllen und Sahnehäubchen auf die abgekühlten Cupcakes spritzen.

PRO STÜCK CA. 153 KCAL · 8 G EW · 12 G F · 2 G KH

Erdnuss-Mandel-Makronen

ZUTATEN FÜR CA. 50 STÜCK
8 Eiweiß, 1 Prise Salz, 150 g Erythrit, 200 g geröstete und gesalzene Erdnüsse, 200 g gemahlene Mandeln, 100 g Erdnussbutter mit Stücken, 40 g Karamellsirup, ca. 50 ganze Mandeln zum Garnieren

1. Backofen auf 180 °C (Umluft: 160 °C) vorheizen. Backblech mit Backpapier auslegen. Eiweiße mit Salz steif schlagen. Erythrit zugeben und weiterschlagen. Erdnüsse in der Küchenmaschine grob zerkleinern.
2. Zerkleinerte Erdnüsse, gemahlene Mandeln, Erdnussbutter und Karamellsirup vermischen. Eischnee unterheben. Mithilfe von 2 Teelöffeln kleine Kleckse auf das Backpapier setzen (genügend Abstand lassen). In jede Makrone 1 Mandel drücken. Im vorgeheizten Backofen ca. 20–25 Minuten backen. Erdnuss-Mandel-Makronen mit dem Backpapier vom Backblech ziehen und auf einem Kuchengitter auskühlen lassen.

PRO STÜCK CA. 70 KCAL · 3 G EW · 6 G F · 1 G KH

Zimtige Möhren-Muffins

ZUTATEN FÜR CA. 12 STÜCK
2 Möhren, 4 Eier, 100 g Xylit, 240 g gemahlene Mandeln, 1 TL Zimt

1. Backofen auf 200 °C (Umluft: 180 °C) vorheizen. Muffinform mit Förmchen auslegen. Möhren putzen, schälen und fein raspeln. Eier trennen. Eiweiße steif schlagen. Eigelbe mit Xylit luftig aufschlagen. Möhren, gemahlene Mandeln und Zimt unterrühren. Eischnee unterheben.
2. Teig in die Muffinförmchen füllen und im vorgeheizten Backofen ca. 20–25 Minuten backen. (Stäbchenprobe machen: Am Holzstäbchen darf kein flüssiger Teig haften.)

TIPP Die Muffinförmchen können gut gefüllt werden, da die Muffins beim Backen wenig aufgehen.

PRO STÜCK CA. 177 KCAL · 7 G EW · 13 G F · 2 G KH

Chocolate Chip Cookies

ZUTATEN FÜR CA. 8 STÜCK
1 EL Butter, 40 g gemahlene Mandeln und 40 g gehackte Mandeln, 1 Ei, 1/2 Fläschchen Vanillearoma, 1/2 TL Natron, 1 Prise Salz, 2 EL Sahne, Süßstoff nach Geschmack, 50 g gehackte Edelbitterschokolade

1. Butter in einem kleinen Topf bei geringer Hitze schmelzen. Geschmolzene Butter, Mandeln, Ei, Vanillearoma, Natron, Salz und Sahne zu einem cremigen Teig verrühren. Mit Süßstoff abschmecken. Gehackte Schokolade unterheben. Teig ca. 30 Minuten im Kühlschrank ruhen lassen.
2. Backofen auf 180 °C (Umluft: 160 °C) vorheizen. Backblech mit Backpapier auslegen. Mithilfe von 2 Teelöffeln kleine Teigkleckse auf das Backpapier setzen. (Genügend Abstand lassen.)
3. Im vorgeheizten Backofen ca. 12 Minuten backen. Chocolate Chip Cookies auskühlen lassen.

PRO STÜCK CA. 127 KCAL · 4 G EW · 10 G F · 3 G KH

KUCHEN UND TORTEN

Sachertorte (Abbildung rechts)

75 Min.

ZUTATEN FÜR CA. 16 STÜCKE
6 Eier,
140 g Butter und etwas Butter für die Form,
200 g Zartbitter-Schokolade,
250 g Erythrit,
70 g gemahlene Haselnüsse,
50 g Mandelmehl und etwas Mandelmehl für die Form,
1 TL Backpulver,
1 TL Vanillearoma,
30 ml Rum,
200 g Himbeeren (TK-Produkt),
6 Blatt Gelatine,
Süßstoff und Vanilleextrakt nach Geschmack,
1–2 EL Sahne

1. Backofen auf 180 °C (Umluft: 160 °C) vorheizen. Eier trennen. Eiweiße steif schlagen. Butter in einen kleinen Topf geben und bei geringer Hitze schmelzen. Schokolade grob hacken. 50 Gramm Schokolade in der heißen Butter verrühren. Abkühlen lassen. Eigelbe schaumig schlagen. 100 Gramm Erythrit, Schokobutter, Haselnüsse, Mandelmehl, Backpulver, Vanillearoma und Rum zufügen und verrühren. Eischnee vorsichtig unterheben.
2. Eine Springform (26 Zentimeter Durchmesser) mit Butter ausstreichen und mit Mandelmehl ausstreuen. Teig einfüllen, glatt streichen und im vorgeheizten Backofen ca. 45 Minuten backen. Abkühlen lassen und den Boden einmal waagerecht durchschneiden.
3. Himbeeren in einen kleinen Topf geben und bei geringer Hitze erwärmen. Gelatine nach Packungsanweisung zubereiten und zugeben. Mit Süßstoff und Vanilleextrakt abschmecken. Abkühlen lassen und den unteren Boden mit Himbeercreme bestreichen. Oberen Boden auflegen und leicht andrücken.
4. Restliche Schokolade und restliches Erythrit im Wasserbad schmelzen und gut verrühren. Sahne einrühren. Guss gleichmäßig auf der Oberfläche und dem Rand der Torte verteilen. Guss fest werden lassen und die Sachertorte bis zum Servieren kalt stellen.

PRO STÜCK CA. 231 KCAL · 6 G EW · 19 G F · 5 G KH

Mokka-Torte

35 Min.

ZUTATEN FÜR CA. 10 STÜCKE
150 g Mandeln,
150 g Pekannüsse,
1/2 TL Vanillepulver,
100 ml Kokosöl,
10 g Butter und etwas Butter für die Form,
200 g Sahne,
3 TL Instant-Kaffeepulver,
200 g Zartbitterschokolade,
250 g Mascarpone,
2 EL Puder-Xylit,
1 TL fein gehackte Kaffeebohnen

1. Mandeln und Pekannüsse in der Küchenmaschine zu grobem Mehl mahlen. In eine Schüssel geben und mit Vanillepulver vermischen. Kokosöl in einen kleinen Topf geben und bei geringer Hitze schmelzen. Zum Nussmehl gießen und alles zu einem Teig verrühren. Eine Springform (20 Zentimeter Durchmesser) mit Butter ausstreichen. Teig in die Form geben, glatt streichen und ca. 30 Minuten kalt stellen.
2. Sahne in einem Topf erhitzen, vom Herd nehmen und 2 Teelöffel Kaffeepulver einrühren. Schokolade hacken und unterrühren. Butter zufügen und alles gut verrühren. Masse auf dem Teig verteilen, glatt streichen und ca. 4 Stunden kalt stellen.
3. Restliches Kaffeepulver in 2 Esslöffeln kochendem Wasser auflösen. Abkühlen lassen. Mascarpone mit Puder-Xylit und Kaffee in eine Schüssel geben und mit dem Handrührgerät zu einer glatten Mokkacreme verarbeiten. Kurz vor dem Servieren die Mokka-Torte mit der Creme bestreichen und mit gehackten Kaffeebohnen garnieren.

PRO STÜCK CA. 566 KCAL · 8 G EW · 52 G F · 16 G KH

Kirschkuchen, fast wie von Großmutter

ZUTATEN FÜR 6 PORTIONEN

250 g Kirschen (frisch oder TK-Produkt), 25 g Butter und etwas Butter für die Form, 4 Eier, 30 ml Kokosmilch, 1 Vanilleschote, 3 EL Xylit, 40 g Kokosmehl, 1 TL Backpulver, 1 TL Flohsamenschalenpulver, Puder-Erythrit nach Belieben

1. Backofen auf 180 °C (Umluft: 160 °C) vorheizen. Frische Kirschen waschen und entsteinen, TK-Kirschen auftauen lassen. Butter, Eier und Kokosmilch in eine Schüssel geben und mit dem Handrührgerät verrühren.
2. Vanilleschote der Länge nach mit einem Messer halbieren und mit dem Messerrücken das Mark herauskratzen. Mark, Xylit, Kokosmehl, Backpulver und Flohsamenschalenpulver mit in die Schüssel geben und alles gut miteinander verrühren.
3. Backform mit Butter ausstreichen. Form mit Teig füllen und die Kirschen vorsichtig in den Teig drücken. Im vorgeheizten Backofen ca. 25 Minuten backen. Stäbchenprobe machen: Am Holzstäbchen darf kein flüssiger Teig haften. Abkühlen lassen. Nach Belieben mit Puder-Erythrit bestäuben.

PRO PORTION CA. 161 KCAL · 6 G EW · 9 G F · 9 G KH

Protein-Bananenbrot

ZUTATEN FÜR 12 STÜCKE

350 g reife Bananen, 3 Eier, 120 g gemahlene Mandeln, 50 g Mandelmehl, 60 g Eiweißpulver, 1/2 TL Guarkernmehl, 2 TL Backpulver, 1 TL Zimt, 120 ml Milch, 50 g Puder-Xylit

1. Backofen auf 180 °C (Umluft: 160 °C) vorheizen. Bananen schälen und pürieren.
2. Eier verschlagen, Bananenmus unterrühren. Nach und nach gemahlene Mandeln, Mandelmehl, Eiweißpulver, Guarkernmehl, Backpulver, Zimt, Milch und Puder-Xylit unterrühren.
3. Teig in eine mit Backpapier ausgelegte Kastenform füllen, glatt verstreichen und im vorgeheizten Backofen ca. 40 Minuten backen.
4. Kuchen ca. 10 Minuten in der Form abkühlen lassen, auf ein Kuchengitter stürzen und vollständig abkühlen lassen.

PRO STÜCK CA. 158 KCAL · 11 G EW · 8 G F · 12 G KH

Möhrenkuchen mit Kokosfrischkäse

ZUTATEN FÜR 12 STÜCKE

150 g Möhren, 50 g Butter, 3 Eier, 300 g Frischkäse, 80 g gemahlene Mandeln, 50 g Mandelmehl, 1 TL Weinstein-Backpulver, 1 EL Kakaopulver, abgeriebene Schale von 1 unbehandelten Limette, 50 ml Kokosmilch, 50 g Puder-Xylit und etwas Puder-Xylit zum Bestäuben, 100 g Kokosraspel

1. Backofen auf 180 °C (Umluft: 160 °C) vorheizen. Möhren schälen, putzen und raspeln. Butter zerlassen. Eier mit 100 Gramm Frischkäse, Mandeln, Mandelmehl, Backpulver, Möhren, Kakao und zerlassener Butter zu einem geschmeidigen Teig verrühren und in eine mit Backpapier ausgelegte rechteckige Backform füllen.
2. Teig glatt verstreichen und im vorgeheizten Backofen ca. 30 Minuten backen. Herausnehmen und vollständig abkühlen lassen.
3. Restlichen Frischkäse, Limettenschale, Kokosmilch, Puder-Xylit und Kokosraspel gut verrühren. Kuchen damit bestreichen. Mit Puder-Xylit bestäuben und bis zum Verzehr kalt stellen.

PRO STÜCK CA. 249 KCAL · 8 G EW · 21 G F · 8 G KH

Brownies mit Apfelmus

ZUTATEN FÜR 4 STÜCK

1 Ei, 25 g Kakaopulver, 25 g Eiweißpulver mit Schokoladengeschmack, 50 g gemahlene Mandeln, 150 g Apfelmus ohne Zucker, 1 TL Backpulver, Fett für die Form

1. Backofen auf 160 °C (Umluft: 140 °C) vorheizen. Ei trennen. Eigelb mit Kakaopulver, Eiweißpulver, gemahlenen Mandeln, Apfelmus und Backpulver in eine Schüssel geben und gut verrühren. Eiweiß steif schlagen und unterheben.
2. Kleine Brownieform mit Fett ausstreichen. Teig in die Form füllen und im vorgeheizten Backofen ca. 20 Minuten backen. Vollständig auskühlen lassen und in Stücke schneiden.

PRO STÜCK CA. 201 KCAL · 11 G EW · 14 G F · 7 G KH

Erdbeer-Torte

60 Min.

1. Backofen auf 175 °C (Umluft: 155 °C) vorheizen. 3 Eier trennen. Eiweiße mit Salz steif schlagen. Restliches Ei, Eigelbe und Xylit cremig aufschlagen. Vanille, Mandelmehl, Weinsteinbackpulver und Xanthan vermischen und unterrühren. Eischnee vorsichtig unterheben.

2. Eine Springform (28 Zentimeter Durchmesser) mit Butter ausstreichen. Teig hineinfüllen und ca. 30 Minuten backen. Abkühlen lassen und in drei gleich dicke Scheiben schneiden. Erdbeeren waschen, putzen und trocken tupfen. Die Hälfte in Scheiben schneiden. 700 Milliliter Wasser erhitzen und mit Götterspeise verrühren. Abkühlen lassen. Erdbeerscheiben untermischen.

3. Sahne mit Sahnesteif steif schlagen. Joghurt und Frischkäse vermischen und nach Belieben mit Süßstoff abschmecken. Sofort-Gelatine nach Packungsanweisung zubereiten. Etwas abkühlen lassen. Gelatine mit der Joghurt-Frischkäse-Masse verrühren. Sahne unterheben.

4. Unteren Tortenboden mit einem Teil der Masse bestreichen, kalt stellen und aushärten lassen. Restlichen Teil der Sahne-Mischung mit Götterspeise verrühren und kalt stellen. Einen Teil auf die ausgehärtete Schicht streichen. Mittleren Tortenboden daraufsetzen und ebenso verfahren. Obersten Tortenboden daraufsetzen, Torte mit restlicher Sahne-Mischung bestreichen und ca. 12 Stunden kalt stellen. Vor dem Servieren mit restlichen Erdbeeren und Minze garnieren.

ZUTATEN FÜR CA. 18 STÜCKE

**4 Eier, 1 Prise Salz,
4–5 EL Xylit,
1/2 TL gemahlene Vanille,
65 g Mandelmehl,
1/2 TL Weinsteinbackpulver,
1 TL Xanthan,
etwas Butter für die Form,
300 g Erdbeeren und einige Erdbeeren zum Garnieren,
2 Pck. rote Götterspeise,
250 g Sahne,
1 Pck. Sahnesteif,
300 g Naturjoghurt,
200 g Frischkäse,
Süßstoff nach Belieben,
1 1/2 Pck. Sofort-Gelatine,
Minze zum Garnieren**

PRO STÜCK CA. 117 KCAL · 7 G EW · 6 G F · 5 G KH

Lemon Cheesecake

80 Min.

1. Backofen auf 160 °C (Umluft: 140 °C) vorheizen. Eine Springform (26 Zentimeter Durchmesser) mit Butter ausstreichen und mit Mandelmehl ausstreuen. Butter und Kokosöl in einen Topf geben und bei geringer Hitze schmelzen. Eier trennen. Eiweiße mit Salz steif schlagen.

2. Butter-Kokosöl-Mischung in eine Schüssel füllen. Eigelbe und 90 Gramm Erythrit zufügen und alles schaumig schlagen. 70 Gramm Sahne und gemahlene Vanille zugeben und alles gut verrühren. Mandelmehl, Backpulver, Johannisbrotkernmehl und Natron zufügen und alles sorgfältig vermischen. Steif geschlagenen Eischnee vorsichtig unter die Masse heben.

3. Teig in die Form füllen und glatt streichen. Im vorgeheizten Backofen ca. 30 Minuten backen. Abkühlen lassen.

4. Quark, restliches Erythrit, Vanille-Xylitpulver, Zitronenabrieb und -saft in einer Schüssel verrühren. Restliche Sahne steif schlagen und Sahnesteif einrühren. Vorsichtig unter die Quarkmischung heben. Quark-Zitronen-Creme auf dem abgekühlten Tortenboden verteilen und glatt streichen. Mit dünn geschnittenen Zitronenscheiben und Minze garnieren.

PRO STÜCK CA. 259 KCAL · 11 G EW · 22 G F · 5 G KH

ZUTATEN FÜR CA. 12 STÜCKE

**60 g Butter und etwas Butter für die Form,
100 g Mandelmehl und etwas Mandelmehl für die Form,
50 g Kokosöl, 5 Eier,
1 Prise Salz, 130 g Erythrit,
120 g Sahne,
1/2 TL gemahlene Vanille,
1 TL Backpulver,
1 TL Johannisbrotkernmehl,
1/2 TL Natron,
400 g Magerquark,
10 g Vanille-Xylitpulver,
etwas abgeriebene Schale und Saft von 1 unbehandelten Zitrone und einige unbehandelte Zitronenscheiben zum Garnieren,
2 Pck. Sahnesteif,
etwas Minze für die Dekoration**

Kirschtorte Schwarzwälder Art (Abbildung rechts)

60 Min.

ZUTATEN FÜR CA. 12 STÜCKE
250 g entsteinte Sauerkirschen (TK-Produkt), 6 Eier, 1 Prise Salz, 3 EL Quark, 3 Msp. Steviapulver, 6 TL Kakaopulver, 6 Blatt Gelatine, 500 g Sahne, Zartbitterschokoraspel zum Garnieren

1. Kirschen auftauen, abtropfen lassen und 6 Kirschen zum Garnieren beiseitelegen. Backofen auf 160 °C (Umluft: 140 °C) vorheizen. Eier trennen. Eiweiße mit Salz steif schlagen. Eigelbe mit Quark, Stevia und Kakao zu einer glatten Masse verrühren. Eischnee vorsichtig unterheben. 3 Springformen (18 cm Durchmesser) mit Backpapier auslegen. Teig in 3 Teile teilen und jeweils in die Springformen füllen. Glatt streichen. Im vorgeheizten Backofen ca. 15 Minuten backen. Abkühlen lassen.
2. Gelatine nach Packungsanweisung in kaltem Wasser einweichen. Herausnehmen und tropfnass in einen kleinen Topf geben. Bei geringer Hitze unter Rühren so lange erwärmen, bis sich die Gelatine aufgelöst hat. Mit dem Schneebesen 50 Gramm Sahne unterrühren, restliche Sahne steif schlagen. Gelatine-Sahne-Mischung unter Rühren zufügen.
3. Auf dem ersten Boden etwas Creme in der Mitte und am Rand verstreichen. Den Zwischenraum mit der Hälfte der abgetropften Kirschen füllen. Zweiten Boden daraufsetzen und vorsichtig andrücken. Etwas Creme in der Mitte und am Rand verteilen und mit restlichen Kirschen dazwischen belegen. Dritten Boden daraufsetzen und leicht andrücken. Einige Esslöffel Creme in einen Spritzbeutel mit Sterntülle füllen. Torte mit der restlichen Creme komplett einstreichen und mit Sahnetuffs, beiseitegelegten Kirschen und Schokoraspeln garnieren.

PRO STÜCK CA. 200 KCAL · 6 G EW · 16 G F · 6 G KH

Himbeer-Mohn-Torte

105 Min.

ZUTATEN FÜR CA. 16 STÜCKE
6 große Eier, 1 Prise Salz, 200 g weiche Butter und etwas Butter für die Form, 150 g Xylit, 200 g gemahlener Mohn, 75 g gemahlene Mandeln, 1 TL Backpulver, 2 TL abgeriebene Schale von 1 unbehandelten Zitrone, 300 g Himbeeren (TK-Produkt) und einige frische Himbeeren zum Garnieren, 2 EL Puder-Xylit und etwas Puder-Xylit zum Bestäuben, 250 g Sahne, 2 Pck. Sahnesteif,

1. Backofen auf 175 °C (Umluft: 155 °C) vorheizen. Eier trennen. Eiweiße mit Salz steif schlagen. Eigelbe mit Butter und Xylit schaumig schlagen. Mohn, Mandeln, Backpulver und Zitronenabrieb miteinander verrühren. Mohnmischung zur Eigelbmischung geben und alles gut verrühren. Eischnee vorsichtig unterheben.
2. Eine Springform (26 Zentimeter Durchmesser) mit Butter ausstreichen. Teig in die Form geben und glatt streichen. Im vorgeheizten Backofen ca. 50 Minuten backen. Auskühlen lassen und den Boden einmal waagerecht durchschneiden.
3. Himbeeren leicht antauen lassen. Mit Puder-Xylit pürieren. Sahne mit Sahnesteif steif schlagen. Himbeerpüree vorsichtig unter die Sahne heben. Unteren Boden mit Himbeercreme bestreichen, dabei den Rand etwas freilassen. Oberen Boden auflegen und leicht andrücken.
4. Frische Himbeeren verlesen, waschen und trocken tupfen. Himbeer-Mohn-Torte mit Himbeeren verzieren und mit Puder-Xylit bestäuben. Bis zum Servieren kalt stellen.

PRO STÜCK CA. 314 KCAL · 5 G EW · 22 G F · 18 G KH

Kokos-Limetten-Torte

45 Min.

1. Backofen auf 180 °C (Umluft: 160 °C) vorheizen. Eine Springform (20 Zentimeter Durchmesser) mit Backpapier auslegen. Eier trennen. Eiweiße mit Salz steif schlagen. 1 Messerspitze Backpulver, Xylit und Vanillemark zufügen und kurz weiterrühren. Eine Springform (26 Zentimeter Durchmesser) mit Butter einfetten.

2. Kokosflocken in einer Pfanne ohne Fett kurz anrösten. Kokosflocken, Kokosmehl, restliches Backpulver und 1–2 Eigelben verrühren (restliches Eigelb anderweitig verwerten). Eischnee vorsichtig unterheben. In die Form füllen, glatt streichen und im vorgeheizten Backofen ca. 20 Minuten backen. Abkühlen lassen.

3. Quark und Joghurt vermischen und nach Belieben mit Süßstoff abschmecken. Limettensaft und etwas Limettenabrieb zufügen und verrühren. Sofort-Gelatine zufügen und verrühren. Die Masse auf dem abgekühlten Boden verstreichen. Kokos-Limetten-Torte kalt stellen und vor dem Servieren mit restlichem Limettenabrieb und Limettenscheiben garnieren.

PRO STÜCK CA. 106 KCAL · 10 G EW · 4 G F · 6 G KH

ZUTATEN FÜR CA. 10 STÜCKE

3 Eier, 1 Prise Salz, 1 1/4 TL Backpulver, 1 EL Xylit, Mark von 1 Vanilleschote, etwas Butter für die Form, 2 EL Kokosflocken, 35 g Kokosmehl, 500 g Quark, 200 g Joghurt, Süßstoff nach Belieben, etwas abgeriebene Schale und Saft von 2 unbehandelten Limetten und einige unbehandelte Limettenscheiben zum Garnieren, 1 Pck. Sofort-Gelatine

Orangen-Torte

75 Min.

ZUTATEN FÜR CA. 16 STÜCKE
100 g Butter und etwas Butter für die Form,
100 g Mandelmehl und Mandelmehl für die Form,
5 große Eier,
1 Prise Salz,
170 g Xylit,
1/2 TL gemahlene Vanille,
1 TL Weinsteinbackpulver,
250 g Magerquark,
100 g Frischkäse,
etwas abgeriebene Schale und Saft von 1 unbehandelten Orange und einige unbehandelte Orangenscheiben zum Garnieren,
4 Blatt Gelatine,
200 g Sahne

1. Backofen auf 160 °C (Umluft: 140 °C) vorheizen. Eine Springform (26 Zentimeter Durchmesser) mit Butter ausstreichen und mit Mandelmehl ausstreuen. Butter in einen kleinen Topf geben und bei geringer Hitze schmelzen. Eier trennen. Eiweiße mit Salz steif schlagen.

2. Geschmolzene Butter, Eigelbe, 90 Gramm Xylit und Vanille zufügen und alles schaumig schlagen. Mandelmehl und Backpulver mischen und unterrühren. Mit 4 Esslöffeln heißem Wasser zu einem glatten Teig verarbeiten. Eischnee vorsichtig unterheben.

3. Teig in die Form füllen und glatt streichen. Im vorgeheizten Backofen ca. 35 Minuten backen. Stäbchenprobe machen: Am Holzstäbchen darf kein Teig haften. Abkühlen lassen. Restliches Xylit, Quark und Frischkäse mit ca. 1 1/2 Teelöffeln Orangenabrieb und ca. 3 Esslöffeln Orangensaft in einer Schüssel verrühren.

4. Gelatine in kaltem Wasser einweichen. Herausnehmen und tropfnass in einen Topf geben. Bei geringer Hitze unter Rühren so lange erwärmen, bis sich die Gelatine aufgelöst hat. Mit dem Schneebesen 1–2 Esslöffel Orangencreme unterrühren. Mit restlicher Orangencreme verrühren. Sahne steif schlagen und unter die Orangencreme heben. Tortenring um den Boden befestigen. Orangencreme auf dem Tortenboden verteilen und glatt streichen. Orangen-Torte ca. 2 Stunden kalt stellen. Mit Orangenscheiben garniert servieren.

PRO STÜCK CA. 172 KCAL · 8 G EW · 12 G F · 2 G KH

Saftiger Möhrenkuchen

ZUTATEN FÜR CA. 12 STÜCKE

300 g Möhren, 5 Eier, 1 Prise Salz, 200 g Xylit, 1/2 TL gemahlene Vanille, 300 g gemahlene Mandeln, 1/2 TL Zimt, etwas Butter für die Form, etwas Puder-Xylit zum Bestäuben

1. Backofen auf 200 °C (Umluft: 180 °C) vorheizen. Möhren putzen, schälen und fein raspeln.
2. Eier trennen. Eiweiße mit Salz steif schlagen. Eigelbe mit Xylit und gemahlener Vanille schaumig schlagen. Geraspelte Möhren, Mandeln und Zimt zur Eigelbmischung geben und unterrühren. Eischnee vorsichtig unterheben.
3. Eine Springform (26 Zentimeter Durchmesser) mit Butter ausstreichen. Teig in die Form füllen und glatt streichen. Im vorgeheizten Backofen ca. 35–45 Minuten backen. Stäbchenprobe machen: Am Holzstäbchen darf kein Teig haften. Abkühlen lassen. Vor dem Servieren mit etwas Puder-Xylit bestäuben.

PRO STÜCK CA. 254 KCAL · 9 G EW · 17 G F · 3 G KH

Himbeer-Quark-Biskuitrolle

ZUTATEN FÜR CA. 10 STÜCKE

etwas Öl für das Backblech, 2 Eier, etwas Süßstoff, 100 g Himbeeren (TK-Produkt), 150 g Magerquark, einige Spritzer Milch

1. Backofen auf 180 °C (Umluft: 160 °C) vorheizen. Backblech mit Backpapier auslegen und leicht mit Öl einpinseln.
2. Eier trennen. Eiweiße steif schlagen. Eigelbe mit Süßstoff schaumig schlagen. Eischnee vorsichtig unter die Eigelbmischung heben. Eimasse auf dem Backblech verteilen und im vorgeheizten Backofen ca. 10 Minuten backen.
3. Einige Himbeeren zum Garnieren beiseitelegen. Restliche Himbeeren in einem kleinen Topf erwärmen. Mit Quark und Milch vermengen.
4. Biskuitteig vorsichtig vom Backblech lösen, mit einem Teil der Himbeer-Quark-Mischung bestreichen und zu einer Rolle formen. Mit restlicher Quarkmischung und Himbeeren garniert servieren.

PRO STÜCK CA. 42 KCAL · 3 G EW · 3 G F · 1 G KH

Zitronenkuchen

ZUTATEN FÜR CA. 16 STÜCKE
etwas Butter für die Form, 8 große Eier, etwas Salz, 3 TL Stevia, 3 TL Süßstoff, 2 TL Flüssigsüßstoff, 2 TL Natron, abgeriebene Schale und Saft von 4 unbehandelten Zitronen, 2 Pck. Vanillearoma, 200 ml Öl, 400 g gemahlene Mandeln

1. Backofen auf 150 °C (Umluft: 130 °C) vorheizen. Eine Kastenform mit Butter ausstreichen.
2. Eier trennen. Eiweiße mit Salz steif schlagen. Eigelbe mit etwas Salz, Stevia, Süßstoffen und Natron schaumig schlagen. Zitronenabrieb und 6 Esslöffel Zitronensaft unterrühren. Vanillearoma, Öl und gemahlene Mandeln zufügen und gut verrühren. Eischnee vorsichtig unterheben.
3. Teig in die Form füllen und glatt streichen. Im vorgeheizten Backofen ca. 50 Minuten backen. Stäbchenprobe machen: Am Holzstäbchen darf kein Teig haften. Abkühlen lassen.

PRO STÜCK CA. 324 KCAL · 10 G EW · 30 G F · 2 G KH

Pekannuss-Blondies

ZUTATEN FÜR CA. 12–14 STÜCKE
50 g weiße Schokolade, 3 große Eier, 45 g Butter, 40 g Kokosöl, 70 g Xylit, 30 g Erythrit, 120 g Mandelmehl, 1 TL Guarkernmehl, 1 TL Backpulver, 1 TL Natron, 3/4 TL gemahlene Vanille, 50 g Pekannüsse und einige Pekannüsse zum Garnieren

1. Backofen auf 150 °C (Umluft: 130 °C) vorheizen. Schokolade grob hacken. Eier trennen. Eiweiße steif schlagen.
2. Schokolade mit Butter und Kokosöl im Wasserbad schmelzen. Schokoladenmasse mit Eigelben, Xylit und Erythrit schaumig rühren. Mandelmehl, Guarkernmehl, Backpulver, Natron und Vanille zufügen und alles gut verrühren. Pekannüsse grob hacken und untermischen. Eischnee vorsichtig unterheben.
3. Teig auf ein mit Backpapier belegtes Backblech streichen und mit einigen halbierten Pekannüssen belegen. Im vorgeheizten Backofen ca. 20–25 Minuten backen. Stäbchenprobe machen: Am Holzstäbchen darf kein Teig haften. Abkühlen lassen.

PRO STÜCK CA. 190 KCAL · 7 G EW · 14 G F · 4 G KH

Erdbeerkuchen (Abbildung links)

60 Min.

ZUTATEN FÜR 1 KUCHEN

80 g Butter und etwas Butter für die Form,
4 Eier,
1 Prise Salz,
17 g Xylit,
80 g Sahne,
150 g gemahlene Mandeln,
1 gehäufter TL Vanillepulver,
7 g Weinstein-Backpulver,
500 g Erdbeeren,
1 Pck. rote Gelatine

1. Backofen auf 180 °C (Umluft: 160 °C) vorheizen. Butter in einem kleinen Topf schmelzen. Eier trennen. Eiweiße mit Salz steif schlafen. Eigelbe mit 15 Gramm Xylit schaumig schlagen.

2. Unter Rühren Sahne und geschmolzene Butter zugeben. Gemahlene Mandeln mit Vanillepulver und Weinstein-Backpulver vermengen und untermischen. Eischnee vorsichtig unter den Teig heben.

3. Boden einer Springform mit Backpapier auslegen und Rand mit Butter ausstreichen. Teig einfüllen und glatt streichen. Im vorgeheizten Backofen ca. 30 Minuten backen. Springformrand lösen, auf einen mit Backpapier belegten Kuchenrost stürzen und erkalten lassen. Backpapier entfernen. Boden auf eine Tortenplatte legen und einen Tortenring darumstellen.

4. Erdbeeren waschen, Stielansätze entfernen und Erdbeeren in Scheiben schneiden. Kuchenboden gleichmäßig mit Erdbeeren belegen. Gelatine nach Packungsanweisung einweichen und mit restlichem Xylit auflösen. Gelatinemasse vorsichtig über den Erdbeeren verteilen. Fest werden lassen und Tortenring entfernen. Erdbeerkuchen bis zum Servieren kalt stellen.

PRO KUCHEN CA. 2399 KCAL · 86 G EW · 195 G F · 65 G KH

Rhabarbertorte

70 Min.

ZUTATEN FÜR 1 TORTE

4 Eier,
5 ml Flüssigsüßstoff,
2 TL Backpulver,
100 g gemahlene Mandeln,
500 g Rhabarber,
1 Pck. zuckerfreies Vanillepuddingpulver,
140 g Erythrit,
2 EL Butter,
500 g Sahne

1. Backofen auf 200 °C (Umluft: 180 °C) vorheizen. Eier trennen, Eiweiße steif schlagen. Eigelbe und Süßstoff mit dem Handrührgerät schaumig aufschlagen. Eischnee unterheben. Backpulver und Mandeln zufügen und vorsichtig verrühren (Teig sollte nicht zusammenfallen!). Springform (26 Zentimeter Durchmesser) mit Backpapier auslegen und Teig hineinfüllen. Im vorgeheizten Backofen ca. 10–20 Minuten backen.

2. Rhabarber waschen und in kleine Stücke schneiden. Puddingpulver mit 6 Esslöffeln Wasser glatt rühren. 200 Milliliter Wasser zum Kochen bringen, Erythrit und Rhabarber zugeben und ca. 5 Minuten köcheln lassen. Mit angerührtem Puddingpulver binden und abkühlen lassen.

3. Biskuitboden mithilfe eines Löffels aushöhlen und zerbröseln. Dabei Boden und einen ca. 2 Zentimeter breiten Rand stehen lassen. Rhabarbermischung hineingeben. Butter in einer Pfanne schmelzen und Biskuitbrösel darin anrösten. Sahne steif schlagen und auf der Rhabarbertorte verteilen. Mit Biskuitbröseln bestreuen. Im Kühlschrank ca. 6 Stunden kalt stellen.

PRO TORTE CA. 2671 KCAL · 65 G EW · 240 G F · 31 G KH

Birnen-Nuss-Kuchen

ZUTATEN FÜR CA. 12 STÜCKE

3 Eier, 120 g Xylit, 100 g Frischkäse, 100 g gemahlene Haselnüsse, 50 g Mandelmehl, 1/2 TL Zimt, 1 TL Weinstein-Backpulver, 2 EL weiche Butter, 1 Prise Salz, 1 große reife Birne, 80 g zuckerfreie Schokolade

1. Backofen auf 180 °C (Umluft: 160 °C) vorheizen. Eier mit Xylit schaumig schlagen, Frischkäse unterrühren. Haselnüsse, Mandelmehl, Zimt und Backpulver hinzufügen und unterarbeiten. Butter und Salz unterrühren.
2. Birne schälen, entkernen und in kleine Würfel schneiden. Schokolade raspeln. Birnenwürfel und geraspelte Schokolade unter den Teig heben. Teig in eine mit Backpapier ausgelegte Kastenform füllen und im vorgeheizten Backofen ca. 35 Minuten backen.
3. Kuchen ca. 10 Minuten in der Form abkühlen lassen, auf ein Kuchengitter stürzen und vollständig abkühlen lassen.

PRO STÜCK CA. 198 KCAL · 6 G EW · 14 G F · 7 G KH

Schokoladentorte

ZUTATEN FÜR CA. 8 STÜCKE

60 g Butter und etwas Butter für die Form, 200 g Zartbitterschokolade, 2 EL Xylit, 2 Eier, 390 g Sahne, 3 Blatt Gelatine

1. Backofen auf 175 °C (Umluft: 155 °C) vorheizen. Eine Springform (18 Zentimeter Durchmesser) mit Butter ausstreichen. Butter mit 60 Gramm Schokolade und Xylit im Wasserbad schmelzen. Eier nacheinander unterrühren und alles zu einem Teig verarbeiten.
2. Teig in die Form füllen und im vorgeheizten Backofen ca. 10 Minuten backen. In der Form auskühlen lassen. 350 Gramm Sahne in einen Topf geben und aufkochen lassen. Vom Herd nehmen und 80 Gramm Schokolade darin schmelzen lassen. Gelatine nach Packungsanweisung einweichen, ausdrücken und in der Schoko-Sahne-Masse auflösen. Abkühlen lassen und auf den Boden streichen. Abdecken und im Kühlschrank ca. 2 Stunden kalt stellen.
3. Für die Ganache restliche Schokolade im Wasserbad schmelzen und restliche Sahne einrühren. Ganache auf die Torte streichen und im Kühlschrank ca. 12 Stunden kalt stellen.

PRO STÜCK CA. 365 KCAL · 5 G EW · 30 G F · 14 G KH

Mohnkuchen mit Orange

ZUTATEN FÜR CA. 16 STÜCKE
8 Eier, 1 Prise Salz, abgeriebene Schale von 1 unbehandelten Orange, 1 Msp. gemahlene Vanille, 100 g Butter und etwas Butter für die Form, 250 g Erythrit, 20 Spritzer Flüssigsüßstoff, 150 g Joghurt, 200 g gemahlener Mohn, 150 g gemahlene Mandeln, 1 TL Natron, etwas Puder-Xylit, Orangenzesten zum Garnieren

1. Backofen auf 180 °C (Umluft: 160 °C) vorheizen. Eier trennen. Eiweiße mit Salz steif schlagen. Orangenabrieb, Vanille, Eigelbe und Butter schaumig rühren. Erythrit und Süßstoff zufügen und aufschlagen. Joghurt einrühren. Mohn, Mandeln und Natron miteinander vermischen. Mohn-Mandel-Mischung und Eischnee abwechselnd vorsichtig unter die Eigelbmischung heben.
2. Eine Gugelhupfform mit Butter ausstreichen. Teig in die Form geben und im vorgeheizten Backofen ca. 1 Stunde backen, wird der Kuchen zu dunkel, am Ende der Backzeit den Kuchen mit Alufolie abdecken. Abkühlen lassen und mit etwas Puder-Xylit bestreuen. Mit Orangenzesten garniert servieren.

PRO STÜCK CA. 194 KCAL · 7 G EW · 17 G F · 2 G KH

Käsekuchen ohne Boden

ZUTATEN FÜR 1 KUCHEN
2 Eier, 200 g Frischkäse, 100 g Magerquark, 20 g Vanillepuddingpulver, 4 EL Xylit, 1 Prise Salz

1. Backofen auf 175 °C (Umluft: 155 °C) vorheizen. Springform (20 Zentimeter Durchmesser) mit Backpapier auskleiden. Eier trennen. Eigelbe mit Frischkäse, Quark, Puddingpulver und Xylit in eine Schüssel geben und verrühren. Eiweiße mit Salz steif schlagen und unterheben.
2. Masse in die Springform füllen und im vorgeheizten Backofen ca. 35 Minuten backen. Eventuell kurz vor Ende der Backzeit mit Alufolie abdecken, damit der Kuchen nicht zu dunkel wird. Herausnehmen und abkühlen lassen.

PRO KUCHEN CA. 922 KCAL · 33 G EW · 61 G F · 27 G KH

Mississippi Mud Pie

80 Min.

1. Mandelmehl, 25 Gramm Xylit, 20 Gramm Kakaopulver, 70 Gramm Butter und Espresso zu einem Teig verarbeiten. Teig in einen Gefrierbeutel geben und für ca. 15 Minuten in den Kühlschrank legen. Backofen auf 170 °C (Umluft: 150 °C) vorheizen. Eine Springform (18 Zentimeter Durchmesser) mit Butter ausstreichen.

2. Gekühlten Teig in der Form verteilen, Rand etwas hochziehen. Teigboden mit der Gabel mehrmals einstechen. Backpapier auf den Teig legen und Hülsenfrüchte darauf verteilen. Im vorgeheizten Backofen ca. 20 Minuten backen.

3. Restliche Butter in einem kleinen Topf bei geringer Hitze schmelzen. Mit restlichem Xylit vermischen. Restliches Kakaopulver, Eier, Vanillemark und 150 Gramm Sahne zufügen und alles gut vermischen. 70 Gramm Schokolade im Wasserbad schmelzen und unterrühren.

4. Form aus dem Backofen nehmen, Hülsenfrüchte und Backpapier entfernen und die Füllung auf den Teig geben. Glatt streichen. Weitere ca. 45 Minuten backen. Kuchen komplett auskühlen lassen. Restliche Sahne mit Sahnesteif steif schlagen und auf dem Kuchen verteilen. Restliche Schokolade raspeln und Mississippi Mud Pie mit Schokoraspeln garnieren.

ZUTATEN FÜR CA. 8 STÜCKE

90 g Mandelmehl,
175 g Xylit,
40 g Kakaopulver,
140 g Butter und etwas Butter für die Form,
1/2 Tasse Espresso,
200 g Hülsenfrüchte zum Blindbacken,
2 Eier,
Mark von 1/2 Vanilleschote,
350 g Sahne,
90 g Zartbitterschokolade,
1/2 Pck. Sahnesteif

PRO STÜCK CA. 458 KCAL · 9 G EW · 38 G F · 6 G KH

Beeren-Kokos-Käsekuchen

120 Min.

1. Beeren auftauen und abtropfen lassen. Backofen auf 175 °C (Umluft: 155 °C) vorheizen. Eine Springform (26 Zentimeter Durchmesser) mit Butter ausstreichen.
2. Butter und 75 Gramm Erythrit in einen kleinen Topf geben und aufkochen. Mischung in eine Schüssel geben. Kokosmehl, 2 Eier, 8 Spritzer Süßstoff und 1 Messerspitze Vanillemark zufügen und alles gut verrühren. Teig in die Form füllen und einen hohen Rand ziehen. Teig mit einer Gabel mehrmals einstechen. Im vorgeheizten Backofen ca. 5 Minuten vorbacken.
3. Puddingpulver mit etwas Kokosmilch und restlichem Vanillemark glatt rühren. Restliche Kokosmilch in einen Topf geben und aufkochen. Angerührtes Puddingpulver zufügen und nochmals aufkochen lassen. Restliches Erythrit einrühren und in der Mischung auflösen. Frischkäse mit Ricotta glatt rühren und mit dem Kokospudding vermischen. Restliche Eier nach und nach zugeben, restlichen Flüssigsüßstoff zufügen und alles kurz, aber sorgfältig verrühren.
4. Pudding-Käse-Masse auf dem Kuchenboden verstreichen. Beeren darauf verteilen und leicht einsinken lassen. Im vorgeheizten Backofen ca. 1 Stunde und 10 Minuten backen, wird der Kuchen zu dunkel, am Ende der Backzeit den Kuchen mit Alufolie abdecken. Kuchen im Backofen ca. 2 Stunden auskühlen lassen. In den Kühlschrank stellen und ca. 12 Stunden ruhen lassen.

PRO STÜCK CA. 422 KCAL · 11 G EW · 37 G F · 10 G KH

ZUTATEN FÜR CA. 12 STÜCKE

250 g gemischte Beeren (TK-Produkt),
130 g Butter und etwas Butter für die Form,
350 g Erythrit,
130 g Kokosmehl,
6 Eier,
28 Spritzer Flüssigsüßstoff,
3 Msp. Vanillemark,
40 g Vanillepudding-pulver,
400 ml Kokosmilch,
700 g Frischkäse,
250 g Ricotta

Himbeer-Torte (Abbildung rechts)

60 Min.

ZUTATEN FÜR CA. 16 STÜCKE
200 g Himbeeren,
1 Handvoll Johannisbeeren,
3 Eier,
210 g Xylit,
1 Prise Salz,
60 g Mandelmehl,
30 g Kokosmehl,
1 TL Johannisbrotkernmehl,
1 TL Backpulver,
500 g Quark,
1 EL Zitronensaft,
8 Blatt rote Gelatine,
400 g Sahne

1. Früchte verlesen, waschen und trocken tupfen. Einige Himbeeren und alle Johannisbeeren zum Garnieren beiseitelegen. Backofen auf 150 °C (Umluft: 130 °C) vorheizen. Eine Springform (26 Zentimeter Durchmesser) mit Backpapier auslegen.

2. Eier mit 60 Gramm Xylit und 1 Prise Salz mit dem Handrührgerät in ca. 10–15 Minuten cremig weiß schlagen. Mandelmehl, Kokosmehl, Johannisbrotkernmehl und Backpulver miteinander vermischen und auf die Eimasse sieben. Vorsichtig unterheben. Teig in die Form füllen, glatt streichen und im vorgeheizten Backofen ca. 25 Minuten backen. Boden aus dem Ofen nehmen und in der Form auskühlen lassen.

3. Quark mit restlichem Xylit und Zitronensaft verrühren. Gelatine nach Packungsanweisung in kaltem Wasser einweichen. Herausnehmen und tropfnass in einen kleinen Topf geben. Bei geringer Hitze unter Rühren so lange erwärmen, bis sich die Gelatine aufgelöst hat. Mit dem Schneebesen 1–2 Esslöffel der Quarkmasse unterrühren. Gelatine-Mischung zur restlichen Quarkmasse geben und verrühren. Sahne steif schlagen. Himbeeren unterheben. Sahne-Himbeer-Mischung zur Quarkmasse geben und alles gut vermischen.

4. Tortenring um den Boden befestigen. Füllung auf dem Boden verteilen und glatt streichen. Mit den beiseitegelegten Himbeeren und Johannisbeeren garnieren. Himbeer-Torte ca. 2 Stunden kalt stellen.

PRO STÜCK CA. 176 KCAL · 8 G EW · 11 G F · 3 G KH

Kaffee-Torte

50 Min.

ZUTATEN FÜR CA. 12 STÜCKE
3 Eier,
150 g Xylit,
150 g gemahlene Mandeln,
15 g Kakaopulver,
1 Msp. Backpulver,
etwas Zimt,
500 g Frischkäse,
4 EL Milch,
4 EL starker Kaffee,
6 Blatt Gelatine,
250 g Sahne

1. Backofen auf 180 °C (Umluft: 160 °C) vorheizen. Eine Springform (24 Zentimeter Durchmesser) mit Backpapier auslegen. Eier und 50 Gramm Xylit schaumig schlagen. Gemahlene Mandeln, Kakao, Backpulver und Zimt zugeben und alles gut verrühren. Ca. 50–100 Milliliter Wasser zufügen und zu einem Teig verarbeiten.

2. Teig in die Springform füllen und glatt streichen. Im vorgeheizten Backofen ca. 20 Minuten backen. Boden aus dem Ofen nehmen und in der Form auskühlen lassen.

3. Frischkäse mit restlichem Xylit und Milch glatt rühren. Kaffee zugeben und gut verrühren. Gelatine in kaltem Wasser einweichen. Herausnehmen und tropfnass in einen kleinen Topf geben. Bei geringer Hitze unter Rühren so lange erwärmen, bis sich die Gelatine aufgelöst hat. Mit dem Schneebesen 1–2 Esslöffel der Frischkäsemasse unterrühren. Gelatine-Mischung zur restlichen Frischkäsemasse geben und verrühren. Sahne steif schlagen und unterheben.

4. Tortenring um den Boden befestigen. Füllung auf dem Boden verteilen und glatt streichen. Kaffeetorte mindestens 4 Stunden kalt stellen.

PRO STÜCK CA. 225 KCAL · 10 G EW · 15 G F · 4 G KH

Russischer Zupfkuchen

ZUTATEN FÜR CA. 12 STÜCKE

270 g Butter und etwas Butter für die Form,
300 g Mandelmehl,
1 Pck. Weinstein-Backpulver,
250 g Erythrit,
40 g Kakaopulver,
6 große Eier,
250 g Quark,
150 g Doppelrahmfrischkäse,
200 g Sahne,
1 Prise Salz,
etwas Vanillearoma

1. Backofen auf 200 °C (Umluft: 180 °C) vorheizen. Eine Springform (26 Zentimeter Durchmesser) mit Butter ausstreichen. 200 Gramm Butter in einen kleinen Topf geben und bei geringer Hitze schmelzen. Mandelmehl mit Backpulver mischen. 200 Gramm Erythrit und Kakaopulver zugeben und verrühren. Geschmolzene Butter und 3 Eier zugeben und einen Teig herstellen. 1/3 des Teiges beiseitestellen. Restlichen Teig in die Springform geben und einen hohen Rand ziehen.

2. Restliche Butter schaumig rühren. Restliche Eier, Quark, Frischkäse und Sahne zufügen und verrühren. Restliches Erythrit, 1 Prise Salz und Vanillearoma zugeben und alles gut verrühren. Die Masse auf dem Teig verteilen und glatt streichen. Beiseitegestellten Teig in kleine Stückchen zupfen und auf der Quark-Frischkäse-Mischung verteilen. Im vorgeheizten Backofen ca. 1 Stunde backen. Auskühlen lassen und servieren.

PRO STÜCK CA. 259 KCAL · 9 G EW · 15 G F · 3 G KH

Marmor-Gugelhupf

80 Min.

1. Backofen auf 200 °C (Umluft: 180 °C) vorheizen. Eine Gugelhupfform mit Butter ausstreichen und mit Mandelmehl ausstreuen. Butter mit Xylit und Eiern schaumig schlagen.

2. Mandelmehl, Flohsamenschalen, Backpulver, Guarkernmehl, Salz und Vanille gut miteinander vermischen. Mandelmilch und Rumaroma zugeben und verrühren. Mit der Butter-Eier-Mischung vermengen.

3. Teig in zwei Hälften teilen. Eine Hälfte des Teiges in die vorbereitete Gugelhupfform füllen. In den restlichen Teig Kakaopulver rühren. Dunklen Teig in die Form geben. Teigschichten mit einer Gabel spiralartig durchziehen, sodass das charakteristische Marmormuster entsteht. Marmor-Gugelhupf im vorgeheizten Backofen ca. 1 Stunde backen. Stäbchenprobe machen: Am Holzstäbchen darf kein Teig haften. Auskühlen lassen und nach Belieben mit Puder-Xylit bestäuben.

PRO STÜCK CA. 150 KCAL · 8 G EW · 9 G F · 2 G KH

ZUTATEN FÜR CA. 16 STÜCKE

100 g zimmerwarme Butter und etwas Butter für die Form,
185 g Mandelmehl und etwas Mandelmehl für die Form,
130 g Xylit, 5 große Eier,
25 g Flohsamenschalen,
4 TL Backpulver,
1 TL Guarkernmehl,
1 Prise Salz,
etwas gemahlene Vanille,
240 ml Mandelmilch,
1 Fläschchen Rumaroma,
2 EL Kakaopulver,
etwas Puder-Xylit zum Bestäuben

Johannisbeer-Streuselkuchen (Abbildung rechts)

50 Min.

ZUTATEN FÜR CA. 20 STÜCKE
500 g Rote und Schwarze Johannisbeeren,
2 Eier und 2 Eigelb,
180 g Xylit,
1 Fläschchen Zitronenaroma,
225 g Butter,
250 g Magerquark,
400 g Mandelmehl,
1/2 TL Backpulver

1. Backofen auf 180 °C (Umluft: 160 °C) vorheizen. Backblech mit Backpapier auslegen. Johannisbeeren putzen, waschen und trocken tupfen.

2. Eier, Eigelbe, 80 Gramm Xylit und Zitronenaroma schaumig rühren. 25 Gramm Butter in einem kleinen Topf schmelzen. Geschmolzene Butter und Quark mit der Eiermischung verrühren. 200 Gramm Mandelmehl und Backpulver vermischen, zufügen und alles zu einem glatten Teig verrühren.

3. Teig auf dem Backpapier verstreichen. Johannisbeeren darauf verteilen. Restliches Mandelmehl, restliches Xylit und restliche Butter gut miteinander vermischen und zu Streuseln verarbeiten. Streusel gleichmäßig auf dem Johannisbeerkuchen verteilen. Im vorgeheizten Backofen ca. 25 Minuten backen. Abkühlen lassen, in Stücke schneiden und servieren.

PRO STÜCK CA. 203 KCAL · 20 G EW · 13 G F · 5 G KH

Schokoladen-Brownies

45 Min.

ZUTATEN FÜR 1 FORM
30 g Zartbitterschokolade,
2 Eier,
55 g Butter,
40 g Kakaopulver,
150 g Süßstoff,
70 g Mandelmehl,
1/2 TL Backpulver,
1 Fläschchen Vanillearoma

1. Backofen auf 170 °C (Umluft: 150 °C) vorheizen. Schokolade grob hacken. Eier trennen und Eiweiße steif schlagen.

2. Einen Topf zu drei Vierteln mit Wasser füllen und auf ca. 60 °C erhitzen. (Das Wasser darf nicht kochen!) Topf vom Herd nehmen. Eine Metall- oder Glasschüssel mit gehackter Schokolade füllen und Schokolade mit Butter im Wasserbad schmelzen. Ab und zu umrühren.

3. In die Schokoladenmasse Eigelbe, Kakaopulver, Süßstoff, Mandelmehl, Backpulver und Vanillearoma geben und alles mit dem Handrührgerät verrühren. Eischnee vorsichtig unterheben. Teig in eine mit Backpapier ausgelegte Brownieform (20 x 20 Zentimeter) füllen und glatt streichen. Im vorgeheizten Backofen ca. 20 Minuten backen.

TIPP Es gibt verschiedene alternative Süßungsmittel, mit denen man bei einer Low-Carb-Ernährung süßen kann, z. B. Erythrit, Xylit, Stevia, Agavendicksaft oder Kokosblütenzucker. Hier gilt es herauszufinden, was einem selbst am besten schmeckt.

PRO FORM CA. 1107 KCAL · 55 G EW · 80 G F · 27 G KH

Erdnussbutter-Schokoladen-Torte

30 Min.

1. Mandelmehl mit Kakao, 30 Gramm Xylit und 50 Gramm zerlassener Butter verrühren und in einer gefetteten Spring- oder Auflaufform als Boden andrücken.

2. Gelatine-Granulat in etwas Wasser einrühren, quellen lassen, über einem Wasserbad auflösen. Sahne mit 10 Gramm Xylit und 1 Teelöffel Vanillearoma steif schlagen. Aufgelöste Gelatine unter ständigem Rühren zur Sahne geben. Frischkäse mit Erdnussbutter und 60 Gramm Xylit verrühren und unter die Sahnemischung rühren.

3. Masse auf den Boden in der Form geben und gleichmäßig verstreichen. Mindestens ca. 4 Stunden in den Kühlschrank stellen.

4. Restliche Butter mit Schokolade schmelzen. Restliches Xylit und übriges Vanillearoma unterrühren. Ganache auf die Torte sprenkeln und diese zurück in den Kühlschrank stellen, bis die Ganache ausgehärtet ist.

PRO TORTE CA. 6286 KCAL · 241 G EW · 501 G F · 101 G KH

ZUTATEN FÜR 1 TORTE

180 g Mandelmehl,
40 g Kakaopulver,
115 g Xylit,
80 g Butter und etwas Butter für die Form,
1 TL Gelatine-Granulat,
230 g Sahne,
2 TL Vanillearoma,
680 g Frischkäse,
325 g cremige Erdnussbutter,
30 g zuckerfreie Schokolade

Haselnuss-Schoko-Kuchen

ZUTATEN FÜR CA. 12 STÜCKE
200 g Zucchini, 6 Eier, 250 g Xylit, 10 Spritzer Flüssigsüßstoff, 1 Msp. Vanillepulver, 200 g gemahlene Haselnüsse, 40 g Kakaopulver

1. Backofen auf 180 °C (Umluft: 160 °C) vorheizen. Eine Kastenform mit Backpapier auslegen. Zucchini schälen, fein raspeln und gut ausdrücken.
2. Eier mit Xylit und Süßstoff einige Minuten verschlagen, bis eine hellgelbe, luftige Masse entsteht. Vanillepulver und Zucchiniraspel untermischen. Gemahlene Haselnüsse und Kakaopulver vermischen und vorsichtig unterheben.
3. Teig in die Form füllen und glatt streichen. Im vorgeheizten Backofen ca. 40 Minuten backen. Stäbchenprobe machen: Am Holzstäbchen darf kein Teig haften. Abkühlen lassen.

PRO STÜCK CA. 224 KCAL · 6 G EW · 15 G F · 3 G KH

Marmorkuchen

ZUTATEN FÜR 1 KASTENFORM
6 Eier, 100 g Xylit, 50 g Butter und etwas Butter für die Form, 250 g Quark, abgeriebene Schale von 1 unbehandelten Zitrone, Rumaroma, etwas ausgekratztes Mark von 1 Vanilleschote, 1 EL Mandelmehl, 200 g gemahlene Mandeln, 1 Msp. Natron, 1 Prise Salz, 1 EL Backkakao

1. Backofen auf 160 °C (Umluft: 140 °C) vorheizen. Eier trennen und Eiweiße beiseitestellen. Xylit mit Butter cremig rühren. Eigelbe nach und nach unterrühren.
2. Quark, Zitronenabrieb, Rumaroma und Vanillemark zufügen. Mandelmehl, gemahlene Mandeln und Natron ebenfalls zugeben. Mithilfe eines Handrührgeräts vermischen. Eiweiße mit Salz steif schlagen und vorsichtig unterheben. Teig in zwei Hälften teilen.
3. Zu einer Hälfte Backkakao geben und unterrühren. Hälfte des Kakaoteigs in eine gefettete Kastenform füllen. Hellen Teig darübergeben. Restlichen dunklen Teig ebenfalls in die Form füllen.
4. Eine Gabel spiralförmig durch den Teig ziehen, sodass ein Marmormuster entsteht. Im vorgeheizten Backofen ca. 40–50 Minuten backen (Stäbchenprobe machen!).

PRO KUCHEN CA. 2684 KCAL · 117 G EW · 199 G F · 127 G KH

Apfelkuchen

ZUTATEN FÜR 1 KUCHEN

115 g Butter und etwas Butter für die Form, 3 Äpfel, 90 g Süßstoff, 100 g Frischkäse, 1 TL Vanilleextrakt, 4 Eier, 120 g Mandelmehl, 50 g gemahlene Mandeln, 1 TL Backpulver, 2 TL Zimt, 1 Prise Salz

1. Butter in einem kleinen Topf schmelzen. Äpfel schälen, Kerngehäuse entfernen und Äpfel in kleine Würfel schneiden. Backofen auf 180 °C (Umluft: 160 °C) vorheizen.

2. Geschmolzene Butter, Süßstoff, Frischkäse und Vanilleextrakt miteinander vermischen. Nach und nach Eier zugeben. Mandelmehl, gemahlene Mandeln, Backpulver, Zimt und Salz unterrühren und mit dem Handrührgerät zu einem cremigen Teig verarbeiten. Äpfel unterheben.

3. Springform (21 Zentimeter Durchmesser) mit Butter ausstreichen und Teig hineinfüllen. Im vorgeheizten Backofen ca. 35–40 Minuten backen.

PRO KUCHEN CA. 2374 KCAL · 99 G EW · 183 G F · 61 G KH

Brownie mit Himbeeren aus der Heißluftfritteuse

ZUTATEN FÜR 4 PORTIONEN

100 g Low-Carb-Schokolade, 50 g Butter und etwas Butter für die Form, 3 EL Xylit, 1 Ei, 30 g Mandelmehl, 1 TL Kakaopulver, 1 Msp. Backpulver, 1 Handvoll Himbeeren (TK-Produkt)

1. Schokolade klein hacken und in einem Topf mit Butter schmelzen. Xylit unterrühren und etwas abkühlen lassen. Ei unterrühren und schaumig schlagen. Mandelmehl, Kakao und Backpulver unterrühren. Himbeeren unterheben.

2. Backform mit Butter ausstreichen und Teig einfüllen. In der Heißluftfritteuse bei 170 °C ca. 15 Minuten backen.

PRO PORTION CA. 306 KCAL · 7 G EW · 24 G F · 12 G KH

Schokoladen-Zucchini-Kuchen

ZUTATEN FÜR 1 KASTENFORM

Fett für die Form, 370 g Zucchini, 200 g gemahlene Haselnüsse, 40 g Kakaopulver, 6 Eier, 250 g Xylit, zuckerfreie Schokodrops nach Belieben

1. Backofen auf 180 °C (Umluft: 160 °C) vorheizen. Kastenform mit Fett ausstreichen. Zucchini putzen, waschen, sehr fein reiben und gut ausdrücken. Gemahlene Haselnüsse in eine Schüssel geben und mit Kakao vermischen. Eier in eine weitere Schüssel geben und mit Xylit luftig aufschlagen. Zucchini untermischen und Haselnuss-Kakao-Mischung unterheben.

2. Teig in die Kastenform füllen, nach Belieben mit Schokodrops belegen und ca. 40 Minuten backen. (Stäbchenprobe machen: Am Holzstäbchen darf kein Teig haften.) Eventuell kurz vor Ende der Backzeit mit Alufolie abdecken, damit der Kuchen nicht zu dunkel wird. Herausnehmen und abkühlen lassen.

PRO KUCHEN CA. 3034 KCAL · 79 G EW · 213 G F · 50 G KH

Apfelkuchen mit Frischkäse

ZUTATEN FÜR CA. 10 STÜCKE

115 g Butter und etwas Butter für die Form, 90 g Süßstoff, 100 g Frischkäse, 1 TL Vanille-Extrakt, 4 große Eier, 120 g Mandelmehl, 50 g gemahlene Mandeln, 1 TL Backpulver, 2 TL Zimt, 1 Prise Salz, 3–4 kleine Äpfel, etwas Puder-Xylit

1. Backofen auf 180 °C (Umluft: 160 °C) vorheizen. Eine Springform (21 Zentimeter Durchmesser) mit etwas Butter ausstreichen. Butter in einem kleinen Topf bei geringer Hitze schmelzen. Geschmolzene Butter mit Süßstoff, Frischkäse und Vanille-Extrakt vermischen. Nach und nach Eier zufügen und unterrühren. Mandelmehl, gemahlene Mandeln, Backpulver, Zimt und 1 Prise Salz zufügen und zu einem cremigen Teig verrühren.

2. Äpfel waschen, halbieren, Kerngehäuse entfernen und Fruchtfleisch in Scheiben schneiden. Apfelscheiben vorsichtig unter den Teig heben. Teig in die Form füllen und glatt streichen. Im vorgeheizten Backofen ca. 35–40 Minuten backen. Abkühlen lassen, in Stücke schneiden und mit etwas Puder-Xylit bestäubt servieren.

PRO STÜCK CA. 248 KCAL · 10 G EW · 19 G F · 7 G KH

BROTE UND BRÖTCHEN

Low-Carb-Bagels (Abbildung links)

35 Min.

ZUTATEN FÜR 6 STÜCK
150 g Mandelmehl,
1 EL Backpulver,
280 g geriebener Mozzarella,
50 g Frischkäse,
2 Eier,
etwas Sesam zum Bestreuen

1. Backofen auf 200 °C (Umluft: 180 °C) vorheizen. Mandelmehl und Backpulver vermischen.

2. Mozzarella mit Frischkäse mischen, in eine mikrowellengeeignete Schüssel geben und ca. 1 Minute erhitzen. Alles verrühren und nochmals ca. 1 Minute erhitzen, bis die Mischung geschmolzen ist.

3. Mandelmehlmischung und Eier zur noch heißen Mozzarella-Frischkäse-Masse geben und alles gut verrühren. Ist die Mischung lauwarm abgekühlt, die Masse einige Minuten mit den Händen verkneten, bis sie eine teigähnliche Konsistenz hat.

4. Teig in sechs Stücke teilen und jedes Teigstück zu einer Rolle formen. Enden zusammendrücken, sodass ein Kringel entsteht, und Bagels mit Sesam bestreuen.

5. Auf ein mit Backpapier belegtes Backblech setzen, im vorgeheizten Backofen ca. 12–15 Minuten backen, herausnehmen und servieren.

PRO STÜCK CA. 271 KCAL · 24 G EW · 17 G F · 4 G KH

Leinsamenbrötchen aus der Heißluftfritteuse

45 Min.

ZUTATEN FÜR CA. 6 STÜCK
2 Eier,
3/4 EL Salz,
150 g Leinsamenmehl,
50 g Flohsamenschalen,
250 g Magerquark,
1 EL Leinsamen,
1 EL Sesam

1. Eier mit Salz schaumig schlagen. Leinsamenmehl mit Flohsamenschalen vermischen und unter die Eimasse rühren. Quark unterheben und 250 Milliliter heißes Wasser zufügen. Alles zu einem Teig verkneten. Teig mindestens ca. 30 Minuten ruhen lassen. Heißluftfritteuse auf 180 °C vorheizen.

2. Aus dem Teig kleine Brötchen formen und mit Leinsamen und Sesam bestreuen. In der vorgeheizten Heißluftfritteuse ca. 35 Minuten backen.

PRO STÜCK CA. 174 KCAL · 15 G EW · 7 G F · 5 G KH

Chia-Brötchen

ZUTATEN FÜR 2 STÜCK
1 Ei, 1 EL Magerquark, 1/2 EL Frischkäse, 20 g geriebener Käse (z. B. Gouda), 1 TL Backpulver, 1 Prise Salz, 3 EL Flohsamenschalen, 1 EL Chiasamen, 1/2 EL geschroteter Leinsamen

1. Backofen auf 200 °C (Umluft: 180 °C) vorheizen. Backblech mit Backpapier auslegen. Alle Zutaten gut miteinander verrühren.
2. Aus dem Teig 2 Teiglinge formen und auf das Backpapier legen. Teiglinge mit einem scharfen Messer kreuzweise ca. 1 Zentimeter tief einschneiden. Im vorgeheizten Backofen ca. 20–30 Minuten goldbraun backen. Auf einem Kuchengitter auskühlen lassen.

TIPP Die Chia-Brötchen sind auch am nächsten Tag noch superschmackhaft. Einfach mit etwas Wasser bespritzen und kurz im Backofen aufbacken.

PRO STÜCK CA. 149 KCAL · 10 G EW · 9 G F · 4 G KH

Oliven-Schinken-Brot

ZUTATEN FÜR 1 BROT
2 Eier und 6 Eiweiß, 500 g Quark, 2 EL Eiweißpulver, 180 g Mandelmehl, 2 EL Flohsamenschalen, 1 TL Weinstein-Backpulver, 1 TL Salz, 1 EL Brotgewürz, 1 TL fein gehackter Rosmarin, 1/2 TL gehackter Thymian, 100 g schwarze Oliven ohne Stein, 80 g magerer Schinken, 50 g geriebener Käse

1. Backofen auf 190 °C (Umluft: 170 °C) vorheizen. Eier, Eiweiße, Quark, Eiweißpulver, Mandelmehl, Flohsamenschalen, Backpulver, Salz, Brotgewürz, Rosmarin und Thymian gut verrühren. Oliven fein würfeln, Schinken in kleine Stücke schneiden. Beides mit dem geriebenen Käse zum Teig geben und gründlich unterarbeiten.
2. Teig in eine mit Backpapier ausgelegte Kastenform füllen, glatt verstreichen und im vorgeheizten Backofen ca. 45 Minuten backen. Brot ca. 10 Minuten in der Form abkühlen lassen, auf ein Kuchengitter stürzen und vollständig abkühlen lassen.

PRO BROT CA. 2009 KCAL · 228 G EW · 99 G F · 43 G KH

Körnerbrötchen

ZUTATEN FÜR 6 STÜCK
250 g Quark, 2 große Eier, 50 g Haferkleie, 25 g geschroteter Leinsamen, 25 g Flohsamenschalen, 25 g neutrales Eiweißpulver, 20 g Kokosmehl, 1 TL Backpulver, 1 TL Salz, 1/2 TL Guarkernmehl, 30 g Körnermischung

1. Backofen auf 195 °C (Umluft: 175 °C) vorheizen. Backblech mit Backpapier auslegen. Quark mit Eiern verrühren. Restliche Zutaten zufügen und zu einem gleichmäßigen Teig verarbeiten.
2. Aus dem Teig 6 Teiglinge formen und auf das Backpapier legen. Im vorgeheizten Backofen ca. 30 Minuten backen. Auf einem Kuchengitter auskühlen lassen.

TIPP Als Körnermischung eignen sich beispielsweise Sonnenblumenkerne, Kürbiskerne, Sesam, Pinienkerne und Leinsamen. Leinsamen enthält wertvolles Leinöl und sorgt für ein langes Sättigungsgefühl.

PRO STÜCK CA. 197 KCAL · 16 G EW · 10 G F · 8 G KH

Quark-Brot

ZUTATEN FÜR 1 BROT
150 g Magerquark, 2 Eier, 50 g gemahlene Mandeln, 25 g gemahlener Buchweizen, 50 g geschroteter Leinsamen und 1 EL Leinsamen, 10 g Mehl, 1/2 Pck. Backpulver, 1/2 TL Salz, 1 EL Haferflocken, 1 EL Sesam

1. Quark mit Eiern verrühren. Mandeln, Buchweizen, geschroteten Leinsamen, Mehl, Backpulver und Salz vermischen und unterrühren. Ca. 10 Minuten ruhen lassen. Backofen auf 170 °C (Umluft: 150 °C) vorheizen. Kastenform mit Backpapier auslegen.
2. Teig in die Form füllen und mit Haferflocken, Sesam und Leinsamen bestreuen. Im vorgeheizten Backofen ca. 30–35 Minuten backen. Quark-Brot kurz in der Form abkühlen lassen. Herausnehmen und auf einem Kuchengitter komplett auskühlen lassen.

PRO BROT CA. 1001 KCAL · 65 G EW · 64 G F · 24 G KH

Dinkelbrötchen

40 Min.

1. Backofen auf 170 °C (Umluft: 150 °C) vorheizen. Backblech mit Backpapier auslegen. Eier trennen. Eiweiße mit Salz steif schlagen. Eigelbe mit Frischkäse verrühren. Dinkelschrot und Backpulver unterrühren. Eischnee vorsichtig unterheben.

2. Aus dem Teig 6 Teiglinge formen und auf das Backpapier legen. Im vorgeheizten Backofen ca. 30 Minuten backen. Auf einem Kuchengitter auskühlen lassen.

TIPP Die Dinkelbrötchen passen perfekt zu cremigem Rührei mit Tomaten und Schinken und lassen sich auch bestens als Sandwich verwenden. Mit Frischkäse bestreichen und mit Salatblättern, Käsescheiben und Gurken belegen.

PRO STÜCK CA. 96 KCAL · 6 G EW · 6 G F · 6 G KH

ZUTATEN FÜR 6 STÜCK

4 Eier,
1 Prise Salz,
55 g Kräuterfrischkäse,
40 g Dinkelschrot,
10 g Backpulver

Schokobrötchen mit Quark

40 Min.

ZUTATEN FÜR 12 STÜCK
1/2 Würfel Hefe, 100 ml lauwarme Milch, 150 g Mandelmehl und etwas Mandelmehl für die Arbeitsfläche, 50 g Kokosmehl, 50 g Butter, 2 Eier, 150 g Quark, abgeriebene Schale von 1 unbehandelten Zitrone, 150 g zuckerfreie Schokotropfen

1. Hefe in die Milch bröckeln und darin auflösen. Mandelmehl, Kokosmehl, 30 Gramm Butter, Eier, Quark und Zitronenschale mit der Hefemilch zu einem glatten Teig kneten. Teig ca. 1 Stunde gehen lassen. Backofen auf 180 °C (Umluft: 160 °C) vorheizen.
2. Teig auf einer mit Mandelmehl bestäubten Arbeitsfläche noch einmal durchkneten und dabei Schokotropfen unterarbeiten. Teig in 12 Stücke teilen. Aus jedem Stück mit den Händen ein Brötchen formen. Brötchen auf ein mit Backpapier belegtes Backblech setzen. Restliche Butter zerlassen und Brötchen damit bestreichen.
3. Im vorgeheizten Backofen ca. 25 Minuten backen, bis die Brötchen eine goldgelbe Farbe haben. Vom Blech auf ein Kuchengitter setzen und vollständig abkühlen lassen.

PRO STÜCK CA. 196 KCAL · 11 G EW · 13 G F · 6 G KH

Oopsies, der perfekte Brotersatz (Abbildung links)

45 Min.

ZUTATEN FÜR 2 PORTIONEN
2 Eier,
50 g Frischkäse,
1 Msp. Backpulver,
Salz,
frisch gemahlener Pfeffer,
1 TL Kräuter nach Belieben

1. Backofen auf 160 °C (Umluft: 140 °C) vorheizen. Eier trennen. Eigelbe mit Frischkäse verrühren. Backpulver zufügen, mit Salz, Pfeffer und Kräutern würzen und nochmals verrühren.
2. Eiweiße mit einer Prise Salz sehr steif schlagen und vorsichtig unter die Masse heben.
3. Backblech mit Backpapier belegen und die Eimasse als kleine Kleckse daraufsetzen. (Genügend Abstand lassen.) Im vorgeheizten Backofen 20–25 Minuten backen. Etwas auskühlen lassen.

TIPP Oopsies eignen sich auch prima als Ersatz für Burgerbrötchen oder Sandwiches. Probieren Sie doch einmal ein Sandwich mit grünem Pesto, Gurkenscheiben, Basilikum, rotem Pesto, Cherry-Tomaten und gewürfeltem Feta!

PRO PORTION CA. 137 KCAL · 8 G EW · 11 G F · 2 G KH

Kürbis-Kokos-Brot

85 Min.

ZUTATEN FÜR 1 BROT
400 g Hokkaidokürbis,
80 ml Kokosmilch,
4 große Eier,
1 TL Salz,
1/2 TL Zimt,
1/2 TL Kardamom,
etwas frisch geriebener Muskat,
200 g gemahlene Mandeln,
50 g Flohsamenschalen,
2 TL Backpulver

1. Kürbis waschen, entkernen und grob zerkleinern. Kürbisstücke in einen Topf geben, mit Wasser aufgießen, kurz aufkochen und gar köcheln lassen.
2. Backofen auf 200 °C (Umluft: 180 °C) vorheizen. Kastenform mit Backpapier auslegen. Kürbis mit Kokosmilch pürieren. Eier mit Salz, Zimt, Kardamom und Muskat schaumig schlagen. Zur Kürbismasse geben und gut verrühren. Mandeln, Flohsamenschalen und Backpulver miteinander vermischen und unterrühren. Zu einem Teig verarbeiten.
3. Teig in die Form füllen und im vorgeheizten Backofen ca. 1 Stunde backen. Kürbisbrot kurz in der Form abkühlen lassen. Herausnehmen und auf einem Kuchengitter komplett auskühlen lassen.

PRO BROT CA. 2043 KCAL · 89 G EW · 154 G F · 69 G KH

Low-Carb-Quark-Brot mit Kernen

ZUTATEN FÜR 1 BROT
150 g Magerquark, 4 Eier, 50 g geschroteter Leinsamen, 50 g gemahlene Mandeln, 1/2 Pck. Backpulver, 1/2 TL Salz, Kernemischung zum Bestreuen

1. Backofen auf 170 °C (Umluft: 150 °C) vorheizen. Kastenform mit Backpapier auslegen. Quark, Eier, Leinsamen, Mandeln und Backpulver in eine Schüssel geben. Salz zufügen und alles gut verrühren. Teig in die Kastenform füllen, glatt streichen und ca. 5 Minuten ruhen lassen.

2. Low-Carb-Quark-Brot mit Kernen bestreuen und im vorgeheizten Backofen ca. 1 Stunde backen.

TIPP Besonders gut schmeckt das Brot, wenn die Scheiben nochmals kurz getoastet werden.

PRO BROT CA. 1110 KCAL · 77 G EW · 76 G F · 15 G KH

Sonnenblumen-Brot

ZUTATEN FÜR 1 BROT
50 g Sonnenblumenkerne und einige Sonnenblumenkerne zum Bestreuen, 50 g Weizenkleie, 50 g geschroteter Leinsamen, 50 g neutrales Eiweißpulver, 1 gehäufter TL Backpulver, 1 TL Salz, 250 g Magerquark, 2 Eier

1. Sonnenblumenkerne, Weizenkleie, Leinsamen und Eiweißpulver mit Backpulver und Salz vermischen. Quark und Eier zugeben und zu einem Teig verkneten. Ca. 10 Minuten ruhen lassen. Backofen auf 200 °C (Umluft: 180 °C) vorheizen. Backblech mit Backpapier auslegen.

2. Aus dem Teig 1 Brotlaib formen, auf Backpapier legen und oder in eine Kastenform geben und mit Sonnenblumenkernen bestreuen. Im vorgeheizten Backofen ca. 40 Minuten backen. Auf einem Kuchengitter auskühlen lassen.

PRO BROT CA. 1241 KCAL · 121 G EW · 45 G F · 48 G KH

Baguette-Brötchen

40 Min.

1. Butter in einen kleinen Topf geben und bei geringer Hitze schmelzen. 115 Milliliter Wasser zum Kochen bringen. Eier mit Wasser schaumig aufschlagen. Geschmolzene Butter und Senf unter Rühren zugeben. Mandelmehl, Flohsamenschalen, Backpulver und Salz miteinander vermischen und nach und nach zur Ei-Mischung geben. Zu einem Teig verarbeiten. Backblech mit Backpapier auslegen.

2. Aus dem Teig längliche Teiglinge formen und auf das Backpapier legen. Mit einem scharfen Messer längs einritzen und die Teiglinge ca. 20 Minuten ruhen lassen. Backofen auf 200 °C (Umluft: 180 °C) vorheizen.

3. Im vorgeheizten Backofen ca. 20 Minuten goldbraun backen. Auf einem Kuchengitter auskühlen lassen.

PRO STÜCK CA. 169 KCAL · 15 G EW · 10 G F · 2 G KH

ZUTATEN FÜR CA. 4 STÜCK

20 g Butter,
2 Eier,
1 TL milder Senf,
120 g Mandelmehl,
1 EL gemahlene Flohsamenschalen,
2 TL Backpulver,
1 Prise Salz

Sonnenblumenbrötchen

ZUTATEN FÜR 8 STÜCK
120 g Sonnenblumenkerne, 50 g gemahlener Leinsamen, 100 g Sojamehl, 2 EL Kokosmehl, 1 TL Salz, 2 TL Backpulver, 2 Eier, 250 g Quark, 2 EL Öl, etwas Buttermilch

1. Backofen auf 180 °C (Umluft: 160 °C) vorheizen. 75 Gramm Sonnenblumenkerne im Blitzhacker fein mahlen.
2. Gemahlene Sonnenblumenkerne mit Leinsamen, Sojamehl, Kokosmehl, Salz und Backpulver vermischen. Eier mit Quark, Öl und etwas Buttermilch glatt verrühren und unter die trockenen Zutaten kneten.
3. Aus dem Teig 8 Brötchen formen und auf ein mit Backpapier belegtes Backblech setzen. Mit Wasser bestreichen und mit restlichen Sonnenblumenkernen bestreuen. Im vorgeheizten Backofen ca. 25 Minuten backen. Auf einem Kuchengitter abkühlen lassen.

PRO STÜCK CA. 246 KCAL · 16 G EW · 18 G F · 5 G KH

Low-Carb-Körnerbrot aus der Heißluftfritteuse

ZUTATEN FÜR 1 BROT
150 g Quark, 50 g Joghurt, 4 Eier, 1/2 TL Salz, 1 Pck. Backpulver, 60 g Sonnenblumenkerne, 40 g grob gehackte Haselnüsse, 30 g Kürbiskerne, 6 EL Haferkleie, 2 EL Chiasamen, 2 TL Leinsamen und etwas Leinsamen zum Bestreuen, 1 TL weißer Sesam und etwas Sesam zum Bestreuen, 1 TL schwarzer Sesam und etwas Sesam zum Bestreuen

1. Quark mit Joghurt, Eiern und Salz glatt rühren. Mit restlichen Zutaten zu einem Teig verarbeiten. Teig mindestens ca. 20 Minuten ruhen lassen.
2. Teig in die Backform füllen und mit Leinsamen und Sesam bestreuen. In der Heißluftfritteuse bei 170 °C ca. 40 Minuten backen und abkühlen lassen.

TIPP Das Brot hält sich im Kühlschrank (in ein sauberes Küchentuch eingeschlagen) etwa 7 Tage frisch. Ebenso lassen sich die Brotscheiben portionsweise einfrieren und bei Bedarf schnell im Toaster aufbacken.

PRO BROT CA. 1686 KCAL · 95 G EW · 116 G F · 59 G KH

Low-Carb-Brot mit Joghurt

ZUTATEN FÜR 1 BROT
275 g gemahlene Mandeln, 4 EL Kokosmehl, 30 g gemahlene Flohsamenschalen, 1/2 TL Salz, 2 TL Backpulver, 4 Eier, 250 g Naturjoghurt, 2 EL Öl und etwas Öl für die Form, 1 EL Zitronensaft

1. Backofen auf 180 °C (Umluft: 160 °C) vorheizen. Gemahlene Mandeln mit Kokosmehl, Flohsamenschalen, Salz und Backpulver mischen. Eier mit Joghurt, Öl und Zitronensaft verrühren.
2. Ei-Joghurt-Masse zu den trockenen Zutaten geben und zu einem Teig verrühren. Gegebenenfalls etwas Wasser zugeben, wenn die Konsistenz zu fest ist.
3. Teig in eine gefettete Kastenform füllen, glatt streichen und die Oberfläche kreuzweise einritzen. Im vorgeheizten Backofen ca. 50 Minuten backen. Kurz in der Form abkühlen lassen, auf ein Kuchengitter stürzen und vollständig abkühlen lassen.

PRO BROT CA. 2594 KCAL · 113 G EW · 201 G F · 43 G KH

Zucchinibrot

ZUTATEN FÜR 1 BROT
1 Zucchini, 150 g Buttermilch, 5 Eier, 180 g Mandelmehl, 20 g Kokosmehl, 1 EL Weinstein-Backpulver, 40 g Flohsamenschalen, 2 EL Apfelessig, 2 EL Walnussöl, 1 TL Salz, 1 Msp. gemahlener Kreuzkümmel, 2 TL Brotgewürz

1. Backofen auf 180 °C (Umluft: 160 °C) vorheizen. Zucchini putzen, waschen und fein raspeln. Zucchiniraspel in ein Küchentuch legen und Flüssigkeit gut ausdrücken.
2. Zucchini mit Buttermilch, Eiern, Mandelmehl, Kokosmehl, Backpulver, Flohsamenschalen, Apfelessig, Walnussöl, Salz, Kreuzkümmel und Brotgewürz zu einem glatten Teig verkneten. Teig in eine mit Backpapier ausgelegte Backform füllen und glatt verstreichen. Ca. 15 Minuten ruhen lassen.
3. Im vorgeheizten Backofen ca. 35 Minuten backen. Zucchinibrot am besten noch lauwarm genießen.

PRO BROT CA. 1475 KCAL · 135 G EW · 65 G F · 43 G KH

Luftig-leichtes Cloud Bread

35 Min.

1. Backofen auf 150 °C (Umluft: 130 °C) vorheizen. Eier trennen. Eigelbe mit Frischkäse in einer Schüssel verrühren. Backpulver darübersieben und zügig unterrühren. Eiweiße mit Salz steif schlagen und portionsweise unter die Frischkäse-Ei-Masse heben.

2. Backblech mit Backpapier auslegen und die Frischkäse-Ei-Masse als kleine Kleckse darauf setzen. (Ausreichend Abstand lassen.) Im vorgeheizten Backofen ca. 25 Minuten backen. Etwas auskühlen lassen.

PRO STÜCK CA. 60 KCAL · 3 G EW · 5 G F · 1 G KH

ZUTATEN FÜR CA. 8 STÜCK

3 Eier,
100 g Doppelrahmfrischkäse,
1 EL Backpulver,
1 Prise Salz

Low-Carb-Brot aus der Heißluftfritteuse

ZUTATEN FÜR 1 BROT
200 g Magerquark, 4 Eier, 2 EL Weinessig, 80 g gemahlene Mandeln, 40 g gemahlene Flohsamenschalen, 40 g Leinsamen, 40 g Sonnenblumenkerne, 40 g Chiasamen, 1 Pck. Backpulver, 1 TL Salz, 1 EL Kokosmehl, 2 EL Röstzwiebeln

1. Heißluftfritteuse auf 170 °C vorheizen. Quark, Eier und Essig verrühren.
2. Mandeln, Flohsamenschalen, Leinsamen, Sonnenblumenkerne, Chiasamen, Backpulver, Salz, Kokosmehl und Röstzwiebeln mischen und nach und nach unter die flüssigen Zutaten rühren.
3. Aus dem Teig einen Brotlaib formen und die Oberfläche einritzen. Brot in den Garkorb legen und ca. 35 Minuten backen. Herausnehmen und vollständig abkühlen lassen.

PRO BROT CA. 1752 KCAL · 99 G EW · 116 G F · 36 G KH

Möhrenbrot

ZUTATEN FÜR 1 BROT
250 g Möhren, 150 g gemahlene Mandeln, 50 g geschroteter Leinsamen, 30 g gemahlene Flohsamenschalen, 1 TL gemahlene Koriandersaat, 2 TL Backpulver, 1 TL Salz, 4 Eier, 2 EL Öl

1. Möhren putzen, schälen und raspeln. Mandeln, Leinsamen, Flohsamenschalen, Koriander, Backpulver und Salz mischen. Eier, Möhren und Öl zugeben und alles gründlich verkneten.
2. Masse in eine mit Backpapier ausgelegte Kastenform füllen und Brot ca. 1 Stunde im vorgeheizten Backofen backen.. Ca. 15 Minuten im ausgeschalteten Ofen abkühlen lassen, aus der Form heben und auf einem Kuchengitter vollständig auskühlen lassen.

PRO BROT CA. 1832 KCAL · 75 G EW · 140 G F · 28 G KH

Nuss-Mandel-Brot (Abbildung rechts)

60 Min.

ZUTATEN FÜR 1 BROT
150 g Dinkelvollkornmehl,
150 g gemahlene Mandeln,
100 g gemahlene Haselnüsse und 40 g Haselnüsse,
1 TL Salz,
1/2 Würfel Hefe,
3 EL lauwarme Milch,
50 g weiche Butter und etwas Butter für die Form,
150 g Quark,
2 Eier,
40 g Kürbiskerne

1. Dinkelmehl mit gemahlenen Mandeln und Haselnüssen sowie Salz mischen. Hefe mit Milch verrühren und mit Butter, Quark und Eiern unter die Mehl-Mischung kneten. Kürbiskerne und Haselnüsse unterarbeiten. Gegebenenfalls etwas lauwarmes Wasser zugeben, wenn der Teig zu fest ist. Abgedeckt ca. 45 Minuten gehen lassen.
2. Backofen auf 180 °C (Umluft: 160 °C) vorheizen. Teig in eine gefettete Kastenform füllen und weitere ca. 15 Minuten gehen lassen.
3. Das Brot im vorgeheizten Backofen ca. 45 Minuten backen. Kurz in der Form abkühlen lassen, auf ein Kuchengitter stürzen und vollständig abkühlen lassen.

PRO BROT CA. 3262 KCAL · 129 G EW · 252 G F · 125 G KH

Frischkäse-Brötchen

55 Min.

ZUTATEN FÜR 6 STÜCK
200 g Frischkäse,
3 Eier,
45 g Flohsamenschalen,
1/2 TL Backpulver,
1/2 TL Salz

1. Frischkäse und Eier miteinander vermischen. Flohsamenschalen, Backpulver und Salz zufügen und alles gut verrühren. Teig ca. 10 Minuten ruhen lassen. Backofen auf 150 °C (Umluft: 130 °C) vorheizen. Backblech mit Backpapier auslegen.
2. Aus dem Teig 6 Teiglinge formen und auf das Backpapier legen. Im vorgeheizten Backofen ca. 50 Minuten backen. Auskühlen lassen.

TIPP Die Frischkäse-Brötchen lassen sich wunderbar variieren. Nach Belieben mit Sonnenblumenkernen, Kürbiskernen oder Sesam bestreuen. So ergeben sie immer wieder ein anderes Geschmackserlebnis.

PRO STÜCK CA. 124 KCAL · 5 G EW · 11 G F · 2 G KH

Low-Carb-Fladenbrot

45 Min.

1. Quark mit 1 Ei, Milch, Hefe und Öl glatt rühren. Mandelmehl mit Leinsamen darüberstreuen, mit Salz und Muskat würzen und alles gut verkneten. Teig abgedeckt ca. 1 Stunde gehen lassen.

2. Backofen auf 180 °C (Umluft: 160 °C) vorheizen. Teig auf mit Mandelmehl bestäubter Arbeitsfläche noch einmal kneten, in 4 Teile aufteilen. Jedes Teigstück auf Backpapier zu einem runden Fladen ausrollen, Backpapier mit den Fladen auf ein Backblech ziehen.

3. Saure Sahne mit restlichem Ei verrühren, Fladen damit bestreichen. Im vorgeheizten Backofen ca. 30 Minuten backen. Fladen abkühlen lassen und nach Belieben mit Petersilie garniert servieren.

PRO PORTION CA. 492 KCAL · 48 G EW · 25 G F · 10 G KH

ZUTATEN FÜR 4 PORTIONEN

100 g Quark, 2 Eier,
1 EL lauwarme Milch,
20 g Hefe,
2 EL Öl,
300 g Mandelmehl und etwas Mandelmehl für die Arbeitsfläche,
50 g gemahlener Leinsamen,
1 TL Salz,
etwas frisch geriebener Muskat, 150 g saure Sahne, Petersilie zum Garnieren nach Belieben

Soja-Körner-Brötchen

50 Min.

1. Backofen auf 180 °C (Umluft: 160 °C) vorheizen. Leinsamen mit Sesam mischen. Ein Drittel davon zum Bestreuen beiseitestellen. Kürbiskerne grob mahlen.

2. Sojamehl, Salz, Backpulver und Flohsamen mischen. Ei, Eiweiß und Quark zufügen und alles zu einem glatten Teig verkneten. Leinsamen-Sesam-Mischung und gemahlene Kürbiskerne unterarbeiten. Gegebenenfalls etwas Wasser oder Sojamehl zugeben, bis der Teig die gewünschte Konsistenz hat.

3. Aus dem Teig 12 Brötchen formen und diese auf ein mit Backpapier belegtes Backblech legen. Brötchen mit Wasser bestreichen und mit Leinsamen-Sesam-Mischung bestreuen. Im vorgeheizten Backofen ca. 30 Minuten backen. Auf einem Kuchengitter abkühlen lassen.

PRO STÜCK CA. 212 KCAL · 18 G EW · 14 G F · 3 G KH

ZUTATEN FÜR 12 STÜCK

75 g Leinsamen,
75 g Sesam,
50 g Kürbiskerne,
300 g Sojamehl,
1 TL Salz,
2 TL Backpulver,
2 EL Flohsamenschalen,
1 Ei und 1 Eiweiß,
200 g Quark

Low-Carb-Weißbrot mit Dinkel (Abbildung links)

85 Min.

ZUTATEN FÜR 2 BROTE
270 g gemahlene Mandeln,
80 g gemahlene Flohsamenschalen,
20 g Dinkelvollkornmehl,
1 1/2 Pck. Backpulver,
1 TL Salz,
5 Eiweiß,
30 ml Essig,
2 EL Sesam

1. Backofen auf 180 °C (Umluft: 160 °C) vorheizen. Backblech mit Backpapier auslegen. Mandeln, Flohsamenschalen und Dinkelvollkornmehl miteinander vermischen. Backpulver darübersieben. Salz zugeben und alles gut vermischen. Eiweiße und Essig zugeben und verrühren. 360 Milliliter Wasser aufkochen und vorsichtig zugießen. Verrühren und zu einem Teig verkneten.
2. Teig in 2 Portionen teilen. 2 Brotlaibe daraus formen und mit Sesam bestreuen. Auf das Backpapier legen und im vorgeheizten Backofen ca. 1 Stunde und 10 Minuten backen. Auf einem Kuchengitter auskühlen lassen.

PRO BROT CA. 1010 KCAL · 46 G EW · 80 G F · 20 G KH

Gewürzbrot mit Quark

95 Min.

ZUTATEN FÜR 1 BROT
500 g Magerquark,
5 Eier, 100 g geschroteter Leinsamen,
100 g gemahlene Mandeln,
3 gehäufte EL Sonnenblumenkerne und einige Sonnenblumenkerne zum Bestreuen,
3 gehäufte EL Weizenkleie,
2 gehäufte EL Sojamehl,
1 Pck. Backpulver,
1 gehäufter TL Salz,
1 TL gemahlener Kümmel,
1 EL Balsamico,
etwas frischer Schnittlauch,
etwas Kürbiskernöl

1. Backofen auf 150 °C (Umluft: 130 °C) vorheizen. Kastenform mit Backpapier auslegen. Magerquark mit Eiern verrühren. Restliche Zutaten zufügen und zu einem gleichmäßigen Teig verarbeiten.
2. Teig in die Form füllen und mit Sonnenblumenkernen bestreuen. Im vorgeheizten Backofen ca. 1 Stunde und 30 Minuten backen. Gewürzbrot kurz in der Form abkühlen lassen. Herausnehmen und auf einem Backgitter komplett auskühlen lassen.

PRO BROT CA. 2239 KCAL · 167 G EW · 135 G F · 52 G KH

Haferkleie-Brötchen

ZUTATEN FÜR 8 STÜCK
300 g Quark, 1 Ei, 3 EL Öl, 4 EL Milch, 75 g Haferkleie, 2 TL Backpulver, 2 EL Flohsamen, 50 g Sesam, 1 TL Salz, 1 TL gemahlener Koriander, Sesam zum Bestreuen nach Belieben

1. Backofen auf 180 °C (Umluft: 160 °C) vorheizen. Quark mit Ei, Öl und Milch glatt verrühren.
2. Haferkleie mit Backpulver, Flohsamen, Sesam, Salz, Koriander, Quarkmischung und nach Bedarf etwas Wasser glatt verkneten. Daraus kleine Brötchen formen und nach Belieben mit Sesam bestreuen. Brötchen auf ein mit Backpapier belegtes Backblech setzen.
3. Brötchen im vorgeheizten Backofen in ca. 30 Minuten goldgelb backen. Auf einem Kuchengitter abkühlen lassen.

PRO STÜCK CA. 155 KCAL · 9 G EW · 10 G F · 7 G KH

Chia-Mohn-Brötchen

ZUTATEN FÜR 8 STÜCK
50 g Sonnenblumenkerne, 2 EL Chiasamen, 2 EL Mohn, 50 g gemahlene Flohsamenschalen, 1 TL Backpulver, 75 g Mandelmehl, 300 g Quark, 3 Eier

1. Backofen auf 200 °C (Umluft: 180 °C) vorheizen. Sonnenblumenkerne fein hacken. Mit Chiasamen, Mohn, Flohsamen, Backpulver, Mandelmehl, Quark und Eiern zu einem homogenen Teig verarbeiten. Gegebenenfalls etwas Wasser oder zusätzliches Mandelmehl einarbeiten.
2. Aus dem Teig kleine Brötchen formen und Brötchen auf ein mit Backpapier belegtes Backblech setzen. Im vorgeheizten Backofen ca. 25 Minuten backen. Auf einem Kuchengitter abkühlen lassen.

PRO STÜCK CA. 174 KCAL · 14 G EW · 10 G F · 4 G KH

Körnerbrot

ZUTATEN FÜR 1 BROT
40 g Walnüsse, 150 g Magerquark, 4 Eier, 50 g Mandelmehl, 50 g geschroteter Leinsamen, 1 TL Salz, 20 g Hanfsamen, 20 g Sesam, 20 g Sonnenblumenkerne, 20 g Kürbiskerne

1. Backofen auf 180 °C (Umluft: 160 °C) vorheizen. Kleine Kastenform mit Backpapier auslegen. Walnüsse grob hacken. Quark, Eier, Mandelmehl, Leinsamen und Salz miteinander vermischen. Hanfsamen zugeben und verrühren. Walnüsse unterrühren.
2. Teig in die Form füllen und mit Sesam, Sonnenblumenkernen und Kürbiskernen bestreuen. Im vorgeheizten Backofen ca. 1 Stunde backen. Körnerbrot kurz in der Form abkühlen lassen. Herausnehmen und auf einem Kuchengitter komplett auskühlen lassen.

PRO BROT CA. 1473 KCAL · 103 G EW · 100 G F · 20 G KH

Knäckebrot mit Mandelmehl

ZUTATEN FÜR 8 PORTIONEN
2 EL Chiasamen, 3 EL geschroteter Leinsamen, 50 g Mandelmehl, 2 EL gemahlene Haselnüsse, 2 EL Sesam, 1 Msp. Brotgewürz, 1 Msp. Salz

1. Alle Zutaten in eine Schüssel geben und mit ca. 200 Milliliter Wasser vermengen. Abgedeckt ca. 1 Stunde quellen lassen. Backofen auf 180 °C (Umluft: 160 °C) vorheizen.
2. Masse auf ein mit Backpapier belegtes Backblech geben und gleichmäßig dünn verstreichen. Knäckebrot im vorgeheizten Backofen ca. 20 Minuten backen.
3. Mit einem Messer oder dem Pizzaschneider in Stücke schneiden und wieder in den Backofen schieben. Weitere ca. 5–10 Minuten backen. Vom Blech nehmen und auf einem Kuchengitter abkühlen lassen.

PRO PORTION CA. 79 KCAL · 5 G EW · 5 G F · 1 G KH

Walnussbrot (Abbildung links)

30 Min.

ZUTATEN FÜR 1 BROT
250 g Quark,
2 Eier,
50 g gehackte Walnüsse,
50 g geschroteter Leinsamen,
50 g Weizenkleie,
50 g neutrales Eiweißpulver,
1 TL Backpulver

1. Backofen auf 180 °C (Umluft: 160 °C) vorheizen. Backblech mit Backpapier auslegen. Quark mit Eiern verrühren. Restliche Zutaten zugeben und alles zu einem Teig verarbeiten. Teig ca. 10 Minuten ruhen lassen.
2. Teig zu einem Brotlaib formen und auf das Backpapier legen. Mit einem scharfen Messer die Oberseite parallel zur Längsachse leicht schräg ca. 1 Zentimeter tief einschneiden. Im vorgeheizten Backofen ca. 25 Minuten backen.

TIPP Das Walnussbrot schmeckt frisch gebacken sehr gut als Butterbrot, köstlich ist es auch mit Schinken oder Käse belegt. Zum Frühstück passt ein Aufstrich aus Frischkäse oder Hüttenkäse, garniert mit Tomatenscheiben.

PRO BROT CA. 1245 KCAL · 113 G EW · 64 G F · 30 G KH

Protein-Chia-Brötchen aus der Heißluftfritteuse

25 Min.

ZUTATEN FÜR CA. 4 STÜCK
100 g Frischkäse,
1 Ei,
50 g neutrales Eiweißpulver,
50 g Chiasamen,
2 EL Flohsamenschalen,
1/2 Pck. Backpulver,
1 TL Salz

1. Frischkäse mit Ei verrühren. Restliche Zutaten und 100 Milliliter Wasser zufügen und alles zu einem Teig verkneten. Teig ca. 15 Minuten ruhen lassen.
2. Aus dem Teig kleine Brötchen formen und in der Heißluftfritteuse bei 170 °C ca. 10–15 Minuten backen.

TIPP Chiasamen und Flohsamenschalen wirken sich durch ihren hohen Gehalt an Ballaststoffen positiv auf die Verdauung aus. Zudem machen sie wegen ihres Quellverhaltens richtig satt. In Kombination mit sättigendem Eiweiß ergeben sie also das perfekte Frühstücksbrötchen.

PRO STÜCK CA. 141 KCAL · 14 G EW · 8 G F · 2 G KH

Rezeptregister

Abbildungsnachweis

Shutterstock: 2 beta7, 5 stockcreations, 9 matka_Wariatka, 10 o. JRP Studio, 10 u. OnlyZoia, 11 AS Food studio, 12 Lana_M, 13 Maddas, 14 Yulia von Eisenstein, 15 o. YuliiaHolovchenko, 15 u. Jacek Chabraszewski, 16 Brent Hofacker, 17 Chudovska, 18 Stepanek Photography, 19 vkuslandia, 20 Elena Veselova, 21 Azra H, 22 o. Liliya Kandrashevich, 22 u. Liudmyla Yaremenko, 23 o. Lulu Durand, 23 u. bonchan, 25 A_Lein, 26 Elena Demyanko, 27 Rasulov, 29 Elena Shashkina, 30 Kiian Oksana, 31 Liliya Kandrashevich, 32 o. Oxana Denezhkina, 32 u. BarthFotografie, 33 o. Ildi Papp, 33 u. Elena Shashkina, 34 o. SMarina, 34 u. Sanmongkhol, 35 o. Magdanatka, 35 u. Olha Afanasieva, 39 AS Food studio, 40 Olha Hutsuliuk, 41 Nickola_Che, 42 o. zi3000, 42 u. Lenakov, 43 o. nelea33, 43 u. AnastasiaNess, 45 margouillat photo, 46 o. Nadezhda Nesterova, 46 u. minadezhda, 47 Amallia Eka, 48 Nataliia Leontieva, 49 zi3000, 51 Alphonsine Sabine, 52 o. Liv friis-larsen, 52 u. lorenzo_graph, 53 o. Brent Hofacker, 53 u. Tobik, 54 Ina Ts, 55 Slavica Stajic, 57 sutsaiy, 58 Lapina Maria, 59 o. Brent Hofacker, 59 u. Elena Veselova, 61 iuliia_n, 62 o. Sergey Fatin, 62 u. Joerg Beuge, 63 o. Nataliya Arzamasova, 63 u. margouillat photo, 67 Tatiana Vorona, 68 Julia-Bogdanova, 69 Sentelia, 70 margouillat photo, 72 o. Eskymaks, 72 u. Vuk Varuna, 73 o. Dream79, 73 u. ANNA WITKIEWICZ, 75 Fischer Food Design, 76 Tatiana Vorona, 77 Stolyevych Yuliya, 79 zoryanchik, 80 Vezzani Photography, 81 Magrig, 83 Tejal Pandya, 84 Edith Frincu, 85 o. Alphonsine Sabine, 85 u. MariaKovaleva, 87 Wiktory, 88 Katerina_Tuveleva, 89 pamuk, 90 o. vanillaechoes, 90 u. IngridHS, 91 o. A_Lein, 91 u. Poring Studio, 92 Lapina Maria, 93 o. Mangostar, 93 u. llaszlo, 94 o. Lapina Maria, 94 u. EugeniaSh, 95 o. travellight, 95 u. Wirths ((Wirths-Rezept?)), 99 SOLOTU, 100 ILEISH ANNA, 101 stockcreations, 103 JMiks, 104 o. Digivic, 104 u. Tatiana Vorona, 105 o. DronG, 105 u. AS Food studio, 106 MariaKovaleva, 107 Shebeko, 108 Timolina, 110 o. Dar1930, 110 u. Pronina Marina, 111 o. Photopictures, 111 u. Tatiana Vorona, 112 B.G. Photography, 114 Barbara Dudzinska, 115 vkuslandia, 116 o. Alexander Raths, 116 u. Elena Shashkina, 117 o. Marian Weyo, 117 u. Elena Shashkina, 118 Bochkarev Photography, 120 o. Elena Leya, 120 u. zi3000, 121 o. Gayvoronskaya_Yana, 121 u. Tatiana Volgutova, 122 gowithstock, 124 o. supercat, 124 u. juefraphoto, 125 o. Valerio Pardi, 125 u. Africa Studio, 129 SAM THOMAS A, 130 o. Alexey Borodin, 130 u. Anna Hoychuk, 131 o. Azra H, 131 u. Anna Shepulova, 132 AS Food studio, 134 o. Wiktory, 134 u. Roxiller13, 135 o. Robyn Mackenzie, 135 u. OnlyZoia, 137 Liliya Kandrashevich, 138 AS Food studio, 139 Yevgeniya Shal, 141 AS Food studio, 142 o. Acter, 142 u. Peter Kim, 143 o. Ezume Images, 143 u. Anna Shepulova, 145 hlphoto, 146 marco mayer, 148 o. Julie208, 148 u. Anna Hoychuk, 149 o. Anton Chernov, 149 u. Ryzhkov Photography, 151 Peter Nadolski, 152 o. Ekaterina Smirnova, 152 u. Studio 37, 153 hlphoto, 157 Olga Nayashkova, 158 o. Edith Frincu, 158 u. Lenin L, 159 o. DDiana, 159 u. Ingrid Balabanova, 160 Olha Afanasieva, 162 o. Stepanek Photography, 162 u. Olha Afanasieva, 163 o. Virginia Garcia, 163 u. jreika, 164 Martin Turzak, 166 o. alpenkoch, 166 u. StockphotoVideo, 167 o. Nataliya Arzamasova, 167 u. Olga Markova, 169 Ildi Papp, 170 spline_x, 171 Irina Timokhina, 172 Ekaterina Kondratova, 174 o. nelea33, 174 u. Salih Enes Ozbayoglu, 175 o. Wollertz, 175 u. minadezhda, 177 Nina Firsova, 178 o. Edith Frincu, 178 u. Nina Firsova, 179 o. Liliya Kandrashevich, 179 u. Libertyphoto, 181 margouillat photo, 184 YuliiaHolovchenko, 185 Stolyevych Yuliya, 186 o. aliasemma, 186 u. BarthFotografie, 187 o. Hortimages, 187 u. Lesya Dolyuk, 189 Yulia Davidovich, 190 Liesel Fuchs, 191 o. Olga Miltsova, 191 u. Elena Veselova, 192 Daniel Gilbey Photography, 194 o. Oksana Mizina, 194 u. Dar1930, 195 o. Justyna Pankowska, 195 u. Tatiana Volgutova, 197 Simone van den Berg, 198 o. Brent Hofacker, 198 u. mama_mia, 199 o. SMarina, 199 u. Rimma Bondarenko, 200 artpritsadee, 201 Elena Veselova, 203 Timolina, 204 o. vm2002, 204 u. Viktory Panchenko, 205 o. nadianb, 205 u. Elena Shashkina, 206 MShev, 207 Roserunn, 208 o. A. Zhuravleva, 208 u. Vorontsova Anastasiia, 209 o. A_Lein, 209 u. Natalya Dolgova, 210 Veronika Idiyat, 211 Elena Veselova, 214 Katheryn Moran, 216 Lilly Trott, 217 Ildi Papp, 219 Agnes Kantaruk, 220 o. Aris Setya, 220 u. Oksana_Schmidt, 221 o. kamon_saejueng, 221 u. Christian

Jung, 223 beanimages, 224 Nataliya Arzamasova, 226 o. Ruslan Mitin, 226 u. A_Lein, 227 o. minadezhda, 227 u. kpatyhka, 229 Jiri Hera, 230 o. Anna Shepulova, 230 u. zoryanchik, 231 o. Nelli Syrotynska, 231 u. MShev, 233 Anna Shepulova, 234 Ekaterina Smirnova, 235 Miuda, 236 beta7, 238 o. Anna Shepulova, 238 u. MShev, 239 o. Geshas, 239 u. Edgieus, 240 Azra H, 241 Elena Veselova, 242 o. Amallia Eka, 242 u. Tobik, 243 o. B.G. Photography, 243 u. osvaldodip, 247 Photoalenka, 248 o. JRP Studio, 248 u. MShev, 249 o. Magdalena Paluchowska, 249 u. vm2002, 250 David Tadevosian, 251 Oksana Mizina, 253 stezzon, 254 Anna Kurzaeva, 255 Tatiana Vorona, 256 o. lozas, 256 u. Oxana Denezhkina, 257 o. Elena Veselova, 257 u. Galiyah Assan, 258 ILEISH ANNA, 260 o. AlenaKogotkova, 260 u. Miuda, 261 o. BBA Photography, 261 u. Christian Jung, 262 pingpongcat, 263 Dragon_Fly, 265 teleginatania, 266 wsf-s, 267 Marian Weyo, 269 AnjelikaGr, 270 AnjelikaGr, 271 o. hanabiyori, 271 u. liloon, 272 o. Phish Photography, 272 u. Olesia Reshetnikova, 273 o. Salvatore Chiariello, 273 u. Amallia Eka, 276 Azra H, 278 o. margouillat photo, 278 u. BarthFotografie, 279 o. Kiian Oksana, 279 u. Olha Afanasieva, 280 klauscook, 281 UKIVI, 282 Natasha Breen, 284 o. BarthFotografie, 284 u. Joanna Dorota, 285 Jevgeni Mironov, 286 o. ltummy, 286 u. Arkadiusz Fajer, 287 o. Elena Shashkina, 287 u. Arina P Habich, 288 Rimma Bondarenko, 289 o. P-Kheawtasang, 289 u. Sharon Murillo, 291 yari2000, 292 Svetlana Monyakova, 293 Lena Bukovsky, 294 photobobs, 296 o. Y. A. Photo, 296 u. BarthFotografie, 297 o. Space Monkey Pics, 297 u. vlasna, 298 dorsetman; Coverabbildungen: siehe Innenteil

Impressum

Umschlaggestaltung: vivo Buch UG

Komplettproducing: twinbooks, München
Text und Lektorat: Annerose Sieck, Jana Lösch, Melanie Goldmann, Eva Hutter für twinbooks, München

Druck und Bindung:
Polygraf Print spol. s r. o.
Čapajevova 4908/44
080 01 Prešov
Slowakei

Printed in the EU.

ISBN 978-3-96894-001-4

www.vivo-buch.de

RUDOLF MAJONICA

Küchen-antiquitäten

Bechtermünz

Rudolf Majonica, Autor, Fotograf DGPh, und Verlagslektor, Mitglied des Förderkreises der Bayerischen Antikensammlung, Autor zahlreicher historischer Fachbücher und Fernsehdrehbücher für den Bayerischen Rundfunk. Er ist passionierter Sammler und Kunstsachverständiger, lebt in München.

Genehmigte Lizenzausgabe für Weltbild Verlag GmbH, Augsburg

Umschlaggestaltung: Studio Höpfner-Thoma, München
Umschlagmotive: Trödlermagazin; Auction Team, Köln
Gesamtherstellung: Druckerei Appl, Wemding
Printed in Germany
ISBN 3-8289-0762-8

2003 2002 2001 2000
Die letzte Jahreszahl gibt die aktuelle Ausgabe an.

Inhalt

Danksagung

Der Autor ist vor allen anderen zu größtem Dank verpflichtet:

- dem Auktionshaus Auction Team, Herrn Uwe H. Breker (Bonner Straße 528–530, 50968 Köln) für weit über 100 Fotos mit detaillierten Objektbeschreibungen und
- dem »Ofenladen«, Familie Leinberger (Neusser Straße 21, 80807 München), besonders Frau Leinberger für ihre Geduld, für Fotos, Beratung, Auskünfte und Fotografiererlaubnis,
- dem GEMI-Verlag (Trödlermagazin), Herrn Gerd Reddersen, (Pfaffenhofener Straße 3, 85293 Reichertshausen) für die Unterstützung beim Thema »Tonwaren und Steingut«,
- Frau Martina Schmidt und Herrn Tilo Koitsch in der ESCHEBACH-Küchenmöbel-GmbH (Bahnhofstraße 9/10, 01454 Radeberg) für die Überlassung wertvollen Originalmaterials über Möbel;

weiter dankt der Autor verbindlichst Frau Dr. Katrin Sohl im Stadtgeschichtlichen Museum in Leipzig, dem Städtischen Museum in Gelsenkirchen, der Firma Gebrüder Reuer in Gladbeck, der Bildstelle des Deutschen Museums in München, Herrn Jochen Merklein von der AEG-Haushaltsgeräte GmbH in Nürnberg, Frau Elke Gottschalk in Nienburg/Weser und Herrn Michael Koetzle in München.

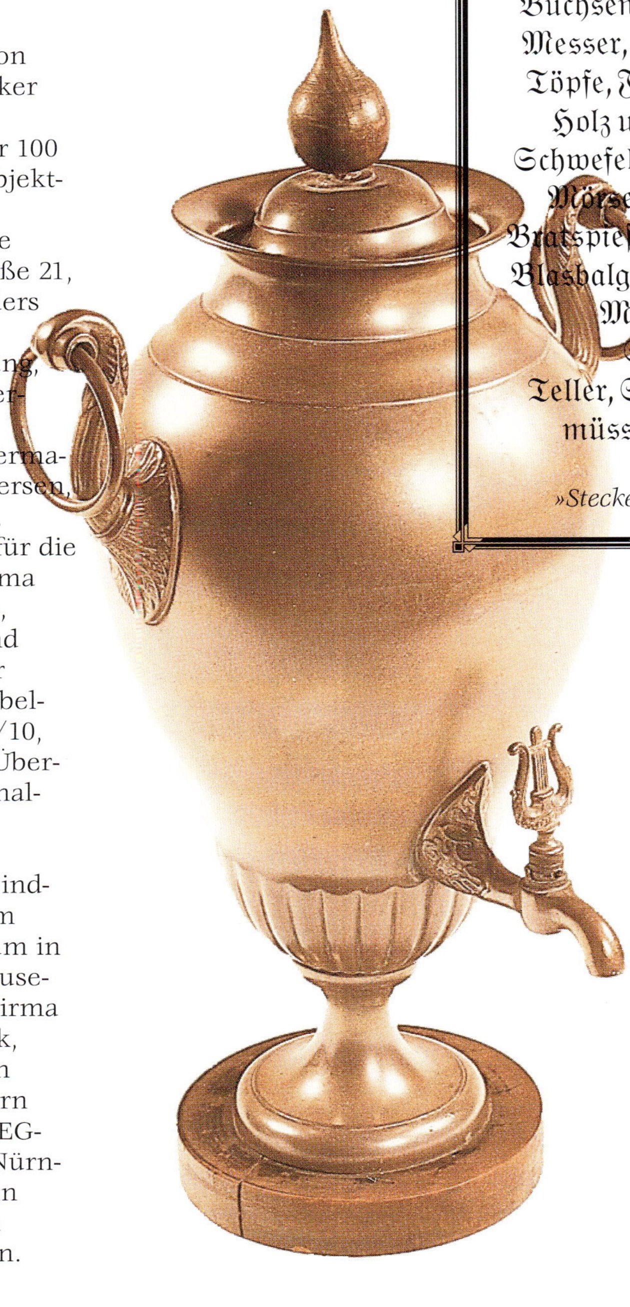

»Wannen, Butten, Gelten, Schöffer,
Büchsen zu dem Salz und Pfeffer,
Messer, Gabeln, Löffel, Pfannen,
Töpfe, Flaschen, Krüge, Kannen,
Holz und Kohlen, Feuereisen,
Schwefelfaden, Zunder, Schleisen,
Mörser, Öl und Essigständer,
Bratspieß, Rost und Bratenwender,
Blasbalg, Dreifuß, Stürzen, Seiher,
Mehl, Fleisch, Butter,
Schmalz und Eier,
Teller, Schüsseln, groß und klein,
müssen in der Küche sein!«

(J.P. Wich in »Steckenpferd und Puppe«, 1887)

Vorwort

Da bekanntlich »Die Liebe durch den Magen geht«, muss folglich die Küche der Geburtsort der Liebe sein.
Das ist wohl wahr und nicht nur metaphorisch gemeint! Wilhelm Busch meinte es jedenfalls ganz handfest, als er es in die Verse kleidete:
»Denn die Jugend hat nun mal 'nen Hang zum Küchenpersonal!«

Was sich hier am Fin de Siècle nur auf Jugend und Küchenpersonal bezog, hat seine Gültigkeit in der ganzen Geschichte der Küche für Mann und Frau, für Knecht und Magd, sogar für Fürst und Mätresse oder Dienerin.
Weil die Küche bot, was andere Räume nicht oder selten bieten konnten, nämlich Wärme und Licht, war die Küche über Jahrtausende mehr als nur Zubereitungsort für die tägliche oder festliche Nahrung; sie war – natürlich abgesehen von Schlössern und Palästen – Mittelpunkt des familiären oder sogar Sippenlebens. Das gilt für die Zeit der sogenannten Frühgeschichte bis hin für die Wohnformen des ländlichen Lebens im 20. Jahrhundert.
Natürlich gab es Unterschiede zwischen den südlichen Ländern, wo über lange Zeit des Jahres das Kochen und Braten auch außerhalb des eigentlichen Wohnbereiches stattfinden konnte und den Ländern nördlich der Alpen, wo, aufgrund der Durchschnittstemperaturen die Küchenarbeiten grundsätzlich im Hausinneren durchgeführt werden mußten.

Mit dem städtischen Wohnen bekam die Küchenarbeit oft einen weniger attraktiven Raum zugewiesen, die Ruß- oder Schwarzküche, die kaum möbliert war, aber dennoch als Wärmespender unersetzlich so zwischen Schlaf- und Wohnraum gelegt wurde, dass sie im Winter auch für die Wärme in diesen Räumen sorgen konnte.
Erst mit der Erfindung und der allgemeinen Einführung der geschlossenen Herdfeuerung wurde die Küche wieder bewohnbar und erhielt für über ein Jahrhundert für den bürgerlichen Bereich die lebensprägende Funktion als Wohnküche und familiäres Lebenszentrum. Zumindest für den Werktag.
Wenn wir heute – nicht nur in diesem Buch(!) – von der Vielfalt der Küchenantiquitäten sprechen oder lesen, dann meinen wir meistens Objekte aus dieser Zeit, die, was noch deutlicher dargestellt werden wird (vergl. Seiten 15ff.), etwa von der Mitte des 19. Jahrhunderts bis in die späten 50er Jahre des 20. Jahrhunderts reicht, bevor man anfing, die Küche im wahrsten Sinne des Wortes, auf die Nahrungsbearbeitung »reduziert«, ihrer Funktion als familiärem Lebensraum zu berauben.
Diese Funktion als Lebensraum verlor die Küche mancherorts nicht erst in der Zeit nach dem 2. Weltkrieg, als moderner Wohnungsbau einerseits, Einbauküche und »Küchenmaschinerie« andererseits, die Küche auf so wenige Quadratmeter zusammenschrumpfen ließ, dass Küchensofa, Küchen-, Näh- und Bügeltisch, Ohrensessel und Kinderspielecke darin keinen Platz mehr fanden.
Diese »Entmystifizierung« der Küche ging einher mit viel neuer Technik, die der meist nebenbei berufstätigen Hausfrau erwünschte Erleichterungen brachte. Lange Arbeitswege entfielen, aber Platz gab es nur mehr für eine Person.
Nein, dieser Entwicklung bereitete die sogenannte »Frankfurter Küche« schon in den 30er Jahren unseres Jahrhunderts den Boden.
Sie wurde entwickelt für die Mainsiedlungen in Frankfurt/Main.
Die Architektin Grete Schütte-Lihotzky entwarf die perfekt

»Im Herzen edles Sinnen,
Im Schranke weißes Linnen,
Ist der deutschen Hausfrau Zier.«

»Halte Ordnung, liebe sie
Ordnung spart dir viele Müh!«

»Versuch macht klug.«

»Mein Herd, mein Stolz.«

»Blitzblank und rein
soll stets die Küche sein.«

»Ob Ost oder West,
daheim das Best.«

(Sprüche auf »Überhandtüchern«, ca. 1900)

Zeitgenössische Puppenstuben sind oft die besten Zeitzeugen für alte Kücheneinrichtungen und Küchenausstattungen. An ihnen übte das kleine Mädchen schon früh seine Rolle als spätere Hausfrau.

Diese vier Puppenstuben zeigen »klassische« Interieurs der bürgerlichen Küche, von der hier weitgehend die Rede sein wird.
(Fotos: Elke Gottschalk)

durchrationalisierte Küche, die mit wenig Platz auskam. Sie sollte nicht größer sein als eine Küche im Speisewagen der D-Züge.
Die deutsche Architektin bezog sich bei ihrer Planung wiederum auf die Amerikanerin Catherine E. Beecher, die 1869 bereits die Küche so rationalisierte, indem sie z. B. statt Küchentisch die fortlaufende Arbeitsfläche vorsah.
Das Vorbild »Frankfurter Küche«, die Neuerungen der Haushaltstechnik und die nachkriegliche Knappheit an Wohnraum, haben uns also die Küche von heute zwischen 6 und 9 Quadratmetern beschert.
Die, wenn auch langsame, so doch stetige Entwicklung vom Lebensraum Küche zum puren Arbeitsplatz Küche seit den 20er oder 30er Jahren wurde nur in der Zeit des Nationalsozialismus unterbrochen.
Die NS-Ideologie verlangte von Frau und Küche wieder die althergebrachten Rollen. Die Familie versammelte sich wieder in der Wohnküche, nur nicht mehr – wie noch vierzig Jahre zuvor – unter der kolorierten Lithographie des geliebten Kaisers, sondern unter dem heroischen Foto des ungeliebten Führers.
Diese Zeit brachte denn auch mit dem sogenannten Wohnküchenschrank einen pseudo-Wohnzimmer-Stil in die Küche, den wir heute als »Gelsenkirchener (Küchen-) Barock« bezeichnen, der mancherorts problemlos das Kriegsende überlebte und zusammen mit Tütenlampe und Nierentisch, vor allem dort, wo der entsprechende Raum trotz Krieg erhalten geblieben war, bis weit in die 60er Jahre blühte.

Aufriss der sogenannten Frankfurter Küche, die nicht größer sein sollte, als die Speisewagen-Küche eines D-Zuges.

rechts oben: Der Wohnküchenschrank sollte wohnliche Atmosphäre in die Küche bringen. Wohnküchenschrank Firma G. Müller, Elverdissen, 1938
(mit frdl. Genehmigung des städt. Museums Gelsenkirchen)

rechts unten: Die ganz neue Welle: Nostalgie hält wieder Einzug in die Küche. Die Firma Wamsler z. B. bietet auch für Einbauküchen wieder Holz-/Kohleherde an, die über eine Wölbung für den Holzvorrat fest eingebaut werden.
(Fotos: Wamsler/München)

Lange missachtet, muten uns seltene Beispiele dieser Zeit eher liebenswürdig an, denn »Romantik im Design hilft, eine immer stärker und unpersönlich werdende Welt erträglich zu machen und leistet aus dieser Sicht einen wichtigen Beitrag.« (John McDonall) Unsere heutige Einbauküche dagegen ist ebenso chic (oder »cool«?) und praktisch, wie auch unpersönlich und kalt. Bis zu ihrer Erfindung war es eine lange Geschichte, die auch ein Spiegel der Menschheitsgeschichte überhaupt ist.

Von der Feuerstelle zum Herd

Fast allen Menschen und Kulturen frühgeschichtlicher Zeit war das Feuer heilig. Und da sich unsere fernen Vorfahren kaum oder nicht erklären konnten, wie sie überhaupt ans Feuer gekommen waren, mussten mythologische Erzählungen die Herkunft des Feuers erklären.
Uns am geläufigsten ist die schreckliche Prometheus-Story; hinter dem Rücken der Götter verschenkte Prometheus das Feuer an die Menschen. Die Rache der Götter war grausam; an einen Felsen geschmiedet mußte er sich vom Adler die (rohe! – wie auch sonst?) Leber aus dem Leibe fressen lassen.
Den Germanen war das Feuer heilig; es durfte (auf dem Herd?) in der Feuerstelle nie ausgehen, das hätte Unglück gebracht und machte im Winter zudem Hütte, Haus oder Thingstätte kalt.
Das Küchenfeuer hatte also eine dreifache Aufgabe – es diente zur Zubereitung der Speisen und gleichzeitig als Heizung *und* als Lichtquelle; schon deswegen liegen nicht nur in vor- und frühgeschichtlicher Zeit die Feuerstellen in der Mitte des Küchen- oder Lebensraumes. Das blieb bis weit ins 16. und 17. Jahrhundert so. Wohlgemerkt: wir reden hier nicht von Küchen in Schlössern und Palästen. Diese wurden schon früh von den anderen Räumen getrennt, für welche wiederum eigene Beheizungs- und Beleuchtungsmöglichkeiten erfunden wurden.
In frühhistorischer Zeit waren Feuer/Herd noch relativ bodennah – im niederdeutschen Hallenhaus blieb das lange Zeit so –; im süddeutschen Raum begann man schon relativ früh (im frühen Mittelalter), die Herdflächen anzuheben. Seit der Mitte des 16. Jahrhunderts sind die tischartigen Herde zwischen 30 Zentimeter bis 1 Meter hoch. Diese Herde sind aus Bruchsteinen gemauert und haben vorn für die Lagerung des Brennholzes eine gewölbte Öffnung. Auf dem Herd brennen meist zwei Feuer: das flammend-lodernde z. B. für die Suppentöpfe und die stille Glut für das Braten und Garen von Fleisch und Fisch. Kamine oder Abzugsschlote für den Rauch gab es etwa ab dem 10./12. Jahrhundert. Aber auch sie waren selten. Und auch dort, wo es sie gab, hingen diese Abzugs- oder Rauchhauben sehr hoch. Die Bedienbarkeit der Herde von allen Seiten erforderte das. (Übrigens kommt das Wort Kamin aus dem Lateinischen (caminus), wo es aber Herd und nicht Kamin(!) bedeutet.)
Also schlugen die Flammen nach wie vor in den offenen Raum, der beißende Rauch suchte sich weiteren Abzug durch Türen, Fenster und Ritzen oder zog gar nicht ab. Er schwärzte Raum und Geräte.

Eine spätmittelalterliche Schlossküche; auffällig sind die spärliche Möblierung und das Feuer auf dem flachen Fußboden, über welchem die Magd die Pfanne erwärmt.

»Wohltätig ist des Feuers Macht, wenn sie der Mensch bezähmt, bewacht!«
(Friedrich Schiller: »Die Glocke«, 1799)

»Dem lieblichsten Ziel der Wünsche sind die köstlichsten Aufwendungen, ihrer besten Küche aber die härtesten Verrichtungen vorausgesetzt.«
(Vinicenus)

»Als begeisterter Naturliebhaber genieße ich die Natur am liebsten schön knusprig gebraten.«
(Baron Vaerst)

In der päpstlichen Küche von 1560 (Papst Pius V.) ist die Feuerstelle schon an eine Wand gerückt, die Abzugshaube hängt dennoch sehr hoch, fast unter der Decke; deutlich zu erkennen sind die Topf- oder Feuergalgen für die großen Suppenkessel.

Blick in eine offene Hofküche; Abbildung aus dem berühmten »Bankett-Buch« des Messisbugo, 1549

Daher spricht man von der Schwarz-, Ruß oder Rauchküche. So unangenehm der beißende Rauch auch war, er hatte Vorteile: Er machte das Bauholz des Raumes haltbar und konservierte, räucherte gleichzeitig Würste und Schinken und das sogenannte Rauchfleisch, das offen im Raum von der Decke hing.
Solch eine Konservierung des hölzernen Baumaterials nutzte z. B. die Bauform des sogenannten Tiroler »Rauchhauses«, so genannt, weil der Rauch der Feuerstelle fast durch das ganze (zweistöckige und Dachboden) Haus geführt wurde. Über der offenen Feuerstelle auf dem gemauerten Herd hing zwar eine sogenannte »Funkenkutte« zum Auffangen von Funken, der Rauch selbst zog aber durch das Haus nach oben und entwich erst durch das Schindeldach nach draußen.
Die Position des Herdes in der Mitte des Raumes – in ländlichen Gegenden bis ins 18. Jahrhundert und noch länger – hatte einen weiteren Vorteil, daß er nämlich von allen Seiten benutzt werden konnte.
Küchengeräte gab es wenige; in der einfachen Küche z. B. musste der Bratenspieß, den Arm auf dem angewinkelten Knie aufgestützt, über das Feuer gehalten werden! Aufwendige Braten- oder Spießwender gab es fast nur in höfischen Küchen.
Das Feuer selbst brannte auf dem sogenannten »Feuerhund«, der es möglich machte, es auch von unten zu belüften.
Der Suppentopf hing an einer Eisenkette oder sogenannten Feuersäge (Katalog Abb.-Nr. 13.53 und 13.54), mit der die Höhe über dem Feuer reguliert werden konnte. Die Feuerkruke oder der Feuerhaken war notwendig, um das Feuer zu regulieren; Pfannen gab es in verschiedenen Größen, in ihnen wurde aber nicht Fleisch gebraten, sondern Brei zubereitet.
Die Pfannen standen auf dem Dreifuß oder Pfannenknecht.
Das Geschirr dieser Küchen war irden oder aus Metall. Möbel oder Einrichtungsgegenstände gab es

In Wilhelm Buschs köstlicher Story von Max und Moritz wird ein Herd gezeigt, der bereits an die Wand gebaut ist. Die Abzugshaube hängt schon relativ niedrig.

in den Rußküchen nur wenige; selten waren es kleine eintürige Schränke; dafür aber gab es Wandregale oder einfache Gestelle für das tägliche Geschirr, für Löffel, Gabeln und anderes Gerät. (Der Sammler, dem ein Küchenschrank aus dem 17. Jahrhundert angeboten wird, sei also hier schon gewarnt!)
Wohl vornehmlich aus Platzgründen wanderte der Herd zuerst sicher in städtischen Wohnungen von der Mitte des Raumes an die Wand. Die Küche – aus Gründen der Beheizung für die ganze Wohnung zwischen Wohn- und Schlafraum gelegen – konnte kleiner werden und – was wichtiger war – die Abzugshaube für Rauch und Ruß wurde gesenkt.
Der mobile Küchenherd, den wir heute in nostalgischer Verehrung hin und wieder auch funktionsfähig kaum unter DM 5000,– als Sammlungstück finden können, war in der Mitte des 19. Jahrhunderts noch lange nicht in Gebrauch! Und das, obwohl seit Ende des 18. Jahrhunderts gerade in Mitteleuropa wegen deutlich spürbarer Holzknappheit über rationelleres, sprich, sparsameres Heizen nachgedacht wurde.
Seltsam: die Literatur nennt und kennt keinen Erfinder des mobilen Küchenherdes. Im Jahr 1851 war der erste mobile Küchenherd plötzlich da. Er wurde in London 1851 auf einer Industrieausstellung gezeigt – und trat von dort seinen Siegeszug an.
Aber so ganz unvorbereitet wie vom Himmel gefallen, erschien der mobile Küchenherd nicht in den Küchen Europas.
Da gab es durchaus Vorgänger, denn nicht die Mobilität allein machte ihn so interessant, sondern die Tatsache, dass die Feuerstelle total geschlossen war, und aller Rauch und Ruß gezielt abgeführt werden konnte.
Das erlaubte eine weitaus bessere Ausnutzung der Brennenergie, und die Küche war plötzlich sauber – weder verrußt, noch verqualmt!
In München lebte ein Amerikaner, der 1753 als Benjamin Thompson in Massachusetts geboren wurde. Er floh vor den amerikanischen Unabhängigkeitskriegen nach Europa, trat 1784 in Pfalz-Bayrische Dienste und erwarb sich dort viele Verdienste –

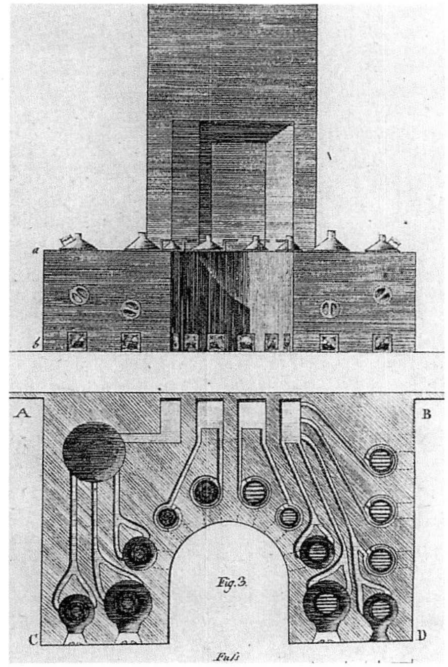

Ansicht und Querschnitt des vom Grafen Rumford entwickelten, geschlossenen Herdes für das Haus des Baron von Lerchenfeld.

so viele, dass er geadelt wurde und sich ab 1791 Benjamin Graf von Rumford nennen durfte.
Er schrieb Bücher über Küchen, (die sogar in Weimar im Schatten der Dichterfürsten erschienen!), kümmerte sich um die Versorgung der Armen, machte als Physiker Experimente über die Entstehung der Reibungswärme, verbreitete sich über die Wärmetheorie im allgemeinen, machte sich Gedanken über die Entwicklung von Kochgerät und Herden und ließ die Rumford-Suppe nach sich benennen!
Die besteht aus kräftiger Knochenbrühe, Hülsenfrüchten, Graupen, Kartoffeln, Wurzelwerk und Schweinefleisch. Ganz schön deftig also!
Und in München baute Benjamin Graf von Rumford die »vollkommenste Küche«; zwar nicht für ein Bürgerhaus, sondern für das Herrenhaus des Baron von Lerchenfeld.
Es ging bei der Konstruktion des Herdes darum, mit möglichst wenig Brennmaterial eine größtmögliche Nutzung der Wärmeenergie zu erzielen!
Sein Herd gleicht eher einem Altar, und die »nützliche Bedienung« hat sicher einige Lehr- und Lernstunden verlangt. Ein ausgeklügeltes System von Kanälen, Schiebern, Öffnungen erlaubte geregelte Luftzufuhr und den Abzug von Rauch und Ruß durch das Rauchabzugssystem. Der Graf von Rumford sorgte selbst für die Publikation seiner Herdkonstruktionen. Seine Schriften waren in ganz Europa und in Amerika verbreitet. Inwiefern sie aber den Bau des ersten mobilen Küchenherds beeinflusst haben (könnten), muss ohne Antwort bleiben.
Er war plötzlich da, der mobile Küchenherd und fand in der 2. Hälfte des 19. Jahrhunderts rasante Verbreitung, wenn auch diese drei Herdformen lange nebeneinander und gleichzeitig in Gebrauch waren:

- der gemauerte Herd mit offenem Feuer,
- der gemauerte Herd mit geschlossenem Feuer,
- der mobile Herd mit geschlossenem Feuer, lange Zeit »Kochmaschine« genannt.

Dass die »Kochmaschine« sich durchsetzte, hat viele Gründe. Die »Kochmaschine« war rundum praktischer, war aufgrund der industriell möglich gewordenen Fertigungsmethoden preiswerter als seine Konkurrenten, konnte mit Steinkohle befeuert werden, ließ sich in der Hitzeentwicklung durch Luftzufuhr regulieren und war eben mobil – bei Umzug mitnehmbar. Diese Mobilität war schon wichtig.
Im Jahr 1871 hatte Deutschland 41, im Jahr 1915 schon 65 Millionen Einwohner, 1871 lebten noch 65 % der Bevölkerung auf dem Lande, 1910 waren es nur noch 40 %. Verstädterung verlangt Mobilität. Das dadurch entstandene soziale Spannungsfeld spiegelt sich auch in unserem Thema der Küche und Kücheneinrichtung.

1 die Küchenwaage (eine Feder-, Uhrwaage)
2 der Küchenschrank (das Küchenbüfett, -buffet)
3 die Brotkapsel
4 die Kaffeemühle
5 das Kabarett (eine Speiseplatte)
6 der Aufwaschtisch (Abwasch-, Spültisch): a das Aufwaschbecken (die Aufwaschschüssel)
7 die Aufwaschbürste
8 der Behälter für den Sand und die Soda („Sand und Soda“)
9 der Schornstein (Kamin, die Esse)
10 der Gasherd (Gaskocher; mit zwei Brennstellen)
11 der Gashahn (an der Wand)
12 der Gasanzünder
13 der Gasschlauch
14 das Gaszuleitungsrohr
15 der Stürzenhalter (Deckelhalter; mit den Stürzen, Deckeln)
16 der Küchenherd (Herd, Kochherd; ein Ofen, Kohlenherd)
17 die Feuerung: a die Luftklappe
18 der Aschenkasten
19 die Kohlenschaufel (Kohlenschippe)
20 der Kohlenkasten
21 der Bratofen (Backofen, die Bratröhre, Röhre)
22 der Wasserkessel (Wasserkocher): a die Signalpfeife (am Pfeiftopf, -kessel)
23 die Pfanne (Bratpfanne)
24 der Kochtopf
25 der Schmortopf (die Kasserolle, das Kasserol)
26 das Schiff (Wasserschiff)
27 der Fleischklopfer
28 der Schöpflöffel (die Schöpfkelle, Kelle)
29 der Kochlöffel
30 der Schaumlöffel (die Schaumkelle)
31 das Hackmesser (Hackbeil)
32 der Quirl (Wirtel)
33 der Stampfer
34 das Ofenrohr
35 der Topflappen
36 der Feuerhaken (Feuerstocher)
37 die Feuerzange
38 der Wasserhahn (die Wasserleitung)
39 der Ausguß (das Ausgußbecken, der Gußstein, Wasserstein, Schüttstein: a der Geruchsverschluß), b die Verschlußschraube (zum Ablassen von Schlamm usw.)
40 das Abflußrohr
41 der Seifennapf (Seifenhalter)
42 der Mülleimer (Kehricht-, Abfall-, Dreckeimer)
43 der Handtuchhalter
44 das Geschirrtuch (Tellertuch, Küchentuch)
45 das Handtuch
46 das Gläsertuch
47 das Messer- und Gabeltuch
48 die Köchin (die Küchenfee)
49 die Speisekammer (Vorratskammer)
50 die Speckseite
51 die Wurst
52 der Schinken
53 die Konservenbüchse (Konservendose)
54 das Einmachglas (mit eingemachten Früchten)
55 die Kuchenform (Form)
56 der Kloß
57 das Eierschränkchen
58 der Wassereimer (Eimer)
59 der Küchentisch
60 die Brotschneidemaschine
61 die Reibmaschine (Reibe; s. auch 82)
62 der Fleischwolf
63 die Milchflasche
64 das Sieb (der oder die Rätter)
65 die Messerputzmaschine
60–62 und 65 Küchenmaschinen
66 der Fliegenschrank (das Schränkchen mit Fliegengitter)
67 das Eckbrett (Ortbrett)
68 das Küchenfenster
69 die Scheibengardine
70 der Milchtopf
71 die Büchse (für Kaffee, Tee, Kakao)
72 das Küchenbrett
73 die Sanduhr (als Eieruhr)
74 das Tee-Ei
75 das Salzfaß (die Salzmeste)
76 das Gewürzschränkchen
77 das Mehlfaß (die Mehlmeste)
78 die Merktafel
79 das Schlüsselbrett
80 das Wiegemesser
81 das Nudelholz (Wälgerholz)
82 das Reibeisen (die Raffel, Reibe; s. auch 61)
83 das Hackbrett (Wiegebrett)
84 der Küchenstuhl
85 der Eisschrank (Kühlschrank)
86 die Geldtasche (Börse, der Geldbeutel, das Portemonnaie)
87 der Putzschrank (die Küchenbank)
88 der Kübel (die Kufe, Gelte)
89 die Wasserkanne (Kanne, Kandel)
90 der Ausgießer (die Schnauze, Zeite, Zeute, Zotte, Zottel, Schneppe, der Schnabel)
91 die Fliesen: a die Bodenfliesen (ein Bodenbelag), b die Wandfliesen
92 die Küchenuhr (Telleruhr, eine Wanduhr)

Die ideale Küche und alle ihre Utensilien;
Der große Duden, Bilderwörterbuch, Leipzig 1935

Unsere Formel von der »Küche als Lebensraum« wurde in den riesigen Mietskasernen der großen Städte für viele Menschen zur bitteren Wahrheit und Notwendigkeit. Nicht selten lebten zehn und mehr Personen oft in drei Generationen in einem Raum, der zwar einen Herd, nie oder selten fließendes Wasser hatte. Selbst in den gutbürgerlichen Küchen – meist in Häusern der westlichen, weil weniger smoggefährdeten Stadtteile – gab es zwar Herde und Möbel, lange Zeit aber keinen direkten Wasseranschluss oder -abfluss. Der mobile Herd revolutionierte die Küche in vielfacher Hinsicht; der Dreifuß oder Pfannenknecht war nicht mehr nötig; der auch unten runde Suppentopf oder Wasserbehälter wurde überflüssig, da nun die Töpfe geraden Boden hatten, die Wasserbehälter wurden durch Kessel ersetzt. Der Bratenspieß wurde ausrangiert, ein Bräter aus Gußeisen übernahm die Funktion.

Die Industrie erdachte und fertigte immer neuere und noch praktischere Küchengeräte, deren damalige Preise uns heute lächerlich niedrig erscheinen!
Die geschlossene Herdfeuerung erlaubte vor allem Küchenarbeit ohne beißenden Rauch und alles schwärzenden Ruß.
Die ehemals schwarze Ruß-Küche wurde zum hellen Aufenthaltsraum, der plötzlich möblierbar wurde, mit Küchenbuffet, Küchenschrank, Familientisch mit Stühlen, Küchensofa, Nähtisch und vielleicht sogar dem Ohrenbackensessel für Hausvaters Feierabend, wenn er zufrieden der Hausfrau und Mutter bei den abendlichen Näh- und Stopfarbeiten zusah – natürlich im Schein der Petroleumlampe.
Denn das Herdfeuer als Lichtquelle stand ja nicht mehr zur Verfügung. Aber auch dafür hatte die Industrie Abhilfen geschaffen.
Und kaum war der geschlossene, mobile Kohleherd gute 40 oder 50 Jahre alt, schenkten Erfindungsgeist und Industrie der Küche den Herd, der auch nicht mehr Kohle fraß, sondern seine Energie aus der Steckdose nahm: den Elektroherd!
Kein Kohleschleppen mehr! Keine aufwendigen Ofenrohre zum Kamin! Keine Aschenentsorgung mehr! Der Elektroherd lieferte vor allem seine Energie zu genau dem Zeitpunkt, wann man sie brauchte und wurde dann wieder ausgeschaltet!
Aber: der Elektroherd lieferte keine Beheizung des Raumes! Was Wunder also, daß in vielen Küchen und über lange Zeit Kohle- und Elektroherd gleichzeitig benutzt wurden.
Doch die Elektrizität allgemein zog erst langsam in die Küche ein, in manchen Gegenden sogar erst nach 1945!

Die Küche als familiärer Lebensraum

Der Dichterfürst und die ideale Idylle! Kurz vor Beginn des 19. Jahrhunderts entwirft er das Ideal der Hausfrau und Mutter für ganze Generationen! Prosaischer und auf zwei Zeilen verkürzt, finden wir den gleichen Inhalt auf einem um 100 Jahre jüngeren »Überhandtuch«:

»Meine Küche nett und rein
soll eine Musterküche sein.«

Aus der Ruß- und Schwarzküche ist der freundliche, schmucke Arbeitsplatz der Hausfrau, zugleich Lebensraum der Familie geworden, der ebenso praktisch wie gemütlich, reinlich wie anheimelnd das Zentrum des ganzen Familienlebens darstellt. Wichtigster Gegenstand in der Küche ist der Herd, der wiederum selbst ein wahres Schmuckstück ist. Sein Äußeres wurde mit buntem Email verkleidet, seine Knäufe und Griffe glänzen in Chrom oder Messing, die Herdplatte schimmert blank gescheuert, an dem Umlauf hängen, sorgfältig gefaltet Geschirrtücher, bunt gehäkelte Topflappen – der Kaffeekessel summt fast ständig vor sich hin.
An einer Wand steht das Küchensofa, die Armlehnen zieren peinlich weiße, feingehäkelte Polsterschoner, darüber hängt die Wirktapisserie mit Heidelandschaft, Birken und röhrendem Hirsch. Im patriotischen Haushalt hing daneben die kolorierte Lithographie des Kaisers.
Zentrum der Küche ist der Tisch; ihn ziert eine Decke aus widerstandsfähigem Wachstuch. Darum stehen Stühle.
Der Küchenschrank besteht aus Buffet mit gedrechselten Säulen und verschnörkeltem Aufsatz, dazwischen stehen Brottrommel und Brotschneidemaschine; auf dem Schrank glänzen die Gläser mit Marmelade und vielleicht eine (für Kinderhände unerreichbare!) Keksdose, bedruckt mit pittoresken Szenen aus fernen (kolonialen?) Ländern.
Einen Nähtisch – evtl. mit Nähmaschine – gibt es auch noch und Vaters Ohrenbackensessel – nicht weit weg vom Herd. An den Wänden hängt noch manch nützliches Utensil: der Emailbehälter für die »Fidibusse« (Anzünder), der Löffelhalter aus Email mit unterschiedlichsten Kellen und Löffeln, ein kleines Regal mit Töpfchen für Soda, Sand und Seife, der Topfdeckelhalter, und neben dem großen Wasserbecken der Handtuchhalter mit dem Überhandtuch. Neben der Küchentür hingen die Merkzettel oder die »Merktafel«, auf der die Mutter anmerkte, was einzukaufen sei, darunter ein Schlüsselbrettchen aus feiner Laubsägearbeit mit dem Schlüssel zum Klo. Das lag nämlich im Treppenhaus, und mehrere Familien hatten es sich zu teilen.
Seit dem letzten Drittel des 19. Jahrhunderts ist die Küche auch der Ort der gestickten Sprüche. Die Regalbretter im Schrank und an den Wänden bekamen Spitzenverzierungen

»Und drinnen waltet
die züchtige Hausfrau,
die Mutter der Kinder
und herrschet weise
im häuslichen Kreise,
und lehret die Mädchen
und wehret den Knaben
und regt ohn' Ende
die fleißigen Hände
und mehrt den Gewinn
mit ordnendem Sinn
und füllet mit Schätzen die
duftenden Laden
und dreht um die schnurrende
Spindel den Faden
und sammelt im reinlich
geglätteten Schrein
die schimmernde Wolle,
den schneeigten Lein
und füget zum Guten den Glanz
und den Schimmer
und ruhet nimmer!«

(Friedrich Schiller
»Die Glocke«, 1799)

(vergl. Katalog-Abb. 11.1 mit sinnigen Sprüchen:

»Wenn alle Künste untergehen
die Kochkunst ewig bleibt
bestehen.«

oder

»Besser nur irdene Töpfe zeigen,
als Silbergeschirr, das nicht dein
eigen.«

oder

»Jede Gattin klug und weise
kocht des Mannes Lieblings-
speise.«

Die Küche als Ort der gestickten Sprüche. »Wäsche-Bücher« oder »Lehrbücher für die Hausfrau« lieferten die Vorlagen dazu.

Was nicht gerade hinter Schrankwänden verschwand, bekam Häubchen, Spitzen oder Deckchen; die Lampenputztaschen, die Topflappenbehälter, die Bügelbretthülle. Über dem Eimer neben dem Herd hing – wer wäre auch sonst darauf gekommen? – ein fein gebügeltes Tuch mit dem gestickten Hinweis »Frisches Wasser«.
Besonders geeignet für solcherlei Spruchweisheiten war das Überhandtuch (vergl. Katalog-Abb.-Nr. 11.2 bis 11.11), weil es so schön groß war und zusätzlich mit Kreuzstichranken, -blumen oder -ornamenten von der Fertigkeit der Hausfrau Zeugnis gab.
Was war nur aus der alten Schwarzküche geworden?
Ein peinlich sauberes, schmuckes Schatzkästchen, das mit bürgerlichem Stolz seinen »Reichtum« demonstrierte.
In der Küche war es urgemütlich – während das sogenannte Wohnzimmer bei ganz feinen Leuten der »Salon« –, oft in – zusätzlich auch ungeheizter! – »kalter Pracht« und Erhabenheit erstarrte.
In der Küche wurde gelebt.
Hier roch es nach Essen, nach Kohl und Suppe in der Woche, nach Braten und Soße am Sonntag, nach Plätzchen und Kuchen zu den Feiertagen.
Hier kriegte die Mutter und Hausfrau morgens den Besuch der Nachbarin, die für den häuslichen Nachrichtenaustausch sorgte, hier verhandelte dieselbe Hausfrau und Mutter im Herbst mit dem Bauern, der Kartoffeln und Äpfel zum Einkellern anbot, hier bekamen der Kohlenmann nach der Brikettlieferung und der Schornsteinfeger nach getaner Arbeit ihr »Schnäpschen«, während Mutter auf Mark und Pfennig die bare Bezahlung der mündlich vorgetragenen Rechnung vorbereitete.
Hier wurde aber auch gewaschen, die hölzernen Trockengestelle zum Trocknen der »kleinen Wäsche« hingen über dem Herd; hier wurde gebügelt, genäht und geflickt; und um allen definitorischen Überlegungen (vergl. Seite 27f) hier schon vorzugreifen, Waschzuber und Waschbrett,

Das Angebot des Hauses Albert Frank in München aus dem Jahre 1912. Die Konstrukteure solcher Geräte legten ebenso Wert auf Funktionsfähigkeit, wie Schönheit und Haltbarkeit. Viele dieser Geräte sind heute noch zu benutzen!

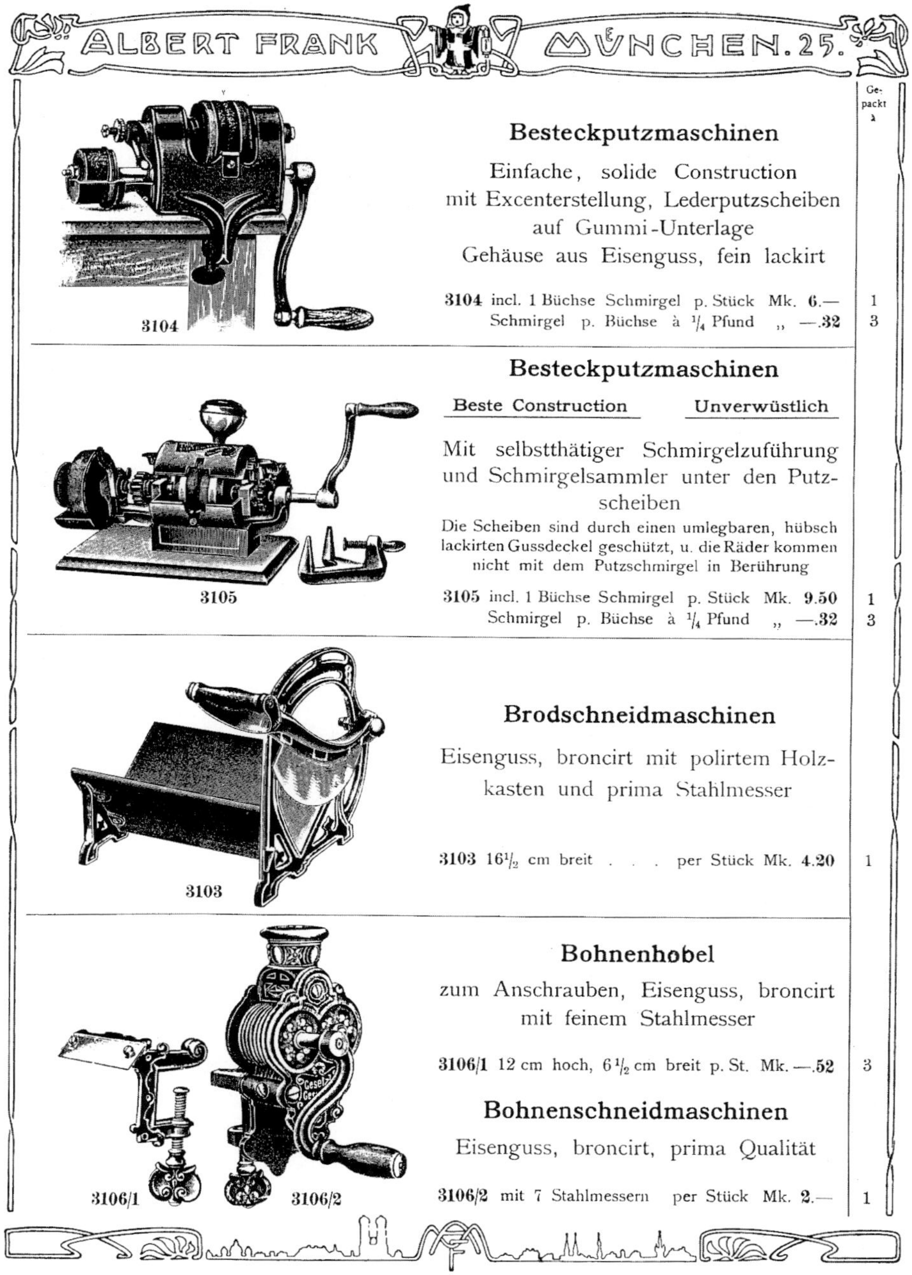

ALBERT FRANK MÜNCHEN. 25.

Gepackt à

Besteckputzmaschinen

Einfache, solide Construction mit Excenterstellung, Lederputzscheiben auf Gummi-Unterlage Gehäuse aus Eisenguss, fein lackirt

3104

3104 incl. 1 Büchse Schmirgel p. Stück Mk. **6.—** 1
Schmirgel p. Büchse à 1/4 Pfund „ **—.32** 3

Besteckputzmaschinen

Beste Construction — Unverwüstlich

Mit selbstthätiger Schmirgelzuführung und Schmirgelsammler unter den Putzscheiben

Die Scheiben sind durch einen umlegbaren, hübsch lackirten Gussdeckel geschützt, u. die Räder kommen nicht mit dem Putzschmirgel in Berührung

3105

3105 incl. 1 Büchse Schmirgel p. Stück Mk. **9.50** 1
Schmirgel p. Büchse à 1/4 Pfund „ **—.32** 3

Brodschneidmaschinen

Eisenguss, broncirt mit polirtem Holzkasten und prima Stahlmesser

3103

3103 16 1/2 cm breit . . . per Stück Mk. **4.20** 1

Bohnenhobel

zum Anschrauben, Eisenguss, broncirt mit feinem Stahlmesser

3106/1 12 cm hoch, 6 1/2 cm breit p. St. Mk. **—.52** 3

Bohnenschneidmaschinen

Eisenguss, broncirt, prima Qualität

3106/1 3106/2

3106/2 mit 7 Stahlmessern per Stück Mk. **2.—** 1

Bügelbrett und Plätt-(= Bügel-)Eisen, Nähutensilien und evtl. Nähmaschine gehören genauso zu den Küchenutensilien (= Küchenantiquitäten) wie Topf, Kessel und Herd. Jedes Gerät zur Versorgung des Haushalts gehörte zur Küche. Bei der Hausfrau von damals würde jeder, der dies verneint, nur verständnisloses Kopfschütteln ernten!
Waren noch kleinere Kinder im Haushalt, so mußten in der Küche auch Laufställchen und später die Spielecke ihren Platz finden.
Die schulpflichtigen Kinder wurden – je nach Schulschluss – der Reihe nach am Küchentisch »abgefüttert« und hatten, das Wachstuch wurde dafür ordentlich abgewischt, am selben Tisch ihre Schulbücher und -hefte auszubreiten und unter mütterlicher Aufsicht ihre Hausarbeiten zu machen und ihre Vokabeln zu lernen und konnten sich möglicherweise über den Besuch einer lieben Tante freuen, die »Teilchen« (Schande dem, der nicht weiß, was das ist!) und spannende oder sorgenvolle Neuigkeiten aus der Familie zum Milchkaffee mitgebracht hatte.
Am Abend saß die ganze Familie um den selben Tisch, Vater am Kopfende, unter dem matten Licht der Petroleumlampe, später des Gasstrumpfes und erst viel später dem elektrischen Licht. Das Abendbrot wurde gemeinsam eingenommen, die Kinder erzählten vom Fortschritt oder Misserfolg in der Schule, wurden gelobt oder getadelt, der Vater erzählte wohl von der Arbeit, und die Mutter plante gedanklich die Hausarbeiten für den nächsten Tag und dachte sorgenvoll darüber nach, ob das Haushaltsgeld wohl reichen werde.
Waren die Kinder endlich im Bett, begann für die Eltern der eigentliche Feierabend; Vater, im Ohrensessel vielleicht die Pfeife schmauchend, trank dazu seine »Molle« (Berlin) oder sein »Kölsch« (Rheinland) oder sein »Weißbier« (Bayern), während Mutters Hände – wie schon vom Dichterfürst

Die Elektrizität erleichterte manche Hausarbeit, hielt in den bürgerlichen Haushalten aber doch erst relativ spät Einzug. Der hier abgebildete Elektroherd war schon 1926 mit 510 Reichsmark nicht gerade billig. (Foto AEG)

Friedrich Schiller beschrieben – noch lange nicht ruhen.
Eine Idylle? Fürwahr.
Sicher war es oft anders.
Ob Idylle oder Streit – ihr Ort der Austragung war die Küche.

Wer es noch nicht gemerkt hat – unsere »virtuelle« Küche hier ist die einer mittelständisch bürgerlichen Familie; Vater ist vielleicht Lokomotivführer oder technischer Zeichner oder Inhaber eines kleinen Geschäfts?
Es geht der Familie nicht schlecht. Aber »große Sprünge« kann man sich halt nicht leisten!
Und vielleicht schreiben wir das Jahr 1890 oder 1900?
Wer weiß.
Der »Küchen-Sammler« von heute verdankt dieser Küche sicher die schönsten Stücke seiner Sammlung: die Brottrommel, das Emailgeschirr mit Kesseln, Kindertellern, Kannen, Dosen, mit Sieben, Seihern, Kochgeschirren, die Brotschneidemaschine, die gestickten Borten, das Bügeleisen oder die Bahlsen-Keksdose mit dem geheimnisvollen TET-Zeichen und der schwarzen Schönheit darauf!
Der Haushalt übersteht auch die Hungerjahre nach dem ersten Weltkrieg von 1914/18; nur Vater kehrte von Verdun nicht heim.
Die Küche ist auch der Ort der Trauer und der stillen Tränen.
Und statt der kolorierten Lithographie mit dem Bild des stolzen Kaisers, hängt an der Stelle im silbernen Rahmen Vaters fotografisches Abbild. Es zeigt ihn in kaiserlicherUniform; ein schmaler, schwarzer Flor zeigt an, dass er – wie es so heißt – »im Felde blieb«.
Die nächste Generation ändert wenig in der Küche; der grüne Ölsockel wird hin und wieder frisch gestrichen und der Stragula-Fußboden wird erneuert.
Technische Neuerungen – heute längst schon wieder Sammelobjekte! – halten peu à peu Einzug, z. B. ein Eisschrank, für den der Eismann einmal pro Woche eine Stange Eis bringt, ein Bügeleisen, das sich mit Gaspatrone selbst aufheizt und eine riskante Konstruktion von Schnellkochtopf mit gewaltigem Bügel und Schraubverschluss, vielleicht sogar eine Kaffeemaschine, auf jeden Fall irgendwann auch die Elektrizität.
Und nach 1933 hält in immer

noch dieselbe Küche ein kleiner dunkler Kasten Einzug, den eine fiese Propaganda jedem deutschen Haushalt verordnet: der Volksempfänger. Auch er gehörte zur Küche!
Nun kann die jetzige Hausfrau morgens den Ermahnungen des Reichsernährungsministers zur Einhaltung des Eintopftages lauschen, nachmittags hören, dass Zarah Leander weiß, »es werde noch mal ein Wunder geschehen« und sich die ganze Familie beim gemeinsamen Abendbrot davon überzeugen lassen, dass es die »Vorsehung« war, die dem großdeutschen Reich den Führer bescherte.
Als nicht nur im Berliner Sport-Palast, sondern auch in deutschen Küchen auf die unglaubliche Frage »Wollt Ihr den totalen Krieg?« zu oft mit Ja geantwortet wurde, war es mit der Küche bald zu Ende. Sie wurde zerbombt, zerstört, verbrannt.
Aus den Trümmern wurde gefischt, was wir heute sammeln: übrig gebliebene Küchen-Antiquitäten, manchmal leicht verbeult.
Die Küche nach dem Krieg sah anders aus. Und mancher Herd musste erst mal durch die Kochkiste ersetzt werden.
Aber kehren wir noch einmal in die »virtuelle« Küche von 1890 oder 1900 zurück; und zwar am Samstagabend.
Die Küche erlebt eine seltsame Metamorphose. Die Stühle werden beiseite geräumt; auf dem Herd steht alles, was an Kannen und Kesseln Wasser zum Erhitzen aufnehmen kann; der Vater holt die große Zinkwanne aus dem Keller und stellt sie mitten in die Küche; Handtücher und Kernseife zeigen den Badetag an, und bald ist die Küche dampfgefüllter als ein türkisches Bad. Als erster steigt der Vater ins saubere Badewasser – die Kinder müssen – o Scham, o Tugend – draußen spielen, bis sie an der Reihe sind! Dem Alter nach.
Die Küche perlt und trieft von Wassertropfen.
Das Badewasser bleibt das gleiche – etwas warmes Wasser wird hin und wieder nachgegossen – bis zuletzt die Mutter, jetzt ist sie allein in ihrem Reich, das Glück des Badetages erleben kann.
Das Ausleeren der Wanne ist jedes Mal ein großes Kunststück und geht nicht ohne größere Pfützen ab, wen wundert's auch?
Während alle anderen ihre Sauberkeit genießen, ist es an der Mutter, die Küche, trotz Erschöpfung nach dem Bade, zu wischen, die Möbel abzureiben, die Stühle wieder herzurichten.
Aber die Familie ist sauber und gerüstet für den Sonntag mit Kirch- und Spaziergang, für das Essen mit Braten und Soße, für die bessere Kleidung, vielleicht für den Besuch im Zoo oder bei Verwandten oder ein Picknick im Freien – vor allem aber für die neue Woche in der Küche!

Im Jahr 1913 noch »Ein Zukunftsbild in hoffentlich nicht zu großer Ferne«: der Kühlschrank und Eiserzeuger – ein wahres Maschinenmonstrum!
(Foto AEG)

Von Küchentypologie und Küchenerotik

Wenn wir hier so oft oder fast ausschließlich von der großbürgerlichen und bürgerlichen Küche reden, dann deswegen, weil sie unsere Hauptlieferanten heute gesuchter Küchen-Antiquitäten sind.
Genaugenommen aber haben wir mindestens zwischen acht Küchentypen zu unterscheiden:
@@ 1. die **Palast- oder Schlossküche** ist so alt wie es aristokratische Regierungsformen, bzw. die Führungsstellung eines hierarchisch geordneten Adels gibt. Die Schlossküche hatte den Schlossherrn und seine Familie ebenso zu versorgen, wie den diese umgebenden Hofstaat und die entsprechenden Bediensteten.
@@ 2. die sogenannte **Großküche** war ursprünglich wohl eine reine Militärküche; heute bezeichnet man so auch die Küchen von Heimen, Krankenhäusern, Schulen, Tagungsstätten usw.
@@ 3. die **Restaurant- oder Hotelküche** entwickelte sich aus der frühzeitlichen »Herbergsküche« zu einem komplexen und instrumentenreichen, eigenständigen Arbeitsplatz, wo auch berühmte Künstler und Erfinder immer neuer Gaumenfreuden wirkten oder »regierten«, assistiert von mehr oder weniger aufwendigen Mitarbeiterteams.
@@ 4. Die **»herrschaftliche« Küche** in der von einer Familie bewohnten Villa liegt meist im Souterrain eben dieses Hauses und ist durch ein Sprachrohr, durch welches die Hausfrau ihre Anweisungen gibt, und den Küchenaufzug mit dem eigentlichen Wohnbereich verbunden. Die »Dame des Hauses« ließ sich in der Küche so gut wie nie sehen. Ob es den »Herrn des Hauses« oder die erwachsenen Söhne ab und zu in die Küche zog, hing von der Schönheit und Willfährigkeit der Küchenmädchen ab; denn in solchen Küchen war oft eine nicht unbeträchtliche Zahl von weiblichem Personal beschäftigt.
@@ 5. Die **großbürgerliche Küche** finden wir in den großen Miet- oder Stadtwohnungen. In ihr arbeitet zwar weniger Personal, wenngleich sie immer noch Köchin, Haus- und Küchen-

> »Wenn Sie nicht ein bißchen von Zauberei verstehen, geben Sie sich besser nicht mit dem Kochen ab!«
> *Die Colette*

Die großbürgerliche Küche dokumentierte den Reichtum der Besitzer. Stilreine Jugendstilküche, entworfen von Patriz Huber.

Sorgenvolle Armut herrschte in den Schlaf-, Wohn- und Kochräumen in den großen Mietskasernen der Großstädte. In solchen Räumen »hausten« oft bis zu 10 Personen.

mädchen beschäftigt. Auch liegt die Küche zwar in gleicher Ebene zur Wohnung, ist aber doch vom Wohnbereich getrennt, hat meist sogar einen separaten Eingang!

◎◎ 6. In der **bürgerlichen Küche** endlich ist die Hausfrau und Mutter mit sich, der Arbeit und den täglichen Sorgen allein.

◎◎ 7. Weitaus sorgenvoller ging es in den **Küchen- oder Wohnschlafräumen der Arbeiter und Tagelöhner** in den großen Mietskasernen der Großstädte vor allem des 19. Jahrhunderts zu. Einschränkungen, Entbehrungen, Krankheit, Not, Erwerbslosigkeit – die Unterschichts-Familien, die in diesen Räumen wohnten, kannten die Wirklichkeit dieser Begriffe nur zu gut. Ähnliche Armut war weiten Teilen der Landbevölkerung ebenso geläufig, wo wir nur in den Häusern selbständiger Bauern

◎◎ 8. jene **bäuerliche Küche** finden, wie wir sie heute in manchem Bauern- oder Landschaftsmuseum bestaunen und uns dennoch fragen, »wie die damals nur darin leben konnten!?« Diese bäuerliche Küche war ebenso Lebensraum – und zwar meist oder zumindest für alle am Hof Beschäftigten! – wie die Küche des Bürgers; nur finden sich in der Bauernküche eben auch und zusätzlich all jene Geräte, die zur Bewältigung vieler landwirtschaftlich bedingter Aufgaben und zu den Aufgaben der bäuerlichen Selbstversorgung gehörten.
Dazu zählen u. a. das Butterfass, die Bottiche für das Pökelfleisch, die Geräte zum Räuchern und sicher auch das Handwerkszeug, wenn an langen Winterabenden Hausherr und Knecht in der Küche Reparaturarbeiten am landwirtschaftlichen Gerät durchführten, während die Frauen spannen, Flachs säuberten oder

Bäuerliche Küchen veränderten sich im Laufe der Jahrhunderte so gut wie nicht. Sie waren aber nicht nur Ort der Nahrungszubereitung, sondern dienten auch vielfältigen landwirtschaftsbezogenen Arbeiten.

mit sonstigen Näh- und Stopfarbeiten beschäftigt waren. Nicht nur im Münsterland – aber von dort wissen wir es z. B. von Annette von Droste-Hülshoff – wurden dabei unter anderen die Geschichten und Märchen erzählt, die wir heute als großes Kulturgut betrachten dürfen.

»Die Küche als Literaturwerkstatt«, wäre ein dankbares, eigenes Thema.
Aus einsichtigen Gründen sind die Küchen 1 bis 3 kaum zu Lieferanten unserer Küchen-Antiquitäten geworden. Das typisch bäuerliche Instrumentarium aus der Küche vom Lande lassen wir

»Eisgeschäfte« waren z. T. recht große Unternehmen mit vielen Angestellten und Fuhrwerken. Das Fuhrwerk des Eismanns gehörte um die Jahrhundertwende auf jeden Fall zum Straßenbild.

themenbedingt auch außer Acht. Der Küchentyp 7 war schlicht zu arm, um Erblasser (von Antiquitäten!) zu sein.
Bleiben uns also Küchentypen 4, 5 und 6 als eigentlicher Fundus, deren Requisiten wir heute sammeln. Natürlich gab es wertige und graduelle Unterschiede in der Ausstattung; in der Küche 4 stand der Herd mit zauberhafter Emailmalerei, woanders stand der Herd in schlichtem Weiß. Die »herrschaftliche« Küche kannte womöglich vor 1900 schon elektrische Geräte, auf die die Bürgerküche bis in die 30er Jahre unseres Jahrhunderts warten musste.
In die herrschaftliche Küche brachte der Eismann das Stangeneis für den Eisschrank, der schon früh durch den Kühlschrank ersetzt wurde. Das gleiche gilt für Kaffeemaschine, Kaffeemühle, Dampfkochtopf und Staubsauger.
Die herrschaftliche und die groß- und bürgerliche Küche waren aber nicht nur Arbeitsräume, sondern – das Thema darf nicht verschwiegen werden! – auch Orte knisternder Erotik!
Wie hatte Wilhelm Busch augenzwinkernd gedichtet (vgl. Seite 7)? Das dralle, knackige Hausmädchen und ihre geheime Liebschaft mit dem Herrn oder Sohn des Hauses waren nicht nur die Erfindungen so manchen, hinter der hohlen Hand oder im geschlossenen »Herrenzimmer« erzählten derben Witzes, sondern oft handfeste Wahrheit.
Der erste erotische Wunschtraum manchen Bürgersohnes war das Hausmädchen des elterlichen Hausstandes. Geben wir's ruhig zu: die Glanzlichter oder »Highlights« z. B. der Wiener Küche stammen aus der Zeit, als so mancher Bürgersohn sich verpflichtet sah, das böhmische Hausmädchen doch zu ehelichen.
Wenn der Herr des Hauses sich plötzlich für die Kochkunst seines Personals interessierte, so konnte das sehr wohl daran liegen, dass »Minna« vor der Glut des Herdes mal das Mieder etwas aufschnürte. In der Küche flirtete das Hausmädchen aber auch mit dem Eismann und dem Bäckerburschen, der Knecht mit der Magd, sofern der Bauer nicht schon Besitzansprüche angemeldet hatte, und der Graf Almaviva mit dem netten, »süßen Ding«, das eigentlich dem Figaro gehörte.
Die Definition von »Bastard« oder »Bankert« besagt, dass dieser auf der Küchenbank – eben nicht im ehelichen Bett! – gezeugt wurde. »Bastard« mußte nicht ein Schimpfwort sein! – die Geschichte kennt Berühmtheiten unter ihnen!
Witze, Theaterstücke, Dramen, Filme, selbst die Oper nahm sich dieses heiteren (?) Themas an.
Und in der kleinbürgerlichen Küche – die Kinder schlafen mit den Eltern in einem Raum! – kamen sich auch spät abends Vater und Mutter näher, denn nur hier waren sie ungestört!
Für wahr! – Die Küche als »theatron eroticon« wäre ein Thema für ein großes Werk!

In der Küche kamen sich auch die Geschlechter näher; und das Thema beschäftigte nicht nur die Herren der Gesellschaft, sondern auch, wie man sieht: die Postkartenindustrie.
rechts unten: Das Ideal eines Hausmädchens: drall und hübsch, züchtig und bescheiden, nur zum Herrn des Hauses besonders freundlich.

Die Leibspeise.

Die Revolution für Küchengeschirr: Email

Die Geschichte des Email einerseits – die Geschichte der Küchengeräte andererseits – in der Mitte des 19. Jahrhunderts fanden Email und Küchengerät zueinander und revolutionierten die Küche.
Email ist etwa seit 1600 v. Chr. bekannt. Email ist Glas; Glasfuß auf Metall anzubringen, gelang bereits den Ägyptern; in Persien, dem nahen Osten, in Byzanz, im Mittelalter in Deutschland und Flandern, gleichzeitig in Limoges, um nur einige berühmte Orte der Emailherstellung zu nennen, gelang es Werkstätten und Künstlern mit Hilfe von Email großartige Kunstwerke zu schaffen. Chinesisches Email ist dagegen relativ spät; die technischen Kenntnisse dafür gelangten – wohl über die »Seidenstraße« und die »Seidenstraße der Meere« – erst zwischen dem 14. und 15. Jahrhundert nach China, wo es allerdings – z. B. in Kanton – in ganz neuen Formen und Ausführungen überraschende Ergebnisse zeitigte.
Küchengeräte, Töpfe, Behälter bestanden bis Mitte des 19. Jahrhunderts vorwiegend aus:

◎◎ **Holz,** sofern diese Behälter nicht auch zum Erhitzen von Speisen genutzt wurden;
◎◎ aus gebrannter und lasierter **Irdenware,** deren Lasierungen allerdings bleihaltig und somit gesundheitsschädigend waren.
Zudem war Irdenware äußerst zerstörungsgefährdet; wie Funde in Versitzgruben z. B. in Nürnberg beweisen, muss der regelrechte »Verbrauch« von Irdenware im Bürgerhaus des Mittelalters unglaublich hoch gewesen sein. Die Scherben wanderten in die Versitzgruben, wo sie heute schicht-

Emailgeschirre waren im Verhältnis zu fast allem, was man vorher kannte, praktisch, haltbar und vor allem hygienisch.

weise ausgegraben, uns wertvolle, archäologische Auskünfte geben;
- aus **Schmiede- u. Gusseisen,** das jedoch weitaus auch weniger haltbar war als man annehmen möchte und das zusätzlich keinerlei säurehaltigen Speisen vertrug;
- aus **Kupfer**, das erstens teuer und durch die leichte Entwicklung von Grünspan ebenfalls gesundheitsgefährdend war;
- aus **Blech,** das weder geschmacksneutral noch sehr haltbar war.

Welch einen revolutionären Segen stellt dagegen das Emailgeschirr dar, das vor allem hygienisch war! Es vertrug Säuren, war geschmacksneutral, ließ sich leicht reinigen und war nicht nur hitzebeständig, sondern, in geringem Maße zwar, auch wärmekonservierend.

Zwar wurde schon in der 2. Hälfte des 18. Jahrhunderts mit der Emaillierung von gusseisernem Küchengerät erfolgreich experimentiert, 1764 z. B. im Hüttenwerk Königsbronn, 1782 im schwedischen Lauchhammer.

Aber erst die Industrie des 19. Jahrhunderts machte die Großproduktion von Emailgeschirr möglich.

Gleichzeitig hatten viele Werke, die ohnehin bereits Stahlbleche verarbeiteten, mit Email erste Versuche gestartet! Jedes Werk mischte seine eigenen Emails nach Geheimrezepturen; es mußte u. a. dazu die richtige Aufrauhung des Metalls herausgefunden werden, damit das Email auf der Trägerschicht haften blieb; aber erst gegen Ende des 19. Jahrhunderts wurden dem Email die Haftoxyde Kobalt und Nickel beigemischt, die aus Eisen und Email einen untrennbaren Verbundstoff machten; vor allem aber musste das Email so gemischt werden, dass Ausdehnung (bei Erhitzen) und Zusammenziehen (bei Erkalten) nach dem Brand bei beiden Werkstoffen absolut parallel verliefen.

Anzeige der Firma Joh. Baumanns Wwe. in Amberg von 1894

Viele Firmen blieben aufgrund der Entwicklungskosten und fehlgeschlagener bzw. nicht zu realisierender Emailrezeptur auf der Strecke.

Anderen gelang der Durchbruch; so z. B. – um nur einige zu nennen – der Familie Riess in Steyr (Österreich), deren Betrieb als Pfannenschmiede bereits 1616 bekannt war. Sie produzierte Emailpfannen und -kochtöpfe bis ca. Neunzehnhundert.

Im Jahre 1849 gründete sich in Bodenwöhr in Ostbayern eine »Emaillieranstalt«, die mit nur zwei Arbeitskräften immerhin 4500 Objekte pro Jahr herstellte!

In Holland erlebte die Firma DRU eine wechselvolle Firmengeschichte. Der Firma, die zeitweilig dem Fürstbischof von Breslau, Kardinal Diepenbrok gehörte, gelang es als erster, in ihre Öfen heiße statt kalte Luft einzublasen und die Qualität ihrer Produkte erheblich zu steigern.

Die Firma Schweizer & Söhne in Schramberg lieferte außer Küchengeschirren vor allem emaillierte Zifferblätter, Küchenwaagen und kunstvoll gestaltete Verkleidungen für Herde.

Im Jahr 1929 gab es in Europa unzählige Stanz- und Emaillierwerke, nämlich in

Belgien	14
Dänemark	8
Deutschland	330
Finnland	2
Frankreich	85
Großbritannien	75
Holland	11

Nicht mitgezählt (da keine Unterlagen verfügbar) die Werke in Osteuropa, vor allem im heutigen Tschechien.

Eines der größten deutschen Emaillier-Werke gründete 1869 in Amberg eine Frau; Katharina Baumann verlegte den von ihrem Mann ererbten Spenglerbetrieb von Wunsiedel nach Amberg und begann 1869 mit den ersten Emaillierversuchen. Bereits 1896, zur Blütezeit der Email-Industrie beschäftigte sie 2000 Arbeiter, die täglich bis zu 37 000 (!) Stücke produzierten. Unter den Namen ihrer Söhne bestand das Werk bis in das Jahr 1986!

Andere namhafte Betriebe in

Emailobjekte mit Markierung können im Preis leicht etwas höher sein als nicht gemarkte. Auf diese Marken zu achten, ist durchaus lohnenswert.

Deutschland waren »Gebrüder Bing« in Nürnberg, die »Annweiler Email- und Metallwerke« und die Firma »Bellino & Companie« in Göppingen.
Die Entwicklung des emaillierten Küchengeräts war zeitidentisch mit der Befreiung der Küche von Ruß, Schmutz und Rauch. Genau zu dem Zeitpunkt, an dem die Küche heller, freundlicher und somit nicht nur bewohnbar, sondern auch zum bürgerlichen Schmuckkästchen wurde, kam das Emailgeschirr daher und bemühte sich ebenso, nicht nur funktional und praktisch zu sein, sondern durch Form und Dekor den neuen ästhetischen Ansprüchen gerecht zu werden. Kellen und Löffelhalter, Tassen, Becher, Kannen und Kessel, Waschzuber und Bräter, Spitzsiebe und Seiher, Schüsseln und Seifenhalter, Henkelmann und Petroleumflasche kamen nicht grau und eintönig auf den Markt, sondern in hellen, freundlichen Farben. Weiß und blau wirkten so frisch wie die ganze Küche; Elfenbein, grün und rosa unterstrichen Frische und Sauberkeit und gaben der Küche neue Farbtupfer.
Die Techniker in den Emaillierfabriken beherrschten den spröden und pulverisierten Werkstoff immer besser; es gelang ihnen, unifarbene Stücke im zweiten Brand mit fröhlichen Dekoren zu versehen, die jeweils dem Stil ihrer Zeit entsprachen. Das Emailgeschirr ließ sich noch aufwerten, indem es Dekore bekam, die vom wesentlich teureren Porzellan her bekannt waren – Goldränder und Blumen, ganze Szenen; manche Farben imitierten das tiefe Kobaltblau von z. B. venezianischem Glas, andere die Farbe »Ochsenblut«, wie man sie von wertvollem Porzellan her kannte.
Die Zeit des sammelwürdigen Küchenemails lag vor dem Zweiten Weltkrieg.
Nach 1945 gab es noch einmal für kurze Zeit das sogenannte »Bombenemail«; mit diesem Namen belegte man vor allem die Produktion von stumpfbraunen Töpfen, die aus dem Metall der Wehrmachtsbestände gefertigt wurden. So wie später »Schwerter zu Pflugscharen« hieß es damals »Bomben zu Töpfen«. Denn aus Bomben und Granaten wurde das eintönige Emailgeschirr hergestellt. Verständlich, dass eine Produktion aus solcher Notzeit bei weitem nicht die ästhetischen Qualitäten der Vorkriegsware hatte, denn auf Dekore wurde verzichtet.
Einzelstücke davon mögen in einer Küchen-Emailsammlung als Kuriosa aber durchaus ihre Berechtigung haben!

Objekte und Märkte, Trends und Preise

Küchen-Antiquitäten sind ebenso »in« wie die Rückbesinnung auf die Geschichte der bürgerlichen Küche überhaupt. Dabei geht es oft nicht nur um das einzelne Sammlerstück, sondern auch um die wissenschaftliche Aufarbeitung des Themas durch Ausstellungen und entsprechende Kataloge.
Die bäuerliche Küche mit ihren regional höchst unterschiedlichen Erscheinungsformen hat als Ausstellungsgut längst in Bauern- und Landschaftsmuseen berechtigten Einzug gehalten.
Im Zuge der Entdeckung der Alltagskultur als wirklichem Kulturgut wurden aber auch und gerade zur bürgerlichen Küche in letzter Zeit zwischen Hamburg, Leipzig und München aufwendige Ausstellungen mit entsprechenden Publikationen veranstaltet.
Bereits 1994 beschäftigte sich die Ausstellung »Die anständige Lust« – gemeint sind Essen und Trinken – im Münchner Stadtmuseum über weite Strecken mit der bürgerlichen Küche; der über 600 Seiten starke, gleichnamige Katalog (Edition Spangenberg bei Droemer-Knaur, München 1994, DM 98,–) bietet wohl die beste wissenschaftliche Darstellung des Themas; immerhin arbeiteten über 40 Fachleute am Thema mit.
In Leipzig zeigte das Stadtgeschichtliche Museum 1995/96 die reizvolle Ausstellung »Eigener Herd ist Goldes Wert«, deren Katalog zwar wesentlich schmäler, aber deswegen nicht weniger spannend ist, weil er vor allem Geschichte, Objekte, Firmennamen aus den sog. »neuen« Bundesländern bietet, bzw. nennt.
Im Gerätemuseum Ahorn widmete sich 1996 eine eigene Ausstellung allein dem Thema Küchenemail. Sammlerzeitschriften wie »Trödler-Magazin« und »Sammlerjournal« griffen das Thema in den letzten Jahren immer wieder ausschnittweise mit Beiträgen zu »Küchengeschirren«, »Email«, »Herde und Öfen« oder »Bügeleisen« auf.
Gehört aber ein Thema »Bügeleisen« in die Reihe der Küchen-Antiquitäten? Die Antwort lautet schlicht: ja!
Wer den Begriff von der Küche als Lebensraum ernst nimmt, zählt zu den Küchen-Antiquitäten nicht eben nur jenes Instrumentarium, das zur Nahrungsherstellung und -aufbewahrung diente, sondern auch das gesamte Werkzeug, mit dem die Hausfrau innerhalb der Küche ihre Haushaltsaufgaben bewältigte. Diese Definition wurde nicht erfunden, sondern in Befragungen von Sammlern, Händlern und Auktionatoren erhärtet.
Darüber hinaus interessiert sich der Sammler von Küchen-Antiquitäten sogar für Objekte, die nie das Innere einer Küche gesehen haben, nämlich alte Email-Werbeschilder, sofern sie wiederum für Gegenstände warben, die für Küchen angeboten wurden: von Herden bis zur Steinkohle, von der Erbswurst bis zur Kernseife. Der Katalog dieses Buches wird das Thema in aller Kürze präsentieren; dafür sei auf den Titel: Ciolina, »Emailschilder«, Augsburg, 1996, im gleichen Verlag verwiesen.

> »Denn wer bewahret
> und erhält,
> hat das bessre Los
> gewonnen.«
> *Johann Wolfgang von Goethe*

Mit den Küchenmöbeln ist es »so eine Sache«. Schon aus Platzgründen ist kaum jemand in der Lage, sie in Stückzahlen zu sammeln, wie Töpfe, Geschirre, Emails. Dennoch lassen Dielen und geräumige Küchen Platz für ein besonders schönes nostalgisches Stück. Unbemalte Weichholzmöbel der Gründerzeit findet man (Achtung, leider auch vielfach gefälscht!) auch auf Antikmärkten der mittleren Preisklasse.
Während ein Biedermeier-Küchenschrank sicher nicht unter DM 6000,– bis 8000,– zu finden ist, dürfen einfache Weichholzmöbel kaum über DM 1500,– bis 1900,– kosten. Tip: Vor dem endgültigen Kauf die Schubladen ganz herausziehen; an und unter den Schubladen sollten bei alten Stücken die Gebrauchsspuren deutlich erkennbar sein. Auch die Einhängung der Türen gibt Auskunft über das Alter. Wurden z. B. moderne sog. »Klavierbänder« als Türscharniere benutzt, ist Vorsicht geboten.
Auch Küchenherde, unsere »Kochmaschinen«, werden nicht in Stückzahlen, sondern wohl nur als einmaliges Prachtstück erwor-

Zeitgenössische Puppen- oder Kinderherde sind haargenaue Modelle der großen »Kochmaschinen« und erreichen heute leicht Preise um DM 1000,– und darüber!

Vorsicht beim Kauf von altem Küchenkupfer! Es sind viele Fälschungen auf dem Markt. Töpfe u. ä., die innen nicht verzinkt sind – wie dieser französische Marmeladenkochtopf – sollten nicht mehr zur Herstellung von Speisen benutzt werden.

Von Küchengeschirren aus Porzellan oder Steingut sind zumeist nur noch Einzelstücke vorhanden, so dass es sich lohnt, sich auf bestimmte Einzelteile, wie Kaffeekannen oder Zuckerdosen zu spezialisieren.

ben. Und Prachtstücke bis Kuriosa gibt es unter ihnen wahrlich. Ihre Emaildekorationen, der Schmuck der Herdrückwand, die Feinheit und das Material von Umlaufstange und Griffen geben deutlich Auskunft über Wohlhabenheit oder Bescheidenheit ihrer Vorbenützer. Herde findet man kaum oder selten auf Antik- oder Trödelmärkten; und wenn, ist es schwierig, sie auf volle Funktionsfähigkeit zu prüfen.

Wer seinen nostalgischen Küchenherd im Landhaus, seiner Zweit- oder Altbauwohnung (oder auch nur »mal später« bei Not- oder Energieausfall) wirklich benutzen will, dem sei empfohlen

◎◎ bei Auktionen genau den Katalogtext zu studieren; steht da »reparaturbedürftig«, so ist sicher eine (evtl. teure) Restaurierung notwendig; heißt es aber »voll funktionsfähig«, haftet der Auktionator auch dafür.

◎◎ oder sich direkt an einen Fach-Antik-Händler wie z. B. den Münchner »Ofenladen« (vergl. Danksagung) zu wenden, der ausschließlich rundum restaurierte Herde anbietet.

In beiden Fällen muß der Sammler für einen gut erhaltenen, funktionsfähigen Herd schon recht tief in die Tasche greifen. Unter DM 5000,– ist kaum ein Stück erhältlich. Der Preis steigt, wenn die zum Herd passende Herdrückwand und der passende Kohlenkasten auch vorhanden sind, leicht über DM 8.000,–!

Von den Küchengeschirren aus Porzellan und Steingut ist relativ wenig überkommen. Man findet meist nur Teile von Servicen und zwar auf jedem Trödelmarkt. Reizvoll kann es sein, sich auf Kaffeekannen (DM 70,– bis 85,–) oder Zuckerdosen (DM 100,– bis 300,– je nach Form, Dekor, Glasur) oder bäuerliche Milchkannen, -töpfe zu spezialisieren oder auf Bunzlauer Steingut (große Töpfe ab ca. DM 150,–).

Wirklich alte Irdenware (vergl. Katalog Abb. 88) dagegen ist Ware des gehobenen Antikhandels.

Je nach Fundort, Zustand, Grauware oder dekorierte Stücke können einzelne, selbst kleine Objekte leicht über DM 1000,– kosten. Wer preiswerter alte Objekte findet (und ihren Fundort kennt

sowie das Alter bestimmen kann), sollte zugreifen. Irdenware wird selten am freien Markt angeboten, da die meisten Stücke bereits in Museen wohl aufbewahrt und konserviert sind!
Kupfergeschirre, Töpfe, Kannen, Pudding- und Fischformen wurden, weil so unendlich dekorativ, schon sehr früh gesammelt und sind heute selten und meist überteuert! Sie waren ohnehin immer schon selten, da für die beiden Weltkriege entsprechend der Sammlungsaktion »Gold für Eisen« auch Kupfer und Messing für militärische Zwecke, sprich Granaten eingesammelt wurde.
Eine findige Industrie wirft heute massenweise Imitationen auf den Markt, vom Kupferkessel bis zum großen Schöpfer, künstlich mit alten Beulen und einem neu-verrosteten Eisenring oder -griff versehen, zusätzlich mit etwas künstlichem Ruß besprüht!
Vorsicht also vor Fälschungen; von fünf angebotenen Stücken sind sicher vier nicht echt, sprich nicht alt! Der Kupfersammler vertraue daher seinen profunden Kenntnissen oder dem seriösen Händler!
Das spezielle Sammelgebiet »Toaster« ist verbreiteter als man denkt. Man erschrecke aber nicht vor Preisen bis und über DM 4000,– bei Objekten vor 1900; ein »Eclipse« von 1893 (vergl. Katalog Abb. Nr. 9.1) wird heute sicher bereits höher gehandelt. Amerikanische Toaster um 1930 kosten dagegen »nur« etwa DM 300,– bis 400,–. Wer aber seinen alten Toaster heute wieder benutzen will, lasse vom Fachmann Spannung und Anschluß prüfen, bevor die Sicherung streikt und den ganzen Haushalt lahm legt.
Küchenemails findet der Sammler auf fast allen Antik- und Trödelmärkten. Das Gebiet ist so variationsreich, wie die Aufgaben, die ihre Objekte zu erfüllen hatten: Kannen, Töpfe, Teller, Tassen, Siebe, Seiher und Kaffeemühlen, Löffelbleche, Kellen, Brotdosen usw. gibts in Email.
Fast nichts, was nicht emailliert angeboten wurde. Gute Emailobjekte sind oft erstaunlich leicht. Stücke mit Bodenmarken sind teurer als ungemarkte. Stücke in Weißblau sind begehrter als andere.
Emails in der an sich reizvollen Farbe »Ochsenblut« sind weniger gefragt und daher preiswerter. Wer diese Farbe schätzt, kann »Schnäppchen« erhaschen! Bei der Unterschiedlichkeit der Stücke können Preisangaben hier nicht gemacht werden; da helfen nur Preisvergleiche an Ort und Stelle.
Tip: Es lohnt sich durchaus, ein paar Mark mehr anzulegen, wenn das Stück wenig oder nicht beschädigt ist.
Beschädigungen an emailliertem Gerät bewirken häßliche Roststellen im Grundmetall und sind nicht wirklich restaurierbar, es sei denn, man überpinselt Schadstellen nach der Entfernung des Rostes mit Emailfarben. Aber das ist nicht wirklich restauriert.
Rund um den Kaffee ist ein Sammelgebiet, das voll im Trend liegt und sicher in nächster Zeit Preissteigerungen erfahren wird. Dazu gehören die schon lang beliebten, alten Kaffeemühlen (Tischmühle ca. DM 150,– bis 250,– Wandmühle mit Schwungrad über DM 400,– bis 500,–), aber auch die waghalsigen Konstruktionen von frühen Kaffee- oder Mokka-Maschinen oder die Kaffeekocher vor 1900 mit Kupferkessel und Petroleum-Brenner.
Bügeleisen, Nähmaschinen, Küchentextilien, Waagen können Themen eigener spezialisierter Sammlungen innerhalb des großen Gebiets Küchen-Antiquitäten sein.
Oft fällt es schwer, in kurios anmutenden Objekten ein altes Küchenutensil zu entdecken.

Wer Küchenemail zur Benutzung erwirbt, sollte nur unbeschädigte Stücke ohne Abschläge und damit Roststellen im Grundmetall erwerben!

Man muß nicht nach Burma oder Thailand fahren, um exotische Küchen-Antiquitäten zu finden; auch der hiesige Antik-Fach-Handel bietet oft interessante Stücke an.

Von rechts nach links:
Burmesische Teedose, Kupfer (ca. DM 200,–)
Tibetische Zampaschale, Holz (DM 600,–/700,–)

Wer weiß schon, wie ein »Bügeleisen« für Faltenstoffe aussieht (vergl. Katalog Abb. 10.15, 10.18) oder erkennt als solchen den früher überaus nützlichen »Zukkerbrecher« aus der Zeit, als Zucker zumeist noch als »Zuckerhut« verkauft wurde?
Wer auf die Suche nach Küchen-Antiquitäten geht, kann erstaunliche Entdeckungen und museumsreife Funde für wenig Geld machen.
Da der Sammler von Küchen-Antiquitäten für Einzelstücke zwischen DM 10,– (das emaillierte Teesieb) und DM 8000,– (den perfekten, alten Herd) ausgibt, kann der Markt dafür nicht homogen sein. Er findet seine Stücke ebenso auf dem einfachen Trödelmarkt, wie beim (Ofen-) Fachhändler.
Die eigentliche Fundgrube sind jene Antikmärkte, die zu bestimmten Zeiten, z. B. an Wochenenden mit vermieteten Ständen stattfinden. Und die besten »Schnäppchen« wird der Sammler bei Händlern machen, die nicht auf Küchen-Antiquitäten spezialisiert sind – gute Kenntnisse des Sammlers vorausgesetzt; ansonsten wende man sich an den Fachhändler, der vielleicht ein paar Mark mehr verlangt, aber sachkundig Auskunft über seine Ware geben kann.
Erscheint ein Angebot günstig, ist geraten zuzugreifen; denn die Preise, schon angeregt durch Ausstellungen und Publikationen werden in den nächsten Jahren um 30 bis 50 % steigen.
Wer sich auf Messing und Kupfer spezialisieren will, dem seien auch Märkte im nahen Ausland angeraten. Bei französischen Brocanteurs und auf italienischen Märkten ist Kupfergerät preiswerter als in Deutschland, wenn auch dort lang nicht mehr so häufig wie noch in den letzten Jahren.
Für manche Leute gibt es eine unüberwindbare Hemmschwelle, Auktionen zu besuchen. Dabei sind Auktionen höchst interessant. Nur sollte man seine Hände unten lassen, wenn man nicht mitbieten will. Dem engagierten Sammler seien die Auktionskataloge vom Kölner auction-team (Anschrift siehe Danksagung) sehr empfohlen. Man kann auch fernmündlich oder schriftlich bieten!
Auch auf (Ferien-) Reisen läßt der Sammler das Sammeln nicht. Gerade auf Reisen hat er Zeit und Muße die »marchés aux pusses« oder den Portobello-Market zu durchforsten. Und er findet »Exotica« für seine Küchensammlung, die dem Zusammen seiner mitteleuropäischen Objekte erst die rechten Farbtupfer geben.
Der englische Teapot, die eiserne Crèpe-Pfanne aus der Bretagne, die Paella-Pfanne aus Spanien oder der bauchige Weinkrug aus der Toskana sind erstens begehrenswert schön und brauchen heute im Zeitalter der EU auch keine Zollschranken mehr zu fürchten.
Der Wegfall der Zollschranken innerhalb der EU hat aber zur Folge, dass Sie im EU-Ausland die dort anfallende Mehrwert- oder Umsatzsteuer auf den Kaufpreis zu zahlen haben. Aber auch nur dann, wenn Sie Ihre Erwerbung sofort im Gepäck oder im Auto mitnehmen, denn die anfallende Steuer muß der Verkäufer in seinem Land entrichten.
Lassen Sie sich den Herd oder den Schrank aus Spanien oder Belgien z. B. nach Deutschland

sog. »Küchen- oder Schiffs-Ming«, Vietnam, 16. Jahrhundert. (DM 900,–)

Afrikanischer Löffel, (Kameruner Grasland?), Holz (DM 400,–/500,–)

schicken – größere Stücke sicher per Spedition –, so wird die Steuer darauf erst in Deutschland, und zwar nach deutschem Satz fällig.
Etwas anders sieht es bei Einfuhren aus nicht EU-Ländern aus. In diesen Ländern können Sie beim Kauf, wenn das Objekt nicht ohnehin »Ex-Steuer« angeboten wird, auf dem Abzug der landesüblichen Umsatzsteuer bestehen, müssen aber damit rechnen, bei der Einfuhr die deutsche Umsatzsteuer und möglicherweise Zoll zu bezahlen.
Das kann sich durchaus lohnen. Denn auch das weitere Ausland hält ungemein attraktive Küchen-Antiquitäten bereit: den alten Holzlöffel aus Afrika, die Reisschalen aus Japan oder China, Gargefäße aus Thailand, die Zampa-Schale aus Tibet, den Samowar aus Rußland, das Targine aus Marokko, alte Töpferwaren aus Persien oder der Türkei.
Dass Sie keine Gegenstände kaufen, die aufgrund des internationalen Artenschutzabkommens möglicherweise eine Strafverfolgung provozieren, Gefäße aus Schildpatt, Bestecke mit Elfenbeingriffen, ist wohl selbstverständlich. Aber auch sonst ist es gerade im außereuropäischen Ländern sehr ratsam, sich vor dem Kauf genau zu erkundigen, ob der ausgesuchte Gegenstand überhaupt ausgeführt werden darf. Der Verkäufer der Ware wird Stein und Bein schwören, dass es überhaupt keine Ausfuhrverbote gebe! Solche können aber durchaus bestehen und zwar in Bezug auf das Material (Stein, Edelmetall) oder auf das Alter. In vielen Ländern ist die Ausfuhr von über 100 Jahre alten Gegenständen genehmigungspflichtig. Manchmal kann man sich solche Genehmigungen im nächsten Museum holen. Ob es sich lohnt, zum Museumskurator dafür besonders freundlich oder sogar freigebig zu sein, müssen Sie selbst an Ort und Stelle entscheiden!
Rechtzeitige Information ist dringend angeraten, sonst riskieren Sie, dass Ihr schönstes Urlaubssouvenir in der Aservatenkammer des Flughafens landet und dort für immer bleibt.

Was ist sammelwürdig?

Der folgende Katalogteil versucht, einige Sammelgebiete zusammenzufassen. Dabei geht er zuerst von den Sammlerinteressen, nicht zuerst von den haushaltstechnischen Aufgaben der Geräte aus. Jede Systematisierung birgt aber auch die Notwendigkeit von Überschneidungen in sich; so findet sich der kupferne Kaffeekessel unter Kupfer und nicht im Kaffeekapitel, während aber hier doch die kupferne Kaffeemaschine zu finden ist.
Solche »Überlappungen« möge man verzeihen; der aufmerksame Leser wird sie verstehen.
Sammlerstücke, die nicht in o.g. System passen, finden sich unter dem vielsagenden Begriff »Varia«.
Die Bild-, Sach- und Preisinformationen spiegeln das **aktuelle Marktangebot.**
Diesem aktuellen Marktangebot entstammen auch **alle Preisangaben.** Alle Preisangaben gehen vom guten Erhaltungszustand der Objekte, bei Möbeln und Herden vom gebrauchs- bzw. funktionsfähigen Zustand aus. Zwei Preise (z. B. DM 100,– bis 150,– oder DM 400,– bis 550,–) wurden dann angegeben, wenn der Autor tatsächlich zwei vergleichbare Stücke **zu unterschiedlichen Preisen** am Markt vorfand.
Um mancherorts nicht in Spekulationen zu verfallen, sind die **Bildbeschreibungen nicht einheitlich.**
Maßangaben wurden dort gemacht, wo sie bekannt waren bzw. der Autor das einzelne Objekt wirklich selbst in die Hand nehmen und vermessen konnte.
Angaben zum Alter der Objekte wurden dort hinzugefügt, wo sie zweifelsfrei feststehen. Andernorts wurden stilistische Zuordnungen angegeben; oft wurde auf ähnliche Angaben verzichtet. Dies gilt insbesondere für die emaillierten Gegenstände, da diese oft über Jahrzehnte nach absolut gleichem Verfahren hergestellt wurden.
Der Autor hat für alle schriftlichen und bildlichen Darstellungen ausführlich und mit aller Sorgfalt recherchiert und viele Fachleute interviewt und befragt (siehe auch Danksagung im Impressum). Ebenso wurde das Buch im Verlag sorgfältig redigiert; trotzdem ist für jeden möglichen Fehler allein der Autor verantwortlich. Für Hinweise oder Korrekturen (über den Verlag!) wird er dankbar sein!

Küchenmöbel, Eisschränke und Lampen

Selbst Antiquitäten-Sammeln ist gewissen Modezwängen unterworfen. Glaubt man dem Marktangebot durchschnittlicher Antikmärkte, so hat es in alten Küchen wohl nur unbemalte Weichholzmöbel der Gründerzeit gegeben. Für diesen Sammlergeschmack hat so manch schönes Küchenmöbel erst heutzutage seine Farbe verloren – es wurde abgelaugt.
Die Tatsache der großen Nachfrage hat leider auch Fälschungen verursacht, und zwar en masse. Vor Möbeln ohne einsichtige Gebrauchsspuren sei daher gewarnt. Und außerdem: auf diesem Gebiet gibt es viel Sammelnswertes außer Weichholz der Gründerzeit, auch wenn es gerade »in« ist.

1.2

1.3

1.1 Küchenschrank
von ca. 1820, 220 cm hoch,
mit festmontierter Kaffeemühle,
selten, museal **DM 6000/8000,-**
(Foto: Stadtmuseum München)

1.2 Großer Wohnküchenschrank, 210 cm hoch, Gründerzeit **DM 2500,-/2900,-**
(Foto: Fa. Gebr. Reuer, Gladbeck)

1.3 Großer Küchenschrank,
Anrichte mit Aufsatz, ausziehbare
Arbeitsplatte, 200 cm, 1890/1900
DM 3500/3800,-
(Foto: Fa. Gebr. Reuer, Gladbeck)

1.4 Küchenschrank Anrichte und Aufsatz, ausziehbare Arbeitsplatte, 205 cm hoch, 1890/1900 **DM 2800/3200,-**

1.4

1.5 Farbtafeln für Eschebach-Küchenmöbel-Lackierungen,
Fa. Eschebach in Radeberg bei Dresden; aus dem Katalog von 1906. Die folgenden Küchenmöbel, Abb. 1.6 bis 1.17 wurden entweder in Naturholz oder mit diesen Lackierungen geliefert.

(Die Abbildungen 1.5 bis 1.17 und 1.18 bis 1.22 mit freundlicher Genehmigung der Eschebach AG in Radeberg.)

1.6

1.7

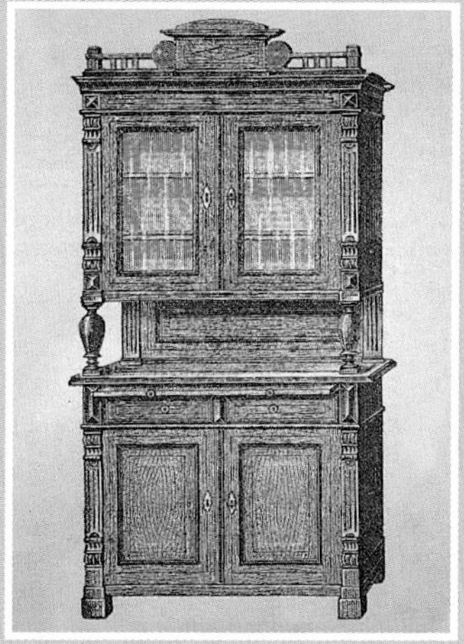

1.8

1.9

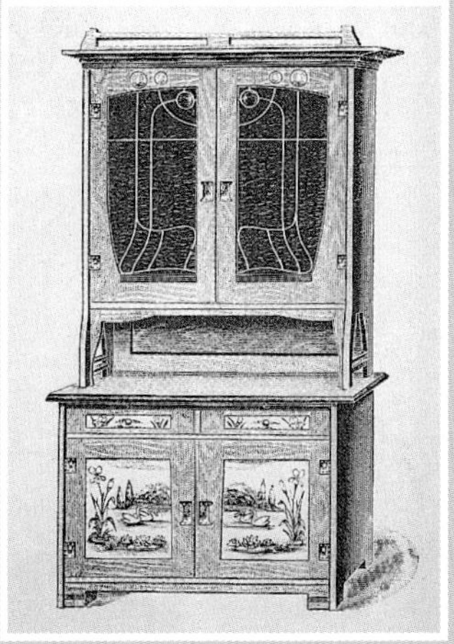

1.10

1.11

1.12

1.13

1.6 Küchenschrank aus Unter- und Oberschrank, letzter mit altdeutscher Verglasung, 1890, Höhe 230 cm, früherer Verkaufspreis unlackiert: 133 Mark
DM 3200,–

1.7 Küchenschrank ohne Nische, Türen mit einfacher Verglasung, ausziehbares Arbeitsbrett, 1897, Höhe 227 cm, früherer Verkaufspreis unlackiert: 70 Mark
DM 2800/3000,–

1.8 Küchenschrank aus Unter- und Oberschrank, mit Säulen und Nische, ausziehbares Arbeitsbrett, 1895, Höhe 235 cm, früherer Verkaufspreis ohne Lackierung: 81 Mark
DM 3000/3300,–

1.9 Küchenschrank mit Säulen, ausziehbares Arbeitsbrett, 1895, Höhe 215 cm, früherer Verkaufspreis unlackiert: 60 Mark
DM 2500/2900,–

1.10 Sehr schöner Jugendstil-Küchenschrank, Türen mit blaugrünem Kathedralglas und Apfelrelief in Goldbraun, Ausziehbrett, 1900, Höhe 233 cm, früherer Verkaufspreis lackiert: 162 Mark
DM 3000/3200,–

1.11 Küchenschrank mit Nische und Uhr, Zifferblatt der Uhr in Email, lackiert und bemalt, Höhe 253 cm, 1890/1900; früherer Verkaufspreis lackiert: 208 Mark
DM 3500/4000,–

1.12 Küchenschrank, Aufsatz mit Säulen, in den Türen Zierglas, 1900, Höhe 223 cm
DM 2100/2300,–

1.13 Küchenschrank mit Nische und Aufsatz, Türfelder mit »Eisglas«, unten mit Linkrustastreifen, 1900, Höhe 215 cm, früherer Verkaufspreis lackiert: 64 Mark
DM 2100/2300,–

1.14

1.15

1.16

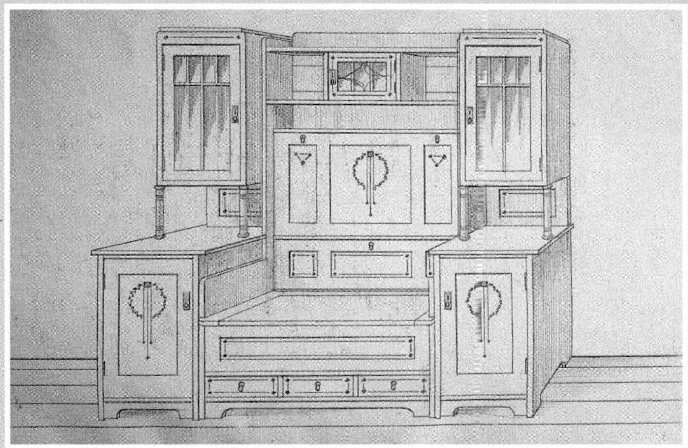

1.17

1.14 Küchenschrank, Modell »Ulm«, mit Nische, in den Türen weißes Kathedralglas, 2 gefirniste Ausziehbretter, 1908, Höhe 205 cm, früherer Verkaufspreis lackiert: 130 Mark

DM 1900/2300,–

1.15 »Universal-Küchenmöbel« in Truhenform, hier geöffnet; geschlossen diente der Schrank als Truhe, Anrichte und/oder Sitzbank, 1908, Höhe 202 cm, früherer Verkaufspreis lackiert: 100 Mark **DM 2800/3200,–**

1.16 Aufwaschtisch, Holz mit verzinkten Wannen, zuklappbar, Höhe 90 cm, 1908

DM 600/800,–

1.17 Eschebach-Entwurf für einen außergewöhnlichen Truhen-Schrank; Sitz- und Arbeitsflächen in Linoleum, Seitenschränke auf Säulen, Türen mit Eisglas, lackiert in Weiß und Blau, Höhe 202 cm, Breite 220 cm, bestes Jugendstil-Design, 1908, selten, museal

DM 10 000,– und mehr

1.18 Eschebach-Küchenschrank mit Nische, Seiten als Geschirrschränke, weiß lackiert, Höhe 210 cm, 1910 **DM 2500,–**

1.19 Küchenschrank aus Fichtenholz, schwarz-rot lackiert, Aufsatz auf Säulen, zwei Ausziehplatten, Türen mit Ornamentglas, ca. 1918, 180 cm hoch **DM 3000,– und mehr**
(Foto: Stadtmuseum München)

1.20 Musterblätter der Eschebach-Küchen von 1910: oben: Modell »Köln«, unten: Modell »Quedlinburg«

1.18

1.19

1.20

1.21

1.21 Neue Reformküche 1931: Küchengeschirrschrank, geöffnet (oben) und geschlossen (unten links), gefüllt mit VEWAG-Küchenemail, rechts unten: Schnellkochtopf, darunter eine Eismaschine; weiß lackiert, 202 cm hoch (ohne Inhalt:)
DM 1500/2000,-

1.22 Wohnküchenschrank mit Nische, Eschebach/Radeberg, 1934, Höhe 220 cm
DM 1500/1800,-
(Foto: Boehnerfilm-Foto/Dresden)

1.21

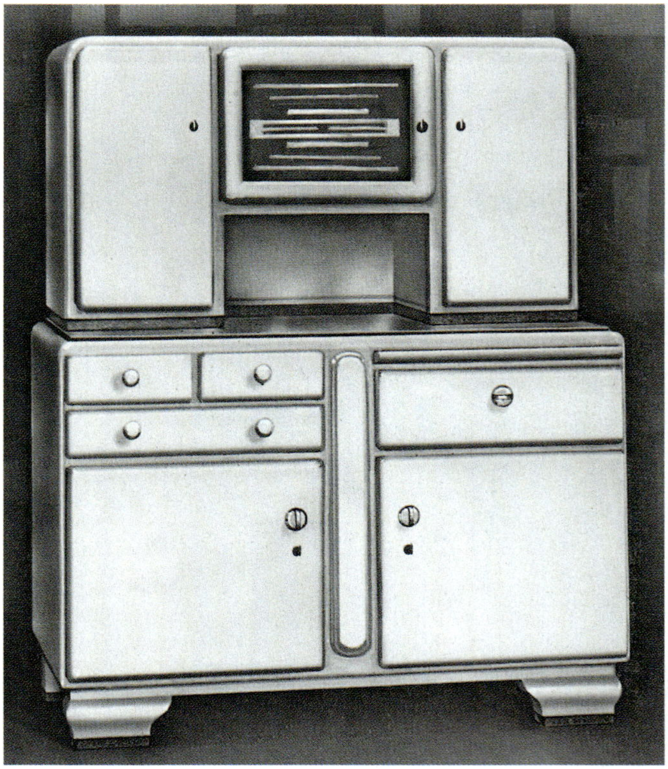

1.22

1.23 Gelsenkirchener Barock: Wohnküchenschrank 1951/52, Nussbaumfurniere, Griffe aus Bakelit, Brot-und Kühlfach im Unterschrank **DM 1100/1500,–**
(Mit freundlicher Genehmigung: Städtisches Museum, Gelsenkirchen)

1.24 Gelsenkirchener Barock: Wohnküchenschrank, Nussbaum-und Wurzelholzfurnier, Griffe aus Zinkspritzguss, Höhe 175,5 cm **DM 1100/1500,–**
(Mit freundlicher Genehmigung: Städtisches Museum, Gelsenkirchen)

1.25

1.27

1.28

1.26

1.25 Küchentisch, Weichholz, Tischplatte 85×64 cm, 80 cm hoch, ca. 1815/20 **DM 1200,–**
daneben: sog. Kartenspielerstuhl, ca. 1900 **DM 250,–**

1.26 Küchentisch, Weichholz, Tischplatte 112 × 88 cm, 80 cm hoch, ca. 1880 **DM 1000,–**

1.27 Tellerbord, süddeutsch, mit drei Böden, 98 cm breit, ca. 1920 **DM 160/180,–**

1.28 Verschließbares Eierschränkchen, Front aus gebogenem Rohr, 47 cm hoch, 30er Jahre **DM 145,–**

1.29

1.30

1.31

1.29 Stummer Diener für die Küche, 1900 **DM 180/220,–**

1.30 Eisschrank (nicht Kühlschrank!), Holz mit zinkausgeschlagenem Trockeneisfach, ca. 1920 **DM 400/600,–**

1.31 Eisschrank wie oben, ca. 1925 **DM 250/300,–**

1.32 Eschebach-Eisschrank um 1936 **DM 250/300,–**

1.32

1.33

1.34

1.35

1.36

1.37

1.33 Petroleum-Deckenlampe, Gusseisen und Milchglasschirm, ca 1880/1900 **DM 600/700,-**

1.34 Petroleum-Hängelampe, ca. 1900 Jugendstil **DM 550/650,-**

1.35 Petroleumlampe »Hinks Nr. 1«, ca.1890 **DM 350/450,-**

1.36 Mechanische Petroleumlampe »Robert Hitchcock«, mit federwerksbetriebener Luftpumpe im Sockel, sehr selten, museal **DM 1100/1200,-**

1.37 Große Petroleumlampe, Schirm aus weißem Opal-Glas, Steingut auf Gusseisenfuß montiert, 63 cm hoch, 1890/1900, französisch **DM 700/800,-**

1.38

1.39

1.40

1.38 Petroleumlampe, Messing, Eisen, Glas, Schaft aus poliertem Stein, 42 cm hoch, ca. 1890 DM **500/650,–**

1.39 elektrifizierte Petroleum-Wandlampe, Messing, 33 cm hoch, 1890 (?) **DM 220/280,–**

1.40 Gas-Deckenhängeleuchte, »Graetzin«, ca. 1900 **DM 280/340,–**

Herde, Wärm- und Kochgeräte

Wer einen alten Kohleherd erwerben und auch benutzen will, sollte sich auf jeden Fall bei seinem regional zuständigen Schornsteinfeger erkundigen, ob der Anschluss an dem dafür vorgesehenen Kamin überhaupt möglich ist. An Kamine für Ölheizungen und -öfen dürfen keine Kohleherde angeschlossen werden! Ohne Prüfung und Erlaubnis kann ein unsachgemäßer Herdanschluss Hausbrände verursachen. Welche juristischen Nachspiele und welche Schäden und damit Schadensersatzleistungen das mit sich bringen kann, male sich jeder selber aus.

2.1

2.1 Kinderherd, 34 x 30 x 23 cm, rechts Hahn für Wasserbehälter, Eisen, Blech und Nickel, ca. 1900

DM 1300,–

und Liebhaberpreis

2.2 Kinderherd, 34 x 23 x 13 cm, funktionsfähig, Türen aus Kupfer, Töpfe versenkt, 1880/90

DM 1200/1400,–

und mehr!

2.2

2.3

2.3 Replikat eines alten Kinderherdes, bemaltes Blech, funktionsfähig, nach Original von ca. 1910 **DM 350,–**

2.4 »Armeleuteofen«, Deville, Charleroi, verschraubtes Gusseisen, um 1900
DM 3500,–

(mit frdl. Genehmigung: Sammlerjournal)

2.4

2.5 Gusseiserner Backofen,
ca. 1905 mit Warmhaltefach,
Geschirrtuchhaltern
DM 3500/4000,–

2.6

2.7

2.8.1

2.8.2
2.8.3

2.6 Englischer Herd,
Front aus Gusseisen, sonst Blech,
ca. 1910 **DM 3200,–**

2.7 »Kohlenfrosch«, Gusseisen,
1890/1900 **DM 400/410,–**

2.8.1 bis 2.8.3 Drei **Kohlenkästen** oder **»Kohlenfrösche«,**
verziert bzw. bemalt,
ca. 1900 bis 1920
je **DM 235/250,–**

2.9 Großer Kochofen, Carlshütte in Rendsburg, emaillierte Zierplatten, sonst grün emailliert, 165 cm hoch, ca. 1920/30 **DM 13000,–** und mehr!
(mit frdl. Genehmigung: Sammlerjournal)

2.10 Kochofen, Gusseisen und Blech, 62 cm hoch, Signet: Hütte »WH«, ca. 1900 **DM 600/800,–**
(mit frdl. Genehmigung: Sammlerjournal)

2.9

2.10

2.11

2.12

2.11 Kochofen, Sougland, Aisne, von der Seite zu befeuern, 85 cm hoch, ca. 1910

DM 2700/3200,–

(mit frdl. Genehmigung: Sammlerjournal)

2.12 Gusseiserner, dreibeiniger **Herd**, französisch, ca. 1890 (?)

DM 1000/1100,–

(mit frdl. Genehmigung: Sammlerjournal)

2.13

2.15

2.16

2.14

2.13 Deutscher Herd mit originaler Rückwand, Email mit feinen Blumengirlanden, ca. 1910 **DM 7000,–**

2.14 Französischer Kachelherd mit umlaufendem Handtuchhalter, ca. 1905 **DM 6000,–**

2.15 Eisenherd mit großem Wasserschiff, Porzellangriffe, ca. 1920 **DM 3200,–**

2.16 Französischer Herd, Gusseisen, unifarben emailliert, innenliegendes Warmwasserbecken (rechts Hahn!), ca. 1900 **DM 5000,–**

2.17

2.18

2.17 Belgischer Kachelherd, Anfang 20er Jahre **DM 5000,–**

2.18 Belgischer Herd, Blech emailliert mit sehr feinen Jugendstilranken, umlaufende Handtuchstange, 1915/20 **DM 5500,–**

2.19 Blau emaillierter **Herd** mit original Wasserschiff oben links, ca. 1935 **DM 3200,–**

2.20 Belgischer Herd, Blech emailliert, mit unten eingehängtem Kohlenkasten, Mitte 20er Jahre **DM 4000,–**

2.19

2.20

2.21

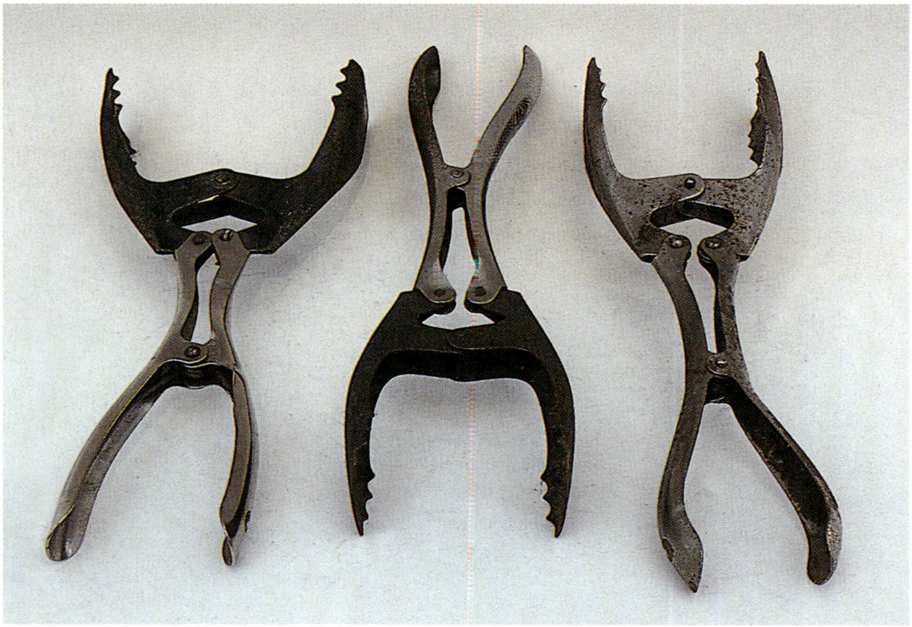

2.22

2.23

2.21 Deutscher Herd, Blech emailliert mit sehr fein gemalten Winterlandschaften, um 1900 **DM 6000,–**

2.22 Brikettzangen mit Federmechanismus je **DM 2,50**

2.23 Deutscher Jugendstilherd mit originaler, sehr verspielter Rückwand mit Bord zum Abstellen von Töpfen, umlaufende Handtuchstange, 1900 bis 1915 **DM 7000,–**

2.24 Alter **Gasherd** der Zentralwerkstätten Dessau, Gusseisen, selten, museal

DM 10 000.–
evtl. erheblich mehr!

(Foto: Deutsches Museum, München)

2.24

2.25 Sehr früher **Kinder-Elektroherd,** 1893, signiert: F. W. Schindler-Jenny, Kennelbach bei Bregenz, sehr selten, museal

DM 10 000,–
und evtl. erheblich mehr!

(Foto: Deutsches Museum München)

2.25

2.26

2.28

2.29

2.27

2.26 Belgischer Kachelherd mit unten eingehängtem Kohlenkasten, 20er Jahre **DM 5200,–**

2.27 Elektrisches **Kochgefäß** für 21 Liter, (Großküchengerät?) Messing ohne Deckel, 1899 **DM 1200/1400,–**
(Foto: Deutsches Museum, München)

2.28 Elektrische **Kochplatte,** Patent Schindler-Jenny (vergl. Nr. 2.29), 1888 **DM 400/600,–**
(Foto: Deutsches Museum, München)

2.29 Tischheizplatte, AEG, ca. 1925 **DM 110,–**

2.30

2.31

2.32

2.30 Tischherd, »garantiert geruchlos«, für Petroleumbetrieb, Eisenguss, teilweise emailliert, 1900 **DM 170/220,–**

2.31 Reform-Selbstkocher, Koch- und Warmhaltegefäß, 1925 **DM 350,–**

2.32 Petroleum-Kochofen, Gusseisen, teilweise emailliert, mit emailliertem Wasserkessel, um 1920 **DM 240,–**

2.33 Dieser **AEG-Elektroherd** wurde 1910 in 50 privaten Berliner Haushalten mit Erfolg getestet und anschließend zum Preis von RM 450,– (Preis inkl. Kochgeschirre) am Markt angeboten. **DM 1700/1800,–** und Liebhaberpreis
(Foto: AEG-Haushaltsgeräte, Nürnberg)

2.34 AEG-Elektroherd von 1934, damaliger Verkaufspreis RM 194,– **DM 700/800,–** und Liebhaberpreis

2.35 Spiritus-Kocher, Messing, Blech und Aluminium, ca. 1955 **DM 250/300,–**

2.33

2.34

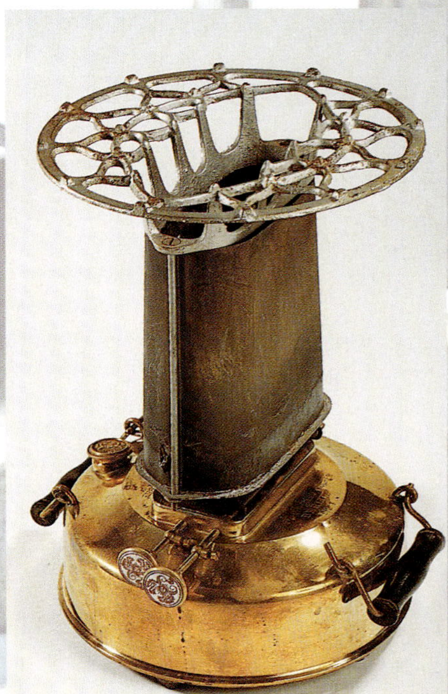
2.35

Kupfer und Messing

Kupfer- und Messingobjekte sind ungemein dekorativ und werden schon seit langem gesammelt. Man sollte sie im Zweifelsfalle auch ausschließlich zur Dekoration verwenden. Nicht verzinkte, alte Kupfertöpfe sollten unter keinen Umständen zur Nahrungszubereitung benutzt werden.
Und vor allem: Augen auf beim Kaufen!
Nicht alles, was alt aussieht, ist es auch!
Auf »alt« gemachte orientalische Schalen und Töpfe werden oft in Blumen- oder Dekogeschäften angeboten. Eine findige Industrie bietet Nachbildungen von Kupfer- und Messingtöpfen an, denen mit Hämmern ausdruckstarke Gebrauchsspuren »eingehämmert« wurden. Aus Italien kommen Töpfe, denen mit Spraydosen täuschend ähnliche Rußflecken aufgesprayt wurden. Messing wird vor allem durch Berührung mit menschlicher Haut unansehnlich. Kupfer beläuft oft stark und setzt Grünspan an. Stark verschmutzte Stücke reinigt man mit ATA-flüssig. Sidol eignet sich ebenfalls gut. Schonender zur Reinigung ist Stahlfix. Nicht vergessen: **nach** der Reinigung die Reste des Reinigungsmittels mit warmem Wasser abwaschen und **dann** erst das Stück mit weichen Tüchern polieren.

3.1

3.2

3.4

3.3

3.1 »Maxim's Patent Coffee Pot«, um 1880, mit Warmhaltesystem, Kupfer **DM 450/650,–**

3.2 Kupferpfanne & Wasserschöpfer, ca. 1875 je **DM 120,–**

3.3 Messingschöpfer, 50 cm mit Stiel (1910?) **DM 120,–**

3.4 Messingschöpfer, Griff geschmiedetes Eisen, 39 cm mit Griff **DM 90/110,–**

3.5

3.6

3.7

3.5 Schwerer Kupferschöpfer, französisch, ca. 1900, 35 cm mit Griff **DM 140,–**

3.6 Schwerer Kupfertopf mit geschmiedetem Griff, ca. 1900, französisch, 54 cm mit Griff **DM 160/170,–**

3.7 Zwei **Kupferschöpfer,** ca. 1890, italienisch, mit geschmiedeten Griffen je **DM 100,–**

3.8 Kupfertopf mit geschmiedetem Griff, ∅ 37 cm, bretonisch, ca. 1850 **DM 140,–**

3.8

3.9

3.10

3.11

3.12

3.13

3.9 Zwei **Kupferkochtöpfe,** innen verzinkt, spanisch, ca. 1930, ∅ 24 cm
je **DM 90/120,–**

3.10 »Schmalzhaferl«, Messing mit Eisengriffen, (Topf zum Ausbacken von Schmalzgebäck), ca. 1880, ∅ 32 cm **DM 140,–**

3.11 Großer kupferner **Marmeladenkochtopf,** innen verzinkt, Handgriffe Messing, sehr dicke Wandung, französisch, ca. 1880, 67 cm hoch **DM 700/800,–**

3.12 Großer **Kupfertopf** mit geschmiedeten Eisengriffen, italienisch, ca. 1900, ∅ 55 cm
DM 550/600,–

3.13 Kupferkessel mit geschmiedeten Henkelgriff, französisch, ca. 1890, ∅ 42 cm **DM 350,–**

3.14 Kupferne **Topfdeckelchen** mit geschmiedeten Griffen, französisch, ca. 1910 (?), ∅ je 11 cm je **DM 30,–**

3.14

3.15

3.15 Topfdeckel aus Kupfer bzw. Messing, französisch, ∅ 23 cm, 25 cm, 29 cm, 1890–1920
je **DM 60/90,–**

3.16

3.16 Sechs **Messingkellen,** bzw. **-Schöpfer,** 30–40 cm lang, 1890–1900 je **DM 100/110,–**

3.17 »Dröppelminna«, Bergisches Land, ca. 1870, trotz Beschädigung: **DM 500,–**

3.17

3.18

3.19

3.20

3.18 Schwerer **Messingmörser** mit Stößel, ca. 1840, 19 cm hoch
DM 440,–

3.19 Messingmörser mit Stößel, ca. 1800, 18 cm hoch
DM 440/500,–

3.20 Vier Kupferobjekte:
Kupfersieb, teilweise noch verzinkt, ∅ 27 cm, ca. 1880
DM 200,–

Zwei Puddingformen, je ∅ 19 cm, 1920 (?)
je **DM 110,–**

Topf mit geschmiedeten Griffen, ca. 1850 **DM 170,–**

3.21

3.21 Drei **Kupfer- bzw. Messingteile:**
eine Waagschale, ∅ 24 cm
DM 45,–
ein kleines Sieb (Seiher),
∅ 18 cm, **DM 80/90,–**
ein Schöpfer, ∅ 22 cm mit geschmiedetem Griff **DM 110,–**

3.22 Zwei große **Pudding- oder Auflaufformen,**
35 x 40 cm, ca. 1930 (?)
je **DM 160/180,–**

3.23 Vier kupferne **Tee- oder Kaffeekessel** mit Messingtüllen,
17 bis 24 cm hoch, ca. 1890 (?)
je **DM 200/240,–**

3.22

3.23

3.24

3.25

3.24 Kinderherd mit originalen Kupfertöpfen, ca. 1880/1890 komplett **DM 1300/1400,–**

3.25 Löffelbrett, 1948, Kupfer und Messing **DM 250/300,–**

Küchenemail

Küchenemail ist schön, praktisch, wieder oder immer noch zu benutzen – und trotz stetig größer werdender »Fangemeinde« immer noch erstaunlich preiswert. In den hier folgenden Bildunterschriften wurde mit Absicht auf die Angabe von Jahreszahlen sehr oft verzichtet, da sich Autor und fachliche Berater nur in wenigen Fällen imstande sahen, halbwegs exakte Angaben zu machen. Das liegt vor allem daran, dass viele Stücke über Jahrzehnte hinweg stets gleich produziert wurden. Der Emailsammler achte daher weniger auf das Alter, als auf Schönheit, Unversehrtheit und damit Benutzbarkeit! Erst das macht eine Emailsammlung sinnvoll.

4.1

4.2

4.4

4.3

4.5

4.1 Löffelhalter, 30 x 51 cm, mit drei Schöpflöffeln
zusammen **DM 160,–**

4.2 Löffelhalter, 30 x 46 cm, mit Kelle und Schöpflöffel
zusammen **DM 125,–**

4.3 Löffelhalter, 30 x 50 cm, mit zwei Schöpflöffeln
zusammen **DM 230,–**

4.4 Löffelhalter, 32 x 55 cm, Schöpfer und Kellen
zusammen **DM 220,–**

4.5 Löffelhalter, 36 x 53 cm, mit Kellen und Pfanne
zusammen **DM 200,–**

4.6

4.7

4.6 Löffelhalter,
37 x 53 cm, mit 2 Kellen und
1 Wender
zusammen **DM 230,–**

4.7 Waschbeckenrückwand,
39 x 53 cm, mit Messing-
Wasserhahn **DM 195,–**

4.8 Löffelhalter, 31 x 51 cm,
mit Kelle und Schöpfer
zusammen **DM 230,–**

4.8

4.9

4.10

4.11

4.12

4.9 Von links nach rechts:
Kaffeekanne, 21 cm hoch
DM 75,–
Kaffeekanne mit Filteraufsatz,
35 cm hoch **DM 115,–**
Milchkanne, 12 cm hoch
DM 39,–

4.10 Kaffeekanne mit Filtereinsatz, 30 cm hoch **DM 95,–**

4.11 links:
Kaffeekanne braun, mit Filtereinsatz gemarkt »Baumann«, 25 cm hoch **DM 145,–**
rechts:
Kaffeekanne, blau mit weißem Dekor, 28 cm hoch **DM 105,–**
Milchkännchen, 8 cm hoch
DM 39,–

4.12 Kaffeekanne in Ochsenblut mit weißem Filtereinsatz
DM 95,–

4.13

4.14

4.13 links: **Kaffeekanne,** braun, mit Spritzdekor, 22 cm hoch **DM 69,–**
rechts: **Kaffeekanne,** blau/weiß, 24 cm hoch **DM 95,–**

4.14 Kaffeekanne mit Milchkännchen und 2 Tassen, blau/weiß **DM 165,–**

4.15 Farbe Ochsenblut, teils mit Dekor
links: **Kanne,** 23,5 cm hoch **DM 45,–**
Mitte: **Kaffeekanne,** 20 cm hoch **DM 95,–**
rechts: **Flasche** mit Porzellanverschluss, 26 cm hoch **DM 50,–**

4.16 von links nach rechts:
Mehlmaß, 500g, 11 cm hoch **DM 20,–**
Hohlmaß, 1 Ltr., 15 cm hoch **DM 15,–**
Kaffeekanne, 20 cm hoch **DM 40,–**
Tasse mit Flasche, 22 cm hoch **DM 50,–**
Filtereinsatz, 12 cm hoch **DM 40,–**

4.15

4.16

4.17

4.19

4.18

4.21

4.20

4.17 Teekanne, unbeschädigt, 16,5 cm hoch **DM 125,–**

4.18 Teekännchen ohne Deckel, 11 cm hoch **DM 75,–**

4.19 Blaue **Kanne** mit Deckel, 24 cm hoch, vor 1890 **DM 120,–**

4.20 Kanne, blau, 27 cm hoch, vor 1890 **DM 80,–**

4.21 Große **Kanne** mit Deckel, Ochsenblut, innen blau, 31 cm hoch, vor 1890 **DM 69,–**

4.22

4.23

4.24 / 4.25

4.27

4.22 Kanne, Ochsenblut, innen grau, 27 cm hoch, vor 1890
DM 55,–

4.23 Große **Milchkanne,** weiß mit blauem Rand, 26 cm hoch, ca. 1900 **DM 40,–**

4.24/4.25 Spülbürstenhalter, 28 x 44 cm, **DM 175,–**
hier mit alten **Porzellan-Zuggriffen** je **DM 29,–** bis **DM 40,–**

4.26 Spülbürstenhalter, 32,5 x 41 cm, vor 1900, mit Bürsten **DM 145,–**

4.27 Große **Suppenterrine,** um 1880, 25 cm hoch, ∅ 31 cm, blau/weiß, völlig intakt **DM 395,–**

4.26

4.31

4.32

4.28

4.33

4.34

4.29

4.35

4.36

4.30

4.37

4.38

4.28 Flacher **Wasserkessel,** Ochsenblut, 23 cm hoch, vor 1890 **DM 95,–**

4.29 Zwei **Kinderbecher,** je 7,5 cm hoch, ca. 1900 (?) je **DM 40,–**

4.30 Zwei **Kinderbecher,** 8 cm und 7 cm hoch, ca. 1900 (?) je **DM 40,–**

4.31 bis 4.38 Acht **Kinderteller,** zwischen 1900 und 1930, je ca. 20 cm ∅ **DM 38,–** bis **DM 45,–**

4.39

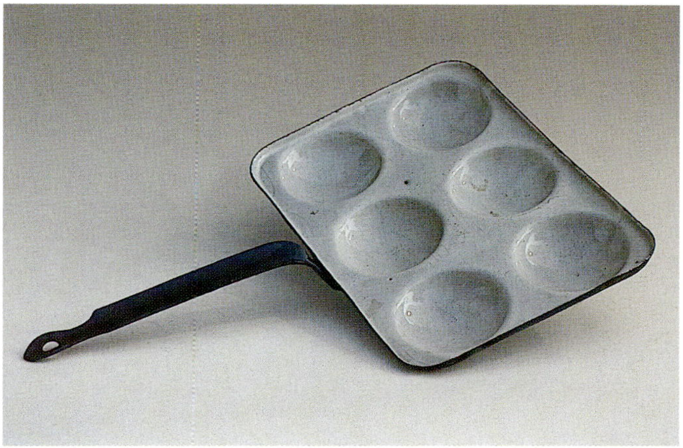

4.40

4.41

4.42

4.43

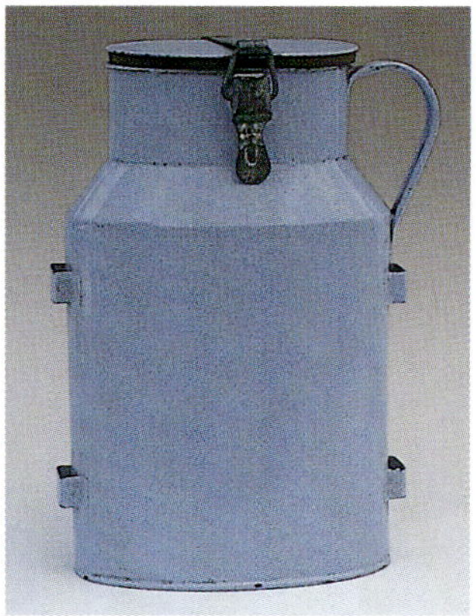

4.44

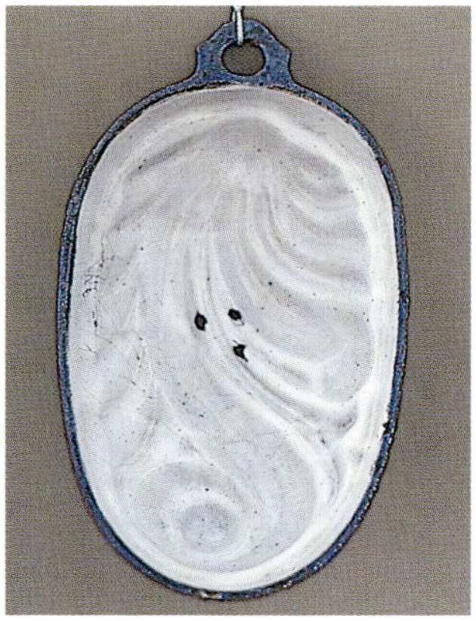

4.45

4.39 Liwanzenpfanne, Gusseisen, außen blau, innen grau, 30 x 44 cm, ca. 1880 **DM 85,–**

4.40 Spiegeleierpfanne, (1920?), 25 x 36 cm, **DM 50,–**

4.41 Sehr schöner **Wasserkessel,** weiß-blaues Schlangenhautmuster, 30 cm hoch, 1870 (?) **DM 295,–**

4.42 Milchkanne, Ochsenblut, 21,5 cm hoch, vor 1890 **DM 25,–**

4.43 »Henkelmann« oder **Suppenkanne,** 18 cm hoch, Ochsenblut **DM 39,–**

4.44 »Henkelmann« mit Patentverschluss, (30er Jahre?), 28 cm hoch **DM 40,–**

4.45 Puddingform, Gußeisen emalliert, 21 x 23 cm (1880?) **DM 155,–**

Eschebach-Kinder- und Kaffeegeschirre

Tafel IV

Coffee sets and sets for children – Services à café et pour enfants
Servicios a café y servicios para niños

Decor Serie 28 · Decor 1016 · Decor Serie W · Decor Serie W · Decor Serie O · Decor Serie O · Decor 1017 · Decor 1013 · Decor Serie 28

Becher Nr. 4002

Decor 1010

Decor 1007 · Decor 1003

Tassen Nr. 4846/4860

Decor 1014 · Decor 1009 · Decor 1015 · Decor 1018 · Decor Serie 29

Teller Nr. 4734 oder 4736

Nr. 4595 Decor 2490 · Nr. 4593 Decor 2493 · Nr. 4593 Decor 2496 · Nr. 4595 Decor 2497

Nr. 4773 Decor 2490 · Nr. 4771 Decor 2493 · Nr. 4773 Decor 2496 · Nr. 4771 Decor 2497

Decor 1454 auf gelb · Decor 2490 · Decor 1454 auf rot · Decor 3440 · Decor 2476 · Decor 2493

Decor 2392 · Decor 4438 · Decor 2496 · Decor 2490 · Decor 2476 · Decor 1454

4.46

4.46 Backform für Osterlamm, Gusseisen emailliert, 1860, Länge 38 cm **DM 350,–**

4.47 Puddingform, Gusseisen emailliert, 18 x 27 cm, (1880?) **DM 145,–**

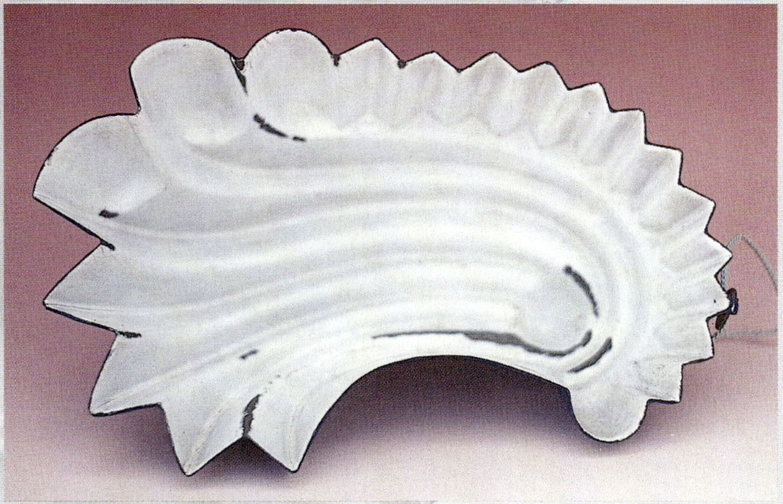

4.47

Seite 78: **Musterseite** aus dem Eschebach-Katalog für Einzelhändler; 20er Jahre

4.48

4.49

4.50

4.51

4.51.1

4.52

4.53

4.54

4.48 Guglhupfform, Gusseisen, ∅ 23 cm, (1880?) **DM 65,–**

4.49 Form für Fischauflauf (?), Gusseisen emailliert, 21 x 23 cm (1880?) **DM 165,–**

4.50 Brotdose, ∅ 29 cm, Schließe und Griff aus Messing, 1920 (?) **DM 150,–**

4.51 Große **Brotdose,** weiß-blaues Schlangenhautmuster, ∅36 cm **DM 175,–**

4.51.1 Marke unter 4.51: Sächsisches Emaillier- und Stanzwerk, Lauer, Erzgebirge.

4.52 Tee- und Kaffeedose, je 20 cm hoch, 1890 (?) je **DM 65,–**

4.53 Kaffeedose, Zuckerdose, 13 bzw. 14 cm hoch, 30er Jahre, tschechisch je **DM 45,–**

4.54 Dose für Reis bzw. Lorbeer, 14 bzw. 18 cm hoch,1890 (?), Frankreich je **DM 55,–**

4.55

4.56

4.57

4.58

4.55 Mehldose, 16 cm hoch, 20er Jahre, Frankreich **DM 55,–**

4.56 Zuckerdose und **Milchkanne,** je 14 cm hoch, sehr typisches Art-Deco-Dekor, tschechisch

zusammen **DM 65,–**

4.57 Kaffee- und **Zuckerdose** je 19 cm hoch, tschechisch

je **DM 75,–**

4.58 Napf, außen Ochsenblut, innen blaugrau, ∅ 22,5 cm

DM 39,–

4.59 Französische Zuckerdose, 18,5 cm hoch, Ochsenblut mit weiß, (1890-1900?) **DM 75,–**

4.59

4.60

4.61

4.62

4.63

4.64

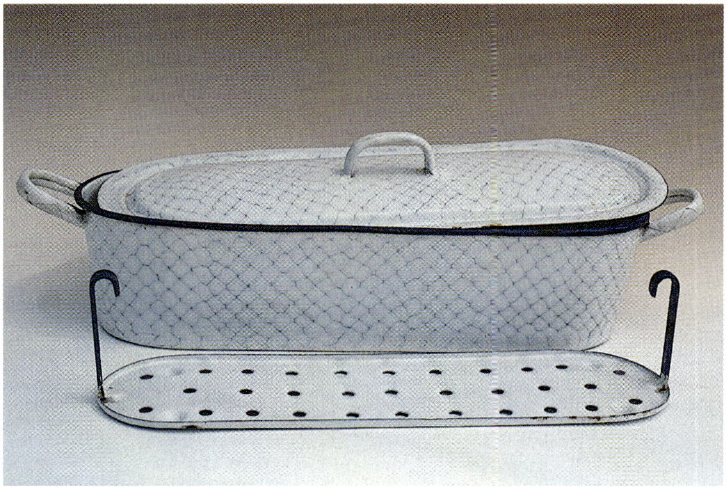

4.65

4.60 Nudelsieb, ∅ 25 cm, 1920 (?) **DM 50,–**

4.61 Grobes **Sieb,** ∅ 19 cm, 1900 (?) **DM 39,–**

4.62 Topf mit Deckel, Ochsenblut, 20 cm hoch, 1890 (?) **DM 45,–**

4.63 Kanne mit Deckel, 21 cm, Ochsenblut, (1890?) **DM 59,–**

4.64 Petroleumflasche, ca. 1880/1900, für 5 Ltr. Inhalt, Messingverschluß **DM 110,–**

4.65 Fischkochtopf mit Einsatz, weiß-blaues Schlangenhautmuster (vergleiche auch Nr. 4.51!), 60 x 14 x 20 cm **DM 95,–**

4.66

4.67

4.68

4.69

4.70

4.71

4.72

4.66 Als es noch Petroleumlampen in der Küche gab: **3 Petroleumflaschen,** (1880/1900?), 25, 27, 29 cm hoch **DM 65,–, 75,–, 100,–**

4.67 Gewürzbord, 30 x 40 cm, Weichholz mit 6 Emaildosen, ca. 1880/90 komplett **DM 260,–**

4.68 Wandhalter für 3 Becher, 36,5 cm breit, ca. 1880 komplett **DM 155,–**

4.69 Soda-Töpfchen, 11 cm hoch **DM 15,–**
4.70 Sand-Töpfchen, 11 cm hoch **DM 15,–**

4.71 »Fenstereimer«, 30 cm hoch, ca. 1900 **DM 70,–**

4.72 Wandbehälter für Mehl, 23 cm hoch, ca. 1890 **DM 95,–**

4.73

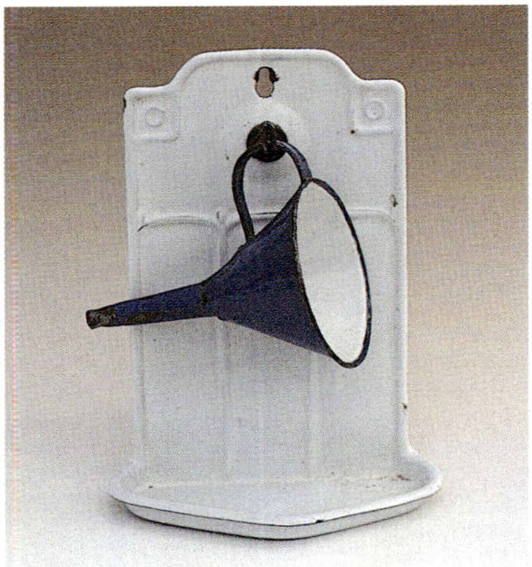

4.74

4.75

4.76

4.77

4.78

4.73 Wandbehälter für Feueranzünder, 25,5 cm hoch, 1880 (?) **DM 65,–**

4.74 Wandbehälter, 25 cm hoch, mit Trichter zusammen **DM 70,–**

4.75 Spitz- oder **Soßensieb,** 1880 (?), 21 cm hoch **DM 46,–**

4.76 einfache Schale, ∅ 15,5 cm, 1860 (?) **DM 30,–**

4.77 Wandbehälter für Zwiebeln, 22 cm breit, 1870/1880 **DM 75,–**

4.78 3 Objekte: graublaues- und ochsenblutfarbenes Email, ca. 1890
kleine **Kanne,** 15 cm hoch **DM 40,–**
Sieb, ∅ 17 cm **DM 35,–**
Wandhalter mit Trichter **DM 50,–**

4.79

4.80

4.81

4.79 Leuchter, ∅ 13 cm, 1900 (?) **DM 39,–**

4.80 Email-Garnitur, Soda, Sand, Seife **DM 150/170,–**

4.81 Email-Garnitur, ca. 1910 **DM 150/180,–**

4.82 Große Suppenkelle, 70 cm lang, 1920 (?) **DM 90,–**

4.82

4.83

4.84

4.85/4.85.1

4.86

4.83 Teetasse, mit Untertasse, 30er Jahre **DM 25,–**

4.84 Brotkorb, weiß mit blauem Rand, 1880 (?), ∅ 23,5 cm **DM 39,–**

4.85 Schnabeltasse für Kranke, ∅ 11 cm, 1920 (?) **DM 89,–**
4.85.1 Markung zu 4.86 »Baumann« (Amberg)

4.86 Seifenschale zum Einhängen über den Waschbeckenrand, 11 x 16 cm, 1890 (?) **DM 35,–**

Tonwaren, Steingut, Porzellane

Nicht nur die Kriege haben dafür gesorgt, dass vieles aus diesem Sammlerbereich nur fragmentarisch auf uns überkommen ist. Nicht nur »Glück und Glas« brechen eben leicht!
Ein komplettes Gewürzschränkchen mit allen Schüben ist da schon ein Glücksfall. Ein komplettes altes Service zu finden, ist dagegen schon fast unmöglich.
Da lohnt es, sich auf spezielle Themen zu konzentrieren: Nudel- oder Graupenbehälter, Kaffeekannen, Zuckerdosen, Gewürzregale – Anregungen gibt es im Folgenden genügend! Übrigens: je älter Ihre Objekte sind, desto schonender sollten Sie bei der Pflege sein! Auch wenn Sie Ihre Sammelstücke benutzen, stecken Sie sie auf keinen Fall in die Spülmaschine, auch nicht in den schonendsten Schonspülgang.

5.1

5.2

5.1 Blaugraue **Irdenware,**
13./14. Jahrhundert,
keine Preisangabe, museal

(mit frdl. Genehmigung:
Stadtgeschichtliches Museum, Leipzig)

5.2 Glasierte **Keramik,**
16. bis 18. Jahrhundert,
keine Preisangabe, museal

(mit frdl. Genehmigung:
Stadtgeschichtliches Museum, Leipzig)

5.3

5.3 Zwei **Kaffeekannen** »Villeroy & Boch«,
links: Steingut,
1810/12 ca. **DM 450/500,–**
rechts: Feinsteingut,
1767/68 ca. **DM 600/750,–**

(mit frdl. Genehmigung: Trödlermagazin)

5.4 **Teeservice,** Carstens, Gräfenroda, ca. 1930
DM 200/250,–

(mit frdl. Genehmigung: Trödlermagazin)

5.4

5.6

5.5

5.8

5.7

5.5 Kleine **Kaffeekanne,**
19 cm hoch,
ohne Marke **DM 25,–**
(mit frdl. Genehmigung: Trödlermagazin)

5.6 Scherzkanne, 30er Jahre
DM 150/200,–
(mit frdl. Genehmigung: Trödlermagazin)

5.7 Zwei **Kakaokannen,**
links: Porzellanfabrik
Lehmann / Kahla **DM 85,–**
rechts: Porzellanfabrik
Gebrüder Metzel **DM 85,–**
beide um 1930
(mit frdl. Genehmigung: Trödlermagazin)

5.8 Tortenplatte,
Theodor Pätsch, ca. 1930
DM 50/60,–

5.9 Zwei bäuerliche **Zierteller,** handbemalt (ohne Schablone!), ca. 1830, Ungarn
je **DM 260,–/270,–**

5.10 Ein **Teller,** zwei **Vorlegeschalen,** Saarlouis, ca. 1920 zusammen **DM 80/90,–**

5.11

5.12

5.13

5.14

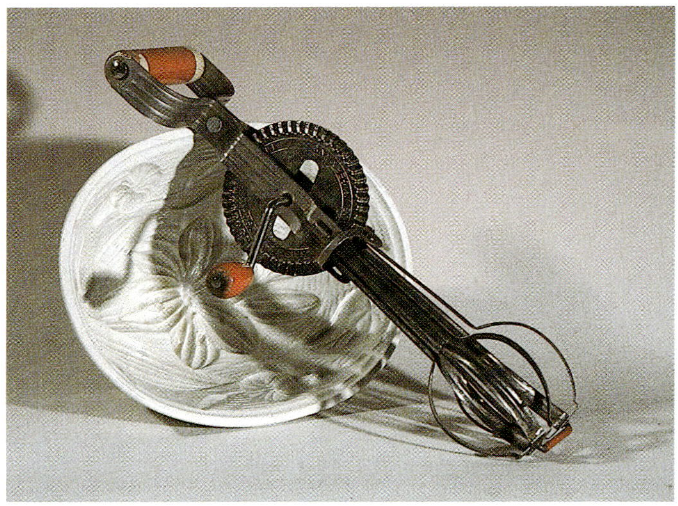

5.15

5.11 Vorratsgefäß mit Deckel, braune Tonware, lasiert, 40 cm hoch **DM 140,–**

5.12 Brauner **Vorratskrug,** (für Oliven?), ca. 1850, Toskana, Italien **DM 250,–**

5.13 Grauer **Ton-Vorratskrug** **DM 45,–**
m. Fleischklopfern je **DM 25/30,–**
und Quirl **DM 15,–**
alles ca. 1920/30

5.14 Graue **Tonkrüge** mit blauen Dekoren, Salzlasur, (Westerwald?) 30 bzw. 34 cm hoch, 1920 (?) **DM 95,–** bzw. **105,–**

5.15 Puddingform mit floralem Relief, Steingut, ca. 1880 **DM 120,–**
mit Eierschnee- oder Sahnequirl, 30er Jahre **DM 39,–**

5.16

5.17

5.18

5.19

5.20

5.16 Grauer **Krug** mit blauem Dekor (vergl. 5.14) und Holzgeräten zusammen **DM 150,–**

5.17 Sandfarbener **Henkelkrug,** 25 cm hoch, 1900 (?) **DM 95,–**

5.18 bäuerlicher **Milchkrug** mit dunkelblauer Lasur, 22 cm hoch, bayerisch, ca.1870 **DM 170,–**

5.19 Entsafter, Steingut mit Eisengriffen, 33 cm lang, ca. 1900 **DM 60,–**

5.20 Tonkrug mit Henkel und zwei Ausgießern, 29 cm hoch, teilweise lasiert, ca. 1870 **DM 170,–**

5.21 Suppenterrine, Porzellan Saarlouis, 25 cm hoch, ca. 1930 (?) **DM 160,–**

auf Seite 94:
5.22 Zwei **Pasteten-** bzw. **Terrinenformen** für Hasen- bzw. Geflügelpastete, rheinisch, ca. 1900 je **DM 160/200,–**

5.21

5.23

5.22 (siehe S. 93)

5.24

5.25

5.26

5.27

5.23 Zwei **Teekännchen** auf Porzellanstövchen, 34 bzw. 37 cm hoch, ca. 1900, französisch
je **DM 360,–**

5.24 Zwei **Auflauf-Töpfe,** feuerfestes Steingut mit vernickelten Einsätzen zum Tischgebrauch, ∅27 bzw. 32 cm je **DM 110/130,–**

5.25 Heringsdose, Steingut, 48 cm lang, 1930 (?) **DM 120,–**

5.26 Kaffeebehälter, Max Röesler, Feinsteingut, 1924/1932 **DM 90,–**
(mit frdl. Genehmigung: Trödlermagazin)

5.27 Behälter für Reis, Prägemarke »Frida«, ca. 1910
DM 95/100,–
(mit frdl. Genehmigung: Trödlermagazin)

5.28

5.29

5.30

5.31

5.32

5.28 Nudelbehälter, ca. 1910 **DM 95/100,–**
(mit frdl. Genehmigung: Trödlermagazin)

5.29 Behälter für Gries, ungemarkt, 1910 **DM 95/100,–**
(mit frdl. Genehmigung: Trödlermagazin)

5.30 Wandbehälter für Mehl, Steingut mit Holzdeckel, ca. 1930 **DM 100,–**

5.31 Drei **Behälter** für »Kakao«, »Kaffee«, »Zucker«, Feinsteingut mit Holzdeckeln, 1930 (?) je **DM 65,–**

5.32 Vorratsbehälter, Steingut mit Spritzdekoren, 30er Jahre zusammen **DM 240/270,–**
(mit frdl. Genehmigung: Trödlermagazin)

5.33

5.33 Drei **Behälter**
links: Zucker, Tielsch & Co, 1910 (?) **DM 50,–**
Mitte: Nudeln, Annaberg, ca. 1900 **DM 110,–**
rechts: Graupen, ungemarkt, ca. 1910 **DM 60,–**

5.34 Schubhängeschränkchen,
Holz, 50 x 32 x 19 cm,
Schübe Steingut
komplett **DM 450,-**

5.35 Schubschränkchen,
Holz, 47,5 x 32 x 19 cm,
Schübe Steingut
komplett **DM 600,-**

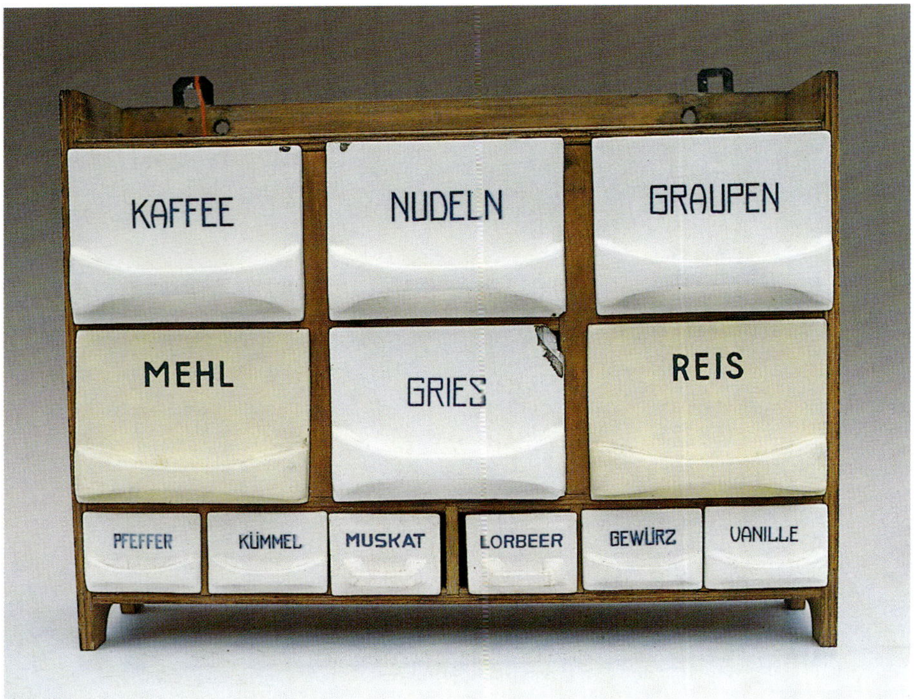

5.34

5.35

Reklame und Verpackung

Als Werbung noch »Reklame« hieß, kam sie nicht über den Bildschirm zum Verbraucher, sondern glänzte auf Emailtafeln oder klebte an Litfass-Säulen. Verpackung und Reklame sind ein »themenübergreifendes« Sammelgebiet und faszinieren durch Design und grafische Qualität.

Die Preise für gute und interessante Emailschilder liegen zwischen DM 250,– und bis zu DM 10 000,– und mehr. Die Höhe des Preises richtet sich nach Motiv und Erhaltungszustand. Auf keinen Fall sollte versucht werden, vorhandene Abplatzungen zu restaurieren; allenfalls ist zu verhindern, daß sie weiter fortschreiten. Achtung: Email ist eine Glasmasse und ebenso empfindlich wie Glas.
Die hier gezeigten Verpackungen stammen aus den 30er bis 50er Jahren. Sammelnswert sind sie vor allem natürlich mit noch vollständigem Inhalt!

6.1

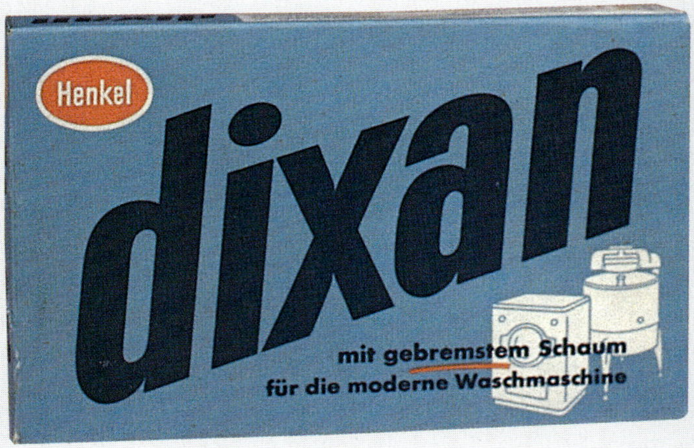

6.2

6.3

6.4

6.5

6.6

6.7

6.1	**Waschmittel** und **Sunlichtseife**	je **DM 20,–**
6.2	**Dixan,** 300g	**DM 20,–**
6.3	**Persil,** 500g	**DM 20,–**
6.4	**Henko**	**DM 20,–**
6.5	**IMI,** 300g	**DM 25,–**
6.6	**Sil,** 180g	**DM 20,–**
6.7	**Bademittel Peng**	**DM 20,–**

6.8

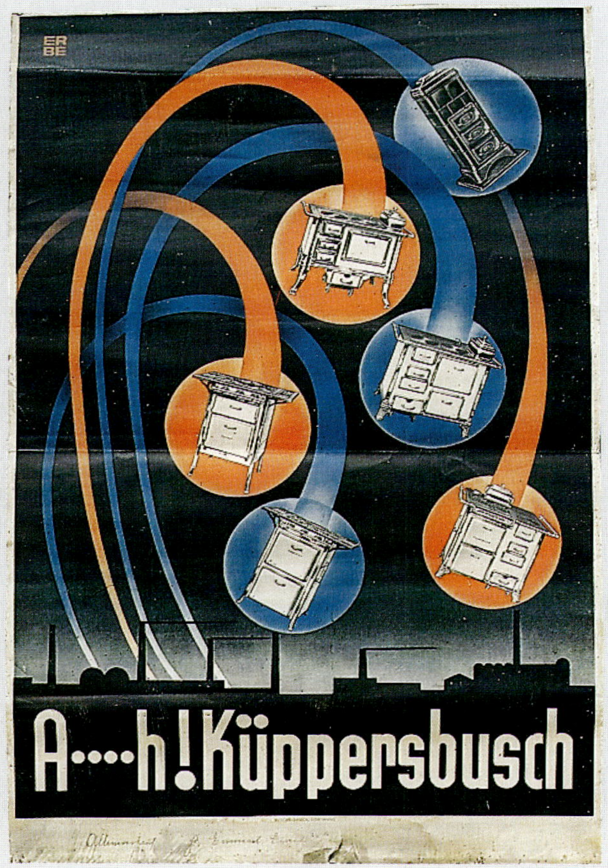

6.9

6.8 Plakat für Siedesalz, Litho auf Leinen, 50 x 70 cm **DM 40,–**

6.9 Küppersbusch – Werbung, Litho auf Leinen (1910?), 50 x 77cm **DM 60,–**

6.10 Lasil, Henkel **DM 20,–**

6.11 Henko, neu, 500 g **DM 15,–**

6.12 Suwa (50er Jahre) **DM 20,–**

6.13 Schwan Pulver, 500 g **DM 30,–**

6.14 Loko, Herd- und Metallputzmittel **DM 12,–**

6.10

6.11

6.12

6.13

6.14

6.15

6.16

6.17

6.18

6.19

6.20

6.15 Stanz- und Emaillier-Werk, Hamm, (1890?), 50 x 75 cm **DM 550,–**

6.16 Lithographie, Ludwig Hohlwein, 1913, 80 x 127 cm **DM 500/ 600,–**

6.17 Knorr-Suppen, Email, (1920?), 50 x 70 cm **DM 700,–**

6.18 Austria – Emailöfen, Herde, Emailschild, (1920?) 48 x 62 cm **DM 400,–**

6.19 Propan-Verteiler-Stelle, Email,1950, 39 x 59 cm **DM 250,–**

6.20 Dr. Oetgers Backpulver, Email, 1915, 33 x 50 cm **DM 1200/ 1400,–**

Abbildungen auf Seite 97:
6.21 Knorr Suppenwürfel, Email, (1905?) 38 x 43 cm **DM 600,–**

6.22 Liebig's Fleischextrakt, Email,1910, 55 x 109 cm **DM 2000/2200,–**

Rund um den Kaffee und Tee

Alte Kaffeemühlen sind nicht nur ungemein dekorativ, sondern immer noch sehr nützlich. Echte Kaffee-Gourmets preisen den Kaffee, der in einer Handmühle frisch gemahlen wurde! Lassen Sie prüfen, ob sich das Mahlwerk in Ihrer Mühle nachstellen lässt. Auch stark verschmutzte, alte Holzmühlen sollten unter keinen Umständen feucht oder gar nass gereinigt werden! Quellendes Holz kann das Mahlwerk endgültig zum Stillstand bringen! Metallspachtel, Borstenpinsel und Druckluft aus der Dose sollten für jede Reinigung ausreichen!

Bei alten Kaffeemaschinen (siehe Seite 108) sollten Sie vor Gebrauch genau nachschauen, ob die Innenbeschichtungen noch ganz intakt sind! Bei interessanten Mokka- und Kaffeemaschinen ist vor dem Versuch des Gebrauches auch die elektrische Versorgung sorgfältig zu prüfen.

7.1

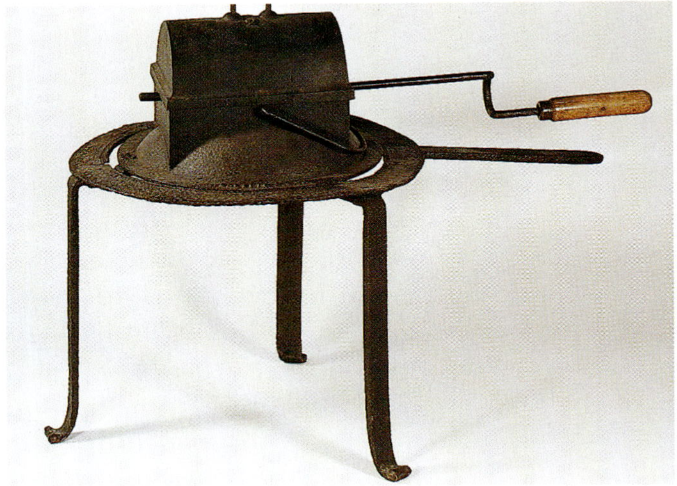

7.2

7.3

7.5

7.4

7.1 Kaffeeröst-Pfanne, um 1800,handgeschmiedet, mit angekettetem Löffel; für's offene Feuer, (auch für Mais, Maroni), museal, sehr selten **DM 500,–**

7.2 Kaffeeröst-Herdeinsatz, Blech und Eisen, ca. 1875 **DM 120/220,–**

7.3 Kaffee-Röster, 1880, für offenes Feuer, Hersteller: Landry, Lyon, Gusseisen **DM 300/400,–**

7.4 Kaffeeröster, um 1900, für offenes Feuer **DM 100/170,–**

7.5 Kaffeemühle und **Kaffeeröstpfanne,** ca. 1900, zusammen **DM 280/330,–**

7.6

7.7

7.8

7.9

7.9

7.6 Tischkaffeemühle
mit Kurbelrad **DM 350/400,–**

7.7 Elektrischer **Kaffeeröster,**
1900 **DM 150/170,–**

7.8 Kaffeemühle mit großem
Schwungrad (∅ 48 cm!),
museal **DM 250/350,–**

7.9 Holz-Kaffee-Mühlen,
ca. 1900 (?) je **DM 220/250,–**

7.10

7.11

7.12/7.12.1

7.10 Kaffeemühle »G. Pous«, Charleroi, ca. 1900 **DM 180,-**

7.11 Kaffeemühle, Holz, Blech, bemalt, ca. 1900 **DM 280,–**

7.12 und 7.12.1 Peugeot-Mokkamühle, um 1900 **DM 350/450,–**

7.13

7.14

7.13 Wand-Kaffeemühle,
Steingut, Stahlmahlwerk
DM 160/200,–

7.14 Holzkaffeemühle
mit Stahlwerk, 40er Jahre,
Marke BC **DM 90/110,–**

7.15 Kaffeemühle aus Bakelit,
um 1935 **DM 110/150,–**
(Foto: Deutsches Museum, München)

7.16 Kaffeemühle
zur Wandbefestigung,
1910 (Spanien?) **DM 220/260,–**

7.15

7.16

7.17

7.18

7.19

7.20

7.21

7.17 Samowar, «Patent Edison«, Spiritusbeheizung mit Außentank, vernickeltes Blech
DM 800/1000,–

7.18 Zinn-Schwenkkanne über Feuerstelle, 1854 USA, Patent »Jackob Stimpson«
DM 320/360,–

7.19 »Dröppelminna«, Zinn, 1875 **DM 300/350,–**

7.20 Kaffeekocher, um 1880 (!), Kupferkessel mit verziertem Fußgestell, Petroleum-Brenner, Kännchen, museal! **DM 700/900,–**

7.21 »Dröppelminna«, Zinn, 1890 **DM 450/750,–**

7.22

7.23

7.22 Großer verzinkter **Kaffeekessel** mit Porzellangriff, 1890/1900 **DM 300,–**

7.23 Kaffee-Automat, um 1890, Gebr. Schreiber, Königlicher Hofspengler, München **DM 600/800,–**

7.24 Zinnkanne, »Block-Zinn«, ca. 1820 **DM 250/400,–**

7.25 Zinn-Kranenkanne, ca. 1900 **DM 650/850,–**

7.24

7.25

7.26

7.27

7.28

7.29

7.30

7.31

7.32

7.33

7.34

7.26 Mokkamaschine
»Moccadur«, ca. 1920/
PGH-Berlin
DM 200/250,–

7.27 Kranenkanne
»Ismet«, ca. 1920, elektr.,
600 W **DM 200/250,–**

7.28 Kaffeemaschine
von 1925, USA, Chrom
mit Bakelitverzierungen
DM 450/500,–

7.29 Kaffeemaschine
AEG, Alpaka, 1926
DM 350/400,–

7.30 Kranenkanne
»Graetzor«, ca. 1930
DM 200/350,–

7.31 Espresso-Maschine
»Bavaria«,
ca. 1935 **DM 200/250,–**

7.32 Siemens Samowar,
ca. 1935 **DM 100/150,–**

7.33 Kaffeeautomat
»Feldhaus Perko«,
ca. 1955 **DM 100/170,–**

7.34 Espresso-Maschine
»Newatt BC, Milano«,
ca. 1935, gutes italienisches Design
DM 350/400,–

Keks- und Teedosen

Tee- und Keksdosen sind heute noch ausgesprochene Trödelmarktware; das kann sich bald ändern, denn sie werden immer intensiver gesammelt, und ein erster Anstieg der Preise ist vor allem bei Stücken aus dem 19. Jahrhundert zu vermerken. Auch bedruckte Dosen aus der Zeit von Jugendstil und Art déco werden aufgrund ihrer dekorativen Wirkung schon erheblich rarer und dementsprechend teurer. Auch Tee- und Keksdosen kann man nicht nur nach Alter, Motiven oder Stilepochen sammeln – eine Sammlung bestimmter Fabrikate kann von besonderem Wert sein. Wer sich diesem Sammelgebiet intensiv widmen will, der richte sein Augenmerk ganz besonders auf annoncierte Haushaltsauflösungen! Wahre Prachtstücke und Schnäppchen »überlebten« in vielen Haushalten als Behälter z. B. für Weihnachtsgebäck – oder -stollen!

8.1

8.2

8.3

8.1 Sehr feine **Keksdose** aus weißem Feinsteingut mit Alpaka-Deckel, ca 1920, 22 x 13 cm **DM 220,–**

8.2 **Keksdose** aus rotem opalinen Glas mit Nickeldeckel und -einsatz, oval, 18 x 13 cm, ca. 1915/20 **DM 110,–**

8.3 **Keksdose** aus Steingut und Blech, oval, 19 x 14 cm, 30er Jahre **DM 155,–**

8.4

8.5

8.6

8.4 Email-Gebäckdose,
Spritzdekor, Ø 28 cm,
30er Jahre **DM 145,–**

8.5 Verschließbare runde **Teedose,** Blech, lackiert, Aufschrift mit Schablone, Ø 16 cm und 23 cm hoch, ca. 1890 **DM 200,–**

8.6 Zwei kleine **Teedosen,** je 12 cm hoch, chinesische Fertigung für europäischen Markt, ca. 1920/30 je **DM 60,–**

8.7 Zwei große **Keksdosen,** Blech bedruckt, Art déco, je 34 cm hoch
zusammen **DM 180,–**

8.8 Gebäckdose, Blech bedruckt, mit asiatischem Motiv, 22 cm hoch, ca. 1920 **DM 80,–**

8.9 Drei **Blechdosen:**
links: Tee, goldgrundig, ca. 1900 **DM 160,–**
Mitte: Keksdose, bunt bedruckt, 30er bis 40er Jahre **DM 25,–**
rechts: kleine Teedose, 30er Jahre **DM 35,–**

8.7

8.8

8.9

Toaster

Brot zu rösten hat eine lange Tradition; durch den Entzug von Feuchtigkeit wurde es dadurch haltbarer gemacht. Vom Toasten spricht man allerdings nur im Zusammenhang mit geschnittenem Weißbrot. Erst die verbreitete Nutzung von Elektrizität bescherte den am oder auf dem Tisch benutzten Toaster.

Die heute gesammelten Toaster stammen sicher aus den Haushalten, die wir (siehe Einführungstext!) als großbürgerlich oder »herrschaftlich« bezeichnen. Der Kenner schätzt sie als Designobjekt oder filigrane Kunstwerke. Wer seinen alten Toaster wieder oder noch benutzen möchte, sollte ihn von einem Elektrofachmann prüfen und/oder richten lassen, bevor die Sicherung streikt und den ganzen Haushalt lahm legt! Einen Toast = Trinkspruch auszubringen, hat durchaus etwas mit dem Toaster zu tun! Denn »früher« war es üblich, vor dem Trinkspruch ein Stück geröstetes Brot in das Getränk zu tauchen.

9.1 Toaster »Eclipse« von 1893! Erster elektrischer Toaster der Welt, Porzellangriffe, museal!
DM 4000,– und mehr

9.2

9.3

9.4

9.2 Toaster für offenes Feuer, 1830, selten, museal **DM 400/450,–**

9.3 Toaster-»Pyramide«, ca. 1890, für Toasten auf offener Flamme, – absolut museal – **DM 300,–**

9.4 Toaster, American Electric Heating, 1914 **DM 400/450,–**

9.5 Sandwich-Toaster, ca. 1925, Metall, Porzellan **DM 500/650,–**

9.5

9.6

9.7

9.6 Toaster, Universal No. E 947, 1927, USA, zwanziger Jahre
DM 400/450,–

9.7 Toaster General Electric, D-12, ca. 1910, museal **DM 1500/1700,–**

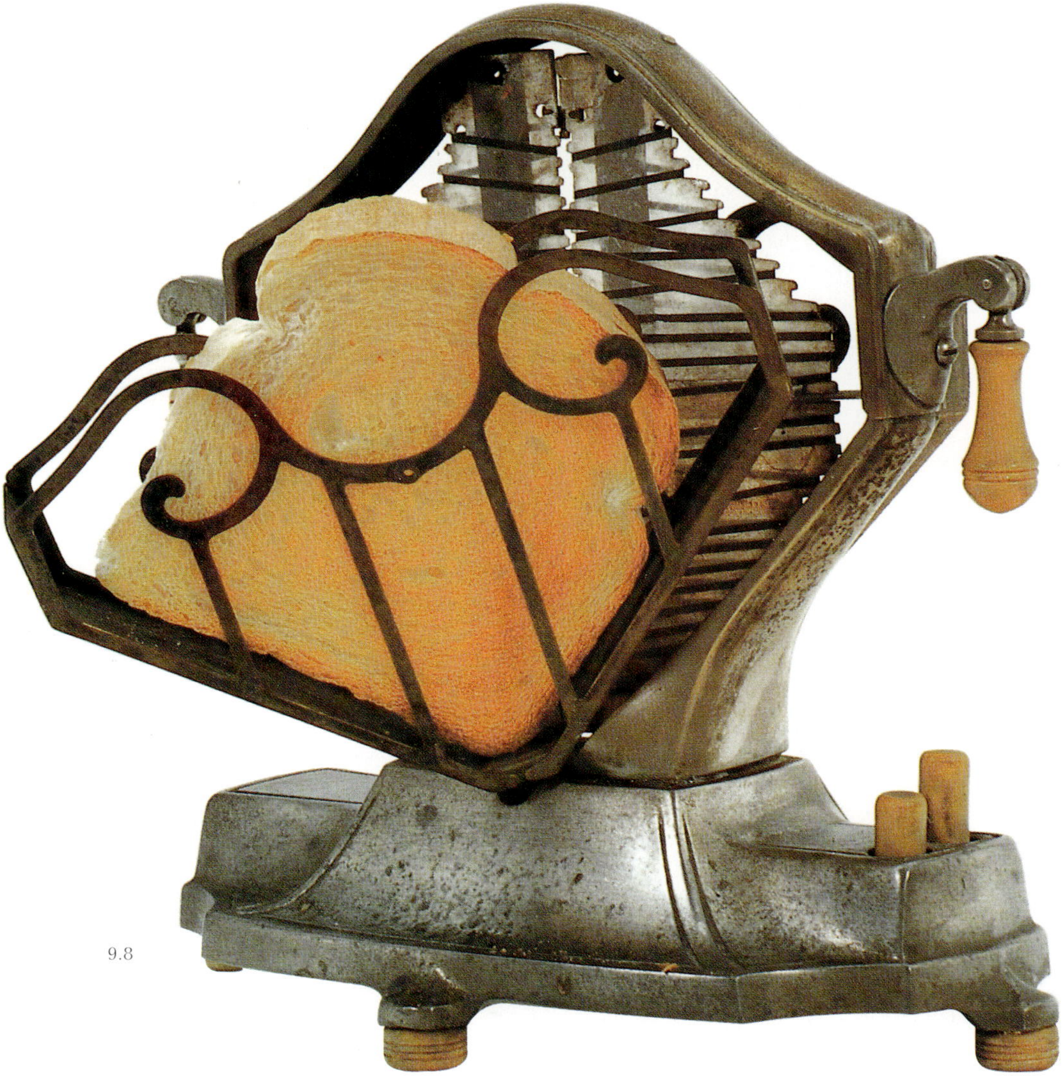

9.8

9.8 Sehr eleganter Tischtoaster von 1929:
»Push-Button-Toaster«
Universal E 9411
DM 1250/1350,–

große Abbildung: bei gedrücktem Knopf bot der Halter das getoastete Brot an und entfernte es von der Hitze der Heizdrähte.
kleine Abbildung: geschlossener Zustand, in dem die Eleganz der (gußeisernen) Form besonders deutlich wird.

9.9 Toaster, ca. 1935,
(Herkunft unbekannt)
DM 150/250,–

Für Sauberkeit und Ordnung

Waschen, Wäschetrocknen und Bügeln – das geschah zumindest im klein- bis großbürgerlichen Haushalt grundsätzlich auch in der Küche.
Die Einrichtung einer allen Hausparteien offenen »Waschküche« wurde erst sehr spät eingeführt. Nur im herrschaftlichen Haus oder in den Schlössern des Adels gab es schon immer für diese Tätigkeit eigene Räume.

Von all den dazu verwendeten Gegenständen ist als Sammelobjekt das »Plätt«- oder »Bügeleisen« das begehrteste. Zeitgeist, Stil und Erfindergeist schufen formenreiche Variationen aus unterschiedlichsten Materialien. Interessant ist jeweils, wie das Plätteisen beheizt wurde: einfach auf der Ofenplatte, von innen mit Holzkohle oder sogar mit vorher aufgeheiztem Eisenkern. Komplette Bügeleisen dieser Bauart sind heute selten und relativ hochpreisig.
Leider sind heute alte Bügeleisen so beliebt, daß sie auch schon nachgebaut werden; wer solche »Nachbauten« als alt verkauft, bietet Fälschungen an. Im Blumen- oder Dekogeschäft, das ein rostiges Bügeleisen mit Trockenblumen garniert anbietet, sei daher Skepsis angebracht.

10.1

10.3

10.2

10.1 Vakuum-Staubsauger, »Albert Schawber Company«, ca. 1900, museal **DM 300/400,–**

10.2 Staubsauger Elektrostar, Typ 558, 1935 **DM 250/300,–**

10.3 Staubsauger Vorwerk Kobold, Modell S, 1945, **Bakelit-Gehäuse** **DM 150/300,–**

10.4

10.6

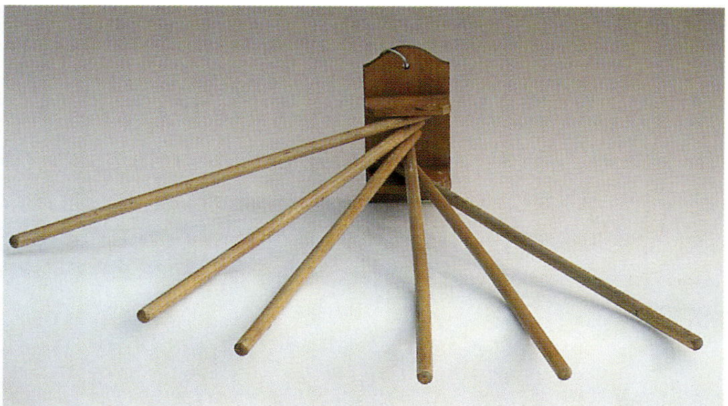

10.5

10.4 Waschbrett, 30er Jahre
DM 45,–

10.5 Hölzerner **Wäschetrockner,** 30er Jahre **DM 40,–**

10.6 Hölzerne **Waschmaschine** mit Handbetrieb, ca. 1900 **DM 1500,–** und mehr!
(Foto: Deutsches Museum, München)

10.7 Waschkugel aus Aluminium, 40er Jahre **DM 800/900,–**

10.7

10.8

10.9

10.8 Wäschemangel,
»Agrippina«, ca. 1880
DM 1800/2400,–

10.9 Plättbrett, datiert 1596 (!), (Dänemark?), sehr selten, museal **DM 1000/1200,–**

10.10 Plättbrett, datiert 1716(!), sehr selten, museal
DM 450/650,–

10.11 Handleinenpresse, 19. Jhdt. **DM 450/550,–**

10.12 Wasch- und **Mangelbrett,** 1901 **DM 250/270,–**

10.13 Plättstein für Knopfleisten, Krägen, Manschetten (massives Glas), (ca. 1920), selten, museal **DM 900/1100,–**

10.10

10.11

10.13

10.12

10.14

10.15

10.16

10.14 Rüschen- oder **Tolleisen,** ca. 1830 **DM 300/400,–**

10.15 Improved **Geneva-Hand-Fluter,** 1866, USA, Messing-Plissierbett, Heizbolzen aus Gusseisen, sehr selten, museal **DM 1600/1700,–**

10.16 Hand-Fluter, ca. 1870, (Plissiereisen) **DM 350/450,–**

10.17

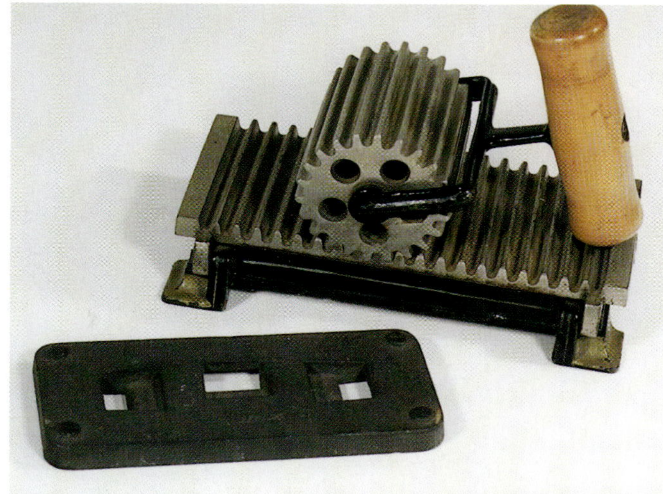

10.18

10.17 Fluter-Maschine,
ca. 1875, Plissier- und Faltengerät, selten **DM 350/450,–**

10.18 American Fluter,
1895, Plissier-Eisen mit Heizbolzen, selten, museal
DM 250/330,–

10.19 Bügeleisen-Ofen,
»Tip Top Laundry«, ca. 1870
DM 1200/1400,–

10.19

10.20 Bügeleisen-Ofen,
ca. 1890 **DM 900/1100,–**

10.20

10.21

10.21 Sehr frühes handgeschmiedetes **Eisen** mit zugeschmiedetem Griff, Frankreich (?), ca. 1700

DM 600,–
und je nach Angebot mehr

10.22 Zwei **Bolzeneisen,** Messing und Eisenguss, ca. 1820/1850

je **DM 180,–**

10.22

10.23

10.24

10.25

10.27

10.26

10.23 Bolzeneisen,
ca. 1850 **DM 70/100,–**

10.24 Bolzeneisen,
um 1850 **DM 200/250,–**

10.25 Zwei **Bolzeneisen,** ca. 1850
DM 150/250,–

10.26 Kohleeisen,
um 1875, sogenannter »Amerikaner«, Holzgriff
DM 350/400,–

10.27 Kohleneisen,
ca. 1880 **DM 180/200,–**

10.28

10.29

10.28 Augeneisen,
um 1900 **DM 180/220,–**

10.29 Ochsenzunge,
1900, Guss, vernickelt,
Holzgriff **DM 250,–**

10.30 Wiener Ochsenzunge,
ca. 1900, mit Eisenkern
DM 250/330,–

10.30

10.31

10.32

10.33

10.31 Augeneisen,
»G« = Germania,
ca. 1900 **DM 180/220,–**

10.32 Satzeisen mit Wechselgriff, ca. 1920
DM 50/80,–

10.33 Spiritus-Bügeleisen,
ca. 1935, amerikanisch
DM 270/330,–

Küchentextilien

Von den Küchentextilien sind zweifellos die gestickten Regalborten und die Überhandtücher heute die begehrtesten Sammelobjekte. Und da das Sammeln von Textilien immer noch eine relativ »stille« Sammlergruppe angeht, ist es möglich, preiswert sehr schöne Dinge zu erwerben. Auf Antikmärkten gibt es immer häufiger Stände, die sich ausschließlich dem Thema Textilien widmen. Neben Teilen von Trachten, Stoffen, alten Tischdecken, Stickereien und Bettwäsche finden interessierte Sammler dort wahre Schätze von Küchentextilien. Zum Reinigen von Sammlerstücken sei die schonende Handwäsche im Waschbecken empfohlen. Wer den Maschinenwaschgang vorzieht, dem sei empfohlen, die alten Teile zuvor in ein sauberes Badetuch einzunähen!

11.1

11.2

11.3

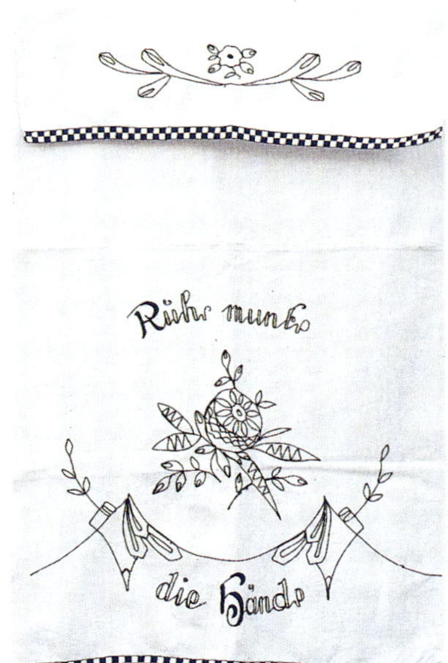

11.4

11.5

11.6

11.7

11.8

11.1 oben: **Tasche** für Zuckerzange **DM 15,–**
Tasche für Topflappen **DM 25,–**
»Holländische« **Borte** **DM 45,–**
Drei **Regalborten,** blau **DM 120,–**
Zwei **Regalborten,** rot **DM 90,–**
alle ca. 1890/1900
(mit freundlicher Genehmigung: Stadtgesch. Museum, Leipzig)

11.2 bis. 11.10
Überhandtücher, 1890 bis 1920, alle ca. 47 x 110 cm groß
je DM 50/65,–

11.9

11.10

11.11

11.12

11.11 **»Nähkasten«**, ca. 1930
DM 110,–

11.12 gesticktes **Küchentuch**
60 x 85 cm, ca. 1890 **DM 80,–**
Plättbrett mit Roller **DM 220,–**

Nähmaschinen

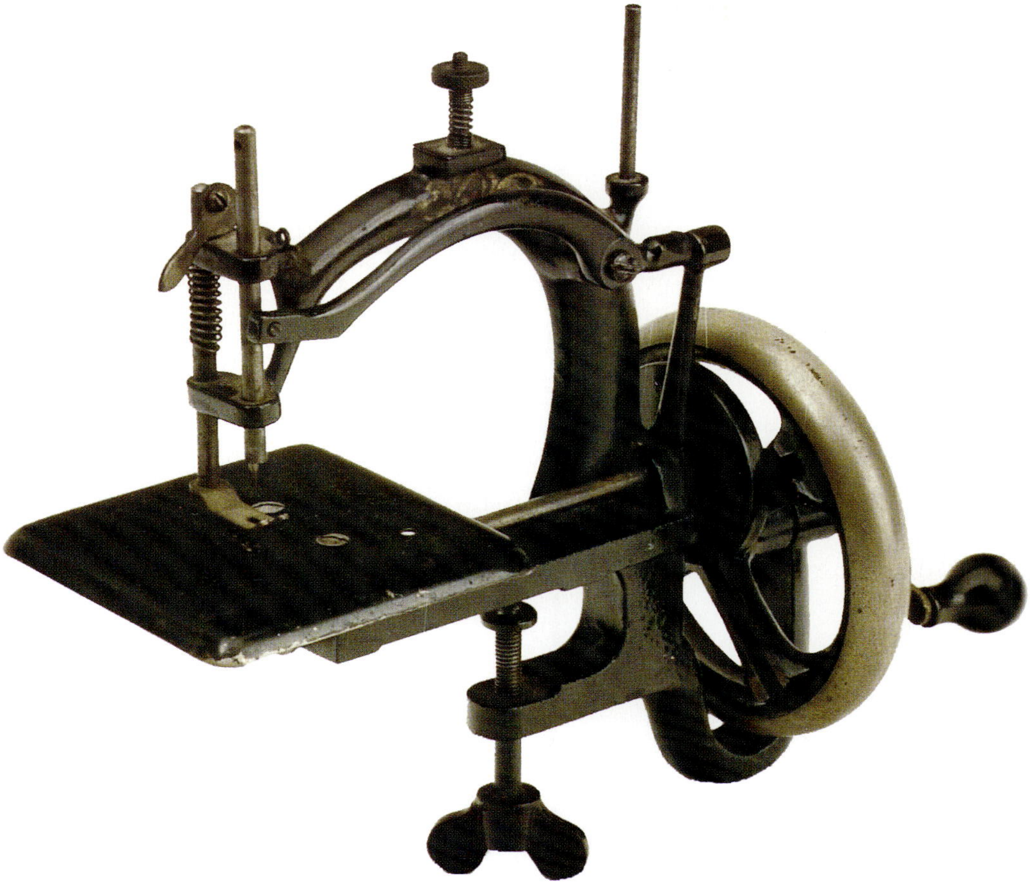

Es ist faszinierend, wie früh und mit welchem Aufwand sich die Industrie bemühte, der Hausfrau das Nähen durch geeignete Maschinen zu erleichtern. Alte Nähmaschinen sind Wunderwerke der Präzision, der Mechanik und des Design. Das Angebot am Markt ist klein, da die meisten Stücke bereits in Museen untergebracht sind.
Die groben oder großen Teile dieser Nähmaschinen waren zumeist aus Gußeisen; die anderen Teile aus Stahl oder sogenannten Buntmetallen.
Typisch für die Zeit der 2. Hälfte des 19. Jahrhunderts (in Deutschland »Gründerzeit«) sind die üppigen, z. T. goldbemalten Verzierungen der Gußteile. »Designer« schreckten nicht davor zurück, komplette neobarocke Guss-Sockel zu entwerfen, diese teilweise mit Goldbronze zu verzieren, auf die die Maschinen dazu montiert wurden.

12.0

12.1

12.0 »The Fairy – Madame Demorest's«, ca. 1863
äußerst seltene, amerikanische Running-Stitch-Maschine, eines der frühesten Sammlungsstücke überhaupt, absolut museal
DM 5000/5500,–

12.1 Nähmaschine
»Florence«,1863, Langschiffchen-Maschine **DM 1200/1300,–**

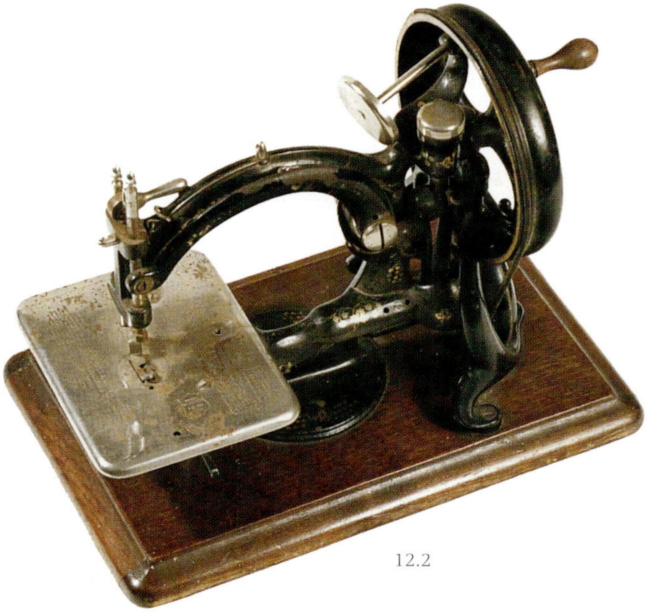

12.2

12.3

12.2 Nähmaschine
»Willcox & Gibs«,
ca. 1872 **DM 350/400,–**

12.3 Langschiffchen-Maschine, 1885 **DM 250/350,–**

12.4 Langschiffchen-Maschine, 1885, Gusssockel
DM 250/350,–

12.4

12.5

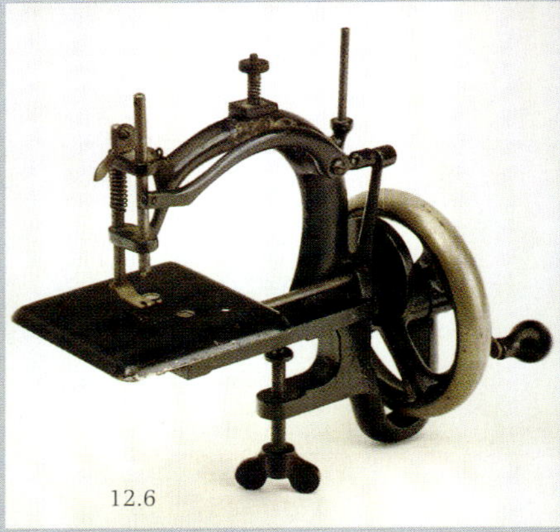

12.6

12.7

12.5 Stickapparat mit Federwerkmotor, ca.1900, selten, museal **DM 250/350,–**

12.6 Miniatur-Nähmaschine, (Großaufnahme siehe Seite 135) 1886, sehr selten, museal **DM 2800/3200,–**

12.7 »Willcox & Gibbs«, ca. 1900 **DM 650/700,–**

12.8

12.9

12.8 Nähmaschine um 1900, USA, Kettenstichmaschine
DM 500/550,–

12.9 Nähmaschine »Smith & Egge«, Automatik, 1901 **DM 500 /600,–**

12.10 Näh-Tisch-Maschine »Fröbane-Patent«, Alter (?), für Arbeiten mit dickem Zwirn, Belgien **DM 350/450,–**

12.10

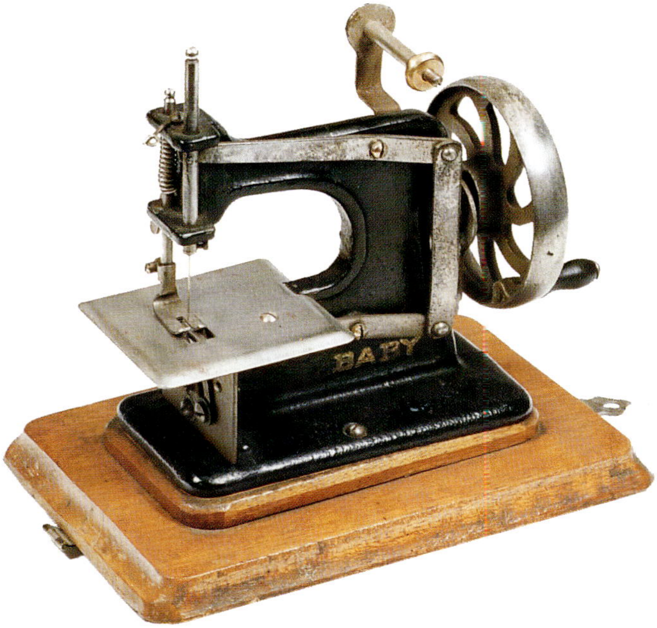

12.11

12.12

12.13

12.11 Handnähmaschine
»Baby«, ca. 1925, deutsches Exportmodell **DM 350,–**

12.12 Hakengreifermaschine
»Baby«, ca. 1930, Frankreich **DM 500/ 600,–**

12.13 Verkaufstrommel
»Boye Needle«, ca. 1910, Rundmagazin für Nähnadeln, Schiffchen, Holzdöschen **DM 400,–**

Varia

Unter »Varia« wurde alles zusammengefasst, was sich in das vorhergehende Schema nicht einordnen ließ. Doch bemüht sich auch dieser Abschnitt, gewisse Themen logisch zusammenhängend darzustellen. Dennoch: dies Kapitel ist die »Stöberecke« für den Sammler, und es hält einige Überraschungen bereit in formaler wie funktionaler Hinsicht. Viele Gegenstände wären auch in der heutigen Küche noch sehr nützlich. Andere dagegen erregen in uns so etwas zwischen Be- und Verwunderung! So zum Beispiel die drei »Zuckerbrecher« auf der folgenden Seite, deren Funktion heute kaum jemand zu erkennen vermag. Wer kauft schon Zuckerhüte? Höchstens mal zur berühmten Feuerzangenbowle! Und wer verwendet heute noch Hackbretter oder Reibemaschinen?

13.1

13.2

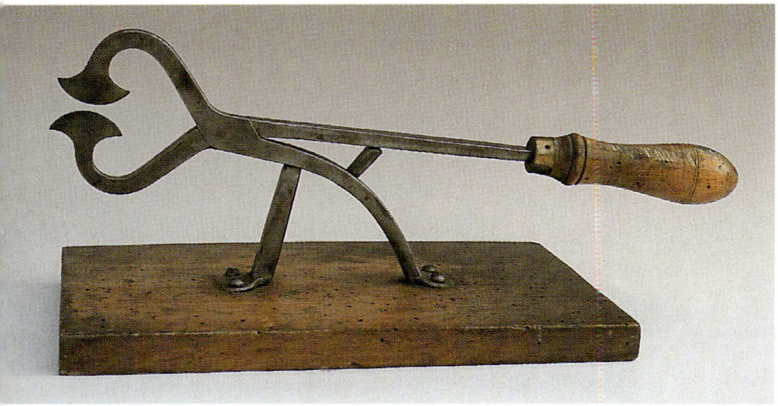

13.3

13.4

13.1 Wandgestell mit mehreren Wiegemessern, ca. 1900 zusammen **DM 210.-**

13.2 Zuckerbrecher, 32 x 20 cm, 1860/70, Holz und geschmiedetes Eisen **DM 100,–**

13.3 Zuckerbrecher (zum Brechen der Zuckerhüte), 40 x 20 cm, 1860, Holz und geschmiedetes Eisen, selten, museal **DM 260,–**

13.4 Zuckerbrecher, 35 x 23 cm, 1860/70, Holz und geschmiedetes Eisen **DM 100,–**

13.5

13.6

13.5 Muskat-Mühle »Freya«,
ca. 1920 **DM 100,–**

13.6 Wiegemesser,
ca. 1920 je **DM 80/100,–**

13.7 Dreifaches Wiegemesser, um 1900 **DM 150/180,–**

13.8 Küchenhackbretter
für Kräuter, Zuckerhüte u. s. w.,
ca. 1880, museal je **DM 350,–**
(Auf solchen Hackbrettern wurde auch das alte, trockene Brot für die Brotsuppe zerkleinert!)

13.7

13.8

13.9

13.10

13.12

13.11

13.9 Kokosnuss-Raspelmaschine (für die Kokos-Raspeln der Weihnachtsbäckerei), 1860/70 (?), selten, museal **DM 250/350,–**

13.10 Wiegebrett, 43,5 x 39 cm, mit Wiegemesser, 1920 (?) **DM 110,–**

13.11 Brotschneide-Maschine »Alexanderwerk«, ca. 1910, handgeschmiedet **DM 250/300,–**

13.12 Mohnmühle oder **-quetsche,** 12 cm hoch, 1910/20 (?) **DM 59,–**

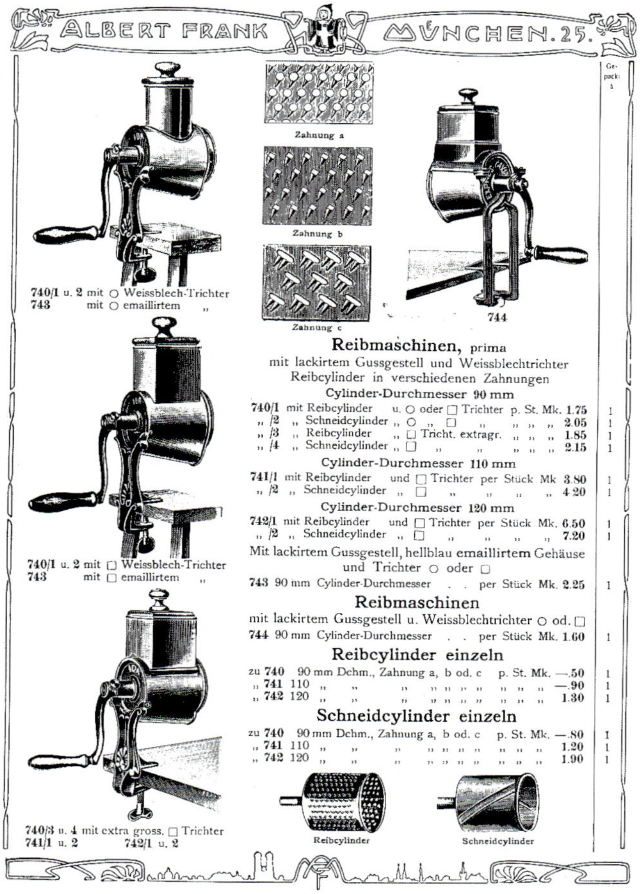

ALBERT FRANK MÜNCHEN. 25.

Zahnung a

Zahnung b

Zahnung c

744

740/1 u. 2 mit ○ Weissblech-Trichter
743 mit ○ emaillirtem „

740/1 u. 2 mit □ Weissblech-Trichter
743 mit □ emaillirtem „

740/3 u. 4 mit extra gross. □ Trichter
741/1 u. 2 742/1 u. 2

Reibmaschinen, prima
mit lackirtem Gussgestell und Weissblechtrichter
Reibcylinder in verschiedenen Zahnungen

Cylinder-Durchmesser 90 mm

740/1	mit Reibcylinder u. ○ oder □ Trichter p. St. Mk.	**1.75**	1
„ /2	„ Schneidcylinder „ ○ „ □ „ „ „ „	**2.05**	1
„ /3	„ Reibcylinder „ □ Tricht. extragr. „ „ „	**1.85**	1
„ /4	„ Schneidcylinder „ □ „ „ „ „ „	**2.15**	1

Cylinder-Durchmesser 110 mm

741/1	mit Reibcylinder und □ Trichter per Stück Mk	**3.80**	1
„ /2	„ Schneidcylinder „ □ „ „ „ „	**4.20**	1

Cylinder-Durchmesser 120 mm

742/1	mit Reibcylinder und □ Trichter per Stück Mk.	**6.50**	1
„ /2	„ Schneidcylinder „ □ „ „ „ „	**7.20**	1

Mit lackirtem Gussgestell, hellblau emaillirtem Gehäuse
und Trichter ○ oder □

743	90 mm Cylinder-Durchmesser . . per Stück Mk.	**2.25**	1

Reibmaschinen
mit lackirtem Gussgestell u. Weissblechtrichter ○ od. □

744	90 mm Cylinder-Durchmesser . . per Stück Mk.	**1.60**	1

Reibcylinder einzeln

zu **740**	90 mm Dchm., Zahnung a, b od. c p. St. Mk.	**—.50**	1
„ **741**	110 „ „ „ „ „ „ „ „ „ „	**—.90**	1
„ **742**	120 „ „ „ „ „ „ „ „ „ „	**1.30**	1

Schneidcylinder einzeln

zu **740**	90 mm Dchm., Zahnung a, b od. c p. St. Mk.	**—.80**	1
„ **741**	110 „ „ „ „ „ „ „ „ „ „	**1.20**	1
„ **742**	120 „ „ „ „ „ „ „ „ „ „	**1.90**	1

Reibcylinder

Schneidcylinder

13.13

13.14 und 13.14.1

13.13 Angebot an **Reibemaschinen** von der Fa. Albert Frank, München, 1912

13.14 Drei **Reibemaschinen,** Blech und Gusseisen, je 28 cm hoch, 1920/30 **je DM 65,–**
13.14.1 Marke der **Reibemaschine**: »Fripu, Berlin«

13.15 Drei **Reibemaschinen,** Blech und Gusseisen, je 22 cm hoch, 1920 (?) **je DM 55,–**
13.15.1 Linke **Reibemaschine** von hinten, um die Gusseisenteile zu zeigen

13.15 und 13.15.1

13.16

13.20

13.17

13.18

13.19

13.16 Küchenreibe und **Kokosnussraspel,** ca. 1880, Gusseisen **DM 300/350,–**

13.17 Küchenreiben bzw. **Kokosnussraspel,** ca. 1880, Gusseisen je **DM 300/350,–**

13.18 »Bohnenschnippelmaschine«, Gusseisen, ca. 1895 **DM 80/100,–**

13.19 Schneidemaschine für Obst und Gemüse, ca. 1900, USA **DM 240/260,–**

13.20 Fleischwölfe und **»Bohnenschnippelmaschine«,** Anfang 20. Jh. je **DM 100/150,–**

13.21

13.22

13.21 Nudelmaschine
»Chr. Geier«, 1910
DM 200/220,–

13.22 Nudelschneide-maschine, 1910, zum Festklemmen an der Tischplatte, USA **DM 240/260,–**

Falsch = Teigausrollmaschine

13.23 Nudelmaschine
mit 3 Schneiden **DM 70/100,–**

13.23

13.24

13.25

13.24 Balkenwaage mit Kugelgewicht, Schmiedeeisen, ca. 1800 **DM 150,–**

13.25 Küchenwaage, Gusseisen mit Messingwaagschalen, 1870/80, französisch **DM 450/500,–**

13.26 und **13.27 Küchenwaagen,** ca. 1890 je **DM 350/500,–**

13.26 und 13.27

13.28

13.29

13.28 »American Family Scale«, Haushaltswaage von 1898 **DM 240/300,–**

13.29 Küchenfederwaage »Krups«, 1900 **DM 200/220,–**

13.30 Kolonialwaren-Waage »Force«, ca. 1900, Eisenguss, Weißmetall **DM 250/350,–**

13.30

13.31

13.32

13.33

13.31 Haushaltswaage,
um 1900, England
DM 180/240,–

13.32 Küchenfederwaage,
Steingutskala, 1920 (?)
DM 185,–

13.33 Automatische **Eieruhr,**
1890, lithografiertes Blech:
»Lege die Kugel in die mit der gewünschten Härte bezeichnete Öffnung und die Eier in das kochende Wasser. Das Signal ertönt, wenn die Eier gut sind.«
kurios, selten **DM 350/400,–**

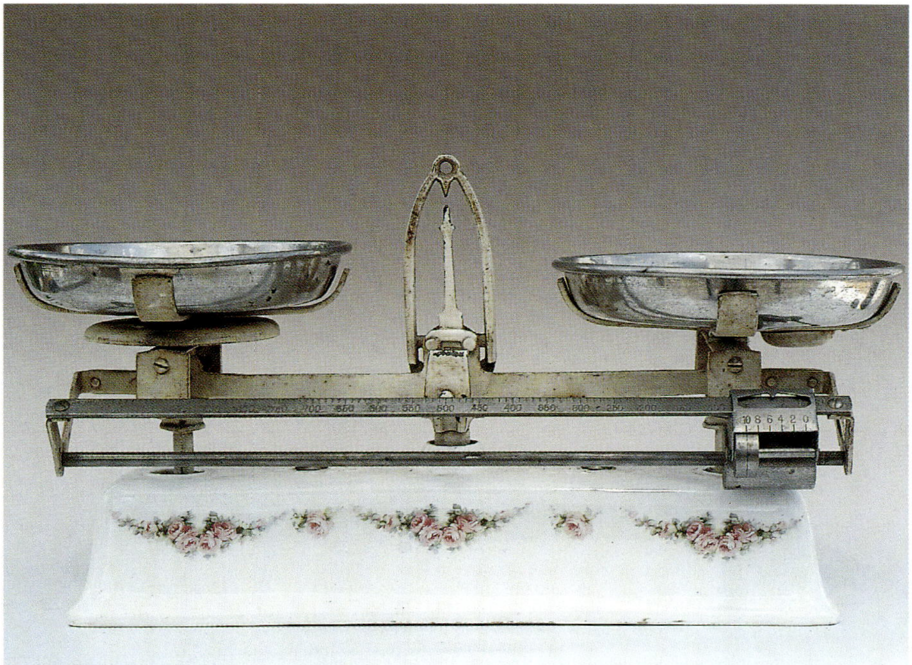

13.34

13.35

13.36

13.37

13.34 Haushaltswaage mit Porzellansockel, 1920/25 **DM 650,–**

13.35 »Mickey's Waffler«, autorisiertes **Walt-Disney-Waffeleisen,** USA **DM 250/300,–**

13.36 Waffeleisen, um 1850, handgeschmiedet **DM 350/400,–**

13.37 Waffeleisen »Super Electric«, 1910/20 und **elektrischer Teigrührer,** beide USA **je DM 250,–**

13.38

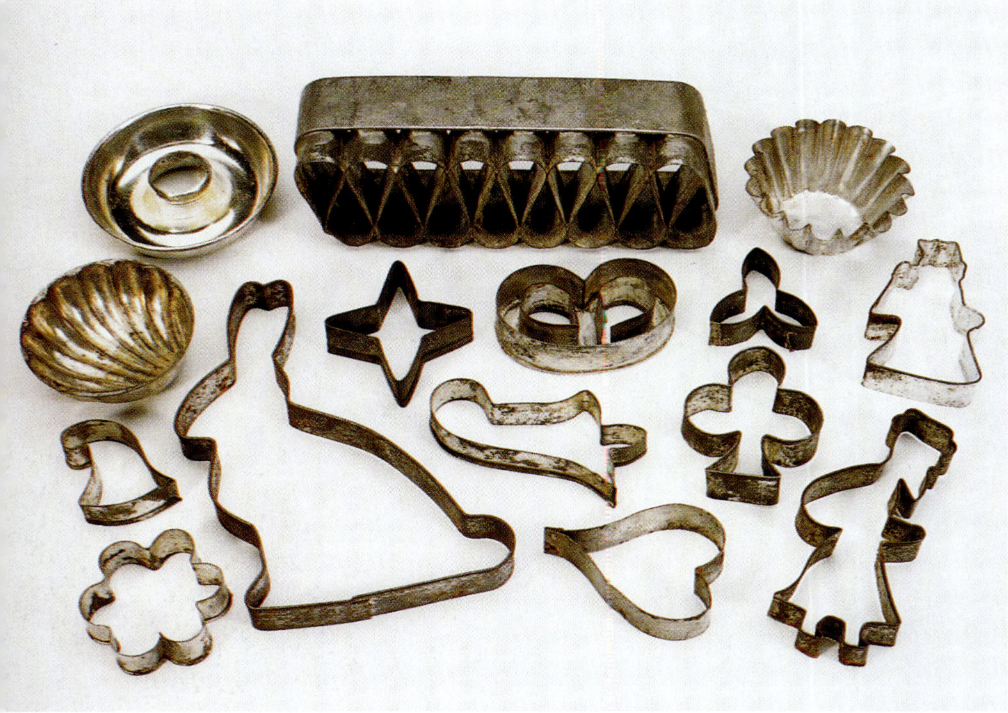

13.39

13.38 Gebäckwalze, ca. 1920, Messinggusswalze auf Eisengusszylinder **DM 400/600,–**

13.39 Weißblech-Ausstech-Formen
zusammen **DM 60/70,–**

13.40 Hölzernes **Salzfässchen** zur Wandbefestigung, 22 cm hoch, um 1900 **DM 65,–**

13.41 Wandhalter, 42 cm breit, für Löffel, Stampfer, Quirl, Fleischhauer, 40er Jahre
komplett **DM 95,–**

13.42 Gurkenhobel, 30er Jahre je **DM 29,–**

13.43 Krauthobel, 1920 **DM 85,–**

13.44 großer **Kraut-** und **Gemüsehobel,** 55 x 22 cm, ca. 1920 **DM 100,–**

13.45 Butterform, Holz, westfälisch, Ø 14 cm, ca. 1850 **DM 180,–**

13.46 Form zur Herstellung von Weichkäse, Holz mit Eisenreifen, ca. 1820 **DM 180,–**

13.40

13.41

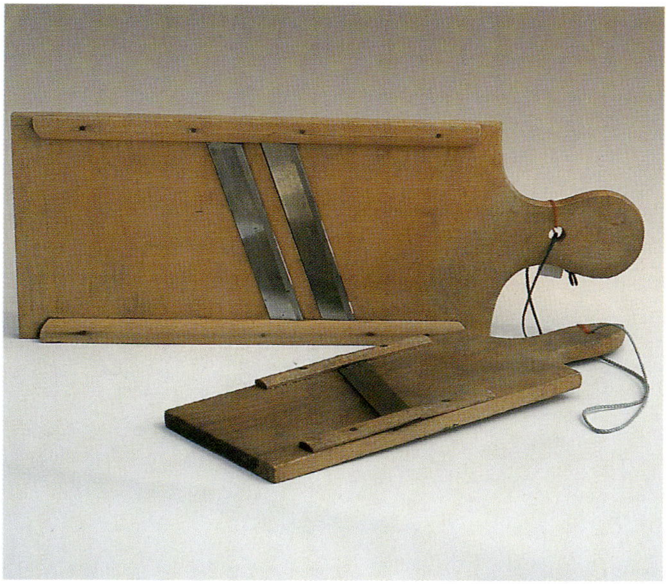

13.42

13.43

13.44

13.45

13.46

13.47

13.48

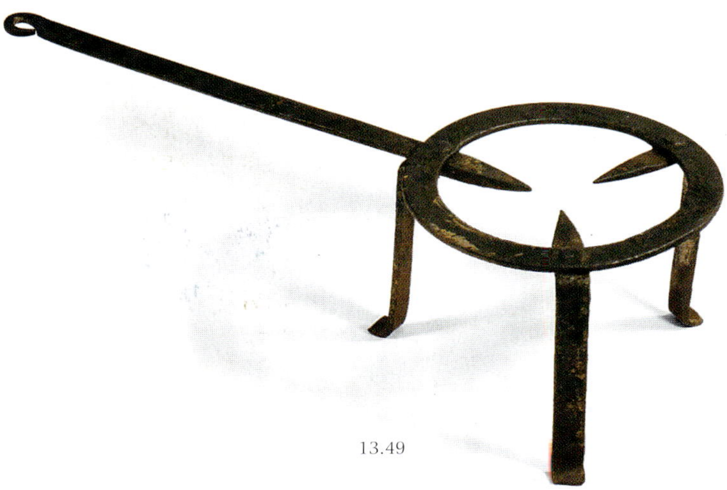

13.49

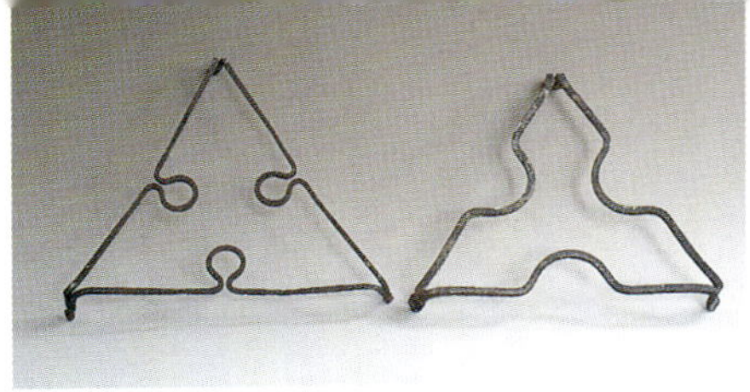

13.50

13.51

13.52

13.47 Pudding- und **Pastetenformen** 1880–1900 zusammen **DM 350/450,–**

13.48 Handgeschmiedete **Eisenpfanne,** ca. 1880 **DM 200,–**

13.49 Handgeschmiedeter **Dreifuß,** oder **»Pfannenknecht«,** 18. Jh. **DM 150/250,–**

13.50 Zwei **Dreifüße** für Gebrauch im/am offenen Feuer, auch »Kaminteufelchen« genannt, ca. 1820, Eisen je **DM 35,–**

13.51 Zinnmörser, 11 cm hoch, ca. 1800 **DM 220,–**

13.52 Speckhaken, 12 cm hoch, Schmiedeeisen, ca. 1830 **DM 30,–**
(zum Einhängen in den Kamin, um Speck und Würste aufzuhängen)

13.53 Kaminsäge, ca. 1850, zur Höhenverstellung von Töpfen über dem offenen Feuer **DM 550/650,–**

13.54 Kaminsäge mit eisernem Topf daran, beides vor 1800 zusammen **DM 1100/1200,–**

13.55 Mostpresse, 1920, innen emailliert **DM 250/350,–**

13.56 Saftpresse, Holz, Metall und Steingut, ca. 1920 **DM 150,–**

13.57 Saftpresse, Metall und Steingut, ca. 1920 **DM 100/120,–**

13.53

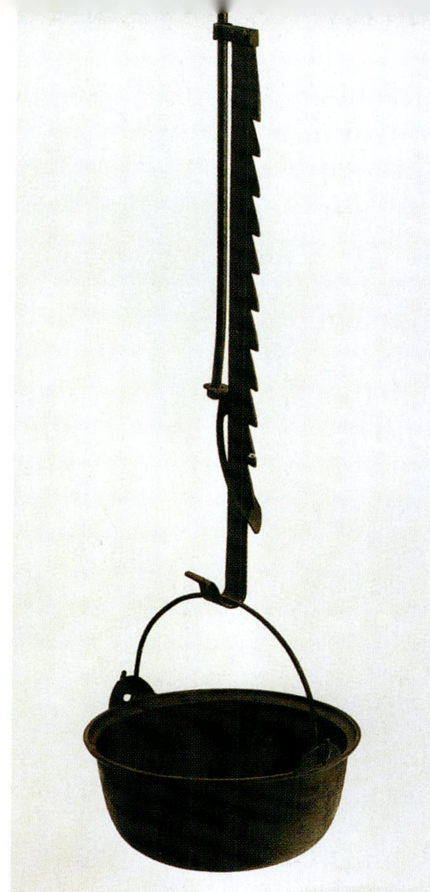

13.54

13.55

13.56

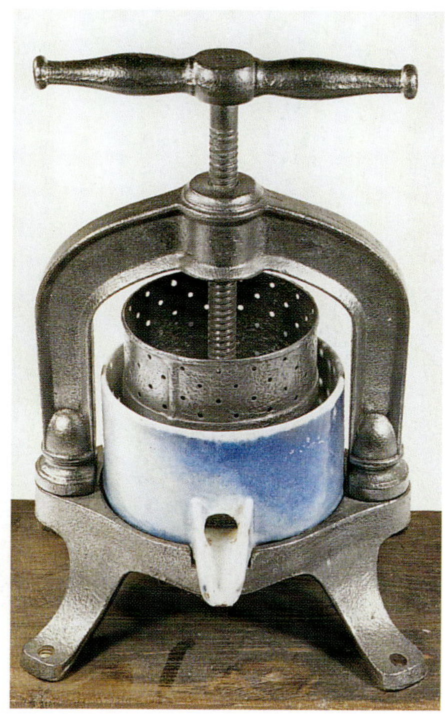

13.57

13.58

13.61

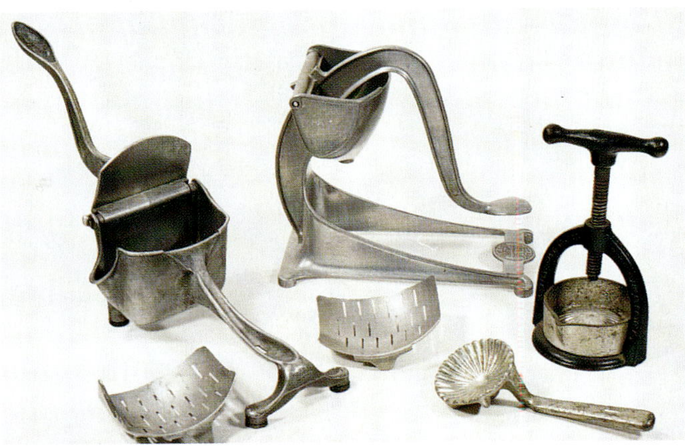

13.59

13.60

13.58 Apfelschälmaschine »Bonanza«, um 1920 **DM 220/260,-**

13.59 Fruchtpressen, 1920-27 je **DM 60/70,-**

13.60 Zitruspressen »Juice-O-Mat«, 1958 je **DM 180/220,-**

13.61 Kartoffel- bzw. **Apfelschälmaschine,** ca. 1920 **DM 160,-**

13.62 Butterfass, ca. 1900, Holz mit geschmiedeten Reifen **DM 350/450,-**

13.63 Butterglas mit Holzquirl, ca. 1920 **DM 220/260,-** und **Milchkanne,** verzinkt **DM 150,-**

13.64 Eismaschine, um 1920, Holz mit eisernem Rührwerk **DM 150/200,-**

13.65 »American Eggbeater«, ca. 1900 **DM 300/340,-**

13.62

13.63

13.64

13.65

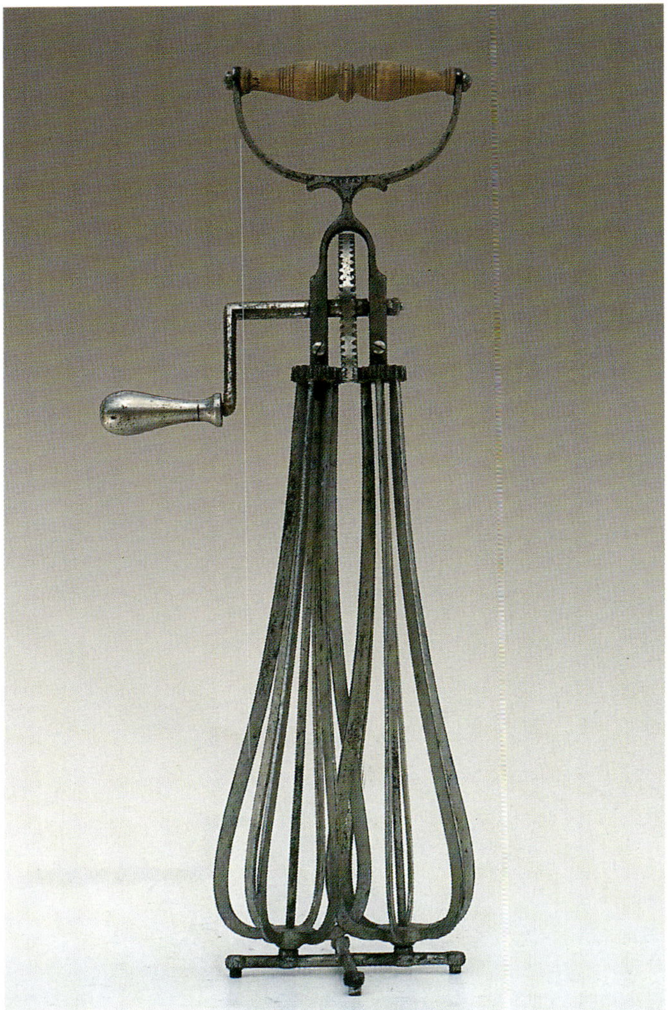

13.66

13.67

13.68

13.69

13.66 Großer **»Schneebesen«,** 43 cm hoch, ca. 1900/1920
DM 115,–

13.67 »Menage«, ca. 1910 **DM 120/140,–**

13.68 »Rahmfix«, Aluminium, 21 cm hoch, ca. 1940 **DM 35,–**

13.69 »Menage«, ca. 1920/1930 **DM 100/110.-**

13.70

13.71

13.70 Werbekorkenzieher
»Picon«, französisch,
30er Jahre **DM 20,–**

13.71 Messing-Korkenzieher,
um 1900
je **DM 100/160,–**

13.72 Korkenzieher
zusammen **DM 100/150,–**

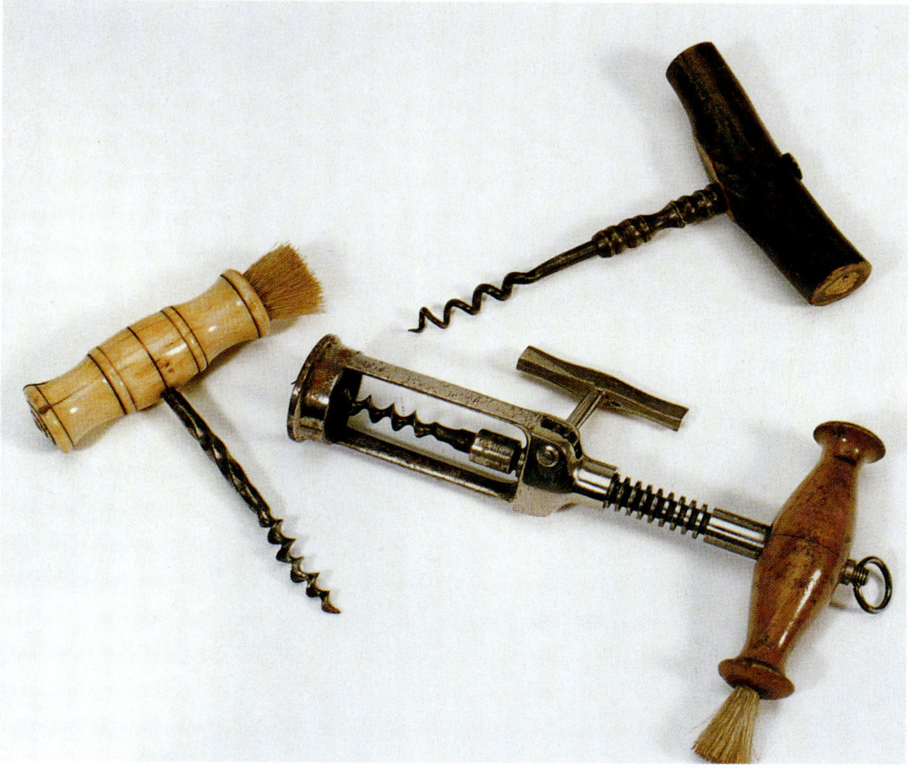

13.72

13.73

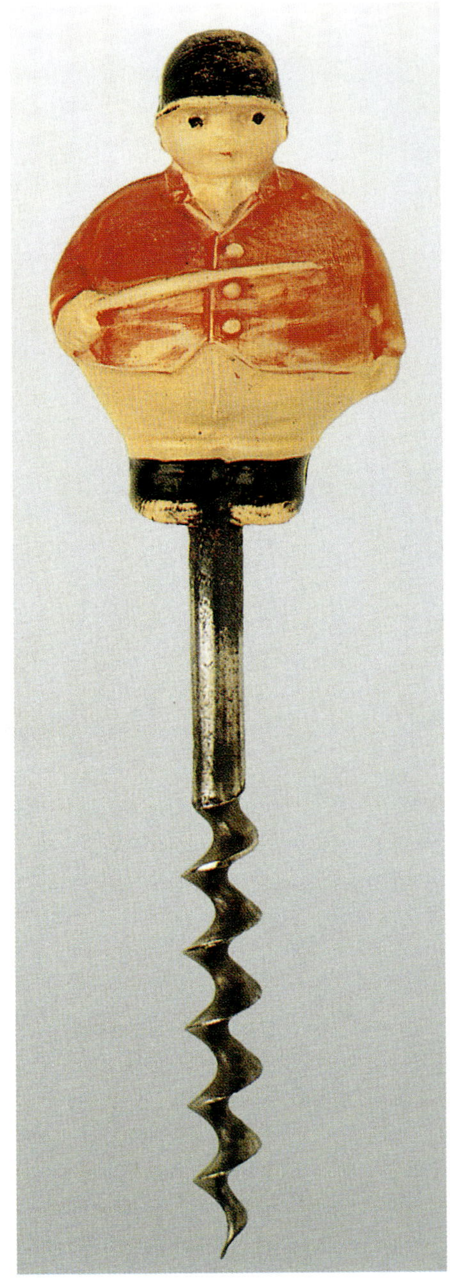

13.74

13.73 Großer **Messingkorkenzieher** mit Kurbel, vor 1900 **DM 120,–**

13.74 Scherzfigur-Korkenzieher, Eisen und Plastik, 1950 (?) **DM 20,–**

13.75

13.76

13.77

13.78

13.75 Elektro-Kessel »Omega«, 1920 **DM 220/240,–**

13.76 Elektrischer **Wasserkessel,** englisch, ca. 1920 **DM 200/250,–**

13.77 Zwei **Hackmesser,** je 30 cm lang, Eisenklingen, 1900 je **DM 50,–**

13.78 Messerwetzer (Wetzstahl) mit verzierten Griffen je **DM 45,– bis 55,–**

13.79

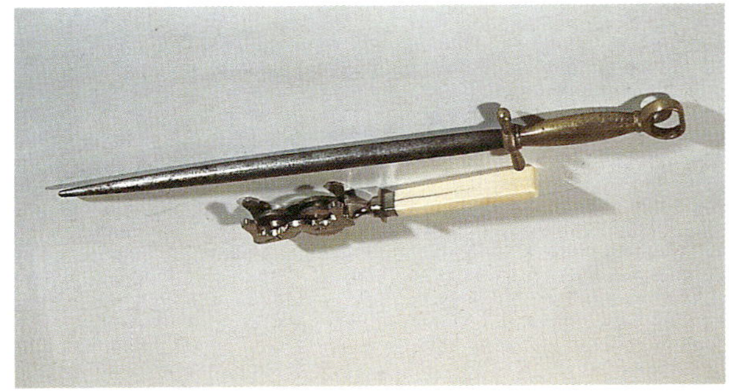

13.81

13.79 Messerschärf-Maschine »Pipifax«, 1920, von Guhl & Harbeck, Hamburg **DM 150/250,–**

13.80 Küchenbesteck »Solingen«, mit schwarzen Holzgriffen, 4 Messer, 4 Gabeln **DM 60/70,–**

13.81 Großer **Wetzstahl** **DM 50,–**
kleines **Gerät zum Messerschärfen,** Stahl mit Beingriff **DM 130/150,–**

13.82 Schinken- und **Aufschnittschneidemaschine,** ca. 1920 **DM 220/280,–**

13.83 Wasserenthärtungs-Anlage, Blech, emailliert, ca. 1920 **DM 150/250,–**

13.84 »Fruco« **Schnellkochtopf,** 1929, Aluminium mit Stahlarmierung, museal **DM 300/350,–**

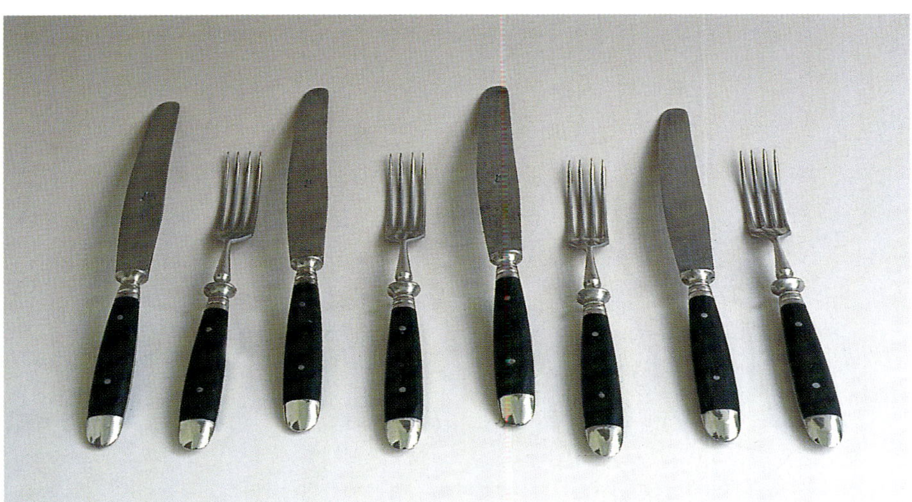

13.80

13.82

13.83

13.84

13.86

13.87

13.85

13.85 Hauspumpe,
Gusseisen, ca.1900 **DM 600,–**

13.86 Milchflaschen-Drahtkorb **DM 250/270,–**

13.87 Großer **Zinnlöffel,**
ca. 1800, mit gedrechseltem Holzgriff **DM 250,–**

13.88

13.89

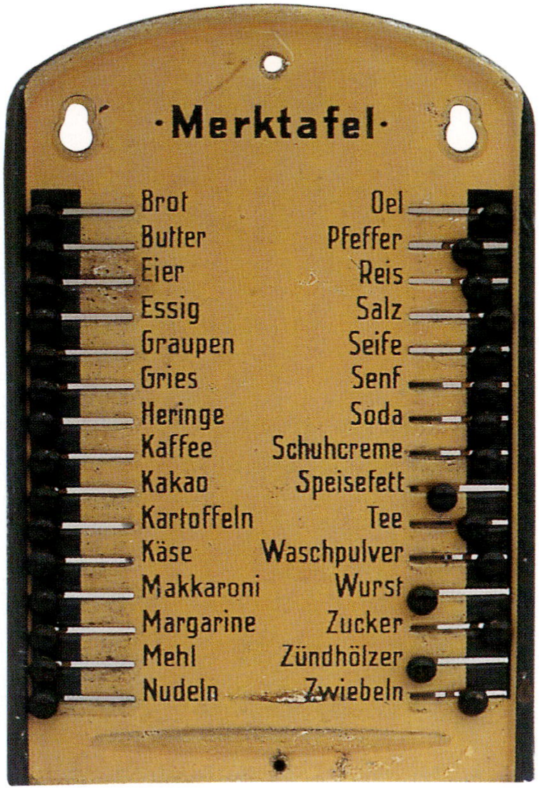

13.90

13.88 Mehllöffel, Aluminium bzw. Holz, 40er Jahre je **DM 5,–**

13.89 Henkelmann mit 3 Behältern, 42 cm hoch, Aluminium mit Holzgriff **DM 39,–**

13.90 Merktafel, Email mit Aufdruck, 20 x 13,5 cm **DM 85,–**

13.91 Wandbord, Holz, weiß lackiert, 90 x 77 cm, ohne Geräte **DM 120,–**

13.91

13.92

13.94

13.93

13.92 Back- oder **Gebäckmodel,** frühes 19. Jh. **DM 280,–**
(Foto: Trödlermagazin)

13.93 Backmodel (Hase), um 1800 **DM 280/300,–**
(Foto: Trödlermagazin)

13.94 Zwei **Syphons,** blaues Glas mit Metallmechanismen, 30er Jahre, französisch
je **DM 40/50,–**

13.95

13.96

13.95 Zwei **Flaschen** zum Ansetzen von Fruchtwein, 27 bzw 45 cm, ca. 1920
je **DM 50/80,–**

13.96 Zwei gläserne **Fliegenfänger,** 19 und 22 cm hoch, ca. 1890, französisch je **DM 120,–**

13.97 alte **Grünglasflaschen,** ca. 1900 bis 1920 je **DM 8/12,–**

13.97

Literaturverzeichnis

1. Ten Kate-von-Eicken, Brigitte: Küchengeräte um 1900 Weil der Stadt, ohne Jahrgang

2. Benker, Gertrud: In alten Küchen, München 1987

3. Nowak, Mary: Kitchen Antiques, New York 1975

4. Zischka, Ottomeyer, Bäumler (Hrsg.): Die anständige Lust, München 1994

5. Anthus, Antinous: Vorlesungen über die Esskunst, Leipzig 1838

6. Rumford, Benjamin, Graf von: Kleine Schriften politischen, oeconomischen und philosophischen Inhalts, 4 Bde., Weimar 1797–1805

7. Sohl, Katrin (Hrsg.): Eigener Herd ist Goldes Wert, Leipzig 1996

8. Hellmann, Ulrich: Künstliche Kälte, Giessen 1990

9. Pohler, Alfred: Alte Tiroler Bauernhöfe, Innsbruck 1984

10. Gelsenkirchener Barock, herausgegeben von der Stadt Gelsenkirchen, Städtisches Museum, Frankfurt 1991

11. Zull, Gertraud: Das Bild vom Dienstmädchen um die Jahrhundertwende, Reihe Kulturwissen, Bd. 11, München 1984

12. Hagen, Margarete: Reformküche und Küchenreform, Pfullingen, o. J.

13 Aicher, Otl: Die Küche zum Kochen – Das Ende einer Architekturdoktrin, München 1987

14. Arminjou, C. und Blondel, N.: Objets civiles et domestiques, Paris 1985

15. Bauer, Hans: Tisch und Tafel in alten Zeiten, Leipzig 1920

16. Asmus, Gesine (Hrsg.): Hinterhof, Keller und Mansarde, Einblicke in Berliner Wohnungselend 1901–1930, rororo, Hamburg 1982

17. Pleticha, Heinrich: Deutsche Geschichte, Bd.10, (1871–1918), Gütersloh 1978

18. Haaff, Rainer: Gründerzeitmöbel, Augsburg 1995

19. Bishop, Christina: Collecting Kitchenware, London 1995

20. Picker, Günther: Antiquitäten – Kunstgegenstände, Alles über Recht, Steuern, Versicherungen, Augsburg 1996

Namens- und Sachverzeichnis

Bildnachweis

1. AEG-Haushaltsgeräte:
S. 18, S. 19, 2.33*, 2.34,

2. Auction Team, Köln:
S. 6, 1.29 – 1.32, 1.33 – 1.36, 1.40, 2.30 – 2.32, 2.35, 3.1, 3.24, 3.25, S. 101, 7.1 – 7.5, 7.6 – 7.9, 7.10 – 7.12, 7.13, 7.15 – 7.21, 7.23 – 7.25, 7.26 – 7.34
S. 113, 9.1, 9.2 – 9.5, 9.6 – 9.7, 9.8, 9.9, S. 119, 10.1 – 10.3, 10.7, 10.8, 10.9, 10.10 – 10.12, 10.14 – 10.16, 10.17 – 10.19, 10.21 -10.33
S. 135, 12.0 – 12.13,
S. 141, 13.6 – 13.8, 13.9, 13.16 – 13.19, 13.21 -13.23, 13.24, 13.26, 13.27, 13.28 – 13.31, 13.33, 13.35 – 13.39, 13.47 – 13.49, 13.55 – 13.57, 13.58 – 13.60, 13.62 – 13.65, 13.66 – 13.67, 13.75, 13.79, 13.83 – 13.84, 13.85

3. Boehnerfilm-Foto, Dresden: 1.22

4. Der Ofen-Laden, München:
2.13 – 2.20, 2.21 – 2.22, 2.26

5. Deutsches Museum, München:
2.24, 2.25, 2.27 – 2.29, 10.6

6. Eschebach-Haushaltsgeräte GmbH, Radeberg:
S. 33, 1.5, 1.6 – 1.17, 1.18, 1.19, 1.21, S.78

7. Gebrüder Reuer, Gladbeck:
1.2, 1.3

8. Gottschalk, Elke:
S. 8 (viermal), S. 28

9. Sammlerjournal:
S. 47, 2.4, 2.5, 2.9 – 2.12,

10. Stadtgeschichtliches Museum, Leipzig: 5.1, 5.2, 11.1

11. Stadtmuseum, München:
1.1, 1.19,

12. Städtisches Museum, Gelsenkirchen:
S. 9, 1.23, 1.24

13. Trödlermagazin:
5.3 – 5.8, 5.26 – 5.33, 13.92 – 13.94

14. Wamsler-Herde, München:
S. 9

Alle übrigen Abbildungen vom Autor bzw. siehe Angabe.
* = jeweils Numerierung im Katalogteil.

Im Bechtermünz Verlag ist außerdem erschienen

Fritz von Osterhausen,
Taschenuhren

ISBN 3-8289-0763-6
Best.-Nr. 108 150
21,0 x 25,0 cm
176 Seiten
DM 19,90

Taschenuhren sammeln – früher das Hobby von Fürsten und Königen – heute für jedermann erschwinglich. Dieser Katalog widmet sich weniger der Geschichte der Taschenuhr, dafür steht die umfassende Information des Sammlers über die einzelnen Stücke und ihre Preise im Vordergrund. Von der altertümlichen Halsuhr bis zur modernen Frackuhr ist alles enthalten.

Im Bechtermünz Verlag ist außerdem erschienen

Dieter Struss,
M. J. Hummel-Figuren

ISBN 3-8289-0767-9
Best.-Nr. 106 903
21,0 x 25,0 cm
184 Seiten
DM 19,90

Die plastischen Figuren nach den farbigen Zeichnungen der begnadeten Schwester Maria Innocentia Hummel werden seit 1935 hergestellt. Als Sinnbilder unbeschwerter Kindertage haben sie ein Heer von Sammlern, Freunden und Liebhabern gewonnen. Dies ist das umfassende Werk mit allen Hummelfiguren, Preisangaben und vielem mehr ...